PETER LYNCH

und John Rothchild

Das zweite Werk
von Amerikas
Bestseller-Autor

AKTIEN FÜR ALLE

So verdienen Privatanleger an der Börse

Börsenbuchverlag

Die Originalausgabe erschien unter dem Titel
Beating the Street
bei Simon & Schuster, New York.
ISBN 0-671-75915-9

3. Auflage 2024

Gestaltung, Satz und Herstellung: Martina Köhler
Lektorat: Egbert Neumüller
Druck: CPI books GmbH, Leck

ISBN 978-3-86470-634-9

Bibliografische Information der Deutschen Nationalbibliothek:
Die Deutsche Nationalbibliothek verzeichnet diese Publikation in der Deutschen Nationalbibliografie; detaillierte bibliografische Daten sind im Internet über <http://dnb.d-nb.de> abrufbar.

BÖRSEN MEDIEN
AKTIENGESELLSCHAFT

Postfach 1449 • 95305 Kulmbach
Tel: +49 9221 9051-0 • Fax: +49 9221 9051-4444
E-Mail: buecher@boersenmedien.de
www.boersenbuchverlag.de
www.facebook.com/boersenbuchverlag

Danksagungen

Mein Dank gebührt John Rothchild für sein beeindruckendes Talent, seine harte Arbeit und seinen erfrischenden Humor, der dazu beitrug, dass „Der Börse einen Schritt voraus“ und „Aktien für alle“ entstehen konnten.

Peggy Malaspina, die jeden einzelnen Schritt hinterfragte und eine entscheidende Rolle bei der Ausarbeitung der Ideen zu beiden Büchern spielte. Ebenso den Mitarbeitern ihrer Forschungsgruppe, die viele Überstunden gemacht haben, um Daten zusammenzutragen und Fakten zu überprüfen: Davida Sherman und Andrew Wolf, unterstützt von Michael Graber und Christine Coyne.

Den Angestellten von Fidelity, insbesondere meiner Partnerin Evelyn Flynn, aber ebenso Bob Hill und den Angestellten aus dem Fidelity Chart Room, Guy Cerundolo, Bob Beckwitt, Lauren Allansmith, Phil Thayer und Jacques Perold.

Dem unermüdlichen Stab des Fidelity Fixed Income and Equity Research Information Centers für die Auswahl der Fakten, insbesondere Shawn Bastien, Karen O’Toole und Sheila Collins. Jeff Todd und sein Assistent Christopher Green von der Management Information and Analysis Group haben viele der Tabellen und Gewinnberechnungen geliefert.

Ebenso gebührt mein Dank dem Herausgeber Bob Bender und seiner Assistentin Johanna Li, dem Lektoratsleiter Gypsy da Silva und dem Lektor Steve Messina von Simon & Schuster.

Dieses Buch wäre ohne die Bemühungen von Doe Coover, einem Literaturagenten aus Boston, der den Plan durch mehrere Instanzen hindurchmanövrierte, nicht zustande gekommen.

John Rothchild dankt seiner Agentin Elizabeth Darhansoff. In Miami wurde er von Bruce Lemle unterstützt, der ein gewagtes Bridge spielt.

Widmung

Meiner Frau Carolyn und unseren Töchtern Mary, Annie und Beth. Meinen Brüdern Eugene Lynch und Thomas Lynch und meinem Cousin Thomas Leahy.

Inhalt

Vorwort

Am 31. Mai 1990 schaltete ich meinen Quotron beim Fidelity Magellan Fund ab. Exakt 13 Jahre nachdem ich angefangen hatte, dort zu arbeiten. Damals war gerade Jimmy Carter Präsident gewesen, und er gab offen zu, dass er von einer Sucht befallen war. Auch ich lebte mit einer Sucht – der Sucht nach Aktien. Insgesamt habe ich schätzungsweise mehr als 15.000 verschiedene Aktien für Investoren des Magellan-Fonds gekauft – und viele davon mehr als nur einmal. Es ist kein Wunder, dass man von mir sagt, ich sei niemals auf eine Aktie gestoßen, die ich nicht positiv bewertete. Mein Abschied war plötzlich, aber er war mir nicht über Nacht in den Sinn gekommen. In den Mittachtzigern, als der Dow an der 2.000er-Marke und ich an meinem 43. Geburtstag angekommen war, hatte die Aufgabe, derart vielen Firmen auf der Spur zu bleiben, ihren Tribut gefordert. So sehr ich es auch genoss, ein Portfolio zu managen, das dem Bruttosozialprodukt von Ecuador entsprach, so sehr vermisste ich es, zu Hause zu sein und mitzuerleben, wie meine Kinder größer wurden. Sie veränderten sich schnell. Sie mussten sich beinahe jedes Wochenende neu bei mir vorstellen. Ich verbrachte mehr Zeit mit Fannie Mae, Freddie Mac und Sallie Mae* als mit meinen Kindern.

Wenn Sie erst einmal anfangen, Freddie Mac, Sallie Mae und Fannie Mae mit Ihren Familienmitgliedern zu verwechseln, und Sie sich an 2.000 Aktienkürzel erinnern, aber den Geburtstag der Kinder vergessen, dann könnte es möglicherweise sein, dass Sie zu sehr von Ihrer Arbeit in Beschlag genommen worden sind.

1989, als wir die große Korrektur von 1987 hinter uns hatten und die Börse ruhig dahinglitt, feierte ich mit meiner Frau Carolyn und meinen Töchtern Mary, Annie und Beth meinen 46. Geburtstag. Inmitten der Feier fiel mir plötzlich etwas ein. Ich erinnerte mich, dass mein Vater im Alter von 46 Jahren gestorben war. Man beginnt sich

* Kurznamen für Aktiengesellschaften aus dem Finanzsektor

sterblich zu fühlen, wenn man erkennt, dass man seine Eltern bereits überlebt hat. Man erkennt, dass man nur für eine sehr kurze Zeit existiert, wohingegen man für eine sehr lange Zeit tot ist. Man wünscht sich plötzlich, mehr Schulaufführungen, Skiausflüge und Fußballspiele erlebt zu haben. Man erinnert sich daran, dass noch nie jemand auf seinem Sterbebett gesagt hat: „Ich wünschte, ich hätte mehr Zeit im Büro verbracht."

Ich versuchte, mich davon zu überzeugen, dass meine Kinder jetzt weniger Aufmerksamkeit von mir benötigten als damals, als sie noch kleiner waren. In meinem Herzen wusste ich jedoch, dass die Wahrheit genau dem Gegenteil entsprach. Während der ersten beiden chaotischen Jahre schießen sie umher und rennen alle möglichen Dinge über den Haufen, und die Eltern müssen die Tränen trocknen. Allerdings kostet es sehr viel weniger Zeit und Mühe, ein Kleinkind zu trösten, als einer Jugendlichen bei den Spanischhausaufgaben oder den mathematischen Formeln, die wir als Erwachsene längst vergessen haben, zu helfen, oder sie zum tausendsten Mal zum Tennisplatz oder zum Stadtbummel zu fahren oder sie nach den neuesten Schicksalsschlägen, die ein Teenagerdasein so mit sich bringt, wieder aufzurichten.

Um auch nur annähernd mit Teenagern und ihren Gedanken mithalten zu können, müssen die Eltern am Wochenende ihre Musik hören und automatisch die Namen der Rockgruppen speichern. Sie müssen Kinovorstellungen besuchen, die kein Erwachsener sonst freiwillig besuchen würde. Ich hatte das zwar alles getan, aber sehr unregelmäßig. Wenn ich mit den Kindern ab und an ins Kino oder in die Pizzeria ging, betrachtete ich das Ganze immer vom Investorenstandpunkt aus. Es waren die Kinder, die mich auf Pizza Time Theater gebracht hatten, eine Aktie, von der ich wünschte, ich hätte sie nicht gekauft, und Chi-Chi's, eine Aktie, von der ich wünschte, ich hätte sie gekauft.

1990 waren Mary, Annie und Beth 15, 11, und 7 Jahre alt geworden, genau in dieser Reihenfolge. Mary war in einem Internat und kam nur an jedem zweiten Wochenende nach Hause. Im Herbst spielte sie bei sieben Fußballspielen mit, und ich schaffte es gerade mal, mir eines anzusehen. Das war das Jahr, in dem die Weihnachtskarte der Familie Lynch mit dreimonatiger Verspätung verschickt wurde. Wir hatten ein Album für die wichtigen Ereignisse im Leben unserer Kinder angelegt, aus dem die nicht eingeklebten Erinnerungen nur so hervorquollen.

An den Abenden, an denen ich nicht bis spät in die Nacht im Büro blieb, konnte man mich auf den Meetings einer von zahlreichen wohltätigen oder kommunalen Organisationen finden, deren Ausschüssen ich freiwillig meine Dienste zur Verfügung stellte. Diese Organisationen teilten mich sehr oft ihren Investmentkomitees zu. Es ist die beste Sache der Welt, Aktien für eine gute Sache auszusuchen, aber die Ansprüche meiner ehrenamtlichen Aktivitäten waren gestiegen, zeitgleich mit den Ansprüchen des Magellan-Fonds und natürlich mit denen meiner Töchter, deren Hausaufgaben immer schwieriger wurden und die täglich zu immer mehr Unterrichtsstunden und Aktivitäten chauffiert werden mussten.

Inzwischen erschien mir Sallie Mae im Traum, und ich hatte höchst romantische Begegnungen mit meiner Frau Carolyn, wenn unsere Wagen in der Einfahrt aneinander vorbeifuhren. Bei meinem jährlichen Check-up gestand ich dem Arzt, dass meine einzige sportliche Betätigung die sei, meine Zähne mit Zahnseide zu bearbeiten. Ich war mir bewusst, dass ich in den letzten 18 Monaten kein einziges Buch gelesen hatte. Innerhalb von zwei Jahren hatte ich drei Opern gesehen, *Der fliegende Holländer, La Bohème* und *Faust*, aber kein einziges Footballspiel. Das bringt mich zu Peters Prinzip Nummer 1:

Schlagen die Opern die Footballspiele 3:0,
dann weißt du, dass in deinem Leben etwas schiefläuft.

Mitte 1990 wurde mir allmählich klar, dass ich mich von meinem Job verabschieden musste. Ich erinnerte mich, dass der Namensvetter meines Fonds, Ferdinand Magellan, sich ebenfalls frühzeitig auf eine einsame Insel im Pazifik zurückgezogen hatte, auch wenn mich seine dortigen Erlebnisse (er wurde von wütenden Eingeborenen in Stücke zerfetzt) erst einmal innehalten ließen. In der Hoffnung, ein ähnliches Schicksal durch die Hände wütender Aktionäre zu vermeiden, traf ich mich mit Ned Johnson, meinem Boss bei Fidelity, und mit Gary Burkhead, dem Direktor of Operations, um einen allmählichen Ausstieg zu besprechen.

Unser Powwow war direkt und freundschaftlich. Ned Johnson schlug vor, ich solle als Gruppenleiter für alle Fidelity-Fonds im Geschäft bleiben. Er bot mir einen kleineren Fonds an, mit dem ich operieren sollte, einen, sagen wir mal mit 100 Millionen Dollar an Vermögenswerten im Gegensatz zu den zwölf Milliarden, die ich derzeit bewältigen musste. Ich hatte jedoch den Eindruck. dass ein neuer Fonds trotz ein paar Nullen weniger am Ende genauso viel Arbeit wie der alte erfordern und ich meine Samstagnachmittage doch wieder im Büro verbringen würde. Ich lehnte Neds wohlwollendes Angebot ab.

Ohne dass die meisten Leute davon wussten, hatte ich zusätzlich für einige größere Unternehmen, darunter mit den größten Anteilen Kodak, Ford und Eaton, einen Pensionsfonds für Angestellte in Höhe von einer Milliarde Dollar geleitet. Dieser Pensionsfonds erzielte bessere Ergebnisse als der Magellan, weil ich dort mit weitaus weniger Restriktionen investieren konnte. Zum Beispiel durfte man bei einem Pensionsfonds mehr als fünf Prozent des Vermögens in eine einzige Aktie investieren, was bei einem Publikumsfonds nicht möglich war.

Die Leute von Kodak, Ford und Eaton wollten, dass ich ihren Fonds auch weiterhin manage, egal ob ich mich vom Magellan trennte oder nicht, aber ich lehnte ihr gut gemeintes Angebot ebenfalls ab. Abgesehen von Fidelity bekam ich sehr viele externe Angebote dafür, einen Lynch-Fonds zu starten, einen geschlossenen, der an der New Yorker Börse gehandelt wird. Die Promoter in spe sagten, von einem Lynch-Fonds könnten sie auf einer schnellen Road Show durch ein paar Städte Anteile in Milliardenhöhe verkaufen.

Für einen Manager ist das Reizvolle an einem geschlossenen Fonds, dass der Fonds niemals seinen Kundenstamm verlieren wird, egal wie miserabel ihn der Manager auch leitet. Das kommt daher, dass geschlossene Fonds genauso wie Merck oder Polaroid oder jede andere Aktie an den Börsen gehandelt werden. Zu jedem Verkäufer eines Anteils eines geschlossenen Fonds muss es einen Käufer geben, sodass die Anzahl der Anteile immer gleich bleibt.

Bei einem offenen Fonds wie dem Magellan ist das nicht so. Will ein Aktionär aus einem offenen Fonds aussteigen, dann muss ihm der Fonds seine Anteile ausbezahlen, und das Fondsvolumen reduziert sich um diesen Betrag. Ein unbeliebter offener Fonds kann sehr schnell schrumpfen, wenn seine Kunden zu Konkurrenzfonds oder auf die Geldmärkte entschwinden. Aus diesem Grund schläft der Manager eines offenen Fonds nicht so tief und fest wie der Manager eines geschlossenen.

Ein Lynch-Fonds im Wert von zwei Milliarden Dollar an der New Yorker Börse wäre für immer ein zwei Milliarden Dollar schweres Unterfangen gewesen (außer ich hätte mir permanent verheerende Investmentschnitzer geleistet und dadurch das Geld verloren). Dafür hätte ich weiterhin Jahr für Jahr meine 75 Basispunkte (15 Millionen Dollar) als Honorar erhalten.

Finanziell gesehen war das also ein verlockender Vorschlag. Ich hätte einen Haufen Assistenten anheuern können, um Aktien auszuwählen, meine Bürostunden auf ein angenehmes Minimum reduzieren, Golf spielen, mehr Zeit mit meiner Frau und meinen Kindern verbringen können und mir dazu noch die Red Sox, die Celtics und *La Bohème* anschauen können. Egal ob ich den Markt übertroffen oder unterboten hätte, ich hätte immer denselben stattlichen Scheck einkassiert.

Bei diesem Arrangement gab es nur zwei Probleme. Das erste war, dass meine Toleranz dafür, hinter dem Markt zurückzuliegen, von meinem Eifer, den Markt zu übertreffen, weit übertroffen wurde. Das zweite Problem lag darin, dass ich schon der Überzeugung gewesen war, dass Fondsmanager ihre Aktien selbst auswählen sollten. Ich wäre also wieder da gelandet, wo ich begonnen hatte: Samstage im Büro des Lynch-Fonds, völlig begraben unter Bergen von Geschäftsberichten; ein Mann mit einem noch dickeren Kontoauszug, aber was Zeit anbelangt, arm wie immer.

Gegenüber Millionären, die sich selbst dazu gratulierten, dass sie großartige Möglichkeiten, durch die sie noch reicher würden, einfach links liegen ließen, war ich immer sehr skeptisch gewesen. Ein fettes Honorar auszuschlagen ist ein Luxus, den sich nur wenige Menschen leisten können. Hat man aber das Glück, in seinem Leben derart begünstigt worden zu sein, wie es bei mir der Fall war, dann kommt der Punkt, an dem man sich entscheiden muss: Wird man zum Sklaven des eigenen Kapitals, indem man den Rest seines Lebens dafür opfert, es zu vermehren, oder lässt man das, was man angehäuft hat, endlich für sich arbeiten.

Es gibt eine Geschichte von Tolstoi, die von einem ehrgeizigen Bauern handelt. Irgendein Genie bietet ihm so viel Land an, wie er an einem Tag zu Fuß ablaufen kann. Nachdem der Bauer einige Stunden lang in vollem Tempo gerannt ist, besitzt er bereits einige Quadratmeilen wertvollen Eigentums. Mehr Grund, als er in seinem ganzen Leben bestellen könnte, mehr als genug, um ihn und seine Familie über Generationen hinweg reich zu machen. Der arme Kerl ist völlig in Schweiß gebadet und schnappt nach Luft. Er denkt darüber nach, aufzuhören – was macht es für einen Sinn, noch weiter zu rennen? –, aber er hat sich nicht unter Kontrolle. Er rennt immer weiter, um seine Möglichkeiten zu maximieren, bis er schließlich vor Erschöpfung tot umfällt.

Das war das Ende, das ich vermeiden wollte.

Einführung

Der Ausweg aus der Knechtschaft

Ein Fondsmanager in Rente ist nur dazu qualifiziert, Investitionsratschläge, nicht jedoch seelischen Beistand zu geben. Was mich aber dazu inspirierte, wieder auf die Kanzel zu steigen, ist, dass die Mehrheit der Gemeinde weiterhin Anleihen favorisiert. Offensichtlich haben sie alle meine letzte Predigt, „Der Börse einen Schritt voraus", verschlafen. Dort versuchte ich, ein für alle Mal zu beweisen, dass es weitaus profitabler ist, Geld in Aktien anstatt in Anleihen, Sparbriefe oder Geldmarktdepots zu investieren. Warum sonst liegen immer noch 90 Prozent aller Investmentdollar der Nation an diesen niederen Orten auf Eis?

Durch die 80er-Jahre hindurch – das zweitbeste Jahrzehnt für Aktien in der jüngeren Geschichte (nur die 50er waren noch ein bisschen üppiger) – ist der Prozentsatz der Haushalte, die ihr Vermögen in Aktien anlegten, zurückgegangen! Eigentlich ist dieser Prozentsatz konstant zurückgegangen. In den 60ern betrug er noch 40 Prozent, 1980 noch 25 und 1990 ganze 17 Prozent. Während sich der Dow Jones und andere Aktienindizes im Wert vervierfacht haben, sind Unmengen von Investoren aus ihren Aktien ausgestiegen. Sogar das Vermögen, das in öffentlichen Aktienfonds angelegt wurde, ist von ungefähr 70 Prozent im Jahr 1980 auf 43 Prozent im Jahr 1990 geschrumpft.

Diese Katastrophe, die sich für die Zukunft des individuellen und nationalen Wohlstands abzeichnet, gilt es herauszufordern. Lassen Sie mich also dort beginnen, wo ich das letzte Mal aufgehört habe: Sollten Sie darauf hoffen, morgen mehr Geld als heute zu besitzen, dann müssen Sie einen großen Batzen Ihres Vermögens in Aktien investieren. Vielleicht gibt es eine Baisse, und Sie werden sich für die nächsten zwei, drei oder sogar fünf Jahre wünschen, niemals etwas von Aktien gehört zu haben. Aber das 20. Jahrhundert war voll von Baissen – von den Rezessionen ganz zu schweigen –, und trotz allem sind die Resultate unbestreitbar: Früher oder später wird sich ein Aktienportfolio oder ein Aktienfonds als sehr viel lohnenswerter erweisen als ein Anleiheportfolio, Sparbriefe oder Geldmarktfonds. So, jetzt habe ich es noch einmal klar und deutlich gesagt.

Das überzeugendste Beweisstück, das ich entdeckt habe, seitdem ich diesen Punkt an früherer Stelle diskutierte, fand sich im Ibbotson SBBI Yearbook 1990, Kapitel l, Seite 16, unter der Überschrift „Durchschnittliche Jahresgewinne in der Zeit von 1926 bis 1989". Es handelt sich dabei um eine Aufstellung der Gewinne, die man jährlich gemacht hätte, wenn man sein Geld in Aktien des S&P 500 angelegt hätte, in Aktien von Kleinunternehmen, in langfristigen Staatsanleihen, langfristigen Industrieanleihen und kurzfristigen T-Bills (Schatzwechseln, also Staatsanleihen). Die Ergebnisse sind in Tabelle E-1 aufgeschlüsselt.

Die Investmentgenies unter uns hätten ihr Gesamtkapital in den 20er-Jahren in den Aktien des S&P 500 anlegen können, 1929 auf langfristige Firmenbonds umsteigen und diese durch die 30er hindurch halten können, in den 40ern in die Aktien von Kleinunternehmen einsteigen und in den 50ern wieder zum S&P 500 Index zurück wechseln können, um dann in den 60ern und 70ern wieder zu Kleinunternehmen zurückzukehren und in den 80ern wieder beim S&P 500 zu landen. Die Menschen, die dieser erleuchteten Strategie gefolgt sind, leben heute alle als Milliardäre an der Côte d'Azur. Hätte ich vorab gewusst, wie sich die Dinge entwickeln würden, hätte ich diese Strategie selbst empfohlen. Eigentlich lag sie ja auf der Hand.

Da ich noch nie auch nur einen einzigen Milliardär oder eine Milliardärin getroffen habe, die ihr Vermögen exakt nach dieser Methode verdient haben, ist anzunehmen, dass sie elaborierter dabei vorgehen als der Rest von uns, der mit durchschnittlicher Intelligenz ausgestattet ist. Dieser Rest hat keinerlei Möglichkeit, den nächsten der sehr seltenen Zeitpunkte vorherzusagen, an dem Aktien von Anleihen ausgestochen werden. Aber die Tatsache, dass dies nur in einer von sieben Dekaden, nämlich den 30ern (in den 70ern gab es nur ein Unentschieden) passiert ist, gibt diesen engagierten Stockpickern einen Vorteil. Halten wir permanent an unseren Aktien fest, dann stehen die Chancen 6:1 für uns, dass wir erfolgreicher sind als die Menschen, die an Anleihen festhalten.

Darüber hinaus können Anleihebesitzer nicht wirklich darauf hoffen, dass ihre Anleihen in den seltenen Zeitspannen, in denen Aktien von Anleihen übertrumpft werden, die großen Vorsprünge ausgleichen, die Aktien in Zeiten wie den 40ern und den 60ern erreicht haben. Während des Zeitraums von 64 Jahren, den die Tabelle umfasst, hätte sich eine 100.000-Dollar-Investition in langfristigen Staatsanleihen auf heute 1,6 Millionen Dollar vermehrt, wohingegen die gleiche Summe im S&P 500 angelegt heute 25,5 Millionen Dollar wert wäre. Das bringt mich zu Peters Prinzip Nummer 2:

Herrschaften, die Anleihen bevorzugen,
wissen nicht, was ihnen entgeht.

Dennoch bleiben wir auch weiterhin eine Nation der Anleihebesitzer. Millionen von Menschen verschreiben sich der Anhäufung von Zinsen, durch die sie vielleicht oder vielleicht auch nicht einen leichten Vorsprung gegenüber der Inflationsrate erhalten. Dabei könnten sie für die kommenden Jahre in den Genuss einer 5-prozentigen realen Gewinnsteigerung gelangen, oberhalb und weit entfernt von der Inflation. Kaufen Sie Aktien! Wenn dies die einzige Lehre ist, die Sie aus diesem Buch ziehen, dann hat sich die Mühe des Schreibens bereits gelohnt.

Die Debatte darüber, ob man in Aktien großer oder kleiner Unternehmen investieren sollte, oder wie man den besten Aktienfonds auswählt (alles Themen, die in den folgenden Kapiteln besprochen werden), ist gegenüber dem Grundprinzip zweitrangig – egal wie Sie vorgehen, ob Aktien großer oder kleiner Unternehmen oder Aktien, die dazwischen liegen: Kaufen Sie Aktien! Ich setze natürlich voraus, dass Sie bei Ihrer Aktien- oder Fondsauswahl auf eine intelligente Art und Weise vorgehen und sich während einer Korrektur keinen Schrecken einjagen und sich aus Ihren Positionen hinausscheuchen lassen.

Der zweite Grund für dieses Buchprojekt ist, dass ich Amateurinvestoren weiter darin bestärken möchte, den lohnenswerten Zeitvertreib der Aktienauswahl nicht aufzugeben. Ich habe bereits erwähnt, dass ein Amateur, der mit geringem Aufwand Firmen aus Branchen studiert, von der er etwas versteht, 95 Prozent der bezahlten Fondsmanager übertreffen kann und dabei auch noch Spaß hat.

Eine beträchtliche Anzahl von Fondsmanagern bewertet diese Idee als dummes Zeug und einige haben sie als „Lynchs große Sprüche" bezeichnet. Nichtsdestotrotz hat sich meine Überzeugung, dass ein Amateur im Vorteil ist, in den letzten zweieinhalb Jahren verstärkt. Für Ungläubige hinsichtlich dieses Punktes habe ich einige zusätzliche Beweise entdeckt.

Diese kann man in Kapitel 1 „Das Wunder von St. Agnes" nachlesen, in dem beschrieben wird, wie ein Haufen Siebtklässler in einer kirchlichen Schule in der Gegend von Boston über zwei Jahre hinweg ein Investmentergebnis erzielte, auf das Wall-Street-Profis nur neidisch sein können.

Inzwischen behauptet eine beträchtliche Menge von erwachsenen Amateurinvestoren, dass sie ihre professionellen Gegner seit vielen aufeinanderfolgenden Jahren weit übertroffen haben. Diese erfolgreichen Stockpicker gehören Hunderten von Investmentclubs an, die von der National Association of Investors gesponsert werden. Auf deren jährliche Renditen kann man ebenso neidisch sein wie auf die der Schüler von St. Agnes.

Das Wachstum von Stammaktien

S&P 500 von 1926 bis 1992

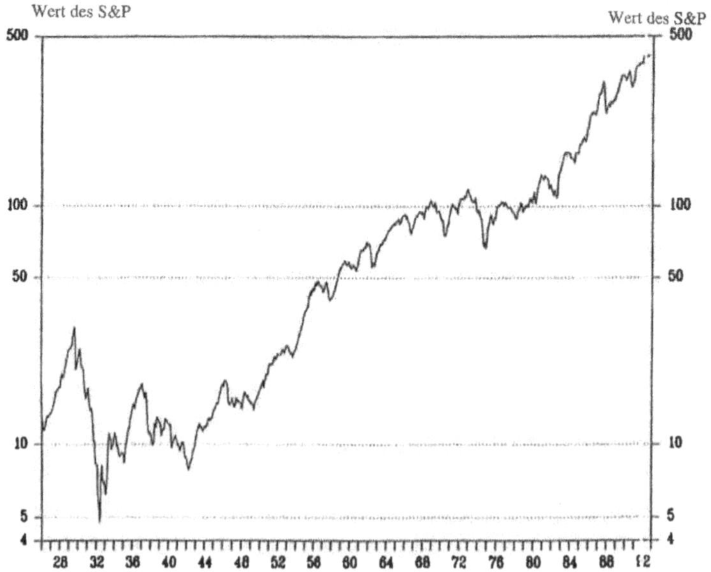

Chart E-1

Beide Gruppen von Amateuren haben Folgendes gemeinsam: Die Methode, wie sie ihre Aktien auswählen, ist viel einfacher und im Allgemeinen einträglicher als viele der veralteten Techniken, mit denen hoch dotierte Fondsmanager arbeiten.

Welcher Methode auch immer Sie sich bei Ihrer Aktien- oder Fondsauswahl bedienen, Ihr letztendlicher Erfolg oder Verlust wird von Ihrer Fähigkeit abhängen, die Probleme dieser Welt lange genug zu ignorieren, um Ihren Investitionen die Möglichkeit zu geben, erfolgreich zu werden. Nicht der Kopf, sondern der Bauch entscheidet über das Schicksal eines Stockpickers. Der unsichere Anleger, egal wie intelligent er auch sein mag, läuft immer Gefahr, durch globale Schicksalsschläge vom Markt gefegt zu werden.

Tabelle E-1 **Durchschnittlicher jährlicher Ertrag**

Jahrzehnt	20er*	30er	40er	50er	60er	70er	80er
S&P 500	19,2 %	0,0 %	9,2 %	19,4 %	7,8 %	5,9 %	17,5 %
Aktien von Kleinunternehmern	-4,5 %	1,4 %	20,7 %	16,9 %	15,5 %	11,5 %	15,8 %
Langlaufende Staatsanleihen	5,0 %	4,9 %	3,2 %	-0,1 %	1,4 %	5,5 %	12,6 %
Langlaufende Unternehmensanleihen	5,2 %	6,9 %	2,7 %	1,0 %	1,7 %	6,2 %	13,0 %
Treasury Bills	3,7 %	0,6 %	0,4 %	1,9 %	3,9 %	6,3 %	8,3 %
Inflation	-1,1 %	-2,0 %	5,4 %	2,2 %	2,5 %	7,4 %	5,1 %

*Basierend auf der Zeit von 1926-1929
Quelle: Ibbotson SBBI Yearbook, 1990

Jedes Jahr im Januar setzt sich eine Gruppe von Investment-Wahrsagern, zu denen auch ich gehöre, zu einem „Runden Tisch“ zusammen, den die Zeitschrift *Barron's* finanziert und dessen Ergebnisse sie später veröffentlicht. Hätten Sie viele der Aktien gekauft, die wir empfohlen haben, dann hätten Sie Geld gewonnen. Hätten Sie jedoch unsere Expertenmeinung bezüglich der Marktorientierung und der wirtschaftlichen Entwicklung beachtet, dann hätten Sie es nicht gewagt, in den letzten sieben Jahren Aktien zu besitzen. Kapitel 2 befasst sich mit den Fallstricken dieses „Kopfzerbrechens am Wochenende“ und damit, dass man es am besten ignoriert.

In Kapitel 3, „Eine Tour durch das Fondshaus“, versuche ich eine Strategie für Fondsinvestitionen aufzuzeigen. Obwohl ich tief in meinem Herzen ein Stockpicker bleibe, gestattet mir mein Rentnerstatus, ein Thema zu diskutieren, das ich als Fondsmanager nicht so recht in Angriff nehmen wollte. Solange man im Geschäft ist, kann alles, was man darüber sagt, entweder als Eigennutz oder Kundenfang ausgelegt werden – Behauptungen, die sich jetzt hoffentlich nicht mehr gegen mich richten.

Vor Kurzem habe ich einer Non-Profit-Organisation in Neuengland dabei geholfen, eine neue Portfoliostrategie zu entwickeln. (Diese Organisation soll anonym bleiben, da ihr Name für das Beispiel nicht relevant ist.) Zuerst mussten wir entscheiden, wie viel von dem Geld wir in Aktien und wie viel in Anleihen investieren sollten und wie wir die beiden Teile jeweils anlegen wollten. Das sind dieselben Entscheidungen, die jeder Haushaltsvorstand treffen muss. Aus diesem Grund gebe ich Ihnen später auch eine detaillierte Beschreibung, wie wir das Problem angegangen sind.

Kapitel 4, 5 und 6 umfassen eine dreiteilige Retrospektive, nämlich wie ich den Magellan über 13 Jahre hinweg und durch neun größere Korrekturen hindurch geleitet habe. Dieser Überblick gab mir den Vorwand für einen Rückblick, durch den ich exakt die Faktoren herauskristallisieren konnte, die zu den jeweiligen Erfolgen beigetragen hatten. Einige der Schlüsse, die ich aus dieser Übung zog, haben mich selbst überrascht, und ich war schließlich die ganze Zeit dabei gewesen.

Ich habe versucht, mich in diesen Kapiteln auf Strategien zu konzentrieren und unproduktive Erinnerungen zu vernachlässigen. Vielleicht können Sie aus meinen gelegentlichen Triumphen und zahlreichen Fehlern etwas lernen.

Von Kapitel 7 bis einschließlich 20 – mehr als die Hälfte des Buches – beschreibe ich, wie ich bei der Auswahl der 21 Aktien, die ich den Lesern von *Barron's* im Januar 1992 empfohlen hatte, vorgegangen war. Ich habe schon früher über Anlagetheorien gesprochen, aber bei dieser Auswahl machte ich mir fortlaufend Notizen. Anhand dieser Notizen versuchte ich, meine Gewohnheiten bei der Aktienauswahl so detailliert wie möglich zu analysieren. Dazu gehört auch, wie man vielversprechende Situationen erkennt und wie man die Recherchen dazu anstellt.

Die 21 Aktien, die ich für die Illustration der Lynch-Methode benutzt habe, decken viele wichtige Kategorien und Branchen ab (Banken und Bausparkassen, Zykliker, Einzelhändler, Versorger-Aktien), in die für gewöhnlich investiert wird. Ich habe die Kapitel so gestaltet, dass jedes sich mit einem speziellen Firmentypus beschäftigt. Kapitel 21, „Der Halbjahres-Check-up", beschreibt ganz einfach, wie man die Unternehmenswerte jeder einzelnen Firma im Portfolio überprüft.

Ich kann Ihnen keine Hausmittelchen anbieten. Es gibt keine Glocke, die anschlägt, wenn Sie die richtige Aktie gekauft haben, und gleichgültig, wie viel Sie über eine Firma wissen, können Sie niemals sicher sein, dass man Sie für Ihre Investition belohnen wird. Wissen Sie jedoch über die Faktoren Bescheid, durch die ein Einzelhändler oder eine Bank oder ein Automobilhersteller zur profitablen oder unprofitablen Anlage wird, dann können Sie Ihre eigenen Gewinnchancen verbessern. Viele dieser Faktoren werden hier besprochen.

Der Text wird durch eine großzügige Dosis von Peters Prinzipien untermauert, ähnlich den beiden, die Sie bereits ertragen mussten. Viele dieser Prinzipien hat mich die Erfahrung gelehrt, die einen meistens sehr teuer zu stehen kommt. Ich gebe Ihnen diese Erfahrungswerte gewissermaßen als Sonderangebot weiter.

(Während ich meine Nachforschungen anstellte, haben sich die Aktienkurse der 21 Firmen, die ich in der zweiten Hälfte des Buches beschreibe, ständig geändert. Zum Beispiel notierte Pier 1 bei 7,50 Dollar, als ich anfing, mich damit zu beschäftigen, und bei 8,00 Dollar, als ich es schließlich in *Barron's* empfahl. Es kommt also vor, dass Pier 1 auf einer Seite als 7,50-Dollar-Aktie auftaucht und auf einer anderen als 8-Dollar-Aktie. Im Text können mehrere solche Anomalien vorkommen.)

1

Das Wunder von St. Agnes

Das Amateur-Stockpicking ist eine aussterbende Kunst, genauso wie das Kuchenbacken, das im Wettrennen mit Fertigprodukten immer mehr in Rückstand gerät. Eine riesige Armee von Fondsmanagern wird sehr gut dafür bezahlt, dass sie für Portfolios dasselbe leisten wie Sara Lee für Kuchen. Es tut mir sehr leid, dass sich die Dinge so entwickeln. Das beunruhigte mich, als ich Fondsmanager war, und jetzt, da ich mich zu den Hobbyanlegern gesellt habe und in meiner Freizeit investiere, beunruhigt es mich sogar noch mehr.

Der Niedergang des Amateurwesens beschleunigte sich während des großen Bullenmarkts in den 1980ern, an deren Ende weitaus weniger Privatleute Aktien besaßen als am Anfang. Ich habe versucht, mir darüber klar zu werden, warum das passiert ist. Einer der Gründe ist, dass wir Wall-Street-Vertreter von der Finanzpresse zu weltbekannten Berühmtheiten gemacht wurden, was in den meisten Fällen nicht berechtigt war. Aktienstars wurden wie Rockstars behandelt, sodass der Amateur den falschen Eindruck gewann, dass er nicht im Geringsten darauf hoffen könne, es mit derartigen Genies aufzunehmen, die einen MBA hatten, einen Burberry-Regenmantel trugen und mit einem Quotron bewaffnet waren.

Anstatt gegen diese Burberry-Genies anzutreten, beschloss ein großer Teil der Kleinanleger, sich ihnen anzuschließen und ihr schwer verdientes Geld in Fonds zu investieren. Die Tatsache, dass bis zu 75 Prozent dieser Fonds nicht einmal den Marktdurchschnitt erreichten, zeigt, dass auch Genies sich irren können.

Der Hauptgrund für den Niedergang des Amateurwesens müssen jedoch die Verluste sein. Es liegt in der Natur des Menschen, dass er einer Sache so lange nachgeht, wie sie ihm Spaß macht und Erfolg bringt. Aus diesem Grund steigen die weltweiten Bevölkerungszahlen nach wie vor rapide an. Ebenso sammeln die Menschen nach wie vor Baseballkarten, Antiquitäten, alte Fischköder, Münzen und Briefmarken, und sie renovieren und verkaufen Häuser, weil all diese Aktivitäten sowohl profitabel als auch vergnüglich sein können. Wenn sie also aus den Aktien ausgestiegen sind, so muss der Grund dann liegen, dass sie es leid waren, Geld zu verlieren.

In der Regel sind es die wohlhabenderen und erfolgreicheren Mitglieder einer Gesellschaft, die überhaupt das Geld haben, um in Aktien zu investieren; und diese Gruppe ist es gewohnt, einen Einser in der Schule und ein wohlwollendes Schulterklopfen auf der Arbeit zu bekommen. Die Börse ist der einzige Ort, an dem immer wieder Hochstapler entlarvt werden. Man bekommt hier sehr schnell eine Sechs. Kauft man Terminkontrakte und Optionen und versucht, am Markt den richtigen Zeitpunkt abzupassen, steckt man sehr schnell durch die Bank weg Sechsen ein, was vielen Menschen passiert sein muss, die sich in Fonds geflüchtet haben.

Das heißt nicht, dass sie gar keine Aktien mehr kaufen. Irgendwann und irgendwo bekommen sie einen Tipp von Onkel Harry oder sie belauschen eine Unterhaltung im Bus oder sie lesen etwas in einer Zeitschrift und beschließen, sich mit dem Geld, das sie zum „Spielen" beiseitegelegt haben, in eine zweifelhafte Sache hineinzustürzen. Die Kluft zwischen seriösen Geldanlagen in Fonds und spekulativen Geldanlagen in Einzelaktien ist ein recht junges Phänomen, das die Launenhaftigkeit des Stockpickers unterstützt. Er oder sie kann diese leichtfertigen Wetten so nebenbei bei einem Discountbroker abschließen, in einem separaten Depot, von dem die bessere Hälfte nichts wissen muss.

Da das Stockpicking als ernsthaftes Hobby immer mehr aus der Mode gerät, gehen die Methoden, wie man ein Unternehmen, seine Gewinne, die Wachstumsrate und so weiter bewertet, genauso verloren wie alte Familienrezepte. Da es immer weniger Kleinkunden gibt, die an solchen Informationen interessiert sind, sind Maklerfirmen immer weniger geneigt, diese preiszugeben. Die Analysten sind zu sehr in Gespräche mit den institutionellen Anlegern vertieft, um sich Gedanken über die Weiterbildung der breiten Masse zu machen.

Inzwischen sammeln die Computer der Maklerfirmen eifrig ein Meer von nützlichen Informationen über Firmen, die sie in beinahe jeder Form und für jeden interessierten Kunden wieder ausspucken können. Vor ungefähr einem Jahr hat Rick Spillane, der Leiter von Fidelitys Research-Abteilung, einige hochrangige Broker zu den Datenbanken und sogenannten Screens, die derzeit zur Verfügung stehen, befragt. Ein Screen ist eine vom Computer erzeugte Liste von Firmen, die fundamentale Merkmale gemeinsam haben – zum Beispiel diejenigen, die seit 20 Jahren kontinuierlich ihre Dividende erhöht haben. Diese Information ist für Investoren, die sich auf diese Art Unternehmen spezialisieren wollen, sehr nützlich.

Albert Bernazati von Smith Barney bemerkt, dass seine Firma jeweils acht bis zehn Seiten Finanzinformationen zu den meisten der 2.800 Firmen des Smith-Barney-Universums liefern kann. Merrill Lynch kann zehn verschiedene variable Screens ausarbeiten; *Value Line Investment Survey* hat einen „Value Screen"; und Charles Schwab besitzt einen beeindruckenden Datenservice, der „The Equalizer" heißt. Trotzdem besteht nach keinem dieser Angebote eine große Nachfrage. Tom Reilly von Merrill Lynch berichtet, dass weniger als fünf Prozent seiner Kunden diese Börsenscreens nutzen. Jonathan Smith von Lehman Brothers erzählt, dass der durchschnittliche Kleinanleger 90 Prozent dessen, was Lehman bieten kann, nicht nutzt.

In früheren Jahrzehnten, als noch mehr Menschen ihre eigenen Aktien kauften, war der Broker per se eine nützliche Datenbank. Viele Broker alter Schule studierten eine bestimmte Industrie oder ein paar bestimmte Firmen und konnten ihren Kunden dabei helfen, die Einzelheiten besser zu erkennen. Natürlich kann man sich völlig darin verlieren, die altmodischen Broker als das Wall-Street-Pendant zum Arzt zu glorifizieren, der Hausbesuche macht. Dieser strahlenden Vorstellung widersprechen die öffentlichen Meinungsumfragen, die den Börsenmakler auf der Beliebtheitsskala normalerweise kurz unterhalb des Politikers und des Gebrauchtwagenhändlers platzieren. Trotzdem hat der frühere Broker mehr Nachforschungen angestellt als die heutige Brokerversion, bei der es wahrscheinlicher ist, dass sie auf Informationen vertraut, die innerhalb der eigenen Firma zur Verfügung gestellt werden.

Neumodische Broker haben neben den Aktien noch viele andere Dinge zu verkaufen, zum Beispiel Rentenpapiere, Kommanditbeteiligungen, Steuersparmodelle, Versicherungspolicen, Sparbriefe, Anleihefonds und Aktienfonds. Von all diesen „Produkten“ müssen sie wenigstens genug verstehen, um ein Verkaufsgespräch zu überstehen. Sie haben weder die Zeit noch das Bestreben, die Versorgungsunternehmen oder die Einzelhändler oder den Automobilsektor zu verfolgen, und da nur wenige Kunden in einzelne Aktien investieren, besteht wenig Nachfrage nach ihren Ratschlägen zur Aktienauswahl. Die höchsten Provisionen erzielt der Broker sowieso woanders: bei den offenen Fonds, den Versicherungspolicen und der Spekulation mit Optionen.

Angesichts einer schwindenden Zahl von Brokern, die einer schwindenden Zahl von Stockpickern eine persönliche Betreuung anbieten, angesichts eines vorherrschenden Klimas, das zu riskanten Spekulationen mit „Spielgeld" und einer übertriebenen Ehrerbietung vor professionellen Fähigkeiten ermutigt, ist es kein Wunder, dass so viele Menschen beschließen, es sei hoffnungslos, eigenständig Aktien auszuwählen. Doch erzählen Sie das nicht den Schülern von St. Agnes.

Das St.-Agnes-Portfolio

Die 14 Aktien, die in Tabelle 1–1 aufgelistet sind, waren die Spitzenreiter, die von einem energiegeladenen Haufen von Siebtklässler-Portfoliomanagern ausgewählt wurden, die 1990 die St. Agnes School in Arlington, einem Vorort von Boston, besuchten. Die Lehrerin und Schulleiterin Joan Morrissey wollte die Theorie beweisen, dass man keinen Quotron und keinen MBA von Wharton benötigt – und davon abgesehen nicht einmal einen Führerschein –, um im Aktiengeschäft Hervorragendes zu leisten.

Diese Resultate werden Sie weder in einem Lipper-Bericht noch in der Zeitschrift *Forbes* finden, aber eine Investition nach dem Musterdepot von St.-Agnes erzielte über einen Zeitraum von zwei Jahren einen 70-prozentigen Gewinn und schlug dabei mit einem kolossalen Vorsprung den S&P 500, der im gleichen Zeitraum 26 Prozent erzielte. Gleichzeitig übertraf St. Agnes ebenso 99 Prozent aller Aktienfonds, deren Manager mit beachtlichen Geldsummen für ihre fachmännische Auswahl bezahlt werden, wohingegen die Youngsters schon mit einem gemeinsamen Frühstück mit der Lehrerin und einem Kinobesuch zufrieden sind.

Tabelle 1-1 Das St.-Agnes-Portfolio

Unternehmen	Entwicklung 01.01.1990 – 31.12.1991 (in %)
Wal-Mart	164,7
Nike	178,5
Walt Disney	3,4
Limited	68,8
LA Gear	-64,3
Pentech	53,1

Unternehmen	Entwicklung 01.01.1990 – 31.12.1991 (in %)
Gap	320,3
PepsiCo	63,8
Food Lion	146,9
Topps	55,7
Savannah Foods	-38,5
IBM	3,6
NYNEX	-0,22
Mobil	19,1
Gesamtertrag des Portfolios	69,6
S&P 500	26,08

Ich wurde auf diese erstklassige Performance durch einen großen Skizzenblock aufmerksam gemacht, der meinem Büro zugesandt worden war. Auf diesem Skizzenblock hatten die Siebtklässler nicht nur ihre Spitzenkandidaten aufgelistet, sondern auch zu jedem ein Bild gemalt. Das bringt mich zu Peters Prinzip Nummer 3:

Investiere niemals in eine Idee, die man nicht mit einem Buntstift veranschaulichen kann.

Diese Regel sollte von vielen erwachsenen Vermögensverwaltern angewandt werden – egal ob Amateur oder Profi –, die für gewöhnlich die offensichtlich profitablen Unternehmen zugunsten der unerklärbaren Spekulation, mit der man Geld verliert, ignorieren. Mit Sicherheit hätte diese Regel Investoren von Dense-Pac Microsystems abgehalten, einem Hersteller von „Speichermodulen", dessen Aktien leider von 16 Dollar auf 25 Cent gefallen sind. Wer kann schon ein Bild von einem Dense-Pac-Microsystem zeichnen?

Um der gesamten St.-Agnes-Fondsabteilung (identisch mit der Sozialkundeklasse von Frau Morrissey) zu gratulieren und auch um das Geheimnis des Erfolgs kennenzulernen, lud ich die Gruppe zum Mittagessen in den Speisesaal der Chefetage von Fidelity ein, wo an diesem Tag zum allerersten Mal Pizza serviert wurde. Frau Morrissey, die seit 25 Jahren in St. Agnes unterrichtet, erklärte, dass ihre Klasse jedes Jahr in Viererteams aufgeteilt wird und jedes Team 250.000 Dollar theoretisches Startkapital erhält. Die einzelnen Teams treten in einen Wettstreit, in dem es darum geht, wer am meisten aus seinem Geld machen kann.

Jedes der verschiedenen Teams, die Spitznamen wie „Vom Lumpensammler zum Millionär", „Zauberer der Wall Street", „Wall-Street-Frauen", „Geldmaschine", „Die Aktien sind unser" und sogar „Lynch Mob" angenommen haben, entscheidet sich zusätzlich für eine Lieblingsaktie, die dann in den Skizzenblock aufgenommen wird. So entsteht das Musterportfolio.

Die Schüler lernen, wie man die Finanzzeitung *Investor's Business Daily* liest. Sie verfassen eine Liste mit potenziell attraktiven Firmen und stellen dann zu jeder einzelnen Nachforschungen an, indem sie die Gewinne und die Relative Stärke überprüfen. Anschließend setzen sie sich hin, gehen die Daten durch und entscheiden, welche Aktien sie auswählen. Viele Fondsmanager folgen einer ähnlichen Prozedur, obwohl sie dabei nicht notwendigerweise so geschickt wie die Kinder vorgehen.

„Ich versuche darauf hinzuweisen, dass ein Portfolio mindestens zehn Firmen umfassen sollte, darunter eine oder zwei, die eine gute Dividende abwerfen", sagt Frau Morrissey. „Aber bevor meine Schüler irgendeine Aktie in das Portfolio aufnehmen können, müssen sie genau erklären, was das Unternehmen macht. Können sie der Klasse die Dienstleistungen oder die Produkte nicht beschreiben, dann dürfen die Schüler diese Aktie nicht kaufen. Eines unserer Themen ist, das zu kaufen, was man kennt." Das zu kaufen, was man kennt, ist eine sehr ausgefeilte Strategie, die viele Profis in der Praxis vernachlässigen.

Eine der Firmen, die die Schüler von St. Agnes kannten, war Pentech International, ein Hersteller von bunten Füllfederhaltern und Markern. Ihr Lieblingsprodukt von Pentech, das einen Marker am einen und einen Leuchtstift am anderen Ende hatte, war von Frau Morrissey eingeführt worden. Dieser Stift war sehr beliebt, und einige Kinder benutzten ihn sogar, um ihre Aktienauswahl zu markieren. Das passierte lange bevor die Kinder selbst in Pentech investierten.

Die Aktie notierte zu der Zeit bei fünf Dollar und die Schüler entdeckten, dass die Firma keine langfristigen Schulden hatte. Ebenso beeindruckend war die Tatsache, dass Pentech ein überragendes Produkt herstellte, das – nach der hausinternen Popularität zu schließen – wahrscheinlich landesweit ebenso beliebt war. Eine weitere positive Eigenschaft für die Siebtklässler war, dass Pentech eine relativ unbekannte Firma war, im Vergleich etwa zu Gillette, dem Hersteller der Bic-Stifte und Good-News-Rasierer, die sie aus den Badezimmern ihrer Väter kannten. Als kollegiale Hilfestellung schickten mir die Fondsmanager von St. Agnes einen Pentech-Stift und schlugen vor, dass ich mir diese wunderbare Firma näher betrachten sollte. Ich wünschte, ich hätte diesen Rat beherzigt. Nachdem ich den Tipp erhalten und es unterlassen hatte zu handeln, verdoppelte sich die Aktie beinahe von 5 1/8 auf 9 1/2 Dollar.

Dieselbe kindliche Annäherung an die Aktienauswahl führte die St. Agnes-Fondsmanager 1990 zur Walt Disney Company, zwei Turnschuhherstellern (Nike und LA Gear), The Gap (wo die meisten von ihnen ihre Klamotten kauften), PepsiCo (das sie auf vier verschiedenen Wegen kannten: Pepsi-Cola, Pizza Hut, Kentucky Fried Chicken und Frito-Lay) und Topps (ein Hersteller von Baseballkarten). „In der siebten Klasse hatte der Kartentausch Hochkonjunktur," sagte Frau Morrissey, „sodass es keine Frage war, ob man Topps kaufen sollte. Topps stellte auch etwas her, das die Kinder wirklich kaufen konnten. Dadurch hatten sie das Gefühl, dass sie zum Gewinn einer ihrer Firmen aktiv beitragen konnten."

Auf die restlichen Firmen waren sie wie folgt aufmerksam geworden: auf Wal-Mart, weil sie einen Ausschnitt aus „Lifestyles of the Rich and Famous" gesehen hatten, in dem der Gründer von Wal-Mart, Sam Walton, darüber sprach, inwieweit das Börsengeschäft der Wirtschaft zugutekommt; auf NYNEX und Mobil wegen ihrer hervorragenden Dividenden; auf Food Lion Inc., weil es ein gut geführtes Unternehmen mit einer hohen Kapitalverzinsung ist und weil es in dem gleichen Fernsehausschnitt auftauchte, der ihnen Sam Walton bekannt machte. Dazu Frau Morrissey:

„Es ging dabei um 88 Einwohner von Salisbury im Bundesstaat North Carolina, die alle je zehn Aktienanteile an Food Lion für 100 Dollar gekauft hatten, als die Firma 1957 an die Börse ging. Eintausend Dollar, die damals investiert wurden, hatten sich in 14 Millionen Dollar verwandelt. Können Sie das glauben? Jeder dieser 88 Menschen wurde zum Millionär. Diese Tatsache beeindruckte die Kinder sehr, um es gelinde auszudrücken. Bis zum Ende des Schuljahres hatten sie viele Dinge wieder vergessen, aber nicht die Geschichte von Food Lion."

Das einzige Schwergewicht im Musterportfolio ist IBM, von dem ich Ihnen nicht erzählen muss, dass es seit 20 Jahren das Lieblingskind der erwachsenen professionellen Vermögensverwalter ist (mich selbst eingeschlossen – wir Erwachsene kaufen die Aktie immer wieder und wünschen uns immer wieder, wir hätten sie nicht gekauft). Der Grund für diese destruktive Obsession liegt auf der Hand: IBM ist eine angesehene Aktie, die jeder kennt, und ein Fondsmanager kommt nicht in Schwierigkeiten, wenn er damit Geld verliert. Man kann den St.-Agnes-Kindern diesen einen törichten Versuch vergeben, ihre Eltern an der Börse zu imitieren.

Lassen Sie mich einen Teil der Kritik vorwegnehmen, die sicherlich aus den Reihen der Profis gegenüber dem Ergebnis von St. Agnes kommen wird: (1) „Es geht nicht um echtes Geld." Das stimmt, aber was soll's? Jedenfalls sollten die Profis erleichtert sein, dass St. Agnes nicht mit echtem Geld arbeitet – andernfalls wären nach dieser Performance vielleicht Milliarden von Dollar aus den regulären Publikumsfonds abgezogen und den Kindern übergeben worden. (2) „Jeder hätte diese Aktien auswählen können." Wenn das der Fall ist, warum hat es dann niemand getan? (3) „Die Kinder hatten mit ein paar ihrer Favoriten einfach nur Glück." Vielleicht, aber einige der kleineren Portfolios, die von den Viererteams in Frau Morrisseys Klasse zusammengestellt worden waren, entwickelten sich besser als das Musterportfolio, das die gesamte Klasse entwickelt hatte. Das Gewinnerquartett von 1990 (Andrew Castiglioni, Greg Bialach, Paul Knisell und Matt Keating) entschied sich aus den erwähnten Gründen für die folgenden Aktien:

100 Aktien von Disney („Das kann jedes Kind erklären.")
100 Aktien von Kellogg („Sie mochten das Produkt.")
300 Aktien von Topps („Wer handelt nicht mit Baseballkarten?")
200 Aktien von McDonald's („Die Leute müssen essen.")
100 Aktien von Wal-Mart („Ein beachtlicher Wachstumsspurt.")
100 Aktien von Savannah Foods („Das hatten sie aus *Investor's Daily*.")
5.000 Aktien von Jiffy Lube („Zu dem Zeitpunkt billig.")
Aktien von Hasbro („Ist ja schließlich eine Spielzeugfirma, was sonst.")
1.000 Aktien von Tyco Toys („Siehe oben.")
100 Aktien von IBM („Frühreifes Erwachsenenverhalten.")
600 Aktien von National Pizza („Niemand kann einer Pizza widerstehen.")
1.000 Aktien der Bank of New England („Wie tief kann sie noch fallen?")

Die letzte Aktie besaß ich selbst und habe Geld damit verloren, sodass ich den Fehler verstehen kann. Dieser wurde aber durch die beiden

Spitzenreiter der Jungs mehr als ausgeglichen – National Pizza und Tyco Toys. Diese Fourbagger (Aktien, die sich vervierfachten) hätten für jedes Portfolio Wunder vollbracht. Andrew Castiglioni entdeckte National Pizza, als er die NASDAQ-Liste überflog und seiner Entdeckung einige Nachforschungen folgen ließ – der entscheidende zweite Schritt, den viele erwachsene Investoren nach wie vor vermeiden.

Das Gewinnerquartett von 1991 (Kevin Spinale, Brian Hough, David Cardillo und Terence Kiernan) teilte den theoretischen Einsatz unter Philip Morris, Coca-Cola, Texaco, Raytheon, Nike, Merck, Blockbuster Entertainment und Playboy Enterprises auf. Merck und Texaco fielen durch ihre guten Dividenden auf. Playboy fiel ihnen aus Gründen auf, die nichts mit den fundamentalen Daten der Firma zu tun hatten, obwohl die Kinder die hohe Zeitschriftenauflage bemerkt hatten und wussten, dass Playboy einen Kabelkanal besaß.

Die ganze Klasse machte ihre Bekanntschaft mit Raytheon während des Golfkriegs, als die Schüler von Frau Morrissey Briefe an die Truppen in Saudi-Arabien schickten. Es entstand ein regelmäßiger Briefwechsel mit Major Robert Swisher, der unter anderem beschrieb, wie eine Scud-Rakete einige Meilen von seinem Camp einschlug. Als die Portfoliomanager herausfanden, dass Raytheon die Patriot-Raketen herstellte, konnten sie es nicht abwarten, die Aktie zu überprüfen. „Es war ein gutes Gefühl, zu wissen," sagte Frau Morrissey, „dass wir ein theoretisches finanzielles Interesse an der Waffe hatten, die Major Swisher beschützte."

Der St.-Agnes-Chor

Nachdem die St.-Agnes-Aktienexperten Fidelity besichtigt, Pizza gegessen und mir den Pentech-Rat gegeben hatten, von dem ich wünschte, ich hätte ihn beherzigt, revanchierte sich die Gruppe und lud mich zu einer Rede und einer Besichtigung ihrer Portfolioabteilung, also des Klassenzimmers, ein. Als Reaktion auf meinen Besuch dieser hundert Jahre alten Institution, die vom Kindergarten bis zur achten Klasse Schüler aufnimmt, erhielt ich eine Kassette, die die Schüler produziert hatten.

Diese bemerkenswerte Kassette beinhaltete einige ihrer eigenen Ideen und Strategien zur Aktienauswahl sowie ein paar von mir erwähnte, die sie mir wiederholen wollten, um sicherzustellen, dass ich sie auch selbst nicht vergessen würde. Hier sind einige der Anmerkungen:

„Hallo, hier spricht Lori. Ich erinnere mich, dass Sie uns erzählt haben, dass der Markt innerhalb der letzten 70 Jahre 40-mal gefallen ist, sodass ein Investor bereit sein muss, langfristig anzulegen ... Sollte ich jemals Geld anlegen, dann werde ich das auf alle Fälle langfristig tun."

„Hallo, hier spricht Felicity. Ich erinnere mich an die Geschichte über Sears, die Sie uns erzählt haben, und dass Sears beim Bau der ersten Einkaufszentren an 95 Prozent davon beteiligt war. Wenn ich jetzt in eine Aktie investiere, dann weiß ich, dass ich in eine Aktie investieren muss, die noch eine Möglichkeit zum Wachsen hat."

„Hallo hier spricht Kim. Ich erinnere mich, dass ich mit Ihnen gesprochen habe und Sie gesagt haben, dass zu der Zeit, als K-Mart sich in den Großstädten niederließ, Wal-Mart sogar noch besser abschnitt, weil die sich in den Kleinstädten niederließen, in denen es keine Konkurrenz gab, und ich erinnere mich, dass Sie sagten, sie seien bei der Verleihung des Sam-Walton-Preises Gastredner gewesen, und gerade gestern stand Wal-Mart bei 60 Dollar und ein 2:1-Split wurde bekannt gegeben."

„Hier spricht Willy. Ich wollte nur sagen, dass alle Kinder froh waren, dass es zum Mittagessen Pizza gab."

„Hallo, hier spricht Steve. Ich wollte Ihnen nur sagen, dass ich meine Gruppe davon überzeugt habe, einen großen Aktienanteil an Nike zu kaufen. Wir haben bei 56 Dollar pro Aktie gekauft, inzwischen notiert die Aktie bei 76 Dollar. Ich habe viele Turnschuhe, und es sind bequeme Schuhe."

„Hallo, hier sprechen Kim, Maureen und Jackie. Wir erinnern uns, dass Sie erzählt haben, dass das Unternehmen Coca-Cola bis vor fünf Jahren o.k. gewesen sei, als es Diet Coke herausbrachte und die Erwachsenen von Kaffee und Tee auf Diet Coke umstiegen. Vor Kurzem gab es einen Aktiensplit bei 84 Dollar, und Coke macht sich sehr gut."

Am Ende des Bandes wiederholt die gesamte Portfolioabteilung der siebten Klasse gemeinsam die folgenden Maximen. Diesen Chor sollten wir alle auswendig lernen und unter der Dusche wiederholen, um uns vor zukünftigen Fehlern zu bewahren:

„Ein gutes Unternehmen erhöht in der Regel jährlich seine Dividende."

„Man kann in sehr kurzer Zeit Geld verlieren, aber es dauert sehr lange, Geld zu vermehren."

„Die Börse ist eigentlich kein Glücksspiel, solange man gute Firmen danach auswählt, ob man sie positiv bewertet, und nicht aufgrund ihres Aktienkurses."

„Man muss eine Firma überprüfen, bevor man in sie investiert."

„Wenn man an der Börse investiert, sollte man immer diversifizieren."

„Man sollte in verschiedene Aktien investieren, denn von fünf Aktien ist eine super, eine absolut schlecht und drei sind o.k."

„Verliebe dich nie in eine Aktie, bleibe immer aufgeschlossen."

„Man sollte niemals einfach eine Aktie auswählen – man sollte seine Hausaufgaben machen."

„Es ist gut, Versorger-Aktien zu kaufen, weil diese eine höhere Dividende einbringen. Geld macht man jedoch mit Wachstumsaktien."

„Nur weil eine Aktie fällt, heißt das nicht, dass sie nicht noch weiter fallen kann. Langfristig betrachtet ist es besser, Aktien von Kleinunternehmen zu kaufen."

„Man sollte eine Aktie nicht kaufen, weil sie billig ist, sondern weil man eine Menge darüber weiß."

Frau Morrissey bemüht sich nach besten Kräften, Amateur-Stockpicker zu fördern, nicht nur aus den Reihen der Schüler, sondern auch unter ihren Lehrerkollegen, die sie dazu angeregt hat, einen eigenen Investmentclub zu gründen, die „Wall Street Wonders". Der Club hat 22 Mitglieder einschließlich meiner Wenigkeit als Ehrenmitglied und Major Swisher.

Die Wall Street Wonders erzielen ein akzeptables Ergebnis, das allerdings hinter dem der Schüler liegt. „Warten Sie nur, bis ich den anderen Lehrern sage, dass die Aktien der Kinder besser abgeschnitten haben als unsere," sagte Frau Morrissey, nachdem wir uns die Zahlenwerte betrachtet hatten.

8.000 Investmentclubs können nicht irren

Die National Association of Investors Corporation mit Sitz in Royal Oaks in Michigan bestätigt, dass sowohl Erwachsene als auch Kinder durch diszipliniertes Verhalten bei der Aktienauswahl den Marktdurchschnitt übertreffen können. Diese Organisation repräsentiert 8.000 Clubs, die Aktien auswählen, und veröffentlicht zu deren Unterstützung einen Führer und eine monatliche Zeitschrift.

Die NAIC berichtet, dass 61,9 Prozent ihrer Mitglieder seit ihrem Bestehen – meistens zehn oder mehr Jahre – genauso gute oder bessere Ergebnisse als der S&P 500 Index erzielt haben. Der Schlüssel zum Erfolg dieser Investmentclubs liegt darin, dass sie nach einem regelmäßigen Zeitplan investieren, der ein Hin und Her darüber, ob der Markt nun steigen oder fallen wird, nicht zulässt und keine impulsiven Käufe oder Verkäufe, die so viele Ersparnisse ruinieren, möglich macht. Menschen, die über ihre Altersvorsorgekonten oder Pensionsfonds automatisch jeden Monat in Aktien investieren, werden genauso von ihrer Disziplin profitieren wie die Clubs.

Folgende Berechnungen, die ich in der technischen Abteilung von Fidelity in Auftrag gegeben hatte, haben die Argumente für ein Investitionsschema nach Plan noch verstärkt. Wenn man am 31. Januar 1940 1.000 Dollar im S&P 500 Index angelegt und das Geld dort für 52 Jahre belassen hätte, hätte man heute 333.793,30 Dollar auf dem Konto. Es handelt sich hier lediglich um eine theoretische Übung, da es 1940 noch keine Indexfonds gab, aber man erhält dadurch eine Vorstellung davon, wie lohnenswert es ist, sich an eine große Bandbreite von Aktienwerten zu halten.

Hätte man dem ursprünglichen Einsatz jährlich am 31. Januar über die gesamten 52 Jahre hinweg immer 1.000 Dollar hinzugefügt, wäre man heute bei 3.554.227 Dollar angelangt. Und hätte man den Mut gehabt, jedes Mal 1.000 Dollar extra zu investieren, wenn der Markt um zehn Prozent oder mehr gefallen war (was in den letzten 52 Jahren 31-mal geschah), dann hätte eine Gesamtinvestition von 83.000 Dollar heute einen Wert von 6.295.000 Dollar. Man sieht also, dass es substanzielle Belohnungen dafür gibt, dass man eine regelmäßige Investmentroutine entwickelt und dieser, koste es was es wolle, folgt. Zusatzbelohnungen gibt es, wenn man seinen Aktienbestand dann erhöht, wenn die meisten Investoren so verängstigt sind, dass sie verkaufen.

Während und nach der großen Korrektur im Oktober 1987 haben alle 8.000 Clubs, die der NAIC angehören, an ihren Zeitplänen festgehalten; zu einer Zeit, als auf weiter Flur das Ende der Welt und das Ende des Bankwesens vorhergesagt wurden. Die Clubs ignorierten die beängstigende Rhetorik und fuhren fort, Aktien zu kaufen.

Eine Einzelperson wird vielleicht aus ihren Aktien hinausgeängstigt und bedauert es später, aber in den Clubs kann ohne Mehrheitsentscheid nichts zustande gebracht werden. Es ist nicht immer das Beste, im Rudel zu entscheiden, aber in diesem Fall trägt es dazu bei, sicherzustellen, dass der idiotische Vorschlag, alles zu verkaufen, von der Gruppe nicht ausgeführt wird. Kollektiventscheidungen sind eine der Hauptursachen dafür, dass Clubmitglieder gewöhnlich mit dem Geld, das sie durch die Gruppe investieren, bessere Erfolge erzielen als mit dem Geld, das sie nebenbei in ihre privaten Depots investieren.

Der Club trifft sich einmal im Monat entweder bei einem Mitglied oder in einem angemieteten Konferenzzimmer eines örtlichen Hotels. Bei diesen Treffen werden Ideen ausgetauscht und entschieden, was als Nächstes gekauft wird. Jeder und jede ist dafür verantwortlich, eine oder zwei Firmen zu überprüfen und die neuesten Entwicklungen tabellarisch festzuhalten. Das nimmt der Aktienauswahl die Launenhaftigkeit. Niemand wird aufstehen und verkünden: „Wir müssen Home Shopping Network kaufen. Ich habe von einem Taxifahrer gehört, dass es eine sichere Sache ist." Wenn man weiß, dass die eigenen Empfehlungen den Geldbeutel der Freunde beeinflussen werden, dann neigt man dazu, seine Hausaufgaben zu erledigen.

Meistens kaufen die NAIC-Gruppen Aktien von gut geführten, im Wachstum begriffenen Firmen, die in der Vergangenheit prosperierten und deren Gewinne sich stetig steigern. Wir befinden uns hier im Land der Viel-Bagger, wo es nicht ungewöhnlich ist, wenn man den Originaleinsatz innerhalb eines Jahrzehnts um das 10-, 20- oder sogar 30-Fache vergrößert.

Die NAIC hat in ihren 40 Jahren Erfahrung viele der gleichen Lektionen gelernt, die mir beim Magellan erteilt wurden. Die erste davon ist, dass man beim Kauf von Aktien fünf verschiedener Firmen herausfinden wird, dass drei sich wie erwartet verhalten werden, eine in unvorhergesehene Schwierigkeiten geraten und zur Enttäuschung werden wird und die fünfte alle Erwartungen mit einem phänomenalen Gewinn übertreffen wird. Da man nicht vorhersehen kann, welche Aktien die Erwartungen übertreffen und welche Pleiten sein werden, empfiehlt die Organisation, dass man wenigstens fünf Aktien in seinem Portfolio haben sollte. Die NAIC nennt das die Fünferregel.

Das NAIC-Handbuch, das die Verantwortlichen mir freundlicherweise zugesandt haben, enthält einige wichtige Maximen, die man zum Repertoire des St. Agnes-Chors hinzufügen kann. Sie können sie beim Rasenmähen oder, was noch besser ist, just bevor Sie den Börsenmakler anrufen, vor sich hin summen:

Halten Sie nur die Anzahl an Aktien, über die Sie sich auch informieren können.

Investieren Sie regelmäßig.

Achten Sie zuerst darauf, dass Umsatz und Gewinn je Aktie mit einer akzeptablen Rate steigen, und erst dann darauf, ob Sie die Aktie zu einem günstigen Kurs einkaufen können.

Es ist ratsam die Finanzkraft und Schuldenstruktur der Firma zu betrachten, um zu sehen, ob ein paar magere Jahre den langfristigen Fortschritt der Firma behindern würden.

Kaufen Sie eine Aktie nur dann, wenn ihr Wachstum Ihren Vorstellungen entspricht und der Kurs vernünftig ist.

Wenn Sie die Gründe für steigende Umsatzzahlen in der Vergangenheit verstehen, werden Sie die Wahrscheinlichkeit, dass diese sich fortsetzen, besser einschätzen können.

Die NAIC unterstützt Investoren mittels eines Heimstudiums dabei, tiefer in die Materie der Aktienauswahl einzusteigen. Man lernt, wie man Gewinn- und Umsatzzuwachs berechnen kann; wie man aufgrund der Gewinne erkennen kann, ob eine Aktie billig, teuer oder vernünftig bewertet ist; und man lernt, wie man eine Bilanz lesen muss, um zu erkennen, ob eine Firma das nötige Kleingeld hat oder nicht, um auch in harten Zeiten zu überleben. Für Menschen, die gerne mit Zahlen arbeiten und anspruchsvollere Investitionshausaufgaben als bisher machen möchten, ist das eine gute Möglichkeit, um zu beginnen.

Die NAIC veröffentlicht dazu noch die Monatszeitschrift *Better Investing*, die Aktien vielversprechender Wachstumsunternehmen empfiehlt und regelmäßig die neuesten Nachrichten über deren aktuellen Status liefert. Für weitere Informationen wenden Sie sich bitte an die NAIC 1515 East 11 Mile Road, Royal Oak, MI 48067 oder rufen Sie unter 001-313-543-0612 an. Hiermit ist meine kostenlose und freiwillige Werbung beendet.

2

Kopfzerbrechen am Wochenende

Der Schlüssel zum Erfolg im Aktiengeschäft ist, dass man nicht aus Angst die Flucht ergreift. Diesen Punkt kann man gar nicht oft genug betonen. Mit jedem Jahr schwappt eine neue Flutwelle von Büchern heran, in denen erklärt wird, nach welchen Kriterien man Aktien auswählt oder wie man den Publikumsfonds schlechthin entdeckt. Doch all diese guten Informationen sind ohne die entsprechende Willensstärke nutzlos. Was Diäten und Aktien angeht, so entscheidet der Bauch und nicht der Kopf über das Ergebnis.

Im Falle der Fonds, für deren Besitz man nicht unbedingt Firmen überprüfen oder den Markt beobachten muss, ist oft das vorhandene Wissen das, was schädlich sein kann. Menschen, die sich nicht damit belasten, über die Wirtschaft nachzudenken, ignorieren fröhlich und munter die Marktlage, investieren nach einem regelmäßigen Zeitplan und sind besser bedient als diejenigen, die Studien betreiben und versuchen, ihre Investitionen zu timen, indem sie in Aktien einsteigen, wenn sie das nötige Vertrauen haben, und aussteigen, wenn sie ein ungutes Gefühl haben.

Einmal im Jahr, wenn wir uns auf Veranlassung von *Barron's* zum Runden Tisch treffen, werde ich an diese Lektion erinnert, wenn nämlich eine Gruppe vermeintlicher Experten – mich selbst eingeschlossen – ein Wochenende lang damit beschäftigt ist, sich fürchterlich den Kopf zu zerbrechen. Seit 1986 nehme ich jedes Jahr an diesem Ereignis teil. Wir kommen im Januar für acht Stunden zusammen, um geistreiche Bemerkungen und Aktientipps auszutauschen, von denen die meisten in den darauffolgenden drei Publikationen veröffentlicht werden.

Da *Barron's* Dow Jones gehört, befinden sich seine Büroräume im neuen Dow-Jones-Komplex an der Südspitze von Manhattan mit Blick auf das rechte Ufer des Hudson River. Was Marmor und die Höhe der Räume angeht, ist die Lobby dem Petersdom in Rom ebenbürtig. Man betritt sie über Laufbänder ähnlich denen, die auf internationalen Flughäfen eingerichtet sind. Es gibt ein umfassendes Sicherheitssystem, das mit einem Check-in-Schalter beginnt, an dem man seine Personalien und den Grund des Besuchs angeben muss. Ist diese Hürde erfolgreich bewältigt, erhält man ein Papier, das man beim Sicherheitsbeamten am Aufzug vorzeigen muss.

Hat man diesen Test bestanden, darf man in das angewiesene Stockwerk hinauffahren, wo man eine weitere verschlossene Tür passieren muss, die mit einer Codekarte geöffnet werden kann. Wenn alles gutgeht, befindet man sich schließlich im Konferenzraum, in dem wir uns zum Runden Tisch einfinden, allerdings wie so oft ohne runden Tisch. Ursprünglich war er einmal U-förmig, aber vor Kurzem haben die Organisatoren eine der Seiten eingeklappt, um ein gigantisches Dreieck zu bilden. Wir Finanzzauberer sitzen entlang der Hypotenuse, während unsere Gastgeber uns von der Basis aus befragen. Den Vorsitz dieser freundlichen Inquisition hat der *Barron's*-Herausgeber Alan Abelson, der hauseigene schlaue Kopf, der für das Finanzwesen dasselbe geleistet hat wie Dorothy Parker für den Liebesroman.

Über unseren Köpfen baumeln Mikrofone und eine gewaltige Platte mit 13 Spotlights zu je 1.000 Watt, die nach Bedarf der Fotografen an- und ausgeschaltet werden. Während einer von ihnen mit einem Zoom aus fünf Metern Entfernung Schnappschüsse macht, rutscht eine Fotografin (die Knieschoner trägt) genau vor unserer Nase auf dem Boden umher und zielt für Nahaufnahmen schräg nach oben. Neben den Fotografen ist der Raum mit Redakteuren von *Barron's*, Tonexperten und Technikern überfüllt, von denen einige hinter einer Glaswand herumlungern. Die Lampen heizen den Raum derart auf, dass darin Küken schlüpfen könnten.

Hier wird viel Wirbel um ein paar Geldmanager fortschreitenden Alters mit ergrauenden Schläfen gemacht, aber wir lassen es uns gefallen. Gelegentlich kommt ein neues Mitglied zur Runde hinzu und ein altes verschwindet, aber zum festen Stamm gehören Mario Gabelli und Michael Price. Beide verwalten hoch angesehene Value-Fonds, die seit Kurzem wieder en vogue sind. Außerdem sind dabei John Neff vom Vanguard Windsor Fund, der bereits eine Legende war, als ich 1977 den Magellan übernahm; Paul Tudor Jones, eine Koryphäe bei den Teminkontrakten; Felix Zulauf, ein internationaler Banker und Pessimist, der soweit ich weiß in seiner Schweizer Heimat als Optimist gelten mag, weil sich die Menschen dort um alles mögliche Sorgen machen; Marc Perkins, ein Vermögensverwalter, den ich kennenlernte, als er Bankanalyst war; Oscar Schafer, der sich auf „Sondersituationen" spezialisiert hat; Ron Baron, der nach Aktien Ausschau hält, um die sich die Wall Street nicht kümmert; und Archie MacAllaster, ein schlauer Kopf aus dem OTC-Handel.

In der 1992er-Runde wurde Paul Tudor Jones' Platz von Barton Biggs übernommen, Vorsitzender von Morgan Stanley Asset Management und Schnäppchenjäger mit globaler Perspektive. Marc Perkins kam 1991, als Jim Rogers nach fünf Jahren als feste Größe die Börse aufgab, um mit dem Motorrad auf der Seidenstraße China zu durchqueren. Das Letzte, was ich von ihm gehört habe, ist, dass er mit seinem Motorrad nach Peru übergesetzt ist und Tausende von Meilen vom nächsten Broker entfernt in den Anden herumfährt. (Zwischenzeitlich ist er in einer abendlichen Wirtschaftssendung aufgetaucht.)

Während sich die Freundschaften der meisten Menschen auf ihre Erfahrungen an der Uni, in der Armee oder im Ferienlager gründen, sind es bei uns die Aktien. Ich kann mich nicht mit Ron Baron treffen, ohne dabei an Strawbridge & Clothier zu denken, eine Aktie, die wir beide einmal zur gleichen Zeit besessen und vorzeitig verkauft haben.

Im Laufe der Jahre haben wir versucht, unsere Schlagfertigkeit zu schulen, um mit Abelsons Einzeilern Schritt zu halten. Abelson taucht im veröffentlichten Text über unsere Zusammenkunft stets als *Barron's* oder „Q" auf, aber für alles Folgende verdient er persönlich vollste Anerkennung, ausgenommen Schafers Replik, die ich berücksichtigt habe, weil sie beinahe das Niveau eines Abelson-Einzeilers erreicht.

JIM ROGERS: „Ich besitze eine europäische Firma namens Steyr-Daimler-Puch, die jetzt schon seit ein paar Jahren Verluste macht."
ABELSON: „Und was spricht sonst noch für die Firma?"

ABELSON: „Stehen Sie derzeit irgendwo short?"
SCHAFER: „Lassen Sie mich erst noch über eine weitere Long-Position erzählen, dann spreche ich über einen Short, falls ich Sie langweile."
ABELSON: „Nicht mehr als sonst."

ED GOODNOW (ein ehemaliges Rundenmitglied, das Philippine Long Distance Telephone anpries): „Ich habe gehört, dass der Service auf dem Land bisher nicht so gut ist. Eines der Probleme dort ist die Schwierigkeit, die Arbeiter dazu zu bewegen, auf die Masten zu klettern, um die Leitungen zu reparieren, da sie manchmal von Heckenschützen abgeschossen werden. Aber abgesehen davon ist es ein sehr solides Unternehmen."
ABELSON: „Nennen Sie das einen Treffer?"

PETER LYNCH: „Ich mag immer noch meine ultimative Sparkasse Fannie Mae. Sie hat noch einiges an Weg vor sich."
Abelson: „In welche Richtung?"

JOHN NEFF (während er Delta Air Lines empfiehlt): „Was den Leuten auf dem Flugzeugsektor fehlt ..."
ABELSON: „Oder was sie beinahe verfehlen ..."

MICHAEL PRICE: „Etwa 45 Prozent unseres Fonds bestehen aus echten Aktien."
OSCAR SCHAFER: „Und die anderen 55 Prozent aus unechten?"

MARIO GABELLI: „Ich spreche hier über eine vielschichtige Annäherung an ein vielschichtiges Problem."
ABELSON: „Mario, bitte, das hier ist ein Familienmagazin."

MARIO GABELLI: „Wie Sie wissen, empfehle ich Lin Broadcasting nun seit 20 Jahren."
ABELSON: „Schade, dass es nie geklappt hat."

JOHN NEFF: „Und in den vergangenen acht Rezessionen, als Sie in den ersten beiden Monaten eines Quartals so sehr abgestürzt sind ... Ich habe das alles nur erfunden."
ABELSON: „Wie alles, was Sie erzählen!"

Die Runde beginnt pünktlich um 12 Uhr mittags und ist in zwei Abschnitte unterteilt. Der erste besteht aus einem Überblick über den Finanzmarkt, wobei wir aufgefordert sind, über die Marktrichtung und darüber zu diskutieren, ob die Welt untergehen wird oder nicht. Dieser Teil bringt uns immer in Schwierigkeiten.

Es lohnt sich, diese Überblicksdiskussion zu analysieren, da sie sich nicht von den Tausenden ähnlicher Gespräche unter Amateuranlegern am Frühstückstisch, im Fitnesscenter oder am Wochenende auf dem Golfplatz unterscheidet. An den Wochenenden haben die Menschen mehr Zeit, um sich über beunruhigende Nachrichten den Kopf zu zerbrechen, die sie via Fernsehstation oder den Zeitungsjungen mit der in Plastik eingewickelten Tageszeitung erreichen. (Vielleicht birgt dies auch eine versteckte Nachricht: Man will uns vor dem Inhalt schützen.)

Wenn wir den Fehler begehen und die Neuigkeiten aus dem Sack lassen, werden wir mit den neuesten Ursachen für den Untergang der Menschheit konfrontiert: weltweiter Temperaturanstieg, weltweiter Temperaturabfall, das böse Sowjet-Imperium, der Zusammenbruch des bösen Sowjet-Imperiums, Rezession, Inflation, Analphabetentum, die hohen Kosten des Gesundheitssystems, fundamentalistische Moslems, Haushaltsdefizit, Stammeskämpfe, organisiertes Verbrechen, nicht-organisiertes Verbrechen, Sexskandale, Geldskandale, Sex- und Geldskandale. Sogar von den Sportseiten kann einem übel werden.

Während der Konsum der neuesten Nachrichten für den Bürger, der keine Aktien besitzt, lediglich deprimierend ist, so stellt er für den Investor eine gefährliche Angewohnheit dar. Wer hat schon Interesse an Gap-Aktien, wenn das AIDS-Virus die eine Hälfte der Konsumenten und das Ozonloch die andere Hälfte umbringen wird, entweder bevor oder nachdem der Regenwald verschwindet und sich die westliche Hemisphäre in eine zweite Wüste Gobi verwandelt, ein Ereignis, dem wahrscheinlich der Kollaps der verbleibenden Sparkassen sowie der Städte und Dörfer folgen wird, wenn nicht sogar vorangeht.

Man wird sich niemals eingestehen: „Ich habe mich entschieden, meine Gap-Aktien zu verkaufen, weil ich im Sonntagsmagazin einen Artikel über die Auswirkungen des weltweiten Temperaturanstiegs gelesen habe", aber genau diese Art von Wochenendlogik steckt sub rosa dahinter, wenn am Montag die Verkaufsaufträge nur so hereinrollen. Es ist kein Zufall, dass historisch betrachtet die Montage schon immer die größten Pleitentage für Aktien waren und dass die Dezember oft Verlustmonate sind, in denen der jährliche, steuerlich bedingte Ausverkauf mit einem ausgedehnten Urlaub zusammenfallt, in dem Millionen von Menschen mehr Zeit haben, über das Schicksal der Welt nachzudenken.

Das Kopfzerbrechen am Wochenende war es auch, was unsere Expertenrunde während der ersten Hälfte der *Barron's*-Sitzung Jahr für

Jahr praktiziert hat. 1986 grübelten wir über M1 im Vergleich zu M3 nach, über das Gramm-Rudman-Sparprogramm, was die G7 demnächst tun würden und ob der J-Kurven-Effekt das Handelsdefizit allmählich reduzieren würde. 1987 befürchteten wir, dass der Dollar zusammenbrechen würde, dass ausländische Firmen unsere Märkte mit ihren Produkten zuschütten, dass der Krieg zwischen Iran und Irak eine weltweite Ölknappheit verursachen würde, dass Ausländer keine Aktien und Anleihen mehr kaufen würden, dass die Verbraucher hoch verschuldet und daher nicht in der Lage seien, Waren zu kaufen, und dass es Präsident Reagan nicht möglich war, ein drittes Mal zu kandidieren.

Nicht alle Rundenmitglieder zerbrachen sich die ganze Zeit den Kopf. Einige taten es mehr als andere, und einige, die im einen Jahr schwer beunruhigt waren, hatten im nächsten Jahr keinerlei Probleme, die ihnen Kopfzerbrechen bereiteten. Einige von uns waren bezüglich der Zukunft auch oftmals optimistisch. Das belebte die im allgemeinen schreckliche Prozedur. Tatsächlich war das Jahr, in dem wir die optimistischste Haltung gegenüber der Zukunft von Wirtschaft und Börse zeigten, das Jahr 1987, das mit dem berühmten 1.000-Punkte-Absturz endete. Jimmy Rogers hatte als einziges einsames Rundenmitglied die Alarmglocken geschlagen – aber schließlich hatte er auch für 1988 und 1989 vor einem weltweiten Wirtschaftskollaps gewarnt, bevor er sich auf seinem Motorrad davonmachte.

Wir haben hier also eine Gruppe von einflussreichen Profis, die Milliarden von Dollar anderer Leute managen und die sich von einem Runden Tisch bis zum nächsten nicht einig werden, ob uns eine weltweite Depression oder ein wirtschaftlicher Aufschwung bevorsteht.

Man sollte bemerken, dass unser Kopfzerbrechen während der Sitzung des Runden Tisches im Jahr 1988, zwei Monate nach der großen Korrektur, seinen Höhepunkt erreichte. Wir hatten gerade erst diesen Riesenkollaps an der Börse erlitten, sodass wir natürlich für das darauffolgende Jahr mit einer ähnlichen Katastrophe rechneten. Das bringt mich zu Peters Prinzip Nummer 4:

Man kann die Zukunft nicht im Rückspiegel erkennen.

Zulauf gab mit seiner Eröffnungsrede den Ton an: „Die Flitterwochen von 1982 bis 1987 sind vorbei." Das war für diesen Tag seine optimistischste Aussage. Die restliche Zeit debattierten wir, ob es einen ganz normalen Bärenmarkt geben würde, der den Dow Jones auf 1.500 oder tiefer absacken lassen würde, oder ob es einen absolut tödlichen Bärenmarkt geben würde, der „die meisten Leute aus der Finanzwelt und die meisten Investoren auf der ganzen Welt auslöschen wird" (Jimmy Rogers Mutmaßung) und zu einer „weltweiten Depression, wie wir sie in den 1930er-Jahren hatten" (Paul Tudor Jones' Mutmaßung) führen würde.

Wenn wir uns nicht gerade über den absolut tödlichen Bärenmarkt und die weltweite Depression den Kopf zerbrachen, dann über das Handelsdefizit, die Arbeitslosigkeit und das Haushaltsdefizit. In der Nacht vor dem Runden Tisch bei *Barron's* schlafe ich selten gut, in diesem Jahr hatte ich jedoch noch drei Monate danach Alpträume.

1989 war die Atmosphäre etwas fröhlicher als 1988, obwohl Zulauf auf die Tatsache zu sprechen kam, dass 1989 das Jahr der Schlange sei, was in der chinesischen Kosmologie als schlechtes Zeichen gilt. Als wir 1990 zusammenkamen, war die so oft prophezeite Depression nirgends zu sehen, und der Dow war wieder auf 2.500 Punkte geklettert. Dennoch entdeckten wir neue Gründe, uns von Aktien fernzuhalten. Da gab es beispielsweise den Kollaps bei den Immobilien, eine weitere Katastrophe, die wir auf unsere Liste setzten konnten. Durch die Tatsache, dass der Markt seit sieben aufeinanderfolgenden Jahren zugelegt hatte (trotz der großen Korrektur hatte 1987 mit einem geringen Zuwachs gegenüber 1986 geschlossen), waren wir sehr beunruhigt und hielten es für unvermeidlich, dass der Markt sinken würde. Wir zerbrachen uns hier also den Kopf darüber, dass alles zu gut gelaufen war! Freunde von mir, gebildete Menschen, die sich nicht so schnell Angst machen ließen, sprachen davon, ihr Geld von der Bank abzuheben und zu Hause zu verstecken, da sie dachten, die

Banken könnten bankrott gehen und das Banksystem könnte dadurch zusammenbrechen.

Der Pessimismus des Jahres 1990 übertraf den der Jahre 1980–1982, als die Investoren so deprimiert über Aktien waren, dass sie immer wenn die Sprache darauf kam, das Thema wechselten und über Erdbeben, Beerdigungen oder sogar die vergeblichen Hoffnungen der Boston Red Sox sprachen. 1990 versuchten die gleichen Leute nicht einfach nur, das Thema zu vermeiden, sondern sie erzählten eifrig, wie sie gegen den Markt wetteten. Ich habe tatsächlich gehört, wie Taxifahrer Aktien empfahlen und Friseure sich damit brüsteten. dass sie „Puts“ gekauft hätten, weil diese an Wert gewinnen, wenn Aktien verlieren.

Friseure gehören zu einer Bevölkerungsschicht, von der ich annahm, dass sie noch nie etwas von einer Put-Option gehört hätte, und jetzt stellte sich heraus, dass sie diese komplizierten Wetten mit ihrem eigenen Geld ausführten. Wenn Bernard Baruch damit recht hatte, dass man alle Aktien verkaufen sollte, wenn die Schuhputzerjungen zu kaufen beginnen, dann ist es mit Sicherheit der richtige Zeitpunkt zu kaufen, wenn die Friseure Puts entdecken.

Ich habe einige der fröhlicheren Überschriften zusammengestellt, um die Stimmung in der Öffentlichkeit im Herbst 1990 zu rekonstruieren:

> „Entlassungen betreffen jetzt in ungewöhnlichem Ausmaß auch die höheren Ebenen.“ (*Wall Street Journal*, 4. Oktober.)
> „Wie sicher ist Ihr Job?“ (*Newsweek*, 5. November.)
> „Kampf ums Überleben.“ (*New York Times*, 25. November.)
> „Der Immobilien-Bankrott.“ (*Newsweek*, 1. Oktober.)
> „Keine Wohnungen für die jungen Leute wegen zu hoher Mieten.“ (*Business Week*, 22. Oktober.)
> „Mietpreissturz plagt Häuslebauer.“ (*Business Week*, 22. Oktober)
> „Inwieweit der Immobiliencrash die Finanzinstitutionen bedroht.“ (*U.S. News*, 12. November.)

„Dreijährige Immobilienrezession an der Ostküste erfasst jetzt gesamte Nation." (*New York Times*, 16. Dezember.)
„Defizitplan erwartet unsicheres Schicksal im Kongress und ist kein Allheilmittel." (*Wall Street Journal*, 1. Oktober.)
„Unsicherheit für US-Wirtschaft." (*Wall Street Journal*, 3. Dezember)
„Verbraucher blicken in die Zukunft und sind deprimiert." (*Business Week*, 10. Dezember.)
„Überlebensführer für das Zeitalter der Angst." (*Newsweek*, 31. Dezember.)
„Ist Amerika noch wettbewerbsfähig?" (*Time*, 29. Oktober)
„Bleibt Ihre Bank liquide?" (*U.S. News*, 12. November.)
„Sind Sie wettbewerbsfähig? Amerikaner geraten in Rückstand und was man dagegen tun kann." (*Business Week*, 17. Dezember.)

Zu allem Überfluss galt es auch noch, einen Wüstenkrieg zu gewinnen. In den Besprechungszimmern des Pentagons wurden Kameras umhergerollt, und Millionen von Zuschauern erfuhren zum ersten Mal, wo der Irak und Kuwait eigentlich liegen. Militärstrategen debattierten, wie viele Plastiksäcke für die Rückführung der Opfer benötigt würden, wenn in Kürze die gut trainierte, in massiven, zwischen Sanddünen versteckten Bunkern ausharrende irakische Armee, die weltweit viertgrößte, ihre chemischen und biologischen Waffen auf unsere Soldaten loslassen würde.

Dieses schlimmste aller Kopfzerbrechen hatte einen vorhersehbaren Effekt auf die ängstlichen Vorhersager. Als wir uns am 15. Januar 1991 in den Räumen von *Barron's* trafen, drückte das Bild der Plastiksäcke auf unsere Stimmung. In unserer Diskussion über „die schwindende Wirtschaft" wurde Zulauf, obwohl hoffnungslos wie immer, an Hoffnungslosigkeit einmal mehr übertroffen. Er prognostizierte für den Herbst einen Dow Jones irgendwo zwischen 2.000 Punkten und dem Tief der großen Korrektur von 1987, während Michael Price einen 500-Punkte-Rutsch nach unten vorhersah, und Marc Perkins einen möglichen Sturz auf 1.600–1.700. Meine Wenigkeit verkündete, dass wir schlimmstenfalls eine größere Rezession erleben würden und, sollte der Krieg so schlimm werden, wie manche Leute es erwarteten, einen 33-prozentigen Fall der Aktienkurse.

Da man nicht in die Runde aufgenommen wird, ohne ein erfolgreicher Investor zu sein, kann man mit Sicherheit davon ausgehen, dass jeder von uns Mitgliedern es irgendwie geschafft hat, eine disziplinierte Annäherung an das Investment zu entwickeln, die es uns ermöglicht, unsere eigenen Besorgnissignale auszuschalten. Ich wusste genauso wie der Rest der amerikanischen Bevölkerung um die Möglichkeit, dass die Operation Wüstensturm sich zu einem langen und blutigen Konflikt ausweiten könnte, aber inzwischen konnte der Stockpicker in mir nicht umhin, die erstaunlichen Schnäppchen zu registrieren, die aus dem weitverbreiteten Verkauf seitens Anlegern resultierten. Ich hatte nicht mehr wie beim Magellan mit Millionen von Aktien zu tun, aber ich stockte die Positionen in meinem eigenen Depot auf und kaufte für die Wohltätigkeitstrusts und öffentlichen Einrichtungen, deren Portfolios ich mitmanagte. Im Oktober 1990 berichtete *The Wall Street Journal*, dass ich meinen persönlichen Anteil an W. R. Grace und Morrison-Knudsen, zwei Firmen, bei denen ich im Aufsichtsrat sitze, vergrößert habe. Ich erzählte der Reporterin Georgette Jasen, dies seien nur „zwei von ungefähr zehn Aktien, die ich zugekauft habe ... sollten sie weiter fallen, werde ich weitere davon kaufen". Ich kam ebenfalls in die Schlagzeilen, als ich weitere 2.000 Anteile des Magellan zu meinen Positionen hinzukaufte, wie ich das schon einmal getan hatte, kurz nachdem ich mich zur Ruhe setzte.

Es war die perfekte Situation für den disziplinierten Stockpicker, um seine Kauflisten nach potenziellen Kandidaten abzusuchen. Negative Überschriften, ein Dow Jones, der im Sommer und Herbst 600 Punkte gefallen war, Taxifahrer, die Aktien empfahlen, Fondsmanager hatten zwölf Prozent ihres Fondsvermögens zu Cash gemacht, und wenigstens fünf meiner Kollegen vom Runden Tisch prognostizierten eine schwere Rezession.

Natürlich wissen wir heute, dass der Krieg nicht so schrecklich war, wie einige Leute angenommen hatten (sofern man nicht auf der Seite der Iraker stand), und die Börse hat uns anstelle eines 33-prozentigen Verlustes einen 30-prozentigen Zuwachs des S&P 500 beschert, einen 25-prozentigen Zuwachs beim Dow Jones und einen 60-prozentigen Zuwachs bei den Nebenwerten, was alles zusammengenommen 1991 zum besten Jahr in den letzten 20 Jahren gemacht hat. Hätte man unseren gefeierten Vorhersagen auch nur die geringste Aufmerksamkeit geschenkt, hätte man diese Chance verpasst.

Und überhaupt, hätte man den negativen Ton der meisten unserer Diskussionen über „die schwindende Wirtschaft" während der letzten sechs Jahre aufmerksam verfolgt, hätte man sich während einer der größten Aufwärtsbewegungen des Marktes der jüngeren Geschichte aus seinem Depot hinausängstigen lassen, während die Investoren, die ihre lobenswerte Ignoranz des Weltuntergangs beibehielten, ihr Geld glücklich verdrei- oder vervierfachten. Bedenken Sie dies das nächste Mal, wenn Sie jemand, der darauf beharrt, dass Japan bankrottgeht oder ein schurkischer Meteor auf die New Yorker Börse zuwirbelt, von Ihrer guten Investition abbringen will.

„Spannung und Angst werfen einen großen Schatten auf die Märkte," verkündete *Barron's* in der Woche unseres Runden Tisches 1991, kurz vor dem großen Marktspurt nach oben, der den Dow auf ein Rekordhoch hinaufkatapultierte.

Das große Gesamtbild

Man kann leicht sagen: „Meine Güte, ich glaube, das nächste Mal, wenn der Markt fällt, ignoriere ich die schlechten Nachrichten und kaufe ein paar gute Angebote." Da aber jede Krise schlimmer erscheint als ihre Vorgängerin, wird es immer schwieriger und schwieriger, schlechte Nachrichten zu ignorieren. Die beste Möglichkeit, sich nicht aus den Aktien hinausängstigen zu lassen, ist, sie nach einem regelmäßigen Plan Monat für Monat zu kaufen, was dem entspricht, was, wie bereits erwähnt, viele Menschen anhand der 401(k)-Rentenpläne und in ihren Investmentclubs tun. Es ist keine Überraschung, dass sie bessere Ergebnisse mit ihrem Geld erzielen, als wenn sie es, je nachdem, ob sie mehr oder weniger Vertrauen in den Markt haben, investieren oder abziehen würden.

Das Problem bei der Dr.-Feelgood-Methode der Aktienauswahl ist, dass sich die Menschen nun einmal besser fühlen, nachdem der Markt um 600 Punkte zugelegt hat und die Aktien überbewertet sind, und dass sie sich nun einmal schlechter fühlen, wenn er um 600 Punkte gefallen ist und die Schnäppchen in Hülle und Fülle zu haben sind. Entweder Sie kaufen ihre Aktien diszipliniert und investieren monatlich eine bestimmte Summe in Ihre Positionen, oder Sie müssen einen Weg finden, sich Ihr Vertrauen zu bewahren.

Das Vertrauen zu bewahren und die Aktienauswahl sind Faktoren, die normalerweise nicht im gleichen Absatz diskutiert werden, aber der Erfolg beim Letztgenannten hängt vom Erstgenannten ab. Man kann der weltweit größte Experte in Sachen Bilanzen oder KGVs sein, ohne Vertrauen neigt man dazu, den negativen Schlagzeilen Glauben zu schenken. Man kann seine Vermögenswerte in guten Fonds anlegen, aber ohne Vertrauen wird man verkaufen, wenn man das Schlimmste befürchtet, was ohne Zweifel gerade dann der Fall sein wird, wenn die Kurse ihren absoluten Tiefpunkt erreicht haben.

Über welche Art von Vertrauen spreche ich hier? Das Vertrauen, dass Amerika überleben wird, dass die Menschen weiterhin morgens aufstehen und mit einem Bein nach dem anderen in ihre Hosen schlüpfen werden und dass die Firmen, die diese Hosen herstellen, ihren Aktionären eine Dividende auszahlen werden. Das Vertrauen, dass, während alte Unternehmen an Bedeutung verlieren und allmählich verschwinden, neue, aufregende Firmen wie Wal-Mart, Federal Express und Apple Computer an ihrer Stelle auftauchen werden. Das Vertrauen, dass Amerika eine Nation fleißiger und einfallsreicher Menschen ist, sodass sogar Yuppies eine harte Rüge für ihre Faulheit einstecken mussten.

Wann immer ich mit Zweifeln und Verzweiflung über die gegenwärtigen Zusammenhänge konfrontiert werde, versuche ich mich auf das große Gesamtbild zu konzentrieren. Das große Gesamtbild sollte man stets im Auge behalten, wenn man sich die Fähigkeit zu eigen machen will, sein Vertrauen in Aktien aufrechtzuerhalten.

Das große Gesamtbild verdeutlicht uns, dass Aktien ihren Besitzern während der letzten 70 Jahre einen Gewinn von elf Prozent pro Jahr eingebracht haben, wohingegen es bei T-Bills, T-Bonds und Sparbriefen weniger als die Hälfte dessen war. Trotz der großen und kleinen Katastrophen, die sich in diesem Jahrhundert ereignet haben – und der tausend Gründe dafür, dass ein Weltuntergang ins Haus steht –, hat man an Aktien immer noch zweimal so viel verdient wie an Anleihen. Es ist langfristig betrachtet viel lukrativer, wenn man sich an dieser Information orientiert statt sich nach den Meinungen von 200 Kommentatoren und Ratgeberdiensten zu richten, die die nächste Depression vorhersagen.

Außerdem hat es in denselben 70 Jahren, in denen Aktien andere populäre Alternativen übertroffen haben, 40 beängstigende Marktrückgänge von wenigstens zehn Prozent gegeben. 13 dieser 40 beängstigenden Rückgange lagen sogar bei 33 Prozent, sie gehören somit in die Kategorie der katastrophalen Rückgänge, die „die Mutter aller katastrophalen Rückgänge“ – den Ausverkauf von 1929 bis 1933 – einschließt.

Ich bin davon überzeugt, dass die hochgezüchtete Erinnerung an den Schwarzen Freitag 1929 auch weiterhin mehr als irgendein anderer Faktor Millionen von Investoren von Aktien fernhält und ihnen Anleihen und Geldmarktdepots schmackhaft macht. Selbst nach 60 Jahren ängstigt der Crash immer noch Menschen aus Aktien hinaus, einschließlich der Vertreter meiner Generation, die damals noch gar nicht auf der Welt waren.

Sollte es sich um ein posttraumatisches Crash-Syndrom handeln, an dem wir leiden, so kommt uns das sehr teuer zu stehen. All die Menschen, die ihr Geld in Anleihen, Geldmarktdepots, Sparkonten oder Sparbriefen angelegt haben, um einem weiteren Crash zu entgehen, haben sich 60 Jahre an Börsengewinnen entgehen lassen und dabei die verheerenden Auswirkungen der Inflation am eigenen Leib erfahren, die ihrem Vermögen weitaus mehr Schaden zugefügt hat, als es irgendein Crash getan hätte, sofern sie einen mitgemacht hätten.

Weil auf den berühmten Crash eine Depression folgte, assoziieren wir seitdem einen Börsenkollaps immer mit einem Wirtschaftskollaps und glauben fest daran, dass Ersterer immer zu Letzterem führt. Diese irreführende Überzeugung hat sich fest und beharrlich in das Gehirn der Öffentlichkeit eingegraben. Obwohl wir 1972 einen Crash hatten, der zwar von der Presse etwas vernachlässigt wurde, dabei aber fast so heftig war wie der im Jahre 1929 (Aktien solch fantastischer Firmen wie Taco Bell fielen von 15 auf 1 Dollar), führte weder dieser Crash von 1972 noch die große Korrektur von 1987 zu einem Wirtschaftskollaps.

Vielleicht werden wir nochmals einen Schwarzen Freitag erleben, aber da ich nicht die Voraussetzungen dazu habe, solche Dinge vorherzusagen – genauso wenig wie meine erfahrenen Kollegen aus der Runde –, frage ich mich, was es für einen Sinn haben soll, mich bereits im Voraus zu schützen. In 39 von 40 Börsenkorrekturen der modernen Geschichte hätte ich alle meine Aktien verkauft und es bereut. Sogar nach dem Crash 1929 haben sich die Aktien schließlich wieder erholt.

Ein Rückgang der Aktienkurse ist kein überraschendes Ereignis, es ist ein wiederkehrendes Ereignis – so normal wie die frostige Luft in Minnesota. Wenn man in einem kalten Klima lebt, erwartet man Gefriertemperaturen. Fällt das Thermometer dann unter null Grad, wird man nicht mit einer neuen Eiszeit rechnen. Man zieht seinen Parka an, streut Salz und erinnert sich daran, dass es im Sommer wieder warm sein wird.

Ein erfolgreicher Stockpicker hat dasselbe Verhältnis zu einem Marktrutsch wie ein Einwohner Minnesotas zu eisigen Temperaturen. Man weiß, dass es passiert, und man ist bereit, es durchzustehen, und wenn die Lieblingsaktie mit dem Rest der Börse in den Keller fällt, dann ergreift man die Gelegenheit beim Schopf und kauft noch mehr davon.

Als der Dow Jones nach der großen Korrektur 1987 an einem einzigen Tag um 508 Punkte abrasiert wurde, prognostizierte ein Expertenchor das Schlimmste; doch wie sich herausstellte, resultierte der 1.000-Punkte Absturz des Dow (ein Rückgang von 33 Prozent), gemessen am Augusthoch, nicht in der Apokalypse, die so viele erwarteten. Es handelte sich um eine normale, wenn auch ernsthafte Korrektur, die letzte in einer Reihe von 13 solcher Rückgänge um 33 Prozent in diesem Jahrhundert.

Der nächste 10-prozentige Rückgang, der sich ja vielleicht schon ereignet hat, bis ich dieses Buch fertig geschrieben habe, wird der 41. in der jüngeren Geschichte sein, oder der 14., falls es sich um einen 33-prozentigen Rückgang handeln sollte. Im Geschäftsbericht des Magellan erinnerte ich die Aktionäre oft daran, dass solche Rückschläge unvermeidbar sind.

Die Geschichte der 40 Börsenrückgänge tröstet mich nach wie vor über die düsteren Zeiten hinweg, in denen Sie und ich wieder einmal die Chance aus einer Reihe von Chancen haben, große Firmen zu Schleuderpreisen zu ergattern.

3

Eine Tour durch das Fondshaus

Von Investmentfonds wurde erwartet, dass sie der Verwirrung im Investmentwesen ein Ende bereiteten – kein Kopfzerbrechen mehr darüber, welche Aktien man kaufen sollte. Das war einmal. Heute muss man sich den Kopf zerbrechen, für welchen Fonds man sich entscheidet. Derzeit gibt es 3.565 Stück: 1.266 Aktienfonds, 1.457 Anleihe- und Rentenfonds, 566 steuerpflichtige Geldmarktfonds und 276 Fonds für kurzfristige Kommunalobligationen. 1976 existierten gerade mal 452 Fonds (darunter 278 Aktienfonds).

Es gibt keine Anzeichen dafür, dass die fröhliche Fondsvermehrung nachlässt. Es gibt inzwischen Länderfonds und Regionalfonds, Hedgefonds und Value-Fonds, Wachstumsfonds, einfache Fonds und Mischfonds, Contrary Fonds, Indexfonds und sogar Dachfonds. Bald wird man uns möglicherweise einen Fonds präsentieren, in dem nur Länder mit diktatorischen Regierungen berücksichtigt werden oder nur Länder mit fünf Buchstaben, oder aber einen Fonds, der aus Dachfonds besteht. Kennen Sie das neueste Notfallrezept der Firmen an der Wall Street? Im Falle eines plötzlichen Gewinnrückgangs: einfach einen neuen Fonds ins Leben rufen!

Wir haben vor Kurzem einen wichtigen Meilenstein in der Geschichte der Fondsgründungen erreicht: Die Anzahl der Fonds übersteigt die der Aktien, die an der New Yorker Börse und der American Stock Exchange zusammen gehandelt werden. Das ist umso bemerkenswerter, wenn man bedenkt, dass 328 dieser individuellen Aktien eigentlich getarnte Fonds sind. (Beachten Sie dazu die Diskussion der geschlossenen Fonds auf Seite 93.) Lassen Sie uns also mit dem Auseinanderklamüsern beginnen.

Wie gestalte ich ein Portfolio?

Vor zwei Jahren stellte uns eine Gruppe hochbetagter (was aber nicht unbedingt „weise" bedeuten muss) Investoren genau diese Frage. Die bereits erwähnte Nonprofit-Organisation, die auch weiterhin anonym bleiben soll, hatte uns gebeten, sie bei der Restrukturierung ihres Portfolios zu unterstützen. Wie die meisten Nonprofit-Organisationen war auch diese ständig in Geldnöten. Seit Jahren wurden ihre Investitionen durch einen einzelnen Manager ausgeführt, der das Geld zwischen Anleihen und Aktien aufteilte, wie es die meisten Anleger tun.

Während wir diese Organisation dabei berieten, wie sie ihr Geld umgruppieren sollte, stießen wir auf dieselben Probleme, die einem Otto Normalverbraucher in der gleichen Angelegenheit begegnen.

Zuerst mussten wir entscheiden, ob der Anteil an Aktien und Anleihen verändert werden sollte. Das war eine interessante Übung. Keine Investitionsentscheidung hat eine größere Auswirkung auf das zukünftige Familienkapital als die grundlegende Frage nach Zuwachs oder Einkommen.

Ich habe mich in meinem eigenen Familienportfolio etwas stärker auf Anleihen konzentriert, da ich mit meinem Investitionseinkommen jetzt mein fehlendes Gehalt ersetzen muss. Aber ich bin nach wie vor stark in Aktien investiert. Die meisten Menschen konzentrieren sich auf das Einkommen und benachteiligen das Wachstum. Das trifft heute noch mehr zu als 1980, als 69 Prozent des Geldes, das in öffentliche Fonds investiert wurde, in Aktienfonds floss. Bis 1990 ist der

Prozentsatz auf 39 gesunken. Vor Kurzem hat uns eine weitere Talfahrt 25 Prozent beschert. Ungefähr 75 Prozent aller Dollar in öffentlichen Fonds sind heute in Anleihefonds und Geldmarktfonds geparkt.

Die wachsende Beliebtheit der Anleihen kam dem Staat zugute, der einen endlosen Vorrat davon verkaufen muss, um die Haushaltsschulden zu finanzieren. Dem zukünftigen Wohlstand der Anleihebesitzer kam dieser Umstand weniger zugute. Sie sollten ihr Geld eigentlich in Aktien anlegen: Ich hoffe, ich habe Sie bereits in der Einleitung davon überzeugt, dass Aktien großzügigere Weggefährten als Anleihen sind. In den letzten 70 Jahren haben die Aktien ihren Besitzern jährlich 10,3 Prozent Gewinn eingebracht, im Vergleich zu 4,8 Prozent, die man für langfristige Staatsanleihen erhielt.

Es ist nicht schwer zu ergründen, weshalb Aktien sich besser entwickeln als Anleihen. Wenn Firmen sich vergrößern und mehr Profit abwerfen, nehmen ihre Aktionäre an der Gewinnsteigerung teil. Die Dividenden werden erhöht. Die Dividende spielt eine derart wichtige Rolle für den Erfolg vieler Aktien, dass man kaum etwas verkehrt machen kann, wenn man ein komplettes Portfolio aus Firmen zusammenstellt, die ihre Dividenden über einen Zeitraum von 10 oder 20 Jahren hinweg kontinuierlich erhöht haben.

Das „Handbook of Dividend Achievers“ von Moody's in der Auflage 1991 – einer meiner Lieblingsthriller auf dem Nachttisch – listet solche Firmen auf. Daher weiß ich zum Beispiel, dass es 134 Firmen gibt, die seit 20 Jahren ununterbrochen ihre Dividende erhöhen, und 362, die desgleichen ohne Unterbrechung seit zehn Jahren praktizieren. Eine einfache Möglichkeit, Erfolg an der Börse zu haben, lautet: Kaufen Sie Aktien dieser Moody's-Liste und halten Sie sie so lange, wie sie auf der Liste bleiben. Ein Fonds von Putnam, der Putnam Dividend Growth, hält sich an diese Folge-der-Dividende-Strategie.

Firmen belohnen ihre Aktionäre routinemäßig mit höheren Dividenden; dagegen hat es in der Finanzgeschichte, selbst wenn man sie bis zu den Medici zurückverfolgt, noch kein Unternehmen gegeben, das seine Anleihebesitzer mit einer Erhöhung des Zinssatzes belohnt hat. Anleihebesitzer werden nicht zu den Hauptversammlungen eingeladen, auf denen man Präsentationen ansieht, Hors d'Oeuvres isst und Fragen beantwortet bekommen kann, und sie erhalten keinen Bonus, wenn die Aussteller der Anleihen ein gutes Jahr hatten. Bestenfalls können Anleihebesitzer erwarten, dass sie ihr Kapital zurückbekommen – nachdem es durch die Inflation an Wert verloren hat.

Ein Grund für die Beliebtheit von Anleihen ist, dass die älteren Menschen das meiste Geld in diesem Land besitzen und ältere Menschen dazu neigen, von ihren Zinsen leben zu wollen. Von jungen Leuten, die noch arbeiten können, erwartet man, dass sie Aktien kaufen und ein Vermögen bilden, bis sie schließlich ebenfalls alt sind und von ihren Zinsen leben müssen. Diese populäre Verordnung – Aktien für die Jungen, Anleihen für die Alten – ist jedoch langsam überholt. Die Menschen sterben nicht mehr so prompt, wie sie es früher taten.

Heute hat ein rüstiger 62-Jähriger eine Lebenserwartung von 82 Jahren; 20 weitere Jahre, in denen er Geld ausgeben muss, 20 weitere Jahre, in denen die Inflation die Kaufkraft seines Geldes auffrisst. Rentner, die angenommen hatten, dass sie glücklich und zufrieden von ihren Sparbriefen und Anleihen leben könnten, entdecken nun das Gegenteil. Da noch 20 Jahre voller Rechnungen vor ihnen liegen, müssen sie ihrem Portfolio Wachstumswerte hinzufügen, wenn sie ihren Lebensstandard beibehalten wollen. Bei niedrigen Zinssätzen haben selbst Menschen mit riesigen Portfolios Schwierigkeiten, mit den Zinsen auszukommen.

Dadurch ist eine Situation entstanden, in der sich die Rentner im ganzen Land fragen: „Wie kann ich von einem 3,5-prozentigen Zinsertrag, den meine Sparbriefe abwerfen, leben?"

Überlegen Sie einmal, wie es einem Rentnerehepaar ergeht, dessen gesamtes Eigenkapital von 500.000 Dollar in kurzfristigen Anleihen oder Sparbriefen angelegt ist. Sinkt der Zinssatz, bekommen sie viel weniger Zinsen auf ihre Sparbriefe, und ihr Einkommen verringert sich drastisch. Steigt der Zinssatz, steigt ihr Einkommen, aber ebenso die Inflationsrate. Sind die gesamten 500.000 Dollar in langfristigen

Anleihen zu sieben Prozent angelegt, beträgt ihr Einkommen konstant 35.000 Dollar. Bei einer Inflationsrate von fünf Prozent beträgt die Kaufkraft dieser 35.000 Dollar jedoch nach zehn Jahren nur noch die Hälfte und nach 15 Jahren nur noch ein Drittel.

Irgendwann in seinem Rentnerdasein ist unser exemplarisches Paar vielleicht gezwungen, auf geplante Reisen zu verzichten oder Kapitalressourcen anzugreifen. Dadurch reduziert sich sowohl das zukünftige Einkommen als auch die Erbschaft, die es seinen Kindern hinterlassen wollte. Ohne Aktien kann man sich ein angenehmes Leben nicht sehr lange erhalten – außer man ist sehr, sehr reich.

Natürlich hängt der Betrag, den man in Aktien investieren sollte, davon ab, wie viel Geld man entbehren kann und wie schnell man es wieder benötigt. Nachdem ich das klargestellt habe, möchte ich Ihnen raten, den Aktienanteil innerhalb Ihres Portfolios bis an Ihre Toleranzgrenze zu erhöhen.

Dasselbe empfahl ich den Verwaltern der anonymen Organisation. Bevor sie beschlossen hatten, das Portfolio zu restrukturieren, setzte es sich zu je 50 Prozent aus Aktien und Anleihen zusammen. Die Anleihen (mit fünf- und sechsjährigen Laufzeiten) warfen neun Prozent ab und die Aktienanteile brachten eine 3-prozentige Dividende ein, sodass das zusammengesetzte Portfolio sechs Prozent Gewinn erwirtschaftete.

Normalerweise werden Anleihen bis zum Fälligkeitstermin gehalten und zum ursprünglichen Kaufpreis zurückgegeben, sodass es in dieser Hälfte des Portfolios kein Potenzial für Zuwachs gab. Auf der anderen Seite kann man davon ausgehen, dass der Wert des Aktienanteils um acht Prozent jährlich steigt, zusätzlich zur Dividende.

(Historisch betrachtet werfen Aktien ungefähr elf Prozent ab – drei Prozent durch die Dividende und acht Prozent, die sich aus steigenden Aktienkursen ergeben. Natürlich ist der entscheidende Grund für steigende Aktienkurse der, dass die Firmen auch weiterhin ihre Dividenden erhöhen, was dann die Aktie wertvoller macht.)

Mit einem Aktienanteil von 50 Prozent, der einen Zuwachs von acht Prozent einbrachte, und einem Anleiheanteil von 50 Prozent, der nichts einbrachte, hatte das Gesamtportfolio eine Wachstumsrate von vier Prozent. Damit lässt sich gerade mal die Inflation ausgleichen.

Was würde passieren, wenn wir die Zusammensetzung verändern? Besäße die Organisation mehr Aktien und weniger Anleihen, dann würde sie in den ersten paar Jahren einiges an laufendem Einkommen verlieren. Dieses kurzfristige Opfer würde jedoch durch den langfristigen Wertzuwachs der Aktien und die Steigerung der Dividenden dieser Aktien mehr als ausgeglichen.

Tabelle 3-1 gibt einen Überblick über die zu erwartenden Wachstumsgewinne und Einkommensverluste, die durch die Veränderung der Anleihe- und Aktienanteile in irgendeinem Portfolio entstehen. Diese Zahlen hat Bob Beckwitt für mich aufgeschlüsselt, der mit dem Fidelity Asset Manager Fund, den er leitet, große Erfolge erzielt hat.

Beckwitt ist einer unserer hauseigenen „Quants". Ein Quant ist ein komplexer Denker, der sich mit Konzepten befasst, die jenseits der allgemeinen linearen Vorstellungskraft liegen, und er spricht eine Sprache, die nur andere Quants verstehen können. Beckwitt ist eine Rarität: ein Quant, der vom Quantzustand unmittelbar umschalten und sich in normalem Englisch unterhalten kann.

In allen drei Fällen, die Beckwitt analysiert hat, werden jeweils 10.000 Dollar investiert. Wir gehen dabei davon aus, dass die Anleihen mit einem Zins von sieben Prozent rentieren und dass die Aktien drei Prozent Dividende abwerfen sowie acht Prozent durchschnittlichen Wertzuwachs pro Jahr einbringen werden.

Im Fall A werden die gesamten 10.000 Dollar in Anleihen investiert. Während 20 Jahren wird der Besitzer dieser Geldsumme 14.000 Dollar Zinseinkommen erhalten und danach seine ursprünglichen 10.000 Dollar Einsatz zurückbekommen.

Im Fall B sind die 10.000 Dollar hälftig zwischen Anleihen und Aktien aufgeteilt. Daraus ergibt sich, dass der Besitzer in 20 Jahren 10.422 Dollar Zinseinkommen aus den Anleihen erhält und zusätzlich 6.864 Dollar Dividendeneinkommen aus den Aktien. Außerdem hat sein Portfolio am Ende einen Wert von 21.911 Dollar.

Im Fall C werden die gesamten 10.000 Dollar in Aktien angelegt. Hier bekommt der Besitzer 13.729 Dollar an Dividendenzahlungen und schließt mit einem Portfoliowert von 46.610 Dollar.

Da Dividenden nicht aufhören zu wachsen, wird Ihnen ein Portfolio, das aus Aktien besteht, letztendlich mehr Einkommen bescheren als ein fester Gewinn aus Ihrem Anleiheportfolio. Aus diesem Grund erzielt man im Fall B nach 20 Jahren tatsächlich 3.286 Dollar mehr als im Fall A, und im Fall C verliert man lediglich 271 Dollar an regelmäßigem Einkommen, um dafür, dass man den gesamten Einsatz in Aktien investiert hat, den vollen Nutzen aller Wertsteigerungen zu erhalten.

Führt man diese Analyse noch eine Stufe weiter, erkennt man, dass es theoretisch keinen Sinn macht, irgendwelches Geld in Anleihen anzulegen, auch nicht, wenn man auf ein Einkommen angewiesen ist. Dieser radikale Schluss ergibt sich aus einer anderen Zahlengruppe, die ich Beckwitt gebeten hatte aufzuschlüsseln. Die Ergebnisse sind in Tabelle 3-2 aufgelistet.

Gehen wir einmal davon aus, Sie haben 100.000 Dollar zum Investieren und benötigen daraus im Jahr 7.000 Dollar, um Ihren aktuellen Lebensstandard aufrechtzuerhalten. Der gesunde Menschenverstand rät Menschen, die auf ein Einkommen angewiesen sind, Anleihen zu kaufen. Sie jedoch schlagen einen wilden und verrückten Kurs ein und legen die 100.000 Dollar in einem Aktienportfolio an, das zusammengenommen drei Prozent Dividende abwirft.

Im ersten Jahr bekommen Sie dadurch 3.000 Dollar auf Ihr Konto. Das ist nicht genug. Wie gleichen Sie diesen Mangel aus? Sie verkaufen Aktien im Wert von 4.000 Dollar. Sind die Aktienkurse um die regulären acht Prozent gestiegen, dann ist das Portfolio am Ende des Jahres 108.000 Dollar wert, sodass Sie nach einem Abzug von 4.000 Dollar immer noch über 104.000 Dollar Aktienkapital verfügen.

Im zweiten Jahr hat sich der Dividendengewinn auf 3.120 Dollar erhöht, sodass nur Aktien im Wert von 3.880 Dollar verkauft werden müssen. In jedem darauffolgenden Jahr bräuchten Sie folglich immer

Tabelle 3-1 **Vorteile von Aktien gegenüber Anleihen**

		Anleihewert am Jahresende	Ertrag Anleihen	Aktienwert am Jahresende	Ertrag Aktien	Gesamtertrag	Kontostand Jahresende
Fall A: 100% Bonds	1. Jahr	$ 10.000	$ 700	---	---	$ 700	$ 10.000
	2. Jahr	10.000	700	---	---	700	10.000
	10. Jahr	10.000	700	---	---	700	10.000
	20. Jahr	10.000	700	---	---	700	10.000
Gesamt 20 Jahre		10.000	14.000	---	---	14.000	10.000
Fall B: 50% Bonds 50% Aktien	1. Jahr	5.000	350	5.400	150	500	10.400
	2. Jahr	5.200	364	5.616	162	562	10.816
	10. Jahr	7.117	498	7.686	300	798	14.803
	20. Jahr	10.534	737	11.377	647	1.384	21.911
Gesamt 20 Jahre		10.534	10.422	11.377	6.864	17.286	21.911

		Anleihewert am Jahresende	Ertrag Anleihen	Aktienwert am Jahresende	Ertrag Aktien	Gesamtertrag	Kontostand Jahresende
Fall C: 100% Aktien	1. Jahr	---	---	10.800	300	300	10.800
	2. Jahr	---	---	11.664	324	324	11.664
	10. Jahr	---	---	21.589	600	600	21.589
	20. Jahr	---	---	46.610	1.295	1.295	46.610
Gesamt 20 Jahre		---	---	46.610	13.729	13.729	46.610

Um ein 50/50-Verhältnis aufrechtzuerhalten, muss ein Portfolio periodisch „ausbalanciert" werden, d. h. der Anleihewert muss aufgestockt werden, um die Kursgewinne der Aktien zu egalisieren.

Tabelle 3-2 **Investmentstrategie (100 % Aktien)**

Anfangsdividende 3 %; angenommener Zuwachs bei Dividenden etc. und Aktienkurs: 8 %; jährliche Entnahmen: $ 7.000*

Jahr	Aktienbestand Jahresanfang	Dividende	Aktienbestand Jahresende	Entnahmen	Depotwert Jahresende
1	$ 100.000	$ 3.000	$ 108.000	$ 7.000	$ 104.000
2	104.000	3.120	112.320	7.000	108.440
3	108.440	3.250	117.200	7.000	113.370
4	113.370	3.400	122.440	7.000	118.840
5	118.840	3.570	128.350	7.000	124.910
6	124.910	3.750	134.900	7.000	131.650
7	131.650	3.950	142.180	7.000	139.130
8	139.130	4.170	150.260	7.000	147.440
9	147.440	4.420	159.230	7.000	156.660
10	156.660	4.700	169.190	7.000	166.890
Gesamt (1-10)		37.330		70.000	166.890
11	166.890	5.010	180.240	7.000	178.250
12	178.250	5.350	192.510	7.000	190.850
13	190.850	5.730	206.120	7.000	204.850
14	204.850	6.150	221.230	7.000	220.380
15	220.380	6.610	238.010	7.000	237.620
16	237.620	7.130	356.630	7.130	256.630
17	256.630	7.700	277.160	7.700	277.160
18	277.160	8.310	299.330	8.310	299.330
19	299.330	8.980	323.280	8.980	323.280
20	323.280	9.700	349.140	9.700	349.140
Gesamt (11-20)		70.660		76.820	349.140
Gesamt (1-20)		107.990		146.820	349.140

* Alle Dollarbeträge wurden auf 10 $ ab- bzw. aufgerundet.

weniger Kapital auszugeben, wobei sich gleichzeitig die Dividende erhöht, bis das Portfolio im sechzehnten Jahr allein durch die Dividende mehr als 7.000 Dollar an Einnahmen abwirft. Jetzt können Sie ihren Lebensstandard aufrechterhalten, ohne eine einzige Aktie zu verkaufen.

Nach 20 Jahren sind die ursprünglichen 100.000 Dollar auf 349.140 Dollar angewachsen. Sie sind fast viermal so vermögend wie zuvor und haben im gleichen Zeitraum noch zusätzlich 146.820 Dollar Ihrer Gewinne ausgegeben.

Wir müssen die letzte verbleibende Rechtfertigung dafür, Anleihen den Aktien vorzuziehen – nämlich, dass man sich den Einnahmeverlust nicht leisten könne –, ein für alle Mal ad acta legen. Hier kommt aber der Faktor Angst wieder ins Spiel. Aktienkurse steigen nicht in jedem Jahr treu und brav um acht Prozent. In vielen Jahren fallen sie sogar. Menschen, die Aktien als Anleihenersatz benutzen, müssen nicht nur periodische Korrekturen aushalten, sondern auch bereit sein, Aktien manchmal zu Tiefstpreisen zu verkaufen, um das nötige Eigenkapital aufzubringen, mit dem sie die mangelnde Dividende ausgleichen müssen.

Das ist besonders im Frühstadium schwierig, wenn ein Kursverfall dazu führen kann, dass der Portfoliowert unter den Kaufpreis fällt. Die Menschen zerbrechen sich den Kopf darüber, dass just in dem Moment, in dem sie sich den Aktien hingeben, ein weiter großer Crash ihr Kapital auslöscht, auf das sie nicht verzichten können. Das ist das Kopfzerbrechen, das auch Sie vielleicht an Anleihen festhalten lassen wird, obwohl Sie Tabelle 3-1 und 3-2 studiert haben und eigentlich davon überzeugt sind, dass es langfristig viel gescheiter ist, 100 Prozent Ihres Geldes in Aktien zu investieren.

Nehmen wir doch einfach einmal an, dass es einen Tag, nachdem Sie Ihre Aktien gekauft haben, eine größere Korrektur gibt und Ihr Portfolio über Nacht 25 Prozent an Wert verliert. Sie machen sich Vorwürfe, dass Sie die Familien-Altersvorsorge verspielt haben, aber solange Sie nicht verkaufen, sind Sie immer noch besser dran, als wenn

Sie Anleihen gekauft hätten. Beckwitts Computerkalkulation zeigt, dass Ihr Portfolio 20 Jahre später trotzdem 185.350 Dollar wert sein wird, was fast doppelt so viel wäre wie Ihr 100.00 Dollar-Anleiheportfolio.

Oder stellen wir uns einen noch schlimmeren Fall vor: eine schwere Rezession, die 20 Jahre lang anhält. Statt Dividenden und Aktienkursen, die um die regulären acht Prozent pro Jahr steigen, entwickelt sich alles nur halb so gut. Wir hätten es hier mit dem am längsten anhaltenden Desaster in der modernen Finanzgeschichte zu tun, aber wenn Sie in dieser Situation an Ihrem reinen Aktienportfolio festhalten und daraus pro Jahr 7.000 Dollar nehmen würden, hätten Sie am Ende trotzdem 100.000 Dollar, also genauso viel wie mit Ihren Anleihen.

Ich wünschte, ich hätte Beckwitts Zahlen gehabt, als ich der Nonprofit-Organisation, über die wir bereits gesprochen haben, meine Präsentation unterbreitet habe, dann hätte ich die Firma vielleicht davon überzeugen können, keine Anleihen mehr zu halten. Aber wenigstens haben wir beschlossen, den Prozentsatz der Aktienwerte zu erhöhen, und das ist ja schon ein Schritt in die richtige Richtung.

Anleihen kontra Anleihefonds

Ist die Zusammensetzung der Vermögenswerte erst einmal beschlossene Sache, gilt es festzulegen, wie viel in den Anleihenanteil investiert werden soll. Ich bin kein Fan von Anleihen, was erklärt, warum die nun folgende Diskussion relativ kurz sein wird. Es sollte inzwischen klar sein, dass ich die Werbetrommel eher für Aktien rühre, aber ich werde mein Lieblingsthema etwas beiseiteschieben, um mich der Frage zu widmen, ob Anleihen überhaupt eine sichere Geldanlage darstellen. Das tun sie nicht.

Menschen, die nachts besser schlafen können, weil sie statt Aktien Anleihen besitzen, sind anfällig für ein böses Erwachen. Ein T-Bond mit 30-jähriger Laufzeit und acht Prozent Verzinsung ist nur dann eine sichere Investition, wenn wir über 30 Jahre hinweg eine geringe Inflation haben. Klettert die Inflationsrate auf zweistellige Zahlen, wird der Wiederverkaufswert um 20 bis 30 Prozent – wenn nicht sogar mehr – fallen. Hält man die gesamten 30 Jahre an dieser Investition fest, bekommt man natürlich sein Geld zurück, aber dieser Geldbetrag (das Grundkapital) wird nur noch einen Bruchteil des heutigen Wertes besitzen. Im Gegensatz zu Wein und Baseballkarten verliert Geld mit zunehmendem Alter an Wert. Zum Beispiel besitzt ein Dollar im Jahr 1992 nur noch ein Drittel des Wertes, den sein Vorgänger aus dem Jahr 1962 hatte.

(Es ist interessant, anzumerken, dass der von vielen Seiten in Verruf gebrachte Geldmarktfonds heute nicht notwendigerweise das Desaster schlechthin darstellt, für das man ihn gehalten hat. Bei einer Inflationsrate von 2,5 Prozent und einem Geldmarkt, der mit 3,5 Prozent rentiert, hat man bei diesem Spiel wenigstens 1,0 Prozent Vorsprung. Sollten die Zinssätze steigen, werden auch die Geldmarktgewinne steigen. Ich will damit nicht sagen, dass man von 3,5 Prozent Rendite leben kann, aber wenigstens läuft man auf dem Geldmarkt nicht Gefahr, sein Kapital zu verlieren. Die Geldmarktfonds mit niedrigen Gebühren, die zurzeit von verschiedenen Investmenthäusern angeboten werden, haben dieses Produkt noch attraktiver gemacht. Und da die niedrigen Zinsen sehr wahrscheinlich nicht ewig andauern, haben wir hier eine weitaus stabilere Investitionsmöglichkeit als bei langfristigen Anleihen.)

Eine weitere Irrmeinung über Anleihen besagt, dass es sicherer sei, sie in einem Fonds zu kaufen. Daran besteht natürlich kein Zweifel, solange man von Unternehmensanleihen oder niedrig gerateten Junkbonds redet, da ein Fonds dem Risiko eines Zahlungsausfalls vorbeugen kann, indem er seine Investitionen streut. Aber ein Rentenfonds kann nicht vor höheren Zinsen schützen, die bei Weitem die größte Gefahr für ein langfristiges Schuldenportfolio sind. Steigen die Zinssätze, dann verliert ein Rentenfonds ebenso schnell an Wert wie eine individuelle Anleihe mit einer vergleichbaren Laufzeit.

Man kann sich einigermaßen angemessen aus dieser Affäre ziehen, wenn man in einen Junkbond-Fonds oder einen Mischfonds investiert, der eine Mischung aus Unternehmens- und Staatsanleihen bietet, die einen besseren Gesamtgewinn produziert als eine einzelne Anleihe. Was ich nicht verstehen kann, ist, warum irgendjemand sein gesamtes Kapital in einen mittel- oder langfristigen Staatsanleihefonds investieren möchte. Viele Leute tun das. Mehr als 100 Milliarden Dollar stecken heute in derartigen Fonds.

Es kann sein, dass mir einige Leute aus der Rentenfondsabteilung wegen dieser Aussagen die Freundschaft aufkündigen, aber der Sinn und Zweck der genannten Anlagemöglichkeiten entzieht sich meinem Verständnis. Jeder, der einen mittelfristigen Staatsanleihefonds kauft und dadurch jährlich 0,75 Prozent Gehälter, Buchungsgebühren, Herstellungskosten für Berichte und so weiter mitfinanzieren muss, könnte genauso gut einen T-Bond mit siebenjähriger Laufzeit kaufen – ohne Gebühren und mit höherer Rendite.

T-Bonds und T-Bills können über einen Broker oder direkt bei einer Federal Reserve Bank gekauft werden, die keine Gebühren berechnet. Sie können T-Bills mit dreijähriger Laufzeit für ganze 5.000 Dollar kaufen und T-Bonds mit zehnjähriger oder dreißigjähriger Laufzeit für ganze 1.000 Dollar. Der Zins auf T-Bills wird vorab bezahlt, und der Zins auf T-Bonds wird automatisch Ihrem Depot oder Bankkonto gutgeschrieben. Da gibt es kein Theater.

Die Verfechter von Staatsanleihefonds argumentieren gerne, dass erfahrene Manager durch gut getimte Käufe, Verkäufe und das Hedging von Vermögenspositionen einen besseren Gewinn erzielen können. Offensichtlich kommt das nicht sehr häufig vor. Eine Studie, die von den New Yorker Anleihehändlern Gabriele, Hueglin & Cashman durchgeführt wurde, hat ergeben, dass Rentenfonds während eines Zeitraums von sechs Jahren (von 1980 bis 1986) durchweg von individuellen Anleihen übertroffen wurden, manchmal um bis zu zwei Prozent pro Jahr. Darüber hinaus entwickelten sich die Rentenfonds im Vergleich zu den Anleihen schlechter, je länger die Fonds gehalten wurden. Die Vorteile, die das Expertenmanagement einbrachte, wurden durch die Kosten, die dem Fonds belastet wurden, um diese Experten zu bezahlen, wieder aufgezehrt.

Die Autoren deuten des Weiteren darauf hin, dass Rentenfonds versuchen, die laufende Rendite auf Kosten des späteren Gesamtgewinns zu maximieren. Ich habe keine Beweise, um diese Schlussfolgerung zu unterstützen oder zu bestreiten, aber ich weiß, dass der Besitzer einer 7-jährigen Anleihe zumindest darauf vertrauen kann, sein Geld am Ende dieser sieben Jahre zurückzubekommen, wohingegen der Besitzer eines mittelfristigen Anleihefonds keine derartige Sicherheit hat. Der Kurs, den der Anleger an dem Tag bekommt, an dem er den Fonds verkauft, hängt vom Rentenmarkt ab.

Ein weiterer verwirrender Aspekt der Rentenfonds-Manie ist die Frage, warum so viele Menschen bereit sind, vorab einen Ausgabeaufschlag, englisch „Load", zu bezahlen, um in Staatsanleihefonds und sogenannte Ginnie-Mae-Fonds einzusteigen. Es ist sinnvoll, einen Load auf einen Aktienfonds zu bezahlen, der ständig den Markt übertrifft – durch die Leistung des Fonds gleicht sich die Gebühr quasi aus. Da aber ein amerikanischer T-Bond oder ein Ginnie-Mae-Zertifikat so gut oder schlecht ist wie das andere, kann der Manager einer dieser Fondsarten selbst sehr wenig dazu beitragen, sich von seinen Konkurrenten abzuheben. In der Tat zeigen „No-Load"-Rentenfonds – also ohne Ausgabeaufschlag – und Fonds mit Load beinahe die gleiche Performance. Das bringt uns zu Peters Prinzip Nummer 5:

Bezahle nicht für etwas,
das du auch umsonst bekommen kannst.

Um den Anleihenanteil im Portfolio unserer Nonprofit-Organisation zu verwalten, haben wir sieben Personen angestellt: zwei traditionelle Anleihemanager, um den Hauptteil des Kapitals zu investieren; drei Wandelanleihemanager (siehe Seite 92) und zwei Junkbond-Manager. Billiges Zeug kann sehr lukrativ sein, wenn man das richtige kauft, aber wir würden niemals unseren Kopf darauf verwetten.

Aktien kontra Aktienfonds

In einer Beziehung sind Aktienfonds und Aktie identisch: Man hat nur etwas davon, wenn man sie langfristig hält. Dazu braucht man einen starken Willen. Für Menschen, die sich aus Aktien hinausängstigen lassen, ist auch ein Aktienfonds keine Alternative. Es kommt häufig vor, dass selbst ein Superfonds während einer Korrektur tiefer fällt als eine Durchschnittsaktie. Zu der Zeit, als ich den Magellan leitete, sackte der Fonds während der neun Begebenheiten, in denen die Durchschnittsaktie um zehn Prozent abfiel, stets noch tiefer ab, nur um dann im Gegenzug wieder höher zu steigen – ich werde das später noch genauer behandeln. Um aber von diesen Comebacks zu profitieren, musste man investiert bleiben.

In Rundschreiben an die Aktionäre versuchte ich stets, sie schonend darauf vorzubereiten, dass der Magellan eventuell einmal von stürmischen Gewässern mitgerissen werden könnte. Ich ging dabei von der Theorie aus, dass vorgewarnte Menschen sich zwar immer noch beunruhigen, aber nicht mehr die Nerven verlieren werden. Die meisten blieben, glaube ich, ruhig und hielten an ihren Aktien fest. Einige taten es nicht. Warren Buffetts Ermahnung, dass Menschen, die einen 50-prozentigen Wertverlust ihrer Aktie nicht ertragen können, keine Aktien besitzen sollten, gilt genauso für Aktienfonds.

Menschen, die einen 20- bis 30-prozentigen Wertverlust ihres Fonds nicht ertragen können, sollten mit Sicherheit nicht in Wachstumsfonds oder in reine Aktienfonds investieren. Vielleicht sollten sie sich für einen ausgewogenen Fonds, der sowohl Aktien als auch Anleihen enthält, oder einen Asset-Allocation-Fonds entscheiden – in beiden Fällen hätten sie ein geruhsameres Leben als im Falle eines reinen Wachstumsfonds. Natürlich gibt es am Ende auch weniger Belohnung.

Wenn wir unsere Aufmerksamkeit auf das erstaunliche Sortiment von 1.127 Aktienfonds richten, die heute auf dem Markt sind, gelangen wir zu Peters Prinzip Nummer 6:

Wenn Sie sich schon für einen Fonds entscheiden, dann wenigstens für einen guten.

Das ist einfacher gesagt als getan. In den letzten zehn Jahren haben bis zu 75 Prozent der Aktienfonds nicht einmal mittelmäßig abgeschnitten. Jahr für Jahr ist es ihnen nicht gelungen, die zahlreichen Aktien, aus denen sich die Marktindizes zusammensetzen, an Gewinnen zu übertreffen. In der Tat platzierte sich bereits ein Fondsmanager, der so in etwa mit dem Markt mithalten konnte, im ersten Spitzenviertel aller Fonds.

Es ist ein modernes Paradox, dass so viele Fonds, die in die Aktien der Marktindizes investieren, es schaffen, schlechter als ebendiese Indizes abzuschneiden. Es erscheint unlogisch, dass die Mehrheit der Fondsmanager kein Durchschnittsergebnis erzielen kann, aber genauso ist es gewesen – 1990 war das achte aufeinanderfolgende Jahr, in dem die Gewinne, die der populäre S&P 500 Index verzeichnete, auf breiter Ebene nicht erreicht wurden.

Nicht alle Gründe für dieses eigenartige Phänomen sind bekannt. Einer besagt, dass Fondsmanager im Allgemeinen miserable Stockpicker seien und besser daran täten, ihren Computer in kleine Stücke zu zerhacken und mit Dartpfeilen auf die Wirtschaftsseiten zu zielen. Eine andere Theorie lautet, dass der Herdentrieb an der Börse so viele Anhänger bestimmter Lager produziert hat, dass Fondsmanager nur so tun, als ob sie eine Topleistung anstreben würden. In Wirklichkeit jedoch studieren sie hinter verschlossener Tür die Indexzahlen und ihr höchstes Lebensziel liegt darin, mit dem Marktdurchschnitt mitzuhalten. Das Tragische ist, dass sie dabei über ihr letztes bisschen Kreativität stolpern, sodass sie nicht einmal ihre miserable Leistung anständig ausführen können. Genauso wie es brillanten Schriftstellern ergeht, die versuchen, einfache Bestseller zu produzieren, und dabei versagen.

Eine dritte und weitaus nachsichtigere Theorie bekräftigt, dass diejenigen Aktien, aus denen sich die Indizes zusammensetzen – insbesondere der S&P 500 Index –, in der Regel größere Firmen repräsentieren, die in den letzten Jahren einen großen Ansturm erfahren haben. In den 1980er-Jahren war es schwieriger, den Markt zu übertreffen, als in den Siebzigern. In den Achtzigern wurden Firmen, die zum S&P 500 Index gehörten, massiv aufgekauft, wodurch die Aktienkurse der betreffenden Werte in den Indizes stiegen. Viele Ausländer investierten in den amerikanischen Markt, und diese Ausländer bevorzugten beim Kauf die Aktien großer Firmen mit berühmten Namen. Das unterstützte die Aufwärtsbewegung.

In den Siebzigern jedoch fielen eine Menge beliebter Markenaktien (wie Polaroid, Avon Products, Xerox, die Stahlindustrie, die Autohersteller) in sich zusammen, da die Firmen selbst sich in einem schlechten Zustand befanden. Und Wachstumsfirmen mit hoher Qualität, wie zum Beispiel Merck, wuchsen und gediehen zwar weiter, aber die Aktien der Firma entwickelten sich nirgendwohin, da sie überteuert waren. Ein Fondsmanager, der damals diese großen Aktien mied, hatte einen riesigen Vorteil.

Eine vierte Theorie besagt, dass die Popularität der Indexfonds eine sich selbst erfüllende Prophezeiung geschaffen hat. Da immer mehr bedeutende institutionelle Anleger in Indizes an sich investieren, fließt mehr Geld in die Index-Aktien. Diese steigen folglich im Kurs und das führt dazu, dass Indexfonds die Konkurrenz ausstechen.

Sollten Sie es also lieber vergessen, einen von Hunderten aktiv gemanagter Fonds auszuwählen, stattdessen in einen Indexfonds oder ein paar Indexfonds investieren, und es dabei belassen? Ich diskutierte diese Möglichkeit mit Michael Lipper, der absoluten Autorität auf dem Gebiet der Fonds. Er stellte mir die Tabelle 3-3 zur Verfügung. Dort werden die Ergebnisse einer großen Gruppe gemanagter Fonds, die unter dem Begriff „General Equity Fonds“ zusammengefasst sind, mit dem S&P 500 (reinvestiert) verglichen, der im Grunde dasselbe darstellt wie ein Indexfonds, abzüglich der geringen Gebühr, die von den Indexfonds-Betreibern erhoben wird.

Lippers Tabelle illustriert, was ich bereits gesagt habe: Innerhalb des letzten Jahrzehnts haben Indexfonds die aktiv gemanagten Fonds stets übertroffen, und das oft mit einem großen Vorsprung. Hätte man am l. Januar 1983 100.000 Dollar in den Indexfonds Vanguard 500 investiert und nicht mehr darüber nachgedacht, dann hätte man sich am l. Januar 1991 über 308.450 Dollar freuen können. Dagegen hätte man lediglich 236.367 Dollar kassiert, wenn man das Geld in einen durchschnittlichen gemanagten Fonds investiert hätte. Die achtjährige Gewinnsträhne der Indizes wurde schließlich 1991 gebrochen.

Seit über 30 Jahren befinden sich die gemanagten Fonds und die Indizes in einem Kopf-an-Kopf-Rennen, wobei die gemanagten Fonds einen winzigen Vorsprung haben. All die Zeit und Mühe, die die Menschen darauf verwenden, den richtigen Fonds, die vielversprechendste Mischung, den besten Manager auszuwählen, hat in den meisten Fällen zu keinerlei Vorteil geführt. Wenn man nicht in der glücklichen Lage war, einen der wenigen Fonds gewählt zu haben, der konstant die Indizes schlug (mehr dazu später), waren alle Nachforschungen letztlich vergebens. Bevor man bei der Aktien- oder Fondsauswahl nach dem Zufallsprinzip vorgeht, sollte man deshalb lieber gleich den ganzen Index kaufen.

Lipper selbst hält es für sinnlos, jahraus jahrein nach demjenigen Fondsmanager zu suchen, der in der Zukunft nur Gewinne einfährt. Aus den Fakten wird klar, dass es wahrscheinlich ein nutzloses Unterfangen ist. Trotzdem, Hoffnung wird es ewig geben. Der menschliche Geist an der Börse wächst und gedeiht, und Anleger werden noch lange nicht damit aufhören, die Fondslisten zu durchkämmen, um einen Fonds zu entdecken, der die Indizes konstant übertreffen kann.

Einige Kollegen und ich haben uns für die bereits erwähnte Nonprofit-Organisation dieser Herausforderung gestellt. Stundenlang haben wir die Resümees und Erfolgsberichte von 75 Vermögensverwaltern überprüft und schließlich 25 von ihnen zum Interview eingeladen.

Wir hatten beschlossen, eine Managergruppe anzuheuern und jedem einzelnen einen Teil des Aktienportfolios zu übertragen. Das

Tabelle 3-3 **Manager von Publikumsfonds gegenüber dem S&P 500**
Der S&P 500-Aktienindex hat den durchschnittlichen Fondsmanager in 8 der vergangenen 10 Jahre übertroffen ...

Kalenderjahr	Aktienfonds (%)	S&P reinvestiert (%)
1991	35,9	30,4
1990	-6,0	-3,1
1989	24,9	31,6
1988	15,4	16,6
1987	0,9	5,2
1986	14,4	18,7
1985	28,1	31,7
1984	-1,2	6,3
1983	21,6	22,6
1982	26,0	21,6
aber langfristig gesehen haben gemanagte Fonds einen leichten Vorteil:		
1981	-0,6	-4,9
1980	34,8	32,5
1979	29,5	18,6
1978	11,9	6,6
1977	2,5	-7,1
1976	26,7	23,9
1975	35,0	37,2
1974	-24,2	-26,5
1973	-22,3	-14,7
1972	13,2	19,0
1971	21,3	14,3
1970	-7,2	3,9
1969	-13,0	-8,4
1968	18,1	11,0
1967	37,2	23,9
1966	-4,9	-10,00
1965	23,3	12,5
1964	14,3	16,5

Kalenderjahr	Aktienfonds (%)	S&P reinvestiert (%)
1963	19,2	22,8
1962	-13,6	-8,7
1961	25,9	26,9
1960	3,6	0,5
Aufgerechnete Gesamtrendite (%)		
1960-91	2317,8	2289,2

Gleiche könnten Sie tun, indem Sie mehrere Fonds unterschiedlicher Art und Prägung kaufen. Unsere Überlegungen verhielten sich wie folgt: Die Märkte verändern sich, die Konditionen verändern sich und eine bestimmte Sorte von Managern oder Fonds wird nicht zu allen Zeiten erfolgreich sein. Was für Aktien gilt, gilt auch für Fonds. Man kann nie wissen, wo die nächste große Chance auftauchen wird, sodass es sich auszahlt, aus verschiedenen Quellen zu schöpfen.

Besitzt man nur einen Fonds, kann es passieren, dass man sich in einer Situation festgefahren hat, in der die Manager ohne Feeling operieren oder die im Fonds befindlichen Aktien keine Beachtung mehr finden. Ein Value-Fonds kann sich zum Beispiel über drei Jahre hinweg wunderbar entwickeln und dann für die nächsten sechs Jahre fürchterlich durchhängen. Vor der großen Korrektur 1987 führten Value-Fonds acht Jahre lang den Markt an, während Wachstumsfonds zurückfielen. Vor Kurzem noch lagen die Wachstumsfonds in Führung, aber sie haben ihren Vorsprung 1992 verloren.

Hier steigen wir nun in das immer komplexer werdende Universum der Fondstypen ein. Für unsere Diskussion sind folgende Varianten am wichtigsten:

1. Capital-Appreciation-Fonds. Die Manager verfügen hier über genügend Spielraum, so viele und verschiedene Aktien zu kaufen,

wie sie möchten, und müssen sich dabei nicht an einer besonderen Philosophie orientieren. Zu dieser Gruppe gehört der Magellan.

2. Value-Fonds. Hier investieren die Manager in Firmen, bei denen die Hauptattraktion die Substanzwerte darstellen, nicht die laufenden Einnahmen. Zu dieser Gruppe gehören Rohstofffirmen, Unternehmen mit wertvollem Immobilienbesitz, Kabelfernsehfirmen und Betreiber von Pipelines oder Flaschenabfüllanlagen. Einige dieser sogenannten Value- oder Substanzunternehmen haben sich hoch verschuldet, um Vermögenswerte aufzukaufen. Dabei planen sie, die Gewinne zu einem späteren Zeitpunkt zu ernten, wenn die Schulden abgetragen sind.
3. Quality-Growth-Fonds. Hier investieren die Manager in mittelgroße und große Firmen, die fest etabliert sind, mit einer beachtlichen und kontinuierlichen Geschwindigkeit expandieren und ihre Gewinne um 15 Prozent pro Jahr oder mehr steigern. Dies schließt die Zykliker, die langsamer wachsenden Blue Chips und die Versorger-Aktien von vornherein aus.
4. Emerging-Growth-Fonds. Hier investieren die Manager überwiegend in kleine, aufstrebende Firmen. Diese Nebenwerte oder Small Caps hinkten dem Markt einige Jahre lang hinterher und legten 1991 plötzlich zu.
5. Special-Situation-Fonds. Hier investieren die Manager in die Aktien von Firmen, die nichts Besonderes gemeinsam haben, außer dass sich irgendetwas Einzigartiges ereignet hat, das ihre Zukunftsaussichten positiv beeinflusst.

Wenn Sie wissen, welche Art von Fonds Sie besitzen, fällt es Ihnen leichter, aus diesem Wissen heraus zu entscheiden, ob Sie an dem Fonds festhalten sollten oder nicht. Allein die Tatsache, dass Mario Gabellis Fonds vier Jahre lang hinter dem Markt herhinkte, reicht nicht aus, um Gabelli über Bord zu werfen (tatsächlich ist Gabellis Fonds 1992 wieder hochgeschnellt). Sind Substanzwerte gerade mal nicht in, kann man von Gabelli oder Kurt Lindner oder Michael Price auf gar keinen Fall erwarten, dass sie die gleiche Performance bringen wie die Manager eines Wachstumsfonds, der gerade in ist.

Einen fairen Vergleich erhält man nur, wenn zwei Value-Fonds miteinander verglichen werden. Hat Gabelli über viele Jahre hinweg ein besseres Ergebnis erzielt als Lindner, dann ist das ein Grund, sich an Gabelli zu halten. Wurde Gabelli jedoch von John Templeton, dem berühmten Wachstumsfondsmanager, übertroffen, dann wirft das noch kein schlechtes Licht auf Gabelli. Es reflektiert lediglich die unterschiedlichen Arten des Investierens.

Ebenso wäre es sehr dumm, den Manager eines Goldfonds für einen 10-prozentigen Verlust im letzten Jahr zu tadeln, wo doch praktisch alle Gold-Aktien um zehn Prozent gefallen sind. Sobald ein Fonds sich schlecht entwickelt, gerät man ganz instinktiv in Versuchung, zu einem besseren Fonds zu wechseln. Menschen, die dieser Versuchung erliegen, ohne dass sie die Art des Fonds berücksichtigen, mit dem sie unzufrieden sind, machen einen Fehler. Meistens verlieren sie genau zum verkehrten Zeitpunkt die Geduld und springen exakt dann von einem Value-Fonds auf einen Wachstumsfonds über, wenn die Substanzwerte gerade zulegen und das Wachstum sich vermindert.

Es gibt aber auch nicht unbedingt einen Grund zum Feiern, wenn ein Value-Fonds seine Rivalen in einem miserablen Jahr für Value-Fonds aussticht. (Das trifft ebenso auf Wachstumsfonds und alle anderen Arten von Fonds zu.) Es könnte nämlich sein, dass der betreffende Manager von den Substanzwerten enttäuscht war und einen Teil des Kapitals in Blue Chips oder Versorger-Aktien investiert hat. Er war also in erster Linie von der Art des Investierens frustriert, vor allem, wenn sie nicht funktionierte. Diese mangelnde Disziplin eines Managers kann kurzfristig zwar gute Resultate erzielen, aber die Gewinne sind möglicherweise ebenfalls sehr kurzlebig. Legen die Substanzwerte wieder zu, dann ist dieser Manager nicht voll investiert und die Aktionäre erhalten nicht das, wofür sie bezahlt haben.

Der erfahrene Anleger kann einen Fonds anhand der halbjährlichen und jährlichen Geschäftsberichte überprüfen. Dadurch lässt sich feststellen, ob der Fondsmanager die Art von Aktien kauft, die er eigentlich kaufen sollte. Als Anteilseigner wären Sie zum Beispiel weniger darüber begeistert, im Portfolio Ihres Value-Fonds die Microsoft-Aktie zu entdecken. Einen Fondsmanager infrage zu stellen liegt, wie ich bemerkt habe, offensichtlich jenseits des Kleinanlegerhorizonts; uns Aktienfanatikern bereitet jedoch gerade dies das größte Vergnügen.

Das Super-Team

Um die Chancen zu vergrößern, dass wenigstens einige der Vermögenswerte am richtigen Ort investiert werden, entschieden wir uns in Sachen Nonprofit-Organisation schließlich für 13 verschiedene Fonds und Manager. Diese Auswahl beinhaltete einen Value-Manager, zwei Quality-Growth-Manager, zwei Special-Situation-Fonds, drei Capital-Appreciation-Fonds, einen Emerging-Growth-Fonds, einen Fonds, der nur in Firmen mit kontinuierlichem Dividendenzuwachs investiert, und drei Wandelanleihefonds (auf Seite 92 ausführlicher beschrieben).

Mit diesem Team an Fonds und Managern hoffen wir, jedes Jahr einen anderen Supergewinner zu produzieren, mit dem wir den Markt übertreffen können. Und mit genügend Supergewinnern ausgerüstet, um den sich mittelmäßig entwickelnden Aktienwerten entgegenzutreten, hoffen wir dann, auch den gefürchteten Marktdurchschnitt zu schlagen.

Als Kleinanleger können Sie diese Strategie auf eine einfachere Art und Weise verfolgen, indem Sie nämlich Ihr Portfolio in sagen wir einmal sechs Teile aufteilen und jeweils in einen der oben genannten fünf Fondstypen investieren. Dazu noch in einen Versorger-Aktien-Fonds oder in einen Equity-and-Income-Fonds, um den nötigen Ballast für einen stürmischen Markt zu schaffen.

Die Aktien aufstrebender Kleinunternehmen haben den S&P 500 seit 1926 mit einem erheblichen Vorsprung übertroffen, sodass es immer eine gute Idee ist, einen Teil hier zu investieren. Sie könnten auch noch ein paar Indexfonds zu den gemanagten Fonds hinzunehmen. Zum Beispiel könnten Sie ja vielleicht einen S&P 500-Indexfonds kaufen, um die Quality-Growth-Aktien abzudecken; einen Indexfonds auf den Russell 2000, um die Emerging-Growth-Seite abzudecken; Gabelli Asset, den Lindner Fund oder Michael Prices Mutual Beacon für die Substanzwerte; und den Magellan (eine einmalige Reklame ist ja wohl erlaubt?) für den Kapitalzuwachs.

Am einfachsten ist es, wenn Sie Ihr Geld in sechs gleiche Teile aufteilen, sechs Fonds kaufen und es dabei belassen. Mit neuem Investitionskapital wiederholen Sie einfach diesen Prozess. Raffinierter ist es aber, wenn Sie die unterschiedlichen Gewichtungen der Fonds dadurch aneinander anpassen, dass Sie neues Kapital in diejenigen Bereiche investieren, die dem Markt hinterhergehinkt sind. Das sollten Sie jedoch nur mit neuem Kapital machen. Da man sich als Einzelperson über Steuern den Kopf zerbrechen muss (was bei Wohltätigkeitsvereinen nicht der Fall ist), ist es wahrscheinlich keine gute Idee, ständig zu kaufen und zu verkaufen und zwischen den Fonds hin- und herzuwechseln.

Wie finden Sie also heraus, welcher Sektor dem Markt hinterhergehinkt ist? Während der Planungen für unsere Nonprofit-Organisation haben wir uns im Herbst 1990 mit diesem Problem befasst. Damals war ich davon überzeugt, dass einige der größeren Wachstumsaktien, etwa Bristol-Myers, Philip Morris und Abbott Labs, die an der Wall Street neue schwindelerregende Höhen erklettert hatten, überteuert und reif für einen Absturz seien – oder zumindest für eine angemessene Ruhepause. Wie ich zu dieser Vorahnung kam, wird ab Seite 165 genauer erklärt.

Es sind dies die typischen Firmengiganten im Arznei- und Lebensmittelgeschäft, die den S&P 500 Index ausmachen. Der Dow Jones dagegen wird stark durch die Zykliker beeinflusst, während NASDAQ und Russell 2000 kleine, aufstrebende Wachstumsunternehmen repräsentieren – Restaurantketten, Technologiefirmen und so weiter.

Vergleicht man den S&P 500 Index mit der Entwicklung des Russell 2000 Index in den letzten zehn Jahren, dann erkennt man ein Muster. Zuerst einmal sind Aktien kleiner Unternehmen sehr viel unbeständiger als ihre größeren Pendants. Sie verhalten sich wie die Sperber, die sich im Gegensatz zu den stabilen Flugbahnen der Bussarde ständig fallen lassen und wieder hochschnellen. Zumeist aber holen die Kleinen nach einem dieser ausgedehnten Abstürze die Großen wieder ein.

Von 1985 bis 1990 haben die Emerging-Growth-Aktien eine trostlose Vorstellung gegeben, was durch einen Vergleich des S&P 500, der um 114,58 Prozent gestiegen ist, mit dem Russell 2000, der nur 47,65 Prozent erreichte, deutlich wird. Jedoch rächten sich die Emerging-Growth-Aktien 1991, als der Russell 2000 in zwölf Monaten um 62,4 Prozent zulegte. Einige Emerging-Growth-Fonds rentierten sogar noch besser als der Russell 2000, mit Gewinnen von 70 oder sogar 80 Prozent.

Offensichtlich wäre 1990 ein gutes Jahr gewesen, um dem Emerging-Growth-Sektor Ihres Portfolios Geld hinzuzufügen. Sie wären dazu wohl auch verleitet worden, wenn Sie die Entwicklung der verschiedenen Indizes verfolgt hätten, über die *Barron's*, *The Wall Street Journal* und andere Publikationen berichteten.

Eine weitere nützliche Hilfe, um zu entscheiden, ob man mehr Geld in den Emerging-Growth-Sektor oder in einen größeren, auf den S&P 500 bezogenen Fonds investieren sollte, ist, sich an der Entwicklung von T. Rowe Prices New-Horizons-Fonds zu orientieren. New Horizons ist ein beliebter Fonds, der 1961 geschaffen wurde, um in kleine Firmen zu investieren. Tatsächlich ist es sogar so, dass eine Firma, sobald sie zu groß wird, aus dem New-Horizons-Portfolio verschwindet. Ein besseres Barometer für die Entwicklung der Emerging-Growth-Aktien gibt es nicht.

Abbildung 3–1, die T. Rowe Prive regelmäßig auf dem neuesten Stand veröffentlicht, stellt einen Vergleich des KGVs (Kurs-Gewinn-Verhältnis) der Aktien im New-Horizons-Fonds mit dem KGV aller Aktien des S&P 500 dar. Da man davon ausgeht, dass kleine Firmen schneller wachsen als große Firmen, werden die kleinen Aktienwerte generell zu einem höheren KGV verkauft als die großen. Theoretisch würde man also erwarten, dass das KGV des New-Horizons-Fonds stets höher ist als das KGV des S&P 500.

Praktisch ist das jedoch nicht immer der Fall, was wiederum diese Abbildung so hilfreich macht. Während bestimmter Perioden, in denen der Emerging-Growth-Sektor bei den Investoren unbeliebt ist, werden diese Nebenwerte so billig, dass das KGV des New Horizon auf das gleiche Level fällt wie das des S&P 500 (dieser seltene Zustand drückt sich in diesem Fall durch den Wert 1,0 aus).

Zu anderen Zeiten, wenn die Small Caps wahnsinnig beliebt sind und auf ein unvernünftig hohes Niveau hinaufgedrückt werden, steigt

Relatives Kurs-Gewinn-Verhältnis

New Horizons Fund gegenüber S&P 500

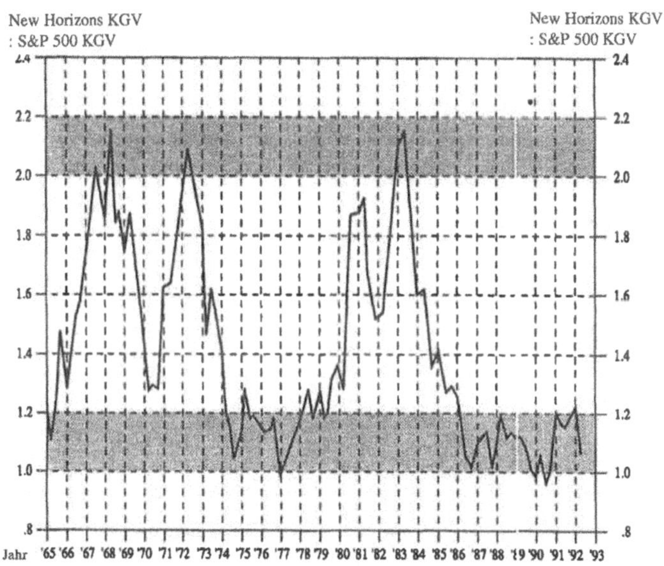

Quelle: T. Rowe Price

Abbildung 3.1

das KGV des New Horizon gegenüber dem des S&P 500 auf das Doppelte an (was aus dem Wert 2,0 hervorgeht).

Wie Sie sehen können, wurde dieser Höhenflug auf das Niveau 2,0 in den letzten 20 Jahren nur zweimal (1972 und 1983) erreicht. In beiden Fällen mussten die Nebenwerte ein paar Jahre später dafür büßen. Offen gesagt verpassten die Nebenwerte den größten Teil des Bullenmarkts von 1983 bis 1987. Sobald sich der New-Horizons-Indikator auf die gefürchteten 2,0 zubewegt, ist das ein unübersehbarer Hinweis darauf, dass es an der Zeit ist, den Emerging-Growth-Sektor zu meiden und sich auf den S&P 500 zu konzentrieren.

Zweifellos ist der beste Zeitpunkt, um Emerging-Growth-Aktien zu kaufen, dann, wenn der Indikator unter 1,2 fällt. Ich betone noch einmal: Sie müssen Geduld haben, um den Gewinn aus dieser Strategie zu ernten. Es kann ein paar Jahre dauern, bis der Markt wieder Kräfte sammelt und anläuft, und noch ein paar Jahre mehr, bis er sich voll entwickelt. 1977 zum Beispiel, als der Emerging-Growth-Sektor ein oder zwei Jahre lang einen guten Gewinn gebracht hatte, glaubte die überwiegende Mehrheit an der Wall Street, dass dieser Sektor sich selbst ausgespielt habe und es an der Zeit sei, Nebenwerte zugunsten der Hauptwerte abzustoßen. Ich ignorierte als junger Fondsmanager diese Meinung und hielt mich an die kleinen Aktien, eine Entscheidung, die dazu beitrug, dass der Magellan in den fünf darauffolgenden Jahren den Markt übertraf.

Derselbe Vergleich kann auf das Verhältnis von Wachstumsfonds zu Value-Fonds angewendet werden. Lipper Analytical Services veröffentlicht einen Index mit 30 Value-Fonds und einen Index mit 30 Wachstumsfonds, die in jeder Ausgabe von *Barron's* erscheinen. Von 1989 bis 1991 schnellte der Wachstumsfonds-Index von Lipper um 98 Prozent nach oben, während der Value-Fonds-Index gerade mal 36 Prozent Gewinn verbuchte. Wenn die Substanzwerte einige Jahre lang von den Wachstumswerten übertroffen werden, sollten Sie vielleicht Ihre Substanzwerteabteilung geldmäßig aufstocken.

Einen Gewinner auswählen

Wie finden Sie nun den Value-Fonds, Wachstumsfonds oder Capital-Appreciation-Fonds, der seine Rivalen übertrumpfen wird? Die meisten Menschen orientieren sich an der bisherigen Entwicklung. Sie studieren den Lipper-Führer, der in *Barron's* oder irgendeiner anderen der zahlreichen Quellen veröffentlicht wird, die sich mit Fondsentwicklungen beschäftigen. Sie studieren die Entwicklung in einem Jahr, in drei, fünf oder noch mehr Jahren. Diese Überprüfung der bisherigen Fondsperformance ist ein weiterer nationaler Zeitvertreib. Tausende von Stunden werden ihm gewidmet. Bücher und Artikel werden darüber geschrieben. Bis auf einige Ausnahmen entpuppt sich jedoch alles als Zeitverschwendung.

Manche Menschen picken sich die Superinvestition des vergangenen Jahres heraus, die an der Spitze der Liste der Jahresgewinner von Lipper steht, und kaufen diesen Fonds. Das ist besonders idiotisch. Die Einjahresgewinner sind in der Regel Fonds, die von einem Manager verwaltet werden, der auf eine Branche oder einen bestimmten Firmentyp in einem heißen Sektor wettet und damit Glück hat. Warum sonst wäre es ihm gelungen, so einen großen Vorsprung vor dem restlichen Haufen zu erzielen? Im nächsten Jahr, wenn dieser Fondsmanager nicht so viel Glück hat, kann man seinen Fonds am Ende der Lipper-Liste finden.

Aber selbst wenn man die Entwicklung der letzten drei oder fünf Jahre heranzieht, findet man nach dieser Methode nicht immer den Gewinner der Zukunft. Eine Studie, die von der Zeitschrift *Investment Vision* (jetzt *Worth*) durchgeführt wurde, zeigt Folgendes: Hätten Sie in jedem Jahr zwischen 1981 und 1990 in den Fonds investiert, der in den vorangegangenen drei Jahren die beste Leistung zeigte, wären Sie am Ende um 2,05 Prozent hinter dem S&P 500 hinterhergehinkt. Hätten Sie nach gleicher Manier in die Fonds mit den jeweils besten Ergebnissen über die letzten fünf und zehn Jahre hinweg investiert, hätten sie den S&P um 0,88 Prozent beziehungsweise 1,02 Prozent geschlagen. Das hätte allerdings die Kosten des Ein- und Ausstiegs aus diesen Fonds noch nicht ausgeglichen.

Was wäre passiert, wenn Sie die Fonds mit den besten Leistungen der letzten fünf und zehn Jahre gekauft und sie fünf Jahre lang gehalten hätten? Im Falle der Fünfjahresfavoriten hätten Sie nicht besser abgeschnitten als der S&P-Index, im Falle der Zehnjahresfavoriten wären Sie dem S&P 500 am Ende tatsächlich um 0,61 Prozent hinterhergehinkt.

Was lernen wir aus dieser Lektion? Verschwenden Sie keine Zeit damit, über den Charts zu brüten, die die bisherige Entwicklung zeigen. Das soll nicht heißen, dass Sie nicht einen Fonds mit einer guten Langzeitentwicklung auswählen sollten. Aber es ist besser, an einem beständigen und kontinuierlichen Fonds festzuhalten, als in Fonds ein- und auszusteigen und zu versuchen, jeweils auf dem neuesten Trend mitzureiten.

Man sollte sich ebenfalls unbedingt Gedanken darüber machen, was mit den Fonds in einem Bärenmarkt passiert. Eine weitere komplizierte Angelegenheit. Einige Fonds verlieren mehr an Wert als andere, gewinnen dafür auch mehr, wenn sie sich wieder erholen. Einige verlieren weniger und gewinnen weniger. Und einige verlieren mehr und gewinnen wenig. Diese letzte Gruppe sollte man auf jeden Fall meiden.

Eine hervorragende Informationsquelle zu diesem Thema ist die Honor Roll in *Forbes*, die das Magazin jeweils im September publiziert. Um in die *Forbes*-Liste aufgenommen zu werden, muss ein Fonds einiges an Vergangenheit aufweisen können – zwei Bullenmärkte und wenigstens zwei Bärenmärkte. *Forbes* benotet jeden Fonds danach, wie es ihm in beiden Situationen ergangen ist (mit Bewertungen von A bis F). Man erfährt den Namen des Fondsmanagers (und wie lange er auf dem Posten ist), die Fondsausgaben, das KGV und den durchschnittlichen Jahresertrag der letzten zehn Jahre.

Es ist sehr schwierig, in die Honor Roll von *Forbes* aufgenommen zu werden, sie ist daher ein guter Ort, um nach geeigneten Fonds zu suchen. Sie können kaum etwas falsch machen, wenn Sie einen Fonds mit einer A- oder B-Bewertung in beiden Marktlagen auswählen.

Von den ungefähr 1.200 Aktienfonds, die existieren, lassen sich nur 264 bis ins Jahr 1978 zurückverfolgen, und von diesen 264 gibt es nur neun, die seither in jedem Kalenderjahr Gewinn gemacht haben. Dazu gehören: Phoenix Growth, Merrill Lynch Capital A, Investment Company of America, John Hancock Sovereign, CGM Mutual, Nationwide, Eaton Vance Investors, Pax World und Mutual of Omaha Income. Der Spitzenreiter, Phoenix Growth, kann einen bemerkenswerten Rekord verzeichnen – einen stattlichen kumulierten Wertzuwachs von 20,2 Prozent im Jahr seit 1977. Die restlichen acht dieser neun Topkandidaten verbuchen einen jährlichen Wertzuwachs von durchschnittlich 13 Prozent oder mehr.

Mit oder ohne Ausgabeaufschlag

Ein anderes Thema, das besprochen werden muss, sind die Ausgabeaufschläge. Erhält man ein besseres Produkt, wenn man einen Fonds mit Ausgabeaufschlag (Load) kauft? Nicht unbedingt. Einige erfolgreiche Fonds berechnen eine Gebühr (beziehungsweise Provision), während andere, ebenso erfolgreiche Fonds, das nicht tun. Planen Sie, einige Jahre lang bei einem Fonds zu bleiben, dann werden sich die zwei bis fünf Prozent, die Sie beim Einstieg bezahlen, als unbedeutend erweisen. Sie sollten aber keinen Fonds deshalb kaufen, weil er eine Verkaufsgebühr berechnet, noch sich aus dem gleichen Grund weigern, einen bestimmten Fonds zu kaufen.

Die laufenden Kosten und Gebühren für einen Fonds können sicherlich seine Performance behindern – und in diesem Punkt sind die Indexfonds im Vorteil, wie wir gesehen haben. Wenn Sie die bisherige Performance eines gemanagten Fonds mit der eines anderen vergleichen, können Sie die Gebühren ignorieren. Die Jahresrendite eines Fonds berechnet sich nach Abzug von Gebühren und Unkosten, sodass diese automatisch mit in die Rechnung eingehen.

Manche Menschen zerbrechen sich über die Größe eines Fonds, besonders des Magellan, den Kopf. Damals, 1983, als das im Magellan verwaltete Vermögen die Milliardengrenze überschritt, hörte ich zum ersten Mal die Worte: „Zu groß, um erfolgreich zu sein." Der Fonds war bei 2 Milliarden Dollar, bei 4 Milliarden Dollar, bei 10 Milliarden Dollar und, als ich ausschied, bei 14 Milliarden Dollar stets „zu groß, um erfolgreich zu sein". Wahrscheinlich ist er auch bei 20 Milliarden Dollar zu groß, um erfolgreich zu sein. Diesen Umfang hat er jetzt unter Morris Smith erreicht.

Das ganze Jahr lang nach der Übernahme durch Morris gab es in der Tageszeitung *The Boston Globe* eine Kolumne mit dem Titel „Was macht Morris Smith", der ebenso hätte lauten können: „Was für Fehlschläge produziert Morris Smith mit einem Fonds, der zu groß geworden ist." Nachdem Morris 1991 exzellente Ergebnisse erzielt hatte, ließ der *Globe* die Kolumne fallen, aber es gibt immer noch viele Menschen, die den „Ihr Fonds ist zu groß"-Blues singen. Jetzt, da Morris den Fonds verlassen hat, ist es Jeff Viniks Aufgabe, mit einem Fonds, der zu groß ist, Erfolg zu haben.

Man hat unbestreitbar mit Nachteilen zu kämpfen, wenn man einen großen Fonds führt. Das ist wie bei einem Footballspieler, der versucht, seine Ernährung mit Keksen zu bestreiten. Er muss eine beachtliche Menge davon zu sich nehmen, damit er satt wird. Ein Fondsmanager ist mit Aktien in einer ähnlichen Situation. Er kann gar nicht so viele Aktien eines wunderbaren kleinen Unternehmens kaufen, um damit die Fondsentwicklung spürbar zu beeinflussen. Er ist gezwungen, Aktien großer Unternehmen zu erwerben; und sogar bei großen Unternehmen dauert es Monate, bis eine bedeutende Menge zusammenkommt, und weitere Monate, bis sie sich bemerkbar macht.

Diese Nachteile können durch geschicktes Management überwunden werden. Michael Price hat das mit seinem Mutual Shares bewiesen (dieser Fonds ist jetzt für Neuanleger geschlossen; Price leitet außerdem den Mutual Beacon), genauso wie Morris Smith, mein Nachfolger beim Magellan.

Bevor wir uns von diesem Gebiet abwenden, möchte ich gerne noch vier weitere Fondstypen diskutieren: Branchenfonds, Wandelanleihefonds, geschlossene Fonds und Länderfonds.

Branchenfonds

Branchenfonds gibt es seit den Fünfzigerjahren. Fidelity hat 1981 die erste Gruppe von Branchenfonds angeboten, bei denen der Investor die Möglichkeit hatte, zu relativ niedrigen Kosten zwischen den Branchen hin- und herzuwechseln. Ein Anleger, der stark auf eine Industrie spekulierte (zum Beispiel Öl), aber keine Zeit hatte, um bestimmte Firmen im Ölgeschäft zu überprüfen, konnte einfach den Fonds auf die Öl- und Gasbranche kaufen.

Diese Fonds wurden nicht entwickelt, um dem launenhaften Stockpicker eine neue Gelegenheit zu geben, seinen Gefühlen zu folgen. Obwohl sie sicherlich manchmal genau so benutzt werden. Der Kauf eines Öl- und Gasfonds anstatt des Kaufs von Exxon wird Sie nicht vor Verlusten bewahren, falls die Ölpreise in den Keller fallen und Sie nach der inneren Vorahnung gehandelt haben, dass die Ölpreise nach oben schießen werden.

Der beste Kandidat für eine Investition in einen Branchenfonds ist jemand der sich mit einer Ware besonders gut auskennt oder Kenntnisse über die kurzfristige Entwicklung einer bestimmten Branche hat. Es könnte sich um einen Juwelier handeln, einen Maurer, einen Schadenssachverständigen, einen Tankstellenleiter, einen Arzt oder einen Wissenschaftler. Jeder der Genannten befindet sich in einer Position, in der er die neuesten Entwicklungen bei den Gold- und Silberpreisen, den Bauholzpreisen, den Versicherungstarifen, den Ölpreisen oder den Regierungsgenehmigungen für neue Medikamente verfolgen könnte oder feststellen könnte, ob die Biotechnologie-Firmen in Kürze ein vermarktungsfähiges Produkt herausbringen werden.

Wenn Sie sich zum richtigen Zeitpunkt in der richtigen Branche aufhalten, können Sie sehr schnell sehr viel Geld machen, wie die

Investoren des Fidelity Biotechnology Fund 1991 festgestellt haben. Der Wert dieses Fonds hat sich innerhalb eines Jahres um 99,05 Prozent erhöht. Solche Gewinne können allerdings auch so schnell wieder entschwinden, wie sie gekommen sind. In den ersten neun Monaten 1992 machte der Fidelity Biotech 21,5 Prozent Verlust. Von Mitte 1982 bis Mitte 1983 gehörten die Technologie-Fonds zu den großen Gewinnern und danach einige Jahre lang zu den großen Verlierern. Im letzten Jahrzehnt stellten die Finanzdienstleistungen, das Gesundheitswesen und die Versorger die profitabelsten Branchen dar, und Edelmetalle die am wenigsten profitable.

Aufgrund der Theorie, dass für jede Branche der richtige Zeitpunkt kommen wird, habe ich nun begonnen, mich erneut für den Goldsektor zu interessieren.

In meinen Anfangsjahren beim Magellan waren die Goldpreise derart hinaufgeschnellt, dass die Menschen deshalb den Zahnarztbesuch vermieden, weil sie mehr Angst vor den Kosten für eine Goldkrone als vor dem Bohrer hatten. Zu dieser Zeit waren die leistungsstärksten Fonds die Goldfonds, mit Namen wie Strategic Investments, International Investors oder United Services. Der gelegentliche Beobachter konnte damals einen Goldfonds leicht mit einem Aktienfonds verwechseln, eine Verwirrung, die mich wütend machte.

In der Lipper-Bewertung für die besten Publikumsfonds innerhalb der letzten fünf Jahre hatte mich in der Regel immer ein Goldfonds übertroffen, den viele Menschen gar nicht als Goldfonds erkannten. Für den Kleinanleger sah es so aus, als würden die anderen Aktienmanager einfach bessere Arbeit leisten als ich, wohingegen es sich bei diesen um die Spitzenreiter unter den Spezialisten für heiße Branchen handelte. Schon bald waren die Goldfonds von der Spitze der Lipper-Liste verschwunden, und in den letzten Jahren sind sie auf dem Boden aufgeschlagen.

In den zehn Jahren, die im Juni 1992 endeten, waren fünf der zehn Fonds, die auf dem amerikanischen Markt am schlechtesten rentierten, Goldfonds. Amerikanische Gold-Aktien sind zum Beispiel während der gesamten Zeit nur um 15 Prozent gestiegen, während der durchschnittliche Publikumsfonds sich verdreifacht oder vervierfacht hat. Auf dem Geldmarkt oder mit amerikanischen Sparbriefen hatte man mehr Gewinn gemacht als mit einem Goldfonds.

Ich bezweifle allerdings, dass wir keine Glanzzeit des Goldes mehr erleben werden. Gold wird bereits seit den Ägyptern und Inkas von der Weltbevölkerung sehr hoch bewertet. Eine der Wohltätigkeitsorganisationen, mit denen ich zu tun habe, besitzt einige Gold-Aktien, und so hörte ich mir vor Kurzem einen Vortrag einiger gut informierter Goldprofis an. Diese betonten, dass der Rückgang der südafrikanischen Goldförderung durch den erhöhten Ausstoß neuer amerikanischer, kanadischer, brasilianischer und australischer Goldminen mehr als ausgeglichen wurde. Es gab eine Goldschwemme, die sich dadurch verschlimmerte, dass die ehemaligen Sowjetrepubliken ihr Gold verschleuderten. Die Experten glauben nicht, dass diese Schwemme anhalten wird.

Der Goldvorrat in den neuen Minen wird bald versiegen und ein ganzes Jahrzehnt mit Goldpreisen auf dem Tiefststand hat die Unternehmen entmutigt, Förderung und Expansion weiter voranzutreiben. Dadurch kann Mitte der Neunzigerjahre eine hübsche Situation auf dem Goldsektor entstehen. Die Nachfrage nach Gold für die Schmuckherstellung und die Industrie wird steigen, während der Vorrat zur Neige geht. Und wenn die Inflation zu zweistelligen Zahlen zurückkehrt, werden die Menschen wieder Gold kaufen, um sich abzusichern.

Es gibt heute 34 Goldfonds auf dem Markt – einige davon kaufen Aktien von südafrikanischen Minengesellschaften, andere wiederum kaufen ausschließlich Aktien von nicht-südafrikanischen Minengesellschaften. Ein paar Zwitterfonds sind jeweils zur Hälfte in Gold und in Staatsanleihen investiert. Für den extrem übervorsichtigen Anleger, der sich sowohl über die kommende Depression als auch über die kommende Hyperinflation den Kopf zerbricht, ist das eine attraktive Mischung.

Wandelanleihefonds

Hier haben wir die oft verkannte Möglichkeit, zwei Fliegen mit einer Klappe zu schlagen: vom möglichen hohen Wertzuwachs der Nebenwerte und Kleinaktien sowie der Stabilität der Anleihen (Bonds) gleichzeitig zu profitieren. Im Allgemeinen sind es die kleineren Unternehmen, die Wandelanleihen ausgeben, welche einen niedrigeren Zinssatz abwerfen als die regulären Anleihen. Die Anleger nehmen diesen niedrigere Zinssatz für die Möglichkeit in Kauf, ihre Wandelanleihen zu einem bestimmten Kurs in Stammaktien umzutauschen.

Normalerweise liegt dieser Kurs etwa 20–25 Prozent höher als der aktuelle Kurs der Stammaktien. Erreicht der Kurs der Stammaktien dieses höhere Niveau oder geht darüber hinaus, zahlt sich die Wandelbarkeit aus. Während man auf dieses Ereignis wartet, kassiert man die Zinsen für seine Anleihen. Während der Kurs einer Stammaktie sehr schnell sehr tief fallen kann, ist der Kurs einer Wandelanleihe weniger volatil. Der Zinssatz erhält ihn aufrecht. 1990 waren zum Beispiel die zugrunde liegenden Stammaktien diverser Wandelanleihen um 27,3 Prozent gefallen, wogegen die Wandelanleihen selbst nur 13 Prozent an Wert verloren hatten.

Trotzdem gibt es bei der Investition in Wandelanleihen gewisse Fallstricke. Das ist ein Gebiet, das man am besten den Spezialisten überlassen sollte. Der Amateuranleger jedoch kann mit einem der zahlreichen Wandelanleihefonds, die mehr Beachtung verdienen als sie erhalten, recht erfolgreich sein. Ein guter Wandelanleihefonds bringt heute sieben Prozent Rendite, was ein weitaus besseres Ergebnis ist als die 3-prozentige Dividende, die man mit einer durchschnittlichen Aktie erzielt. Der Putnam Convertible Income Growth Trust, um einen solchen Fonds zu erwähnen, hat im Verlauf von 20 Jahren insgesamt 884,8 Prozent Gewinn eingebracht und übertrifft damit den S&P 500. Wie wir bereits gesehen haben, können nur wenige aktiv gemanagte Fonds einen derartigen Erfolg verzeichnen.

Für unser anonymes Wohltätigkeitsunternehmen in Neuengland haben wir in nicht weniger als drei Wandelanleihefonds investiert, da die Wandelanleihen derzeit offensichtlich unterbewertet sind. Woher wussten wir das? Normalerweise wirft eine durchschnittliche Unternehmensanleihe 1,5 bis 2 Prozent mehr ab als eine Wandelanleihe. Vergrößert sich diese Differenz, sind die Wandelanleihen überteuert, verkleinert sie sich, ist das Gegenteil der Fall. Kurz vor der großen Korrektur 1987 warfen durchschnittliche Industrieanleihen vier Prozent mehr als Wandelanleihen ab, was bedeutete, dass die Wandelanleihen extrem überteuert waren. Doch während des Saddam-Ausverkaufs im Oktober 1990 rentierten Wandelanleihen tatsächlich nur ein Prozent höher als reguläre Anleihen der gleichen Firmen. Hier bot sich eine seltene Gelegenheit, Wandelanleihen zu einem bevorzugten Kurs zu bekommen.

Es gibt eine gute Strategie für die Investition in Wandelanleihen: Kaufen Sie sich in Wandelanleihefonds ein, wenn die Differenz zwischen Wandelanleihen und Unternehmensanleihen gering ist (sagen wir zwei Prozent oder weniger), und reduzieren Sie Ihr Engagement, wenn die Differenz sich vergrößert.

Geschlossene Fonds

Geschlossene Fonds werden an allen bedeutenden Börsen als Aktien gehandelt. Derzeit gibt es davon 318 Stück in allen Größen und Sorten: geschlossene Rentenfonds, Fonds aus öffentlichen Anleihen, reine Aktienfonds, Wachstumsfonds und so weiter.

Der Hauptunterschied zwischen einem geschlossenen Fonds und einem offenen Fonds wie zum Beispiel dem Magellan ist, dass ein geschlossener Fonds statisch ist: Die Anzahl der Aktien bleibt immer dieselbe. Der Anteilseigner eines geschlossenen Fonds verlässt diesen, indem er seine Anteile an jemand anderen verkauft, genauso als ob er oder sie eine Aktie verkaufen würde. Ein offener Fonds dagegen ist dynamisch. Kauft sich ein Anleger ein, dann werden neue Anteile geschaffen. Steigt ein Anleger aus, dann werden seine Anteile aus dem Verkehr gezogen beziehungsweise zurückgekauft, und der Fonds schrumpft um diese Anzahl von Anteilen.

Geschlossene und offene Fonds werden im Grunde auf die gleiche Art und Weise verwaltet, außer dass der Manager eines geschlossenen Fonds einen gesicherteren Arbeitsplatz hat. Da der Fonds nicht schrumpfen kann, etwa wegen eines Massenexodus der Kunden, besteht die einzige Möglichkeit des Versagens für ihn darin, im Portfolio selbst Verluste zu produzieren. Einen geschlossenen Fonds zu führen ist dasselbe wie an der Universität fest angestellt zu sein – die Möglichkeit der Entlassung besteht, aber man muss schon etwas besonders Schlimmes anstellen, damit diese Situation eintritt.

Ich habe noch nie eine klare Studie darüber gesehen, ob geschlossene Fonds als Gruppe besser oder schlechter als offene Fonds operieren. Bei gelegentlichen Betrachtungen wies keine der beiden Sorten einen besonderen Vorteil auf. Spitzenreiter in beiden Kategorien erscheinen in der Honor Roll von *Forbes* für Publikumsfonds, was beweist, dass man mit beiden Formaten erfolgreich sein kann.

Ein verlockendes Merkmal der geschlossenen Fonds ist, dass sie, da sie wie Aktien gehandelt werden, natürlich auch wie Aktien fluktuieren – ein geschlossener Fonds wird entweder mit einem Auf- oder Abschlag in Bezug auf den Marktwert (oder das Nettovermögen) seines Portfolios verkauft. Schnäppchenjäger haben bei Ausverkäufen wunderbare Möglichkeiten, einen geschlossenen Fonds mit einem beachtlichen Abschlag in Bezug auf sein Nettovermögen zu kaufen.

Wenn heute Dienstag ist, dann muss es der Belgienfonds sein

Viele geschlossene Fonds sind besser als Länderfonds bekannt. Diese ermöglichen es uns, in unsere Lieblingsländer zu investieren – ein romantischeres Unterfangen als die Investition in ein Unternehmen. Es gibt wohl außer den hartherzigsten Flegeln niemanden, der nach einer guten Flasche Wein auf der Piazza nahe dem Trevibrunnen nicht in einen Italienfonds investieren möchte. Ich habe hier einen Tipp für die Marketingabteilung: Veranlassen Sie, dass in den großen ausländischen Hotels die gebührenfreien Telefonnummern der Länderfonds auf den Telefonapparaten angebracht werden.

Heute gibt es mindestens 75 Länderfonds und/oder Regionenfonds. Diese Zahl wird mit dem Auseinanderbrechen des kommunistischen Blocks sicher noch weiter zunehmen. In Miami wurden in der Vorfreude auf die Wiederherstellung des Kapitalismus in Havanna zwei Kubafonds auf den Markt geworfen, und dabei hat Castro noch nicht einmal seine Koffer gepackt.

Das beste Argument für Länderfonds als langfristige Investition ist, dass das Wirtschaftswachstum in anderen Ländern höher ist als in den USA, wodurch Auslandsaktien einen entsprechend schnelleren Gang einlegen als die amerikanischen. In den letzten zehn Jahren war dies sicherlich der Fall. Sogar beim Magellan war mein Verhältnis von Gewinnern zu Verlierern bei den Auslandsaktien höher als bei den Made-in-USA-Aktien.

Um jedoch mit einem Länderfonds Erfolg zu haben, muss man Geduld und einen Hang zu antizyklischem Verhalten haben. Länderfonds erwecken ein Verlangen nach sofortiger Gratifikation. Für Menschen, die sich gerne am Wochenende den Kopf zerbrechen, können sie eine Falle sein. Ein gutes Beispiel dafür sind der Germany Fund und sein Ableger, der New Germany Fund, die beide entstanden, als die Berliner Mauer fiel und Deutsche auf beiden Seiten der Mauer sich auf den Straßen um den Hals fielen, während der Rest der Welt mitjubelte. Die große deutsche Renaissance bahnte sich an.

Jenseits der Mauer fand dann gewissermaßen als emotionaler Hintergrund die magische Wiedervereinigung Europas statt. Zur festgelegten Zauberstunde 1992 sollten jahrhundertealte Feindschaften über Nacht verschwinden: Die Franzosen würden sich mit Deutschen umarmen und versöhnen, die Engländer würden sich mit den Deutschen und den Franzosen umarmen und versöhnen, die Italiener würden ihre Lire und die Holländer ihre Gulden zugunsten einer gemeinsamen

Währung aufgeben, und Einigkeit, Frieden und Wohlstand würden überall dominieren. Mir persönlich fiel es viel leichter, an einen Turnaround von Pier 1 Imports zu glauben.

Während triumphierende Berliner auf den Mauerresten tanzten, stieg der Kurs der beiden Deutschland-Fonds auf 25 Prozent über dem Wert der zugrunde liegenden Aktien. Diese Fonds stiegen täglich um zwei Prozent wegen nichts anderem als den beflügelten Hoffnungen und inständigen Gebeten für einen Wirtschaftsboom. Die gleichen übersteigerten Erwartungen existieren heute bezüglich einer Wiedervereinigung von Nord- und Südkorea, wobei ich annehme, dass sie ein ähnlich schnelles Ende finden werden.

Als die Anleger nach sechs Monaten schließlich die Probleme der großen deutschen Renaissance erkannten, verwandelte sich die Euphorie in Verzweiflung und die Deutschland-Fonds wurden schnell mit 20 bis 25 Prozent Abschlag gegenüber dem Wert ihrer Aktien abgestoßen. Seitdem sind sie immer mit Abschlag verkauft worden.

Zwischenzeitlich entwickelte sich die dortige Börse 1991, als die Menschen noch euphorisch über die deutschen Aussichten waren, sehr schlecht, während sie sich im ersten Halbjahr 1992 trotz düsterer Nachrichten aus Deutschland recht gut behauptete. Es ist schon schwierig genug, solche Entwicklungen im eigenen Land zu ergründen, erst recht im Ausland.

Ganz klar sollte man einen Länderfonds am besten dann kaufen, wenn er unbeliebt ist und man ihn 20–25 Prozent unter Wert einkaufen kann. Früher oder später wird Deutschland seine Renaissance erleben, und geduldige Investoren, die sich bei Tiefstständen eingekauft haben, werden sich darüber freuen können.

Es gibt viele Nachteile bei den Länderfonds. Gebühren und Unkosten sind in der Regel sehr hoch. Es genügt nicht, dass die Firmen, in die der Fonds investiert hat, sich gut entwickelt haben. Die Währung des entsprechenden Landes muss im Vergleich zum Dollar stabil sein, andernfalls gehen die Gewinne bei den Umrechnungen verloren. Die Regierung kann das ganze Vergnügen durch Extrasteuern oder Verordnungen, die dem Geschäft schaden, verderben. Die Manager der Länderfonds müssen ihre Hausaufgaben machen.

Aber wer sind diese Manager? Ist es jemand, der einmal Urlaub in diesem Land gemacht hat und als Beweis ein Reiseposter besitzt, oder ist es jemand, der dort gelebt und gearbeitet hat, Kontakte zu den größeren Unternehmen unterhält und deren Daten verfolgen kann?

Ich möchte gerne meinen Senf zur USA-gegen-den-Rest-der-Welt-Debatte hinzugeben. Heute ist es sehr schick, daran zu glauben, dass im Ausland hergestellte Produkte den einheimischen überlegen sind: Die Deutschen sind effizienter und bauen die besten Autos, die Japaner arbeiten mehr und bauen die besten Fernseher, die Franzosen sind lustiger und backen das beste Brot, die Singapurer sind gebildeter und bauen die besten Diskettenlaufwerke und so weiter. Aus all meinen Auslandsreisen habe ich den Schluss gezogen, dass die USA nach wie vor die besten Unternehmen besitzen, und das beste System, um in sie zu investieren.

In Europa gibt es massenhaft große Konglomerate, die unseren Blue Chips gleichwertig sind, aber Europa hat nicht die Masse von Wachstumsfirmen, die wir besitzen. Und die, die es gibt, sind in der Regel überteuert. Nehmen wir beispielsweise L'Oréal, eine französische Kosmetikfirma, die Carolyn während ihrer Fundamentalanalyse in der Parfümabteilung entdeckte. Mir gefiel zwar die Aktie, aber keinesfalls zum 50-fachen KGV.

Ich bin mir sicher, dass Hunderte amerikanische Firmen ihre Gewinne über 20 Jahre hinweg beständig gesteigert haben. Ich muss mich aber schon sehr anstrengen, um in Europa davon zehn zu entdecken. Sogar die europäischen Blue Chips weisen nicht derart anhaltende Gewinne auf, wie sie hier üblich sind.

Die Informationen über Auslandsfirmen sind oft oberflächlich und irreführend. Nur in Großbritannien werden die Unternehmen ähnlich gut verfolgt wie an der Wall Street. Auf dem Kontinent ist Wertpapieranalyst ein obskurer Beruf. In Schweden gibt es fast überhaupt keinen Analysten. Der einzige, den ich aufstöbern konnte, hatte noch niemals Volvo besucht, eine Firma vom Kaliber einer General Motors oder IBM.

Gewinnschätzungen können recht fantasievoll sein. Wir beklagen uns, dass sich die amerikanischen Analysten meistens irren, aber im Vergleich zu ihren europäischen Kollegen sind sie beinahe unfehlbar. In Frankreich las ich den verheißungsvollen Bericht eines Analysten über ein Konglomerat namens Matra. Voller guter Hoffnungen besuchte ich die Firma. Ein Sprecher berichtete mir von den Aussichten für die einzelnen Abteilungen. Die Nachrichten waren meistens schlecht: zum Ruin führende Konkurrenz in einer Abteilung, eine unerwartete Abschreibung in einer anderen, ein Streik in einer dritten und so weiter. „Das scheint nicht die gleiche Firma zu sein, von der ich gelesen habe, dass sie ihre Gewinne in diesem Jahr verdoppeln wird", bemerkte ich. Der Mann starrte mich daraufhin ziemlich merkwürdig an.

Wenn Sie Ihre eigenen Nachforschungen in Europa anstellen, dann können Sie aus der schlechten Berichterstattung Ihren Nutzen ziehen. Zum Beispiel wenn Sie herausfinden, dass Volvo zu einem Kurs gehandelt wird, den bereits das Bargeld in seinem Tresor wert ist. Aus diesem Grund konnte ich beim Magellan mit ausländischen Aktien so erfolgreich operieren. Was die Aktienauswahl auf dem amerikanischen Markt so schwierig macht, ist, dass es 1.000 schlauere Leute gibt, die die gleichen Aktien studieren wie Sie. In Frankreich, der Schweiz oder Schweden ist das nicht so. Dort studieren die schlauen Leute Vergil und Nietzsche anstatt Volvo oder Nestlé.

Wie verhält es sich mit den Japanern, den Meistern des Kapitalismus und der Überstunden, den Besitzern des Rockefeller Centers und von Columbia Pictures, den künftigen Besitzern der Seattle Mariners und vielleicht irgendwann sogar des Washington Monuments? Hätten Sie mich auf eine meiner Research-Reisen nach Japan begleitet, hätten Sie erkannt, dass dieses ganze Getue mit der japanischen Überlegenheit von Anfang an Quatsch war.

Japan ist das reichste Land im ganzen Universum, und die Menschen haben Mühe und Not, mit ihrem Geld auszukommen. Der Japaner beneidet uns Amerikaner um unsere geräumigen Kleiderschränke, unsere niedrigen Preise und unsere Wochenendhäuser. Ein Apfel kostet fünf Dollar, ein Abendessen kostet 100 Dollar, und dabei handelt es sich nicht etwa um ein besonderes Menü. Er quetscht sich in U-Bahn-Wägen und nach eineinhalb Stunden hat er den Großraum Tokio immer noch nicht verlassen, der größer ist als Rhode Island. Während der Fahrt träumen die Japaner davon, nach Hawaii zu ziehen, wo sie für ihr Geld vielleicht noch etwas bekommen, aber sie müssen in Japan bleiben und hingebungsvoll ihre Hypothek auf die 1-Million-Dollar-Hütte abzahlen, die etwa 100 Quadratmeter groß ist. Verkaufen sie die Hütte, müssen sie in eine andere 1-Million-Dollar-Hütte umziehen oder ein Apartment für 15.000 Dollar im Monat mieten.

Die japanische Lage erinnert mich an die Geschichte von einem Mann, der sich damit brüstet, einst einen Hund im Wert von einer Million Dollar besessen zu haben; und wenn man ihn fragt, woher er denn wisse, dass der Hund eine Million Dollar wert gewesen sei, antwortet er, er wisse das deshalb, weil er ihn gegen zwei Katzen eingetauscht habe, die je 500.000 Dollar wert seien. Vielleicht besitzen die Japaner ja einige 500.000-Dollar-Katzen neben ihren 500.000-Dollar-Golfklubmitgliedschaften, die sie bis vor Kurzem gegen ein paar 100.000 Dollar-Aktien hätten eintauschen können.

Der Werbeslogan „Wenn E. F. Hutton spricht, hören die Menschen zu" wäre in Japan ein Understatement gewesen. Dort hätte der Slogan gelautet: „Wenn Nomura Securities befiehlt, gehorchen die Menschen." Den Brokern wurde hundertprozentig vertraut und ihr Rat wurde für bare Münze genommen. Die Japaner kauften auf ein Fingerschnippen hin Katzen für 500.000 Dollar.

Als Ergebnis entstand ein wundersamer Aktienmarkt mit KGVs von 50, 100 und 200, die so sehr von vernünftigen Niveaus abwichen, dass Beobachter begannen, die Theorie zurechtzubasteln, dass das hohe japanische KGV eine kulturelle Besonderheit sei. In den späten Sechzigerjahren hatten amerikanische Investoren übrigens eine sehr ähnliche Besonderheit entdeckt. Der Markt war zu diesem Zeitpunkt derart überbewertet, dass der Dow Jones letztlich 22 Jahre brauchte, bis er, um die Inflation bereinigt, sein 1967 gesetztes Allzeithoch wieder erreichte.

Der japanische Markt ist in einem Ausmaß Opfer einer getarnten Manipulation geworden, wie es der Wall Street seit den Zwanzigerjahren fremd ist. Großanleger in Japan hatten von den Brokerfirmen die Garantie erhalten, dass sie ihr Geld in jedem Fall zurückbekommen würden: Gab es Verluste, zahlten diese die Broker. Wären doch nur Merrill Lynch und Smith Barney ebenso gefällig, dann wären auch unsere Aktien wieder vertrauenswürdiger.

Bereits bei meinem ersten Besuch 1986 erhielt ich einen Hinweis darauf, dass Japan ein manipulierter Markt ist. Meine Reise war vom Fidelity-Büro in Tokio organisiert worden, in dem 80 Menschen arbeiteten. Adam Smith schrieb in „The Money Game“ ein Kapitel über den Gründer von Fidelity, den fleißigen Mr. Johnson. Von dem Tag an, als das Buch in Japan erschien, war Fidelity in Japan berühmt.

Nichtsdestotrotz waren viele Briefe und Telefongespräche nötig, bevor eine Reihe von Meetings zwischen mir und japanischen Firmen arrangiert werden konnte. Ich erhielt vorab die Geschäftsberichte, ließ sie ins Englische übersetzen und notierte mir meine Fragen. Ich benutzte die gleiche Technik, die ich auch zu Hause anwendete: Ich wärmte die Atmosphäre mit höflichen Neckereien auf und pfefferte meine Fragen mit Fakten, um zu zeigen, dass ich meine Hausaufgaben gemacht hatte.

Japanische Firmen sind sehr förmlich und die Meetings waren von Natur aus eine Zeremonie mit vielen Verbeugungen und vielen Tassen Kaffee. In einer Firma stellte ich eine Frage über Investitionsaufwendungen, für die ich im Englischen ungefähr 15 Sekunden benötigte. Der Übersetzer brauchte jedoch fünf Minuten, um dem japanischen Experten meine Frage zu unterbreiten, und dieser benötigte weitere sieben Minuten, um auf Japanisch zu antworten. Ich erhielt dann schließlich die englische Antwort „Einhundertundfünf Millionen Yen.“ Japanisch ist eine sehr blumige Sprache.

Bei einem späteren Gespräch mit einem der bekanntesten Broker des Landes erhielt ich eine Andeutung darauf, inwieweit die japanischen Aktienpreise kontrolliert werden. Er beschrieb seine Lieblingsaktie – ich weiß nicht mehr, wie sie hieß – und bezog sich immer wieder auf eine Zahl, irgendetwas mit 100.000 Yen. Ich war mir nicht sicher, ob er über Umsatz, Gewinn oder was auch immer sprach, und so fragte ich der Klarheit halber nach. Es stellte sich heraus, dass er den Aktienkurs für das nächste Jahr prognostizierte. Nach zwölf Monaten überprüfte ich das Ganze, und er hatte absolut recht.

Japan war ein Alptraum für Fundamentalanalysten. Ich sah ein Beispiel nach dem anderen für Firmen mit miserablen Bilanzen, nicht einheitlichen Gewinnen und überteuerten Aktien mit verrückten KGVs, einschließlich der Firma, die den größten Börsengang der Finanzgeschichte organisierte: Nippon Telephone.

Wird eine Firma privatisiert, so kann ich in der Regel nicht abwarten, sie zu kaufen (siehe Kapitel 17), aber „Sushi Bell" war eine Ausnahme.

Hier hatten wir es nicht mit einer Firma zu tun, die in einem unterentwickelten Land ein rasantes Wachstum an den Tag legte und gierig auf Kunden war. Hier hatten wir eine geregelte japanische Versorger-Aktie in ihrer ausgereiften Phase, ähnlich dem, was die alte Ma Bell darstellte, bevor sie aufgesplittet wurde – einen Anlagewert, von dem man ein Wachstum von sechs oder sieben Prozent jährlich erwarten konnte, aber keine zweistelligen Zahlen.

Die Erstemission wurde 1987 zu einem Preis von 1,1 Million Yen pro Aktie ausverkauft. Ich dachte da bereits, dass dies ein verrückter Preis sei, als sich in der Nachbörse der Kurs beinahe verdreifachte. Zu diesem Zeitpunkt notierte Nippon Telephone bei ungefähr dem 3.000-Fachen seines Gewinns. Die Aktie hatte einen Marktwert von 350 Milliarden Dollar, mehr als die gesamte deutsche Börse und mehr als die 100 Top-Firmen der *Fortune*-500-Liste.

Bei diesem Deal trug nicht nur der Kaiser keine Kleider, sondern die Menschen verloren auch ihr letztes Hemd. Nach der großen Korrektur gelang es der japanischen Regierung durch zwei zusätzliche Emissionen, der japanischen Öffentlichkeit noch mehr überteuerte Nippons anzuhängen: eine für 2,55 Millionen Yen pro Aktie und eine weitere für 1,9 Millionen Yen pro Aktie. Seither ist es steil bergab gegangen. Während ich dieses Buch schreibe, notiert die Nippon-Aktie bei 575.000 Yen – ein 85-prozentiger Verlust auf den Kurswert von 1987. Um den Investoren an der Wall Street einen ähnlichen Verlust zu bescheren, müsste die gesamte *Fortune*-100-Liste ausgelöscht werden.

Sogar bei 575.000 Yen pro Aktie übertrifft der Marktwert von Nippon den von Philip Morris, der größten Firma in den USA mit 30 Jahren kontinuierlichem Gewinnzuwachs. Trotz der hohen Verluste ist Nippon mit dem 50-fachen Gewinn immer noch überbewertet.

Japanische Investoren, so hört man, schenkten den Gewinnen wenig Aufmerksamkeit und konzentrierten sich auf den Cashflow – vielleicht deshalb, weil es kaum Gewinne gab. Firmen, die ihr Geld wie betrunkene Seeleute ausgeben, insbesondere für Akquisitionen und Immobilien, finden sich mit einem riesigen Abschreibungsvolumen und einem Haufen Schulden wieder, woraus sich das Profil eines hohen Cashflows bei niedrigen Gewinnen ergibt.

Diejenigen, die den japanischen Markt studieren, werden Ihnen berichten, dass die Beliebtheit des Cashflows eine weitere kulturelle Besonderheit sei, aber rote Zahlen haben nichts mit Kultur zu tun. Rote Zahlen sind das Problem, das sich den japanischen Banken stellt. die all den Käufern der 1-Million-Dollar-Hunde und 500.000-Dollar-Katzen Geld geliehen haben.

In der japanischen Wirtschaft spielt das Spekulieren eine weitaus größere Rolle als in der amerikanischen. Merrill Lynch tauchte selbst in seinen besten Jahren niemals unter den 100 amerikanischen Top-Firmen der *Fortune* 500 auf; in Japan waren dagegen einmal 5 der 25 Spitzenreiter Brokerhäuser, und ein anderes Mal fünf der zehn Spitzenreiter Banken.

Amerikanische Banken werden dafür kritisiert, dass sie an die Reichmanns und Trumps idiotische Kredite vergeben, aber selbst der dümmste dieser Immobilienkredite war über eine Art Nebenbürgschaft abgesichert. Japanische Banken vergaben 100-prozentige Kredite gegen null Bürgschaft für Bürogebäude, bei denen selbst im günstigsten Fall durch die Mieten kaum die Unkosten gedeckt wurden.

Bis zum Ausverkauf, der vor Kurzem stattfand, waren die einzigen Schnäppchen unter den japanischen Aktien Kleinunternehmen, die meiner Meinung nach genau wie in den USA der Schlüssel zu Japans zukünftigem Wachstum und Wohlstand sind. Japanische Kleinunternehmen wurden in den frühen Phasen des großen Börsenfiebers ignoriert und ich konzentrierte meine Käufe darauf. Als diese Aktien dieselben verrückten Kurse erreichten wie der Rest, stieg ich aus. Wenn ich alles aufrechne, dann hätte ich besser in einen Publikumsfonds für Wachstumsaktien in den guten, alten USA investieren sollen.

Nachfolgend fasse ich unsere Diskussion hinsichtlich einer Strategie für die Investition in Publikumsfonds noch einmal zusammen:

- Investieren Sie so viel wie möglich von Ihrem Geld in Aktienfonds. Selbst wenn Sie auf ein Einkommen angewiesen sind, erzielen Sie langfristig bessere Ergebnisse mit Aktien, die eine Dividende ausschütten, auch wenn Sie als Einkommensersatz gelegentlich aus Ihrem Kapital schöpfen.

- Wenn Sie Staatsanleihen haben müssen, dann kaufen Sie diese direkt vom Treasury Department und meiden Sie die Rentenfonds, die Ihnen für nichts und wieder nichts Managementgebühren abverlangen.

- Sie sollten genau darüber Bescheid wissen, welche Art von Aktienfonds Sie besitzen. Wenn es um eine Performancebewertung geht, vergleichen Sie einen Apfel mit einem Apfel, das heißt, einen Value-Fonds mit einem Value-Fonds und so weiter. Geben Sie dem Manager eines Goldfonds nicht die Schuld daran, dass er einen Wachstumsfonds nicht übertroffen hat.

- Sie sollten Ihr Geld am besten unter drei oder vier Aktienfondstypen (Growth, Value, Kleinunternehmen und so weiter) aufteilen, sodass sie immer einen Teil des Geldes im profitabelsten Marktsektor investiert haben. Wenn Sie Ihr Portfolio aufstocken, dann investieren Sie in den Sektor, der dem Markt seit einigen Jahren hinterherhinkt.

- Es ist sehr schwierig, wenn nicht gar zwecklos, den zukünftigen Top-Fonds aufgrund seiner bisherigen Gewinne auszusuchen. Konzentrieren Sie sich lieber auf solche Fonds, die eine solide Performance vorweisen können, und bleiben Sie dabei. Ständig zwischen verschiedenen Fonds hin- und herzuwechseln ist eine teure Angewohnheit, die Ihrem Reingewinn schadet.

4

Der Magellan und ich

Die frühen Jahre

Vor Kurzem räumte ich die letzten „red herrings" (so werden die Emissionsprospekte an der Wall Street genannt) von meinem Schreibtisch, zog die dicken Ordner mit Magellan-Berichten für die Anteilseigner von ihrem „Thron" auf einem staubigen Regal herunter und versuchte, aus den 13 Jahren, in denen ich den Fonds geleitet habe, einen sinnvollen Schluss zu ziehen. Guy Cerundolo, Phil Thayer und besonders Jacques Perold, die Computerkanonen von Fidelity, unterstützten mich bei meinen Bemühungen und produzierten Ausdrucke über meine größten Gewinne und Verluste. Diese Liste ist lehrreicher als ich dachte – über einige Ergebnisse bin ich sogar erstaunt. Die beliebte Theorie, dass der Hauptfaktor für den Erfolg des Magellan-Fonds in den Wachstumsaktien der Kleinunternehmen lag, schießt weit an der Realität vorbei.

Ich biete diesen Überblick in der Hoffnung an, dass er anderen Fondsmanagern und ebenso Amateuranlegern, die vielleicht aus meinen Fehlern lernen wollen, von praktischem Nutzen ist; oder, falls das nicht der Fall sein sollte, er zumindest all diejenigen zufriedenstellt, die vielleicht neugierig darauf sind, was bei mir klappte und was nicht.

Ich habe das Material in drei Kapitel aufgeteilt, die sich mit den frühen, den mittleren und den späten Jahren befassen, ähnlich dem Stil, in dem Diplomaten ihre Memoiren abfassen; aber nur aus dem Grund, weil es eine angenehme Art und Weise ist, die Dinge zu organisieren, und nicht, weil das Leben eines Stockpickers, der ich war und bin, von hochtrabender Bedeutung ist.

Fidelity ist kein börsennotiertes Unternehmen. Wäre das der Fall, dann wäre ich hoffentlich schlau genug gewesen, den Menschen zu empfehlen, Aktien dieses Unternehmens zu kaufen. Ich erlebte schließlich Tag für Tag aus erster Hand, wie neues Geld hereinfloss und neue Fonds auf den Markt gebracht wurden, und ich hatte ständig die vielen weiteren Auswirkungen des hervorragenden Managements des Gründers Mr. Johnson vor Augen – und später seines Sohnes Ned.

Der Magellan Fund wurde nicht erst von mir ins Leben gerufen. Ned Johnson hatte ihn 1963 als Fidelity International Fund aufgelegt, aber eine Steuer auf Auslandsinvestitionen, die vom damaligen Präsidenten Kennedy befürwortet wurde, zwang die Manager internationaler Fonds, ihre Auslandsaktien zu verkaufen und in amerikanische Aktien zu investieren. Zwei Jahre lang war der International Fund dann eigentlich bereits ein getarnter amerikanischer Fonds, bis daraus am 31. März 1965 der Magellan wurde. Die größte Position des Magellan war zu jenem Zeitpunkt Chrysler, das sich 20 Jahre später vom Rande des Bankrotts erholte und auch zu meiner größten Position wurde, was beweist, dass man gewisse Firmen niemals aufgeben darf.

Als der Magellan gegründet wurde, studierte ich am Boston College und arbeitete am Wochenende als Golfcaddy. Das war während des großen Fondsbooms, als jedermann Fonds kaufen wollte. Das Fondsfieber erreichte sogar meine eigene Mutter, eine Witwe mit begrenzten Mitteln. Ein Lehrer, der sich heimlich durch eine Teilzeitbeschäftigung als Fondsverkäufer ein Zubrot verdiente, überzeugte sie davon, den Fidelity Capital zu kaufen. Ihr gefiel die Tatsache, dass „einer von den Chinesen“ den Fonds leitete, da sie an den brillanten orientalischen Verstand glaubte. Dieser chinesische Mann hieß Gerry Tsai.

Er und Ned Johnson mit seinem Fidelity Trend waren zu jener Zeit die Fondsmanager *par excellence*.

Meine Mutter hätte niemals erfahren, dass ein Chinese den Fidelity Capital Fund leitete, wenn es ihr der Verkäufer nicht erzählt hätte. Eine Armada von Fondsvertreibern reiste durchs Land, die meisten von ihnen als Teilzeitarbeiter. Sie klingelten neben Staubsauger-, Versicherungs-, Grabstein- und Enzyklopädievertretern an den Haustüren. Meine Mutter entschloss sich zu einem Sparplan, bei dem sie 200 Dollar im Monat investieren würde, um uns eine wohlhabende Zukunft zu sichern. Das war zwar ein Betrag, den sie eigentlich nicht übrig hatte, aber Fidelity Capital übertraf den S&P 500, verdreifachte sich in den Fünfzigerjahren und verdoppelte sich während der ersten sechs Jahre der Sechziger erneut.

Die Börse ist ein unbeständiges Geschäft, auch wenn man das heute, nach so vielen Jahren aufregender Gewinne, kaum glauben kann. Ernsthafte Korrekturen führen zu langen Zeitspannen, in denen nichts passiert, die Wall Street wird von den Zeitschriftenredakteuren gemieden, niemand brüstet sich auf Cocktailpartys mit Aktien und die Geduld der Anleger wird auf eine harte Probe gestellt. Stockpicker aus Fleisch und Blut fühlen sich allmählich so einsam wie Urlauber in der Nachsaison.

Als mich Fidelity als Analyst einstellte, war der Markt gerade in eine dieser Flauten eingetreten. Die Aktienkurse hatten ihren Höchststand erreicht und waren auf den Kollaps von 1972–1974 zugesteuert, den schlimmsten seit dem Zusammenbruch der Jahre 1929–1932, der die Depression einleitete. Plötzlich wollte niemand mehr Publikumsfonds kaufen. Es bestand absolut kein Interesse. Das Geschäft ging so schlecht, dass die Armada von Fondsvertreibern entlassen werden musste. Die Vertreter kehrten wieder zurück zu Staubsaugern, Autowachs oder was auch immer sie verkauft hatten, bevor die Fonds zur heißen Ware wurden.

Während die Menschen sich aus den Aktienfonds davonmachten, investierten sie ihr Kapital in Geldmarkt- und Rentenfonds. Fidelity machte mit diesen Fonds genug Profit, um zumindest einige der inzwischen unbeliebten Aktienfonds am Leben zu erhalten. Diese Überlebenden konkurrierten um die wenigen Kunden, die noch an Aktien interessiert waren – eine bedrohte Spezies, die sich sehr schnell ausdünnte.

Es gab keine großen Unterschiede zwischen den verschiedenen Aktienfonds. Die meisten wurden als „Capital Appreciation Funds" bezeichnet, ein vager Terminus, der es den Managern erlaubte, Zykliker, Versorger-Aktien, Wachstumsfirmen und so weiter zu kaufen. Während sich die Zusammensetzung von einem zum anderen Capital Appreciation Fund unterschied, sahen sie für den Fondskäufer alle gleich aus.

1966 war der Fidelity Magellan ein 20-Millionen-Dollar-Fonds, aber der ständige Kapitalabfluss, der durch die Rücknahmen entstand, reduzierte ihn bis 1976 auf einen 6-Millionen-Dollar-Fonds. Es ist sehr schwer, die Stromrechnung, geschweige denn irgendwelche Gehälter, mit einem 6-Millionen-Dollar-Fonds abzudecken, wenn die Verwaltungsgebühr von 0,6 Prozent nur 36.000 Dollar für die jährliche Kostendeckung einbringt.

Durch eine Aufstockung bemühte sich der 6-Millionen-Dollar-Magellan-Fund 1976, wirtschaftlicher zu arbeiten, und fusionierte mit einem anderen Opfer mangelnden Investoreninteresses, dem zwölf Millionen Dollar schweren Essex Fund. Der Essex war einmal ein 100-Millionen-Dollar-Fonds gewesen, hatte sich aber in dem schlechten Markt so miserabel entwickelt, dass er einen steuerlichen Verlustvortrag von 50 Millionen Dollar produzierte. Darin lag die Hauptattraktivität. Die Manager und Treuhänder von Fidelity glaubten, dass der Magellan-Fonds, der seit 1972 sehr geschickt von Dick Haberman geleitet wurde (sowie in der Zeit von 1969 bis 1972 von Haberman und Ned Johnson), einen Vorteil aus dem Verlustvortrag des Essex Fund ziehen könnte. Der kombinierte Fonds musste demnach auf die ersten 50 Millionen Dollar an Kapitalgewinnen keinerlei Steuern bezahlen.

Dies also war die Situation, die ich 1977 erbte, als ich zum Fondsmanager ernannt wurde: zwei Fonds, aus denen einer geworden war;

18 Millionen Dollar Vermögenswerte; einen Verlustvortrag von 50 Millionen Dollar; einen fürchterlichen Aktienmarkt; eine kleine und sehr schnell immer kleiner werdende Zahl zurückhaltender Kunden; und keine Möglichkeit, neue Kunden anzuziehen, da Fidelity den Magellan Fund für Käufer gesperrt hatte.

Erst vier Jahre später, 1981, wurde die Sperre aufgehoben, und der Magellan war wieder für Investoren zugänglich. Diese lange Schließung wurde von der Presse größtenteils fehlinterpretiert. Die allgemeine Meinung ist, dass Fidelity die clevere Strategie verfolgte, abzuwarten, bis seine Fonds mit akzeptablen Entwicklungen aufwarten konnten, und sie dann auf den Markt zu bringen, um die Käufe zu stimulieren. Der Magellan wird oft als einer der sogenannten Inkubator-Fonds bezeichnet, denen eine ausgedehnte Probezeit zugestanden wurde.

Die Wahrheit ist weniger schmeichelhaft. Fidelity hätte sich riesig darüber gefreut, während der ganzen Zeit mehr Aktionäre anzuziehen. Was uns davon abhielt, war das mangelnde Interesse der entsprechenden Gruppen. Das Fondsgeschäft war derart trostlos, dass Maklerfirmen ihre Verkaufsabteilungen auflösten, sodass es niemanden mehr gab, der die Aktien an die wenigen absonderlichen Typen verkaufte, die sich vielleicht noch dafür interessiert hätten.

Ich bin davon überzeugt, dass die Verborgenheit, in der ich in den ersten vier Jahren gewirkt habe, mehr ein Segen als ein Fluch war. Ich hatte dadurch die Möglichkeit, das Geschäft kennenzulernen und Fehler zu machen, ohne dabei im Rampenlicht zu stehen. Fondsmanager und Sportler haben Folgendes gemeinsam: Auf lange Sicht sind sie erfolgreicher, wenn man sie langsam aufpäppelt.

Ein Analyst, der vielleicht 25 Prozent der Firmen auf dem Aktienmarkt kennt (in meinem Fall meistens Textilien, Metall und Chemie), fühlt sich auf gar keinen Fall mit dem notwendigen Rüstzeug ausgestattet, um einen Capital-Appreciation-Fonds zu leiten, für den er alles kaufen darf. Dadurch, dass ich von 1974 bis 1977 Leiter der Researchabteilung von Fidelity und Mitglied des Anlageausschusses gewesen war, hatte ich mich mit anderen Industriezweigen etwas vertraut gemacht. 1975 begann ich, eine Wohltätigkeitsorganisation in Boston bei der Verwaltung ihres Portfolios zu unterstützen. Das war meine erste unmittelbare Erfahrung mit einem Fonds.

Meine Tagebücher, in denen ich meine Firmenbesuche so peinlich genau festgehalten habe wie Casanova seine Verabredungen, erinnern mich daran, dass ich am 12. Oktober 1977 General Cinema besucht habe. Ich war offensichtlich nicht sehr beeindruckt, da die Aktie nicht in meiner Kaufliste auftaucht. Sie stand damals bei einem Kurs von 1 Dollar und steht heute bei mehr als 30 Dollar – stellen Sie sich vor, was es bedeutet, diesen 30-Bagger gleich auf Anhieb verpasst zu haben. (Diese 30 Dollar sind bereits um Aktiensplits bereinigt. Wir sind durch das ganze Buch hindurch mit den Aktienkursen genauso verfahren. Daher stimmen die Kurse, die Ihnen hier begegnen, vielleicht nicht mit denen überein, die Sie auf den Wirtschaftsseiten lesen; aber die Gewinne und Verluste, die in diesem Text beschrieben werden, sind absolut korrekt.)

Meine Tagebücher sind voll von solchen verpassten Gelegenheiten, aber der Aktienmarkt ist barmherzig – der Einfaltspinsel erhält immer eine zweite Chance.

In meinen ersten Monaten war ich vor allem damit beschäftigt, die Favoriten meines Vorgängers loszuwerden und sie durch meine eigenen Picks zu ersetzen. Darüber hinaus verkaufte ich konstant Aktien, um den Barbestand zu erhöhen und die endlosen Rücknahmen zu decken. Bis Ende Dezember 1977 waren meine größten Positionen schließlich Congoleum (51.000 Aktien mit einem gigantischen Wert von 833.000 Dollar – zehn Jahre später sollte so etwas nur eine unbedeutende Position darstellen), Transamerica, Union Oil und Aetna Life and Casualty. Ebenso hatte ich Hanes entdeckt (dank meiner Frau Carolyn, die verrückt nach L'eggs-Strümpfen war), Taco Bell („Was ist das, die mexikanische Telefongesellschaft?", fragte mein erster Händler Charlie Maxfield, als ich die Kauforder aufgab) und Fannie Mae, wovon ich 30.000 Aktien gekauft hatte.

Congoleum gefiel mir, weil es einen neuen PVC-Bodenbelag ohne Nähte erfunden hatten, den man über die gesamte Küche hinweg ausrollen konnte, als ob es ein Teppichboden wäre. Neben den Fußböden stellte die Firma in einer ähnlichen Modulbauweise, wie sie auch für Fertighäuser verwendet wird, Fregatten für das Verteidigungsministerium her. Man prognostizierte der Congoleum-Fertigbaufregatte eine vielversprechende Zukunft. Taco Bell gefiel mir wegen seiner guten Tacos, weil 90 Prozent der Bevölkerung noch nicht in den Genuss eines guten Tacos gekommen waren, und weil die Firma einen positiven Geschäftsbericht, eine starke Bilanz und einen Hauptsitz hatte, der aussah wie eine Garage in der Nachbarschaft. Das bringt mich zu Peters Prinzip Nummer 7:

Die Extravaganz eines jeden Firmensitzes ist direkt proportional zum Widerstreben der Manager, ihre Aktionäre zu belohnen.

Außer dass es sich bei meinen Picks um börsennotierte Firmen handelte (Congoleum, Kaiser Steel, Mission Insurance, La Quinta Motor Inns, Twentieth Century-Fox, Taco Bell, Hanes etc.), schienen sie nichts gemeinsam zu haben. Von Anfang an wurde ich von einer sonderbaren Auswahl angezogen. Am auffallendsten war, dass der Chemiesektor, den ich als Analyst so genau erforscht hatte, vollständig fehlte.

Als der Magellan-Geschäftsbericht am 31. März 1978 erschien, war ich bereits seit zehn Monaten auf meinem Posten. Das Cover war mit einer kunstvollen, sehr alten Landkarte von Südamerika illustriert, auf der die Namen der verschiedenen Buchten und Flüsse verzeichnet waren. Am Rand sah man drei zauberhafte kleine Galeonen, wahrscheinlich die von Magellan, die fröhlich auf Kap Hoorn zusegelten. In späteren Jahren, als der Fonds größer und aufwendiger wurde, wurden die Bilder einfacher. Schon bald gab es keine spanischen Namen mehr für die Buchten und Flüsse, und die Flottille wurde von drei auf zwei Schiffe reduziert.

Dieser Bericht aus dem Jahr 1978 erinnert mich daran, dass der Fonds während der letzten zwölf Monate um 20 Prozent zugelegt hatte, während im gleichen Zeitraum der Dow Jones 17,6 Prozent und der S&P 500 9,4 Prozent einbüßten. Ein Teil dieses Erfolgs muss das Resultat meines Anfängerglücks gewesen sein. In meinem Brief an die Anteilseigner, in dem ich mich immer verpflichtet fühlte, das Unerklärbare zu erklären, beschrieb ich meine Strategie wie folgt: „Reduzierte Anlagen in den Bereichen Automobil, Flugzeug, Eisenbahn, Umweltverschmutzung, Versorgung, Chemie, Elektronik und Energie; Zukäufe in den Bereichen Finanzinstitutionen, Fernsehen, Unterhaltung, Versicherungen, Banken und Finanzen, Konsumartikel, Wohnungswirtschaft und Leasing." Und all das in nur zehn Monaten mit einem 20-Millionen-Dollar-Portfolio aus weniger als 50 Aktien!

Tatsache ist, dass ich niemals eine allgemeingültige Strategie hatte. Meine Aktienauswahl war völlig empirisch, und ich schnüffelte mich von einer Spur zur nächsten, wie ein Bluthund, der auf einen bestimmten Geruch trainiert worden ist. Ich interessierte mich weitaus mehr für die Details einer bestimmten Story – zum Beispiel warum eine Firma, die Fernsehstationen besitzt, in diesem Jahr mehr Geld verdienen wird als im letzten – als dafür, ob das Fernsehen in meinem Fonds zu viel oder zu wenig repräsentiert war. Es kam vor, dass ich mit dem Vertreter eines Fernsehsenders zusammentraf, der mir erzählte, dass sein Sender sich im Aufwärtstrend befinde. Später nannte er mir dann den Namen seines größten Konkurrenten, ich durchforstete die Details und kaufte häufig die Aktien des Konkurrenzsenders. Ich verfolgte Spuren in jede Richtung, wobei ich bewies, dass ein bisschen Wissen über einen breiten Bereich von Industrien nicht unbedingt eine gefährliche Sache ist.

Da der Magellan ein Capital-Appreciation-Fonds war, konnte ich kaufen, was ich wollte – alle denkbaren amerikanischen Aktien, Auslandsaktien und sogar Anleihen. Das gab mir die Freiheit, meinen Bluthundstil voll auszuschöpfen. Ich war nicht eingeschränkt, wie etwa der Manager eines Wachstumsfonds. Als der gesamte Wachstumssektor überbewertet war, was alle paar Jahre einmal passierte, waren die Wachstumsfondsmanager gezwungen, den überteuerten Bestand zu kaufen, sonst wären ihre Fonds keine Wachstumsfonds mehr gewesen. Sie mussten sich für das kleinste Übel entscheiden. Ich war ungebunden, konnte mich umschauen und entdecken, dass die Gewinne von Alcoa rückläufig waren, weil die Aluminiumpreise stiegen.

Im Januar 1978 berichteten wir den Anteilseignern: „Das Portfolio wird von drei Firmenkategorien dominiert: Sondersituationen, unterbewertete Zykliker, kleine bis mittelgroße Wachstumsfirmen." Sollte diese Erklärung die Wogen nicht geglättet haben, so ist uns das im darauffolgenden Jahr mit Sicherheit gelungen:

> Das Ziel des Magellan Fund ist die Kapitalvermehrung durch Investments in relativ attraktive Stammaktien, die überwiegend in fünf Kategorien gefunden werden: kleine bis mittelgroße Wachstumsfirmen, Firmen mit vielversprechenden Zukunftsaussichten, notleidende Zykliker, Firmen, die hohe Gewinne abwerfen und wachsende Dividenden auszahlen, und schließlich Firmen, die der Markt übersehen und hinsichtlich des eigentlichen Wertes des Firmenvermögens unterschätzt hat. Es ist möglich, dass Auslandsaktien zukünftig einen beachtlichen Fondsanteil ausmachen werden.

Mit anderen Worten: Was es an der Börse auch gibt, wir kaufen es.

Der Schlüssel lag in der Flexibilität. Es ließen sich immer irgendwo unterbewertete Firmen entdecken. Zwei meiner größten Gewinner aus dieser frühen Zeit waren Ölfirmen: Unocal und Royal Dutch. Man hätte von einem 20-Millionen-Dollar-Fonds annehmen können, dass er größere Ölfirmen ignoriert und sich auf die Aktien kleinerer Firmen mit besseren Wachstumsraten konzentriert. Aber ich stellte fest, dass Royal Dutch dabei war, den Turnaround zu vollziehen, und die Wall Street das offensichtlich nicht erkannte. So kaufte ich Royal Dutch. Zu einem Zeitpunkt, als der Magellan noch ein kleiner Fisch war, steckte ich 15 Prozent des Fondsvermögens in Versorger-Aktien. Ich besaß Boeing und Todd Shipyards Seite an Seite mit Pic N'Save und Service Corporation International, dem Mc Donald's der Bestattungshäuser. Ich bezweifle, dass ich jemals mehr als 50 Prozent in Wachstumsaktien investiert hatte, denen der Erfolg des Magellan so oft zugeschrieben wird.

Anstatt ständig in der Defensive zu verharren, Aktien zu kaufen und dann über neue Ausreden nachzudenken, um sie behalten zu können, falls sie sich nicht gut entwickelten (eine große Menge Energie wird an der Wall Street immer noch auf die Kunst verwendet, sich Entschuldigungen auszudenken), versuchte ich, in der Offensive zu bleiben. Ich war ständig auf der Suche nach besseren Gelegenheiten, nach Firmen, die noch mehr unterbewertet waren als diejenigen, die ich bereits ausgewählt hatte. Im Jahr 1979, einem grundsätzlich guten Aktienjahr, legte der Magellan um 51 Prozent zu, während der S&P 500 nur um 18,44 Prozent stieg. Der Geschäftsbericht an die Anteilseigner war für mich erneut eine Herausforderung, meine Strategie zu erklären, wobei es fraglich war, ob ich wirklich eine hatte. „Erhöhte Anteile an Wohnungswirtschaft, Restaurants und Einzelhandel" war das Beste, was ich zustande brachte.

Fast-Food-Restaurants zogen mich an, weil sie so einfach zu verstehen waren. Eine Restaurantkette, die in der einen Gegend erfolgreich war, hatte eine hervorragende Chance, diesen Erfolg in einer anderen Gegend zu vervielfachen. Ich hatte miterlebt, wie Taco Bell viele Ableger in Kalifornien eröffnet hatte und, nachdem es dort erfolgreich war, Richtung Osten expandierte und dabei die Gewinne um 20 bis 30 Prozent pro Jahr steigerte. Ich kaufte Cracker Barrel und besuchte bei späterer Gelegenheit einen der Cracker Barrel Countrystores in Macon, Georgia. Ich war nach Atlanta geflogen, um eine von Robinson-Humphrey gesponserte Investmentkonferenz zu besuchen, und beschloss, einen kleinen Abstecher zu diesem Restaurant zu unternehmen. Auf der Landkarte, die ich von der Leihwagenfirma erhielt, sah es so aus, als sei Macon nur ein paar Meilen von meinem Hotel im Zentrum von Atlanta entfernt. Aus den paar Meilen wurden schließlich fast 100 Meilen und in der Stoßzeit kostete mich mein kleiner Ausflug drei Stunden. Am Ende hatte ich einen wunderbaren Wels gegessen und kehrte sehr beeindruckt von dem gesamten Unternehmen Cracker Barrel zurück. Dieser 50-Bagger hat sich für den Magellan in der Tat sehr gut entwickelt, deshalb habe ich ihn auch in meine Liste der 50 wichtigsten Aktien auf Seite 180 aufgenommen.

Ähnliche Nachforschungen vor Ort stellte ich bei einem Heimwerker-Supermarkt an, der so ziemlich alles verkaufte, was man sich vorstellen kann, und der in der Nähe von Atlanta beheimatet war. Er nannte sich Home Depot. Auch hier war ich von der höflichen Bedienung beeindruckt, ganz zu schweigen von einer riesigen Ausstattung an Schraubenziehern, Zangen, Steinen und Mörtel, den günstigen Preisen und den fachkundigen Angestellten. Hier wurden die Wochenendinstallateure und Sonnenscheinmaler von den teuren und schlecht ausgestatteten örtlichen Farb- und Baumarktläden erlöst.

Home Depot steckte noch in den Kinderschuhen, die Aktie wurde zu 25 Cent verkauft (rückwirkend angepasst an die späteren Splits). Ich hatte die Firma mit eigenen Augen begutachtet und die Aktien gekauft, dann aber das Interesse verloren und sie ein Jahr später verkauft. Chart 4-1 wird mich das auf ewig bedauern lassen. Stellen Sie sich vor: Eine Aktie, die von 25 Cent auf 65 Dollar steigt, ein 260-Bagger in 15 Jahren, und ich war direkt bei der Entstehung vor Ort gewesen und hatte das Potenzial nicht erkannt.

Vielleicht hätte ich mich bei dieser wunderbaren Firma nicht geirrt, wenn Home Depot in Neuengland angefangen oder ich den Unterschied zwischen einem Phillips-Screw-driver* und einem Sloe-Ginfizz* gekannt hätte. Home Depot und Toys "R" Us, das ich ebenfalls zu früh abgestoßen habe, waren die beiden schlechtesten Verkaufsorders meiner gesamten Karriere.

Sogar ohne Home Depot wurde der Erfolg des Magellan von 1979 im Jahr 1980 noch übertroffen, als mein winziger Aktionärsklub einen 69,9-prozentigen Gewinn genoss, während der S&P 500 nur um 32 Prozent stieg. Meine neuesten großen Positionen hatte ich im Glücksspiel

* Anm. d. Übers.: Phillips-Screw-driver = Kreuzschraubenzieher, Sloe-Ginfizz = Namen f. Cocktails.)

(Golden Nugget und Resorts International, um genau zu sein), in der Versicherungsbranche und im Einzelhandel. Ich mochte die Supermärkte so sehr, dass ich Hop-In Foods, Pic 'N' Save, Shop & Go, Stop & Shop und Sunshine Jr. alle auf einmal kaufte.

Wenn ich diese ersten Jahre, in denen ich den Magellan führte, im Nachhinein betrachte, bin ich erstaunt über den Umschlag des Fonds: 343 Prozent im ersten Jahr, als das Portfolio 41 Aktien beinhaltete, und 300 Prozent in jedem der drei darauffolgenden Jahre. Vom 2. August 1977 an, als ich 30 Prozent der damaligen Positionen abstieß, hielt ich einen verwirrenden Kurs zwischen Kaufen und Verkaufen, als die Ölfirmen, Versicherungsfirmen und Verbrauchsgüter-Aktien von Monat zu Monat kamen und gingen.

Im September 1977 kaufte ich ein paar Zykliker und verkaufte sie im darauffolgenden November wieder. Fannie Mae und Hanes, die in jenem Herbst zum Fonds dazustießen, waren bis zum Frühjahr wieder verschwunden. Meine größte Position wechselte von Congoleum zu Signal Companies und dann zu Mission Insurance, gefolgt von Todd Shipyards und schließlich Ponderosa Steakhouse. Pier 1 taucht auf und verschwindet, ebenso eine Firma mit dem verlockenden Namen Four-Phase.

Es scheint, dass ich mit den Mondzyklen in Four-Phase ein- und ausstieg. Schließlich wurde die Firma von Motorola aufgekauft (sehr zu Motorolas späterem Bedauern), sodass ich damit aufhören musste, sie hin und her zu handeln. Ich erinnere mich vage, dass es irgendetwas mit Computerterminals zu tun hatte, aber ich konnte das weder damals noch heute richtig verstehen. Zum Glück habe ich niemals sehr viel Geld in Dinge investiert, von denen ich nichts verstand, was die meisten Technikfirmen entlang der Route 128 in der Umgebung von Boston einschloss.

Die meisten meiner abrupten Richtungsänderungen entstanden nicht durch eine neue Strategie, sondern dadurch, dass ich einige neue Firmen besucht hatte, die mir besser gefielen als die alten. Ich hätte es vielleicht vorgezogen, beide zu besitzen, aber in einem kleinen

Home Depot, Inc. (HD)

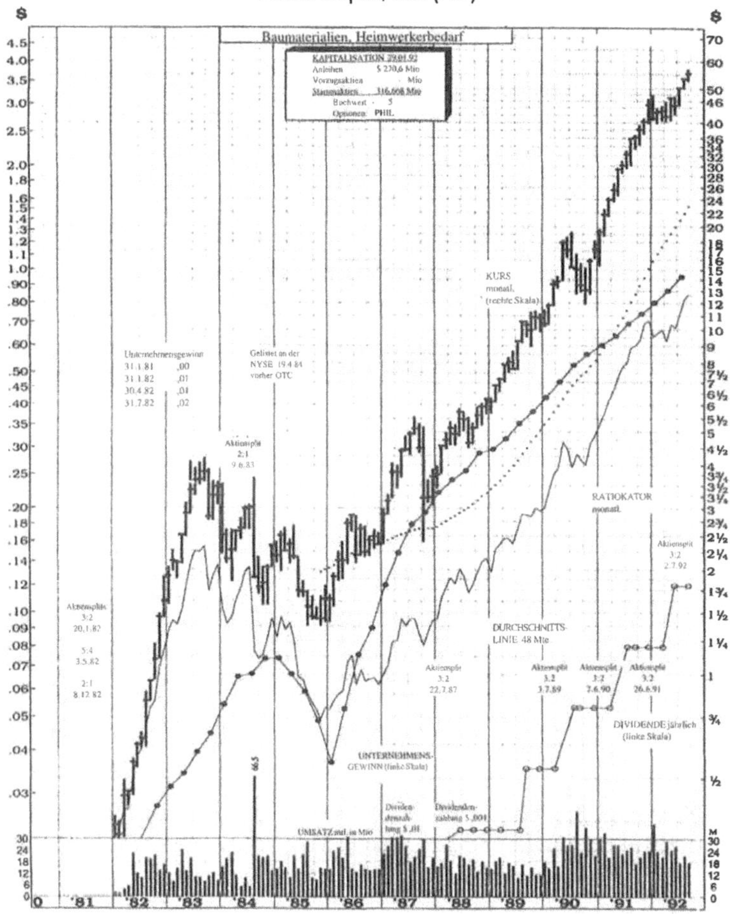

Chart von Securities Research Co., einer Abt. der Babson-United Investment Advisors, Inc.

Chart 4-1

Fonds mit Anteilseignern, die weiterhin Rücknahmen forderten, konnte ich mir diesen Luxus nicht leisten. Wenn ich etwas Neues kaufen wollte, musste ich etwas Altes verkaufen, um das nötige Kleingeld dafür zu besitzen, und da ich immer etwas kaufen wollte, musste ich immer viel verkaufen. Es schien, als würde ich täglich von neuen potenziellen Kandidaten hören – Circle K, House of Fabrics und so weiter –, die aufregender waren als diejenigen des vergangenen Tages.

Meine hohe Handelsfrequenz führte zur alljährlichen Herausforderung: Was auch immer ich getan hatte, ich musste es den Anteilseignern, die den Geschäftsbericht lasen, als vernünftiges Handeln erläutern. „Der Magellan wechselt von den Zyklikern, die im Wert gestiegen sind, zu Nicht-Zyklikern, von denen Umsatz- und Gewinnzuwachs erwartet werden", lautete meine strategische Rekapitulation in einem Jahr, gefolgt von: „Der Magellan reduzierte seine Anteile an Firmen, deren Gewinne von einer nachlassenden Wirtschaft beeinträchtigt werden könnten. Nichtsdestotrotz bleibt der Fonds weiterhin stark in Zyklikern engagiert, die unterbewertet erscheinen."

Wenn ich diese Berichte heute durchlese, erkenne ich, dass ich viele der Aktien, die ich nur ein paar Monate lange gehalten hatte, länger hätte behalten sollen. Nicht aus bedingungsloser Loyalität, sondern weil die Firmen immer attraktiver wurden. Die Liste der Firmen, deren Verkauf der Verkäufer bedauert, beinhaltet Albertson's, eine großartige Wachstumsaktie, die zu einem 300-Bagger wurde; Toys "R" Us, dito; Pic 'N' Save, von der wir bereits sprachen; Warner Communications, von der mich ausgerechnet ein Technischer Analyst abbrachte; und Federal Express, eine Aktie, die ich bei fünf Dollar kaufte und umgehend bei zehn Dollar verkaufte, um anschließend mitanzusehen, wie sie in zwei Jahren auf 70 Dollar hinaufschoss.

Indem ich diese großartigen Firmen zugunsten kleinerer Fische abstieß, wurde ich ein Opfer der allzu bekannten Praxis, „die Blumen auszureißen und das Unkraut zu pflegen", wie ich es gerne bezeichne. Warren Buffett, der für seinen Scharfsinn beim Geldanlegen und seine schriftstellerischen Fähigkeiten bekannt ist, rief mich eines nachts an und bat darum, diese Redewendung in seinem Geschäftsbericht verwenden zu dürfen. Ich war entzückt, dort zitiert zu werden. Es kursiert das Gerücht, dass einige Investoren nur aus dem Grund eine Aktie von Buffetts Berkshire Hathaway (11.000 Dollar das Stück) besitzen, um auf dem Verteiler für Buffetts Berichte eingetragen zu werden. Das macht Berkshire Hathaway zum teuersten Zeitschriftenabo der Geschichte.

Beim Lunch mit Union Carbide

Während der vier Jahre, in denen der Magellan für neue Kunden gesperrt war und ich durch die umfangreichen Rücknahmen (ein Drittel aller Aktien) gezwungen war, zu verkaufen, um kaufen zu können, machte ich mich mit einem breiten Spektrum an Firmen und Industrien bekannt und lernte mehr über die Faktoren, die in jedem einzelnen Bereich für die Aufs und Abs verantwortlich waren. Damals hätte ich mir nicht träumen lassen, dass ich damit die Ausbildung dazu absolvierte, einen Multimilliarden-Dollar-Fonds zu leiten.

Eine der wichtigsten Lektionen war, dass meine eigenen Nachforschungen unglaublich wertvoll waren. Ich besuchte Dutzende von Firmen in ihren Firmenzentralen und lernte Dutzende mehr auf regionalen Investmentkonferenzen kennen, und eine wachsende Anzahl (in den frühen Achtzigerjahren etwa 200 pro Jahr) kam zu Fidelity zu Besuch.

Fidelity begann mit der Taktik, die Firmen zum Mittagessen einzuladen. Früher aßen wir mit alten Freunden oder Brokern im Büro zu Mittag und sprachen über unsere Golfspiele und die Boston Red Sox, doch dieses alte System wurde jetzt durch die neue Taktik ersetzt. Broker und alte Freunde waren gern gesehene Gäste, doch bei Weitem nicht so wichtig für uns wie Vorstände oder Investor-Relations-Leute, die über die Geschäfte in der Versicherungs- oder Aluminiumbranche Bescheid wussten.

Die Mittagessen weiteten sich bald auf Frühstücke und Abendessen aus, bis man sich im Fidelity-Speiseraum durch den S&P 500 hätte hindurchessen können. Natalie Trakas stellte für jede Woche eine gedruckte Speisekarte zusammen, ähnlich denen, die den Kindern von der Schule mit nach Hause gegeben werden (Montag: Spaghetti; Dienstag: Hamburger; und so weiter), allerdings mit dem Unterschied, dass unsere Speisekarte die Gäste auflistete (Montag: AT&T oder Home Depot; Dienstag: Aetna, Wells Fargo oder Schlumberger; und so weiter). Man hatte stets mehrere zur Auswahl.

Da es mir nicht möglich war, alle Informationsessen zu besuchen, gab ich den Firmen, in die ich nicht investiert hatte, den Vorzug, um zu sehen, was mir dadurch entging. War ich zum Beispiel zu schwach im Öl vertreten, würde ich mit Sicherheit beim Mittagessen mit der Ölfirma auftauchen, und diese Unterhaltungen gaben mir oft einen Vorsprung hinsichtlich der neuesten Entwicklungen in dieser zyklischen Industrie.

Diese Art von Information steht Menschen, die direkt oder indirekt in einen Geschäftsbereich verwickelt sind – als Produzenten oder Lieferanten oder etwa im Fall der Ölbranche als Tankerverkäufer, Tankstellenbesitzer oder Ausrüstungszulieferer –, immer zur Verfügung. Sie können Veränderungen erkennen und daraus einen Vorteil ziehen.

Da Boston das Zentrum der Publikumsfonds war, war es für uns einfach, Hunderte von Firmen im Jahr zu treffen, ohne dazu reisen zu müssen. Führungskräfte und Finanzleute konnten bei Putnam, Wellington, Massachusetts Financial, State Street Research, Fidelity oder zahlreichen anderen potenziellen Anlaufstellen ihre Runden machen, um Käufer für ihre neuesten Emissionen oder für ihre Aktien im Allgemeinen zu gewinnen.

Analysten und Fondsmanager wurden neben den Frühstücken, Mittagessen und/oder Abendessen mit Firmen darüber hinaus dazu ermutigt, die Nachmittagsplaudereien mit weiteren Firmenvertretern in einem der Fidelity-Konferenzzimmer zu besuchen. Oft hatten unsere Gäste selbst angeboten, vorbeizuschauen und sich mit uns zu unterhalten, aber ein Großteil dieses Austauschs wurde auch von uns initiiert.

Wollte uns eine Firma von sich aus etwas erzählen, so handelte es sich dabei meist um die gleiche Story, die alle anderen an der Wall Street ebenfalls zu hören bekamen. Daher war es in der Regel sinnvoller, wenn wir die Einladungen verschickten.

Ich sprach beispielsweise etwa eine Stunde lang mit dem Mann von Sears und informierte mich über den Teppichabsatz. Ein Vizepräsident von Shell Oil gab mir einen Überblick über die Öl-, Gas- und Petrochemie-Märkte. (Auf einen rechtzeitigen Tipp von Shell hin verkaufte ich Aktien einer Ethylen-Firma, die kurz darauf auseinanderbrach.) Von einem Abgesandten von Kemper erfuhr ich, ob die Versicherungsprämien im Aufwärtstrend lagen. Bei zwei von zehn Zufallsbekanntschaften entdeckte ich etwas Wichtiges.

Meine persönliche Regel besagte, dass ich mindestens einmal im Monat eine Unterhaltung mit einem Repräsentanten jeder größeren Branchengruppe führen sollte, für den Fall, dass Geschäftssituationen sich veränderten oder es andere neue Entwicklungen gab, die der Börse bisher entgangen waren. Es handelte sich hierbei um ein sehr effektives Frühwarnsystem.

Ich beendete diese Diskussionen immer mit der Frage: „Von welchem Ihrer Konkurrenten halten Sie am meisten?“ Gibt der Vorstand einer Firma zu, dass ein Konkurrenzunternehmen gut oder sogar besser arbeitet, so ist das ein deutlicher Fingerzeig. Am Ende ging ich oft hin und kaufte die Aktie des Konkurrenten.

Die Informationen, die wir einholten, waren weder vertraulich noch geheim, und unsere Gäste freuten sich darüber, ihr Wissen mit uns zu teilen. Ich kam zu dem Schluss, dass die große Mehrheit der Firmenrepräsentanten sowohl objektiv als auch freimütig über die Stärken und Schwächen ihrer Unternehmen sprach. Ging das Geschäft schlecht, gaben sie es zu und fügten gleichzeitig an, für welchen Zeitpunkt sie einen Turnaround erwarteten. Wir Menschen neigen dazu, besonders wenn es um Geld geht, gegenüber den Motiven anderer zynisch und misstrauisch zu werden. Aber im Verlauf von Tausenden von Begegnungen mit Menschen, die wollten, dass ich in ihr Unternehmen investierte, wurde ich nur einige wenige Male angelogen.

Tatsächlich gibt es wahrscheinlich an der Wall Street weniger Lügner als in der Main Street. Denken Sie bitte daran, dass Sie das hier zum ersten Mal gehört haben! Das liegt nicht daran, dass Finanzleute verglichen mit Straßenhändlern die reinsten Engel sind, sondern daran, dass man ihnen so weit und breit misstraut, dass sie auf Schritt und Tritt von der SEC überprüft werden und es sich gar nicht erlauben können, zu lügen. Die Lügen, die dennoch durch das Kontrollnetz schlüpfen, überleben den nächsten vierteljährlichen Geschäftsbericht nicht.

Ich notierte mir immer peinlich genau die Namen der Personen, die ich bei den Mittagessen und Meetings traf. Viele dieser Leute wurden zu wertvollen Quellen, die ich über die Jahre hinweg wiederholt anrief. In Branchen, mit denen ich nur vage vertraut war, lehrten sie mich die Grundlagen darüber, worauf ich bei den Bilanzen achten und welche Fragen ich stellen sollte.

Ich wusste absolut nichts über Versicherungen, bis ich in Hartford die Geschäftsführer von Aetna, Travelers und Connecticut General kennenlernte. In wenigen Tagen erhielt ich von ihnen einen Crashkurs in Sachen Versicherungsgeschäft. Ich erreichte dabei niemals den Wissensvorteil, den ein Versicherungsprofi genießt, aber ich lernte die Faktoren zu bestimmen, die für Gewinnzunahme und Gewinnverlust verantwortlich waren.

(Ich habe bereits an anderer Stelle betont, dass die Versicherungsprofis diesen Vorsprung zu ihren Gunsten ausnutzen und ihn nicht dadurch verpuffen lassen sollten, dass sie Versicherungs-Aktien meiden und Aktien von Eisenbahn- oder Abfallbeseitigungsfirmen kaufen, von deren Funktionsweise sie keinerlei Ahnung haben. Wenn Ahnungslosigkeit ein Segen ist, dann kann es ein sehr teurer sein.)

Wenn wir schon bei den Versicherungen sind: Bis März 1980 hatte ich 25,4 Prozent des Fonds entweder in Sach- oder Schadensversicherer investiert und besaß so viele dieser aus der Mode geratenen Papiere, dass mich die Industrie bat, auf ihrer Jahreskonferenz als bester Freund der Versicherungen eine Rede zu halten. Die Versicherer hätten mich vielleicht nicht eingeladen, wenn sie gewusst hätten, dass ich ein Jahr später komplett aus Versicherungs-Aktien aussteigen und in Bank-Aktien einsteigen würde.

Die Zinssätze waren 1980 auf Rekordhöhe gestiegen, als die Federal Reserve in den letzten Wochen der Carter-Regierung die Wirtschaft bremste. In einer derartigen Atmosphäre wurden Bank-Aktien unter ihrem Buchwert verkauft, obwohl diese Sparte hervorragende Wachstumsaussichten aufwies. Ich entdeckte das nicht etwa, indem ich an meinem Schreibtisch saß und mir vorstellte, was wohl passieren würde, wenn die Zinssätze nachgäben. Nein, es dämmerte mir auf einer regionalen Investmentkonferenz in Atlanta, die von Robinson-Humphrey organisiert wurde.

Tatsächlich geschah es außerhalb der Konferenz, dass ich begann, über Banken nachzudenken. Als sich die Konferenz durch einen Tiefpunkt hindurchschleppte und ich es leid war, mir die Präsentationen von Firmen ohne Leistungsnachweise und ohne Gewinne anzuhören, machte ich einen kleinen Ausflug, um First Atlanta zu besuchen. Das war eine Firma mit zwölf Jahren stetigem Gewinnzuwachs. Die Gewinne waren höher als die Umsätze einiger der Firmen, die auf der Konferenz mit protzigen Präsentationen aufwarteten. Offensichtlich hatten die Investoren First Atlanta übersehen, das fünf Jahre später, als es mit Wachovia of North Carolina fusionierte, ein 30-Bagger wurde.

Die Wall Street zerbrach sich den Kopf über alle möglichen Firmen, die überleben würden oder nicht, aber solide Banken wie diese hier, wurden für die Hälfte des Markt-KGVs verkauft.

Von dem Tag an, als ich die Story von First Atlanta gehört hatte, war ich von der Qualität der Regionalbanken beeindruckt und perplex

Wachovia Corp. (WB)

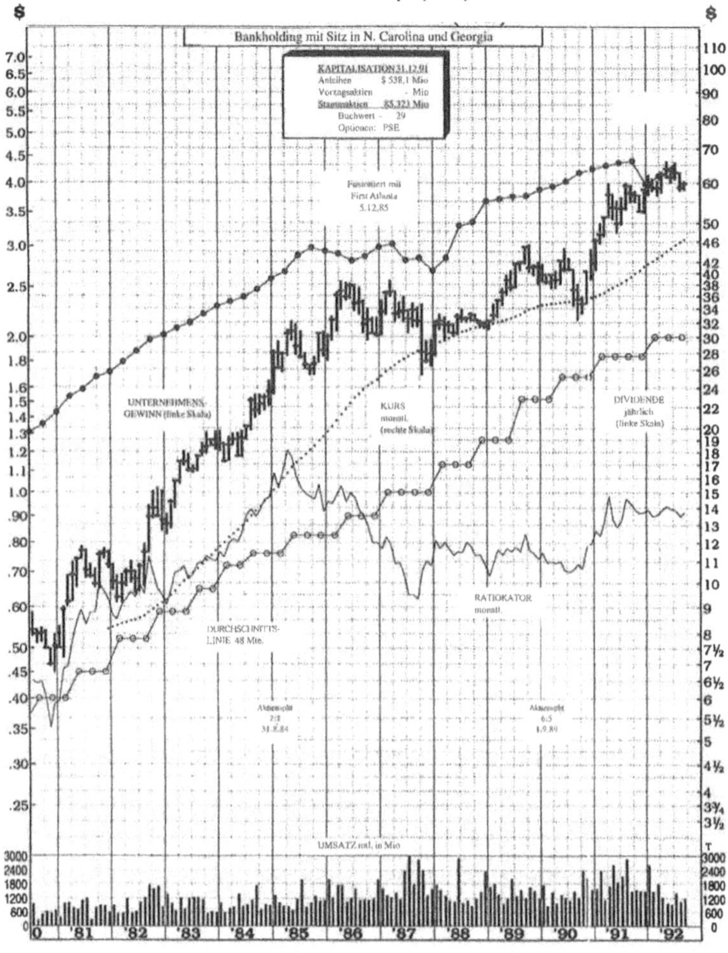

Chart von Securities Research Co., einer Abt. der Babson-United Investment Advisors, Inc.

Chart 4-2

Norwest Corp. (NOB)

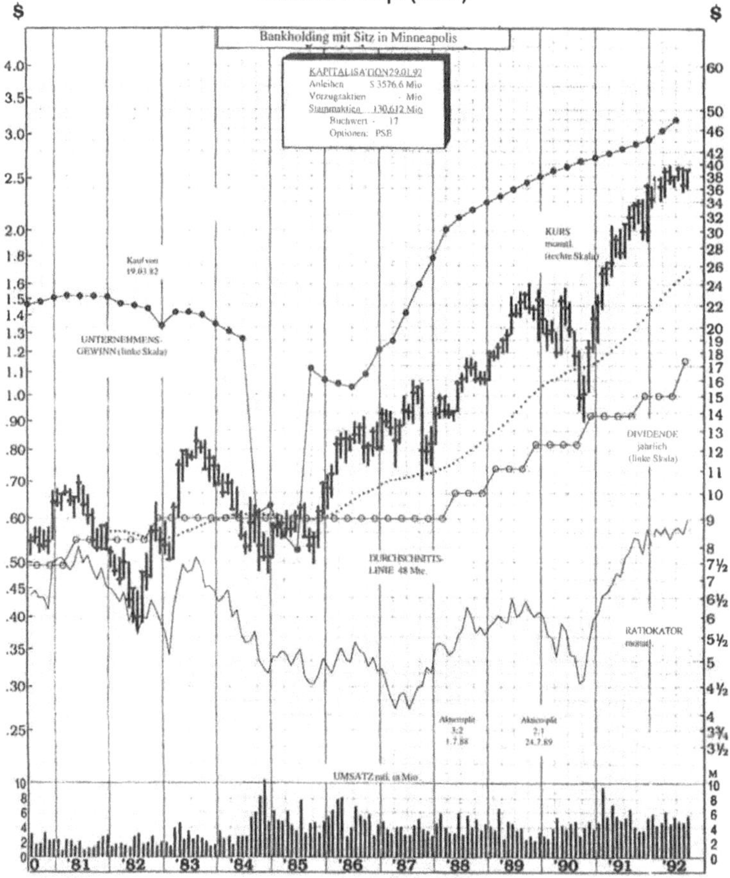

Chart von Securities Research Co., einer Abt. der Babson-United Investment Advisors, Inc.

Chart 4-3

NBD Bancorp, Inc. (NBD)

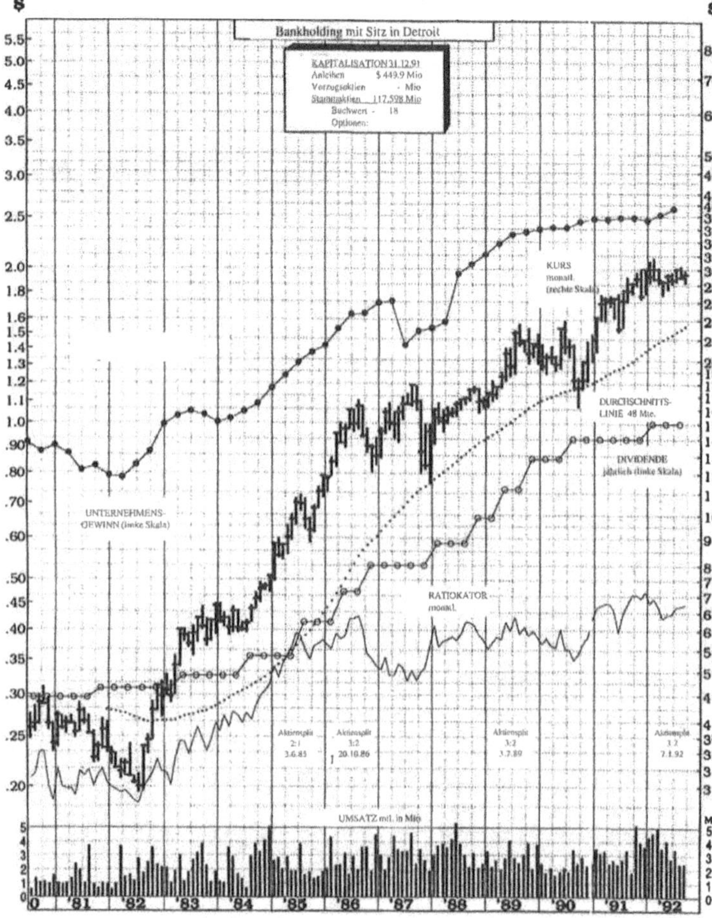

Chart von Securities Research Co., einer Abt. der Babson-United Investment Advisors, Inc.

Chart 4-4

über die mangelnde Anerkennung vonseiten der Investoren. Diese Banken werden von den Investmenthäusern kaum beachtet. Fragen Sie einen Fondsmanager nach den Firmen, die seiner Meinung nach die wunderbaren Ergebnisse in den Charts 4-2, 4-3 und 4-4 produziert haben, und er wird wahrscheinlich sagen Wal-Mart, Philip Morris oder Merck. Die Charts sehen aus wie die von schnell gewachsenen Unternehmen. Wer würde schon erwarten, dass es sich um Banken handelt? Die Firma aus Chart 4-2, deren Aktienkurs in zehn Jahren um das Zehnfache stieg, ist Wachovia; Chart 4-3 stellt Norwest aus Minneapolis dar; und Chart 4-4 zeigt NBD Bancorp aus Detroit.

Ich bin noch immer darüber erstaunt, dass eine Bank wie NBD, die seit Jahren stetig um 15 Prozent wächst – wie Pep Boys oder Dunkin' Donuts oder irgendein anderer schneller Wachstumswert –, von der Börse mit einem derart niedrigen KGV bewertet wird. So wie Investoren mit den Banken umgehen, könnte man glatt denken, dass es sich um ausgereifte Versorger-Aktien handelt, die vor sich hin dümpeln.

Diese Fehlbewertung der Regionalbanken schafft viele Kaufgelegenheiten, weshalb der Magellan beständig im Verhältnis zum Markt das Vier- oder Fünffache in Bank-Aktien angelegt hatte. Eine meiner Lieblingsaktien, – sie schoss von 2 Dollar auf 80 Dollar hinauf – war Fifth Third – wie könnte man einer Bank mit einem solchen Namen widerstehen? Dann gab es da noch Meridian, deren Firmenzentrale in Jahren von keinem anderen Investor außer mir besucht worden war, und KeyCorp, welche die Strategie verfolgte, kleine Banken und Sparkassen in Bergregionen zu übernehmen, wo die Menschen in der Regel sparsam und konservativ sind und nicht in Zahlungsverzug geraten.

Meine größten Gewinner in der Bankengruppe waren jedoch die Regionalbanken, wie die drei, die auf den Seiten 124–126 abgebildet sind. Ich suche immer nach Banken, deren Filialen hohe Einlagenbestände aufweisen und bei der Vergabe von Krediten bedachtsam und effizient vorgehen. Die 50 wichtigsten Bank-Aktien des Magellan sind auf Seite 182 aufgelistet. Eine Bank führte zur nächsten und bis Ende 1980 hatte ich neun Prozent des Fonds in zwölf verschiedene Banken investiert.

Im Jahresbericht vom März 1981 stellte ich mit Zufriedenheit fest, dass die Anteilseigner des Magellan ihr Geld beinahe verdoppelt hatten – der Nettoinventarwert des Fonds war im Vergleich zum letzten März um 94,7 Prozent gestiegen, der S&P 500 nur um 33,2 Prozent.

Während der Magellan den Markt seit vier Jahren ununterbrochen übertroffen hatte, nahm die Anzahl der Aktionäre kontinuierlich ab, und ein Drittel der Anteile wurde in dieser Zeit zurückgegeben. Ich bin mir nicht ganz sicher, weshalb das passierte, aber ich vermute, dass Menschen, die ungewollt beim Magellan gelandet waren, als wir mit dem Essex Fund fusionierten, abwarteten, bis sie einen Großteil ihrer Verluste wettgemacht hatten, und dann ihre Papiere eingelöst haben. Man kann sogar mit einem erfolgreichen Fonds Geld verlieren, vor allem wenn man Kauf- und Verkaufssignale von seinen Gefühlen steuern lässt.

Durch die vielen Rücknahmen, die dem Kapitalzuwachs entgegenwirkten, wurde das Wachstum des Magellan behindert. Was aufgrund der vierfachen Wertsteigerung des Portfolios innerhalb der letzten vier Jahre ein 80-Millionen-Dollar-Fonds hätte sein sollen, war nur ein 50-Millionen-Dollar-Fonds. Mitte der Achtzigerjahre besaß der Magellan 130 Aktien, ein beachtlicher Zuwachs gegenüber den 50 oder 60 Aktien, die ich durchschnittlich während der ersten beiden Jahre gehalten hatte. Eine Woge von Anteilsrückgaben zwang mich dazu, auf 90 Aktien abzuspecken.

Als der Magellan 1981 mit dem Salem Fund fusionierte, kamen zu den portugiesischen Eroberern die Puritaner an Bord. Salem war eine weitere kleine Tochtergesellschaft von Fidelity, aus der nichts geworden war. Vorher hieß sie Dow Theory Fund, und ihre Verluste hatten einen weiteren riesigen steuerlichen Verlustvortrag produziert. Warren Casey hatte den Fonds in den beiden Jahren nach der ersten Ankündigung der Fusion in 1979 hervorragend geführt, aber er war einfach zu klein, um wirtschaftlich zu sein.

Erst zu diesem Zeitpunkt, nach der Fusion mit Salem, wurde der Magellan schließlich wieder für die Öffentlichkeit zugänglich gemacht.

Dass es so lange dauerte, ist ein Anzeichen dafür, wie unpopulär Aktieninvestitionen geworden waren. Anstatt die Broker-Armada wieder aufzurüsten, die den Fonds vor zehn Jahren von Tür zu Tür verkauft hatte, beschloss Ned Johnson, der Geschäftsführer von Fidelity, diesen Job an die hausinterne Vertriebsabteilung zu vergeben.

Unser erstes Angebot besagte, dass man den Magellan mit einem Ausgabeaufschlag von zwei Prozent kaufen konnte. Das funktionierte so gut, dass wir beschlossen, den Load auf drei Prozent anzuheben, um den Ansturm zu zügeln. Anschließend versuchten wir wieder, den Ansturm zu beschleunigen, indem wir denjenigen ein Prozent Rabatt auf die drei Prozent Load anboten, die den Fonds innerhalb von 60 Tagen kauften.

Dieser clevere Marketingtrick ging beinahe in die Hose, als wir in unserem Rundschreiben an die Anteilseigner die falsche Telefonnummer angaben. Interessenten, die dachten, sie hätten die Nummer der Verkaufsabteilung von Fidelity gewählt, hatten die Zentrale des Massachusetts Eye and Ear Infirmary am Apparat. Einige Wochen lang musste das Krankenhaus verneinen, dass es ein Publikumsfonds sei. Das war wahrscheinlich das Schlimmste, was man jemals über diese Institution zu Ohren bekam.

Irgendwo zwischen den bestehenden Vermögenswerten, der Fusion mit Salem und dem neuen Angebot überschritt der Magellan 1981 zum ersten Mal die 100-Millionen-Dollar-Grenze. Nun hatten wir also die erste Flut von Interessenten aus der Öffentlichkeit, und was passierte? Die Börse brach zusammen. Wie so oft erlitten die Aktien eine Korrektur, sobald die Menschen sich wieder einigermaßen sicher fühlten und zu den Aktien zurückkehrten. Aber der Magellan brachte es dennoch fertig, in diesem Jahr einen Gewinn von 16,5 Prozent zu verzeichnen.

Es ist kein Wunder, dass der Magellan einen derart guten Start hatte. Meine zehn Top-Aktien des Jahres 1978 hatten KGVs zwischen 4 und 6, und im Jahr 1979 KGVs zwischen 3 und 5. Wenn die Aktien guter Firmen zum drei- bis sechsfachen Gewinn verkauft werden, dann kann der Stockpicker kaum verlieren.

Viele meiner damaligen Lieblingsaktien waren sogenannte Nebenwerte: kleine oder mittelgroße Unternehmen, darunter Einzelhändler, Banken und so weiter, die ich bereits beschrieben habe. Ende der Siebzigerjahre hatten mir Fondsmanager und andere Experten nahegelegt, dass die Glanzzeiten der Nebenwerte schon wieder vorbei seien und es an der Zeit sei, in die großen Blue Chips zu investieren. Ich bin froh, dass ich diesen Rat nicht beherzigt habe. Die großen Blue Chips hatten keine aufregenden Storys zu erzählen und waren zweimal so teuer wie die Nebenwerte. Klein ist nicht nur schön, es kann auch lukrativ sein.

5

Magellan

Die mittleren Jahre

Weit entfernt von einer One-Man-Show

Mein Arbeitstag begann um 6:05 Uhr, wenn mich der Saab von Jeff Moore aufgabelte, eines Freundes aus Marblehead, der mich in die Stadt mitnahm. Neben ihm auf dem Beifahrersitz saß seine Frau Bobbie. Beide waren Radiologen.

Es war noch dunkel. Während Jeff fuhr, hielt Bobbie Röntgenaufnahmen gegen eine spärlich leuchtende Lampe auf der Beifahrerseite. Ich saß mit einer kleinen Taschenlampe auf dem Rücksitz und überflog Geschäftsberichte und Charts, die – zum Glück für Bobbies Patienten – nie mit den Medizinberichten auf dem Beifahrersitz durcheinandergerieten. Wir redeten nicht viel.

Um 6:45 Uhr war ich in meinem Büro – aber ich war nicht allein. Fidelity war eine sachliche, korrekte Institution in Neuengland, wo man selbst an den Wochenenden mit Analysten und Fondsmanagern, die vor Tagesanbruch eingetroffen waren, ein Basketballspiel auf die

Beine hatte stellen können. Ich bezweifle, dass unsere Konkurrenz überhaupt ein Tennisdoppel zustande gebracht hätte.

Aber wir spielten nicht Basketball, wir arbeiteten. Ned Johnson waren diejenigen Menschen, die besonders hart arbeiteten, die liebsten. Seine normalen Arbeitszeiten dauerten von halb zehn Uhr morgens bis halb zehn Uhr abends.

Aus dem Chaos auf meinem Tisch fieselte ich meine anspruchsvollen Arbeitswerkzeuge hervor: den S&P-Aktienführer, den man von jeder Maklerfirma kostenlos bekommt, das antike Rolodex, die leeren gelben Schreibblöcke, die weichen Bleistifte und den unhandlichen SharpCompet-Rechner mit den übergroßen Tasten, den ich 15 Jahre lang benutzt habe. Alte Ausgaben des S&P-Führers stapelten sich für gewöhnlich auf meinem Tisch. Hinter dem Tisch stand auf einem Extratisch der Quotron.

Bei der frühesten Version des Quotron musste man ein Aktiensymbol eingeben und die Entertaste drücken, bevor der aktuelle Kurs erschien. Andernfalls war der Bildschirm leer. Spätere Versionen, die Sie wahrscheinlich kennen, zeigen ein gesamtes Portfolio mit allen Aktienkursen, die zudem automatisch im Verlauf des Tageshandels ständig aktualisiert werden. Der leere Bildschirm war ein besseres System, da man ihn nicht den ganzen Tag anstarren und die Aktien dabei beobachten konnte, wie sie steigen und fallen, was viele Fondsmanager heutzutage tun. Als ich einen neumodischen Quotron bekam, musste ich ihn ausschalten, weil es zu aufregend war.

In den kostbaren Stunden, bevor der Markt öffnet und bevor die Telefone anfangen zu bimmeln, überprüfte ich die Zusammenfassungen der Käufe und Verkäufe des Vortags, die von Fidelity-Angestellten aufbereitet worden waren. Diese sogenannten Nachtblätter gaben einen Überblick über die Tätigkeit der Fidelity-Fondsmanager. Ich las die hausinternen Berichte über die Gespräche, die Analysten mit verschiedenen Firmen geführt hatten. Ich las *The Wall Street Journal*.

Bis ungefähr acht Uhr hatte ich eine neue Kauf- und Verkaufsliste zusammengestellt, die sich zum großen Teil aus Firmen zusammensetzte, die ich bereits an den beiden vergangenen Tagen gekauft hatte. Dadurch versuchte ich, langsam eine ansehnliche Aktienposition zu vernünftigen Kursen aufzubauen. Ich rief meinen Haupthändler Barry Lyden an, der im Handelsraum in einem der unteren Stockwerke arbeitete, und gab ihm die Orders durch.

Zwischen mir und dem Handelsraum gab es einen Gehweg beziehungsweise eine Art Brücke, die eine neun Stockwerke hohe Lobby überspannte und einem das sensationelle Erlebnis vermittelte, auf einer Hängebrücke über einen tiefen Canyon zu laufen. Fidelity musste diese Verbindung entwickelt haben, um die Fondsmanager davon abzuhalten, die Händler persönlich zu belästigen. In meinem Fall hat das funktioniert.

Mein Haupthändler war anfänglich mein einziger Händler, aber Ende 1983, als der Magellan gewachsen war und die Käufe und Verkäufe komplizierter wurden, wurde mir eine zweite Person, Carlene DeLuca, zugeteilt. Lyden machte die Käufe und DeLuca die Verkäufe. Beide waren sehr geduldig mit mir, und ich versuchte, ihnen genügend Spielraum zu geben, um ihre Arbeit auszuführen.

Der Handel war die geringste meiner Sorgen. Rückblickend habe ich damit wahrscheinlich mehr Zeit verbracht, als nötig gewesen wäre – eine Stunde pro Tag anstatt zehn Minuten. Es machte Spaß, zu kaufen und zu verkaufen, aber ich hätte die zusätzlichen 50 Minuten besser darauf verwenden sollen, eine oder zwei Firmen anzurufen. Hier liegt ein Schlüssel zum erfolgreichen Investment: Konzentrieren Sie sich auf die Firmen, nicht auf die Aktien.

Sobald ich meine Handelsliste nach unten gegeben hatte, kehrte ich zu meiner Hauptaufgabe zurück – über die Firmen auf dem Laufenden zu bleiben. Meine Methoden unterschieden sich nicht sehr von denen eines neugierigen Reporters – ich las die öffentlichen Ankündigungen und suchte nach Hinweisen, ich sprach mit Mittlern wie Analysten oder Investorenbetreuern, um noch mehr Hinweise zu erhalten, und schließlich stieß ich zur Hauptquelle vor: zu den Firmen selbst.

Nach jedem Kontakt, den ich machte, egal ob per Telefon oder persönlich, kritzelte ich eine Notiz auf eine Ringbucheinlage – den Namen der Firma und den aktuellen Aktienkurs, gefolgt von einer ein- oder zweizeiligen Zusammenfassung der Story, die ich gerade gehört hatte. Ich glaube, jeder Stockpicker könnte aus einem solchen Notizbuch mit Storys großen Nutzen ziehen. Hat man es nicht, vergisst man sehr leicht, warum man eine Aktie überhaupt gekauft hat.

Zusammen mit dem Magellan wuchsen auch meine Bibliothek an Notizbüchern und die Zeit, die ich benötigte, um alle Storys zu überprüfen. Ich reduzierte meine Firmenmittagessen, so nützlich sie auch erschienen, zugunsten der effektiveren Praxis, zwischen zwei Telefonaten an einem Sandwich herumzukauen. Ich hatte durch die vorangegangenen gemeinsamen Mittagessen genügend Quellen angesammelt, um die meisten Informationen, die ich benötigte, auch per Telefon erhalten zu können.

Außerhalb meiner gepolsterten Zimmertür verteilten vier Sekretärinnen unter der Leitung der unerschütterlichen Paula Sullivan geschäftig die Anrufe. Soundso auf Leitung 1, riefen sie etwa, und ich nahm ab. Nur selten wagte sich jemand länger als ein paar Minuten in mein Büro hinein. Da die Stühle zwischenzeitlich zu Extra-Regalen geworden waren, gab es außer auf dem Fußboden ohnehin keinen angenehmen Platz, wo man sich niederlassen konnte.

Stand ich einmal auf, dann entweder um mir eine neue Coke Light aus dem Bürokühlschrank zu holen oder um auf die Toilette zu gehen. Zwischen mir und der nächsten Toilette gab es eine kleine Lobby, in der Firmenrepräsentanten und Analysten, die zu Besuch kamen, auf ihre Meetings mit den verschiedenen Fondsmanagern auf unserer Etage warteten. Normalerweise traf ich dort Leute, die ich kannte. Ich vermied ein Zusammentreffen, indem ich die Hintertreppe benutzte, um zu einer etwas abgelegeneren Toilette zu gelangen. Andernfalls hätte ich meine Zeit mit Smalltalks verschwenden oder diese Freunde und Bekannten kurz abfertigen müssen, was ich ebenfalls nicht wollte.

Meine wortreichen Partner

Magellan war weit davon entfernt, eine One-Man-Show zu sein. Ab 1981 hatte ich immer einen oder mehrere talentierte Assistenten, die das Gleiche taten wie ich, nämlich Firmen oder Analysten anzurufen, um mich, was neue Entwicklungen anging, auf dem Laufenden zu halten. Rich Fentin, mein erster Assistent, legte den Qualitätsstandard fest. Als er seine Arbeit bei mir beendete, übernahm er die Leitung des Fidelity Growth Fund und des Fidelity Puritan Fund. Ihm folgten einige andere, die so viel aus meinen Fehlern lernten, dass sie nun ebenfalls erfolgreiche Fonds leiteten: Danny Frank mit dem Special Situations Fund; George Noble, der den Overseas Fund ins Leben rief; Bob Stansky, der den Growth Fund übernahm; Will Danoff mit dem Contrafund; und Jeff Vinik, der nun den Magellan leitet. Dann waren da noch Jeff Barmeyer, der inzwischen verstorben ist, Deb Wheeler, Georg Domolky, Kari Firestone und Bettina Doulten, die jetzt Viniks Assistentin ist.

Diese energiestrotzenden Stellvertreter ermöglichten es mir, an vielen Orten gleichzeitig zu sein. In ihnen hatte ich den Beweis, dass man seine Mitarbeiter am besten dadurch zu Höchstleistungen anspornt, indem man ihnen die volle Verantwortung überträgt. In der Regel werden sie den Anforderungen gerecht.

Fidelity hatte diese Theorie in die Praxis umgesetzt, indem alle Fondsmanager für ihr eigenes Research verantwortlich waren. Diese Anforderung war revolutionär und unter meinen Kollegen nicht immer beliebt. Traditionellerweise sah das Ganze so aus: Der Fondsmanager wählte aus Aktien aus, die der Analyst aufgrund seiner Nachforschungen empfohlen hatte. Das ist für die Fondsmanager sehr angenehm und garantiert ihnen einen absolut gesicherten Arbeitsplatz, da sie im Falle, dass die Aktien den Bach runtergehen, immer noch dem Analysten für falsche Informationen die Schuld geben können. Es ist der gleiche Trick, den der Kleinanleger benutzt, wenn er mit einem Aktientipp von Onkel Harry Geld verliert. „Wie konnte Onkel

Harry nur so blöd sein?", sagt er zu seiner Frau, nachdem er ihr die schlechten Nachrichten unterbreitet hat. Das sind genau die Worte, mit denen der Fondsmanager seinen Bossen gegenüber den Analysten die Schuld zuschiebt.

Da die Analysten wissen, dass man ihnen die Schuld in die Schuhe schieben wird, lernen sie sich zu schützen, indem sie sich bedeckt halten. Anstatt fantasievolle Empfehlungen an die Fondsmanager weiterzugeben, ziehen sie es vor, für akzeptable, ausgelaugte Firmen wie IBM zu werben. Da sie akzeptable Aktien empfohlen haben, müssen sie nicht so viel Kritik einstecken, wenn die Fondsmanager ein lausiges Quartal hatten.

Bei Fidelity passierte so etwas nicht. Egal ob gut oder schlecht, die Fondsmanager stellten eigenständig Nachforschungen an und wurden für diese verantwortlich gemacht. Die Analysten tätigten parallel dazu ihre eigenen Nachforschungen und gaben sie an die Fondsmanager weiter. Denen war freigestellt, ob sie den Rat des Analysten beherzigen wollten oder nicht. Dadurch waren zweimal so viel Nachforschungen im Gange, als dies bei der herkömmlichen Arbeitsaufteilung der Fall gewesen wäre.

Jeder neue Fidelity-Fonds erforderte einen neuen Fondsmanager, der zusätzlich als Faktensammler für die anderen fungieren würde, sodass mit wachsender Fondszahl auch die Qualität unseres hausinternen Nachrichtenmaterials stieg. Die Tipps und Hinweise meiner Kollegen waren für mich besonders wertvoll, da der Magellan ein Capital-Appreciation-Fonds war und ich folglich den größtmöglichen Spielraum hatte, um die Aktien zu kaufen, die mir die Spezialisten für Spezialsituationen, Kleinaktien, Wachstumswerte, Substanzwerte oder OTC-Aktien empfohlen hatten.

Ich war ein passionierter Befürworter neuer Fonds, wie zum Beispiel des OTC-Portfolios, des Overseas Fund und des Retirement Growth Fund. Meistens wurden diese Fonds sehr populär, aber selbst wenn das nicht der Fall gewesen wäre, so bescherten Sie uns doch zumindest mehr Researchmitarbeiter, die in neuen Marktnischen herumschnuppern konnten. Ich nutzte deren Neuentdeckungen, so gut ich konnte. Danny Frank vom Special Situation Fund war der Erste, der das Potenzial von Fannie Mae und einigen Turnarounds erkannte; George Vanderheiden vom Destiny Fund brachte mich auf Owens-Coming; Tom Sweeney vom Capital Appreciation Fund bescherte mir Envirodyne, eine meiner besten Aktien.

Die neuen Fonds eröffneten uns ebenso neue Lücken, in die wir unsere talentierten jungen Analysten hineinbefördern konnten, die sonst vielleicht von Konkurrenzfirmen weggelockt worden wären. Als Resultat entstand eines der größten Teams von Aktienspürhunden, das es jemals gegeben hat.

Bereits in der Anfangszeit meiner Managertätigkeit stellten wir unseren Informationsaustausch auf eine formelle Basis. Unsere gelegentlichen Diskussionen auf dem Gang neben dem Kühlschrank wurden durch ein geplantes Treffen im Konferenzraum abgelöst, bei dem alle Analysten und Fondsmanager ihre Wochentipps präsentierten.

Später übernahm ich bei diesen Meetings mit einer kleinen Eieruhr den Vorsitz. Ich tat so, als sei die Uhr jeweils auf drei Minuten gestellt – das offizielle Zeitlimit für die Darstellung oder Verteidigung eines Tipps. Tatsächlich stellte ich die Uhr auf immer kürzere Intervalle, bis ich bei eineinhalb Minuten angekommen war. Ich gestehe das erst jetzt, nachdem es bereits zu spät für die Einzelnen ist, ihre verlorene Zeit noch einzufordern.

Die Leute waren viel zu begeistert von ihren Favoriten, um zu bemerken, dass ich mit dem Küchenwecker schummelte. Ohnehin sind 90 Sekunden genug Zelt, um die Story einer Aktie zu erzählen. Hat man sich dazu entschlossen, in eine Firma zu investieren, sollte man auch in einfachen Worten, die ein Fünftklässler verstehen könnte, und so schnell, dass ein Fünftklässler sich dabei nicht langweilt, erklären können, warum.

Diese Sitzungen waren keine Konkurrenzwettbewerbe. Die Börse ist für gewöhnlich ein Kampfplatz, auf dem nur die Schlagfertigsten überleben, aber Kämpfen ist nicht die beste Methode, um die Wahrheit über Aktien herauszufinden. Wenn man öffentlich für seine Ideen kritisiert wird, erzählt man sie vielleicht beim nächsten Mal nicht mehr. Und wenn es einen ganzen Kritikerchor gibt, verliert man wahrscheinlich das Vertrauen in die eigenen Nachforschungen.

Ein feindseliger Empfang beeinträchtigt das Selbstvertrauen vielleicht nicht unmittelbar, aber die schmerzhafte Erfahrung hat sich tief ins Gedächtnis eingegraben. Dort steht geschrieben, dass sich alle über die Bemerkung lustig gemacht haben, dass Chrysler zu fünf Dollar pro Aktie ein außergewöhnliches Schnäppchen sei. Ein Jahr danach oder noch später, wenn die Aktie bei zehn Dollar notiert und Ihr Gedächtnis in der Nacht nichts Besseres zu tun hat, wird es Sie mit einem „vielleicht hatten all diese schlauen Köpfe ja recht“ daran erinnern, und am nächsten Tag wachen Sie auf und verkaufen Ihre Chrysler ungefähr 30 Dollar zu früh.

Um das gegenseitige Vertrauen nicht zu untergraben, war bei den Präsentationen kein Feedback gestattet – den Zuhörern stand es frei, den Hinweisen zu folgen oder sie zu ignorieren, ganz wie es der Einzelne wünschte. Ich versuchte, mich auf die Qualität der jeweiligen Ideen zu konzentrieren, und nicht auf die Qualität der Sprecher. Oft kamen die besten Hinweise von Leuten, deren Aktienauswahlkünste ihre Vortragskünste weit übertrafen, und ich machte es mir zur Gewohnheit, die Gedanken der wortkargen Beteiligten außerhalb der Meetings bei ausgeschalteter Eieruhr näher zu ergründen.

Schließlich wurden die wöchentlichen Sitzungen durch tägliche Notizen ersetzt, da es inzwischen zu viele Analysten und Fondsmanager gab, als dass ein Raum noch für alle ausgereicht hätte.

Zwei andere Quellen, die sich oft als wertvoll erwiesen haben, waren Analysten und Fondsmanager, die nicht für Fidelity arbeiteten. Mindestens einmal in der Woche sprach ich mit dem Manager eines Konkurrenzfonds, und gelegentlich traf man sich auf der Straße oder bei einem Meeting. „Welche Aktie gefällt Ihnen?“, sagten wir, sobald wir über das „Hallo“ hinaus waren. So unterhalten sich Stockpicker. Es wird niemals gefragt: „Wie geht es Ihrer Frau?“, oder: „Wahnsinn, haben Sie den Korb gesehen, den Larry Bird geworfen hat?" Es wird immer gefragt: „Was gefällt Ihnen?", gefolgt von: „Wahnsinn, es geht bergauf mit Delta", oder: „Ich rechne bei Union Carbide mit einem Turnaround."

Wir waren Konkurrenten in dem Sinne, dass die Performance unserer Fonds von Lipper, *Barron's*, *Forbes* und so weiter verglichen wurde und unser Rang auf dieser Bewertungsskala darüber entscheiden würde, wie viel neues Geld wir im nächsten Jahr anziehen konnten. Aber der Konkurrenzstatus hielt uns nicht davon ab, bei jeder möglichen Gelegenheit unsere Lieblingsaktien preiszugeben – zumindest nachdem wir alle Aktien erstanden hatten, die wir haben wollten.

Von einem Coach der Washington Redskins würde man nicht erwarten, dass er seine Lieblingsspielzüge mit dem Coach der Chicago Bears teilt, aber wir waren sehr begierig darauf, unsere Kauflisten auszutauschen. Brachte einen die Konkurrenz auf eine gute Idee, revanchierte man sich.

Bei den Ratschlägen von Analysten aus anderen Firmen oder Verkäufern aus der Brokerzunft war ich wählerischer. Hier gibt es große Qualitätsunterschiede und es ist gefährlich, der Empfehlung eines Brokerhauses zu folgen, ohne etwas über die Person zu wissen, von der sie stammt. Einige hochgeschätzte Analysten ruhen sich in klimagekühlter Bequemlichkeit auf ihren Lorbeeren aus. Sie mögen vielleicht unter den Allstars des *Institutional Investor* aufgeführt sein, aber das muss nicht heißen, dass sie in den letzten zwei Jahren mit Colgate-Palmolive gesprochen haben.

Die Experten, die keine Kontakte mehr pflegen, sind an der Börse in der Überzahl. Die Analysten verbringen immer mehr Zeit damit, ihren Vorgesetzten und/oder Kunden Ideen zu verkaufen und diese zu verteidigen, und immer weniger Zeit damit, diese Ideen zu überprüfen. Es ist ungewöhnlich, wenn man einen Analysten entdeckt, der mehrere Firmen am Tag anruft, und noch ungewöhnlicher, wenn man einen entdeckt, der tatsachlich sein Büro verlässt und Firmen besucht.

Wann immer ich auf eine solche Person stieß, machte ich mir sofort eine Notiz, um diesen Kontakt zu pflegen. Maggie Gilliam von First Boston, die den Wert von Home Depot erkannte und eine scharfsinnige Berichterstattung über The Limited lieferte, ist dafür ein gutes Beispiel. Oder John Kellenyi von Nat West bei den Versorger-Aktien, Elliot Schneider von Gruntal bei Finanzdienstleistern und George Shapiro von Salomon Brothers im Luftfahrtsektor. Bei Analysten dieses Kalibers lohnt es sich immer, zuzuhören, besonders wenn man sie anruft und nicht andersherum.

Analysten lieben es, sich damit zu brüsten, dass sie „die Berichterstattung über eine Firma initiiert haben", deren Aktie bei 25 Cent notiert und zehn Jahre später bei 25 Dollar steht. Viel wichtiger aber ist, ob sie ihre Meinung mit einem zweiten, dritten oder vierten positiven Bericht untermauern, als die Aktie auf 5 Dollar, 10 Dollar und dann schließlich 15 Dollar stieg. Ein erstes Kaufsignal ist schnell vergessen, und wenn das alles ist, was der Analyst geliefert hat, dann verpassen seine Zuhörer die Chance, vom weiteren Aufwärtstrend der Aktie zu profitieren.

Geduld macht sich bezahlt

Bis zu dem Zeitpunkt, als der Magellan 1981 für die Öffentlichkeit wieder zugänglich wurde, war ich zu einem geduldigeren Anleger geworden. Die Aktionäre ebenso. Die Anteilrücknahmen waren weniger geworden, sodass ich keine Aktien mehr verkaufen musste, um über flüssiges Geld zu verfügen. Die Jahresumsatzrate des Fonds fiel beinahe um zwei Drittel von 300 Prozent auf 110 Prozent. Meine größten Positionen (Nicor, ein Erdgasproduzent; Fedders, ein Klimaanlagen-Unternehmen; Service Corporation International, eine Bestattungsinstitutskette) behielten jetzt einige Monate hintereinander ihren Rang.

Der Magellan war mit 100 Millionen Dollar immer noch klein und rangierte im unteren Fünftel aller Aktienfonds. Ich teilte das Geld unter 200 verschiedenen Aktien aller möglichen Firmen auf, die man sich nur vorstellen konnte: John Blair, eine Fernsehgesellschaft; Tandy, die Besitzer von Radio Shack; Quixote, ein Hersteller von Sicherheitsabsperrungen aus Plastik, die im Straßenbau verwendet werden; Telecredit; Zapata Corporation, die auch zu George Bushs Vermögen beitrug; ChemLawn; Seven Oaks, ein Abwickler von Supermarktcoupons; Irving Bank sowie Chart House und Skippers, beides Fast-Food-Restaurantketten. Im Laufe meiner Arbeit war ich immer mehr vom langfristigen Potenzial der Restaurantketten und Einzelhändler beeindruckt. Diese Firmen konnten durch ihre Expansion quer durch das Land für 10 bis 15 Jahre eine 20-prozentige Wachstumsrate aufrechterhalten. Die Rechnung ging – und geht immer noch – auf. Steigen die Gewinne um 20 Prozent pro Jahr, verdoppelt sich eine Anlage nach 3,5 Jahren und vervierfacht sich nach sieben Jahren. Der Aktienkurs passt sich an und übertrifft oft die Gewinne, weil die Investoren bereit sind, eine beachtliche Prämie für die Zukunftsaussichten der Firma zu bezahlen. (Eine Liste meiner 50 wichtigsten Einzelhändler ist auf Seite 183 abgedruckt.)

Die 72er-Regel ist sehr nützlich, wenn man feststellen will, wie schnell Geld sich vermehren wird. Man teilt die Zahl 72 durch die jährliche Anlagerendite, die in Prozent ausgedrückt wird, und erhält als Ergebnis die Anzahl der Jahre, die es dauern wird, bis sich das angelegte Kapital verdoppelt hat. Bei einer Rendite von 25 Prozent wird das in weniger als drei Jahren passieren, bei einer Rendite von 15 Prozent in knapp fünf Jahren.

Aus meinen Beobachtungen der Marktschwankungen der verschiedenen Branchen lernte ich, dass trotz der Möglichkeit, mit Zyklikern und unterbewerteten Situationen das Geld um das Zwei- bis Fünffache zu vermehren, weitaus größere Gewinne mit den Einzelhändlern und Restaurants zu erzielen waren. Sie expandierten nicht nur genauso schnell wie die Hightech-Wachstumsfirmen (Computerhersteller, Softwarehersteller, medizinische Unternehmen), sondern sie waren im Allgemeinen auch noch weniger riskant. Eine Computerfirma kann über Nacht um die Hälfte an Wert verlieren, wenn ein Konkurrent ein besseres Produkt auf den Markt bringt, aber eine Kette von Donutläden in Neuengland wird keine Einbußen erleiden, wenn irgendjemand in Ohio einen besseren Donutladen aufmacht. Es kann zehn Jahre dauern, bis die Konkurrenz mit ihrem Produkt auch in Neuengland einschlägt, und die Anleger können diese Entwicklung kommen sehen.

Ende 1981 hatte ich meine Gewinne mit Circle K Convenience Stores und Penn Central, einem Turnaround, der aus dem Bankrott auferstanden war, realisiert. Ich verkaufte Bally, einen Spielautomaten- und Casinobetreiber, und kaufte mit Elsinore und Resorts International zwei andere Glücksspiel-Aktien. Anfang 1982 kaufte ich Circle K erneut. Meine größte Aktie zu dem Zeitpunkt war der Spielzeughersteller Mattel, der drei Prozent des Fonds ausmachte. Die anderen Firmen unter meinen zehn Spitzenreitern waren Chemical Bank; Pic 'N' Save, eine Supermarktkette in Kalifornien; Verbatim, ein Hersteller von Floppy Disks (ich konnte mal wieder den Hightech-Aktien nicht widerstehen); Horn & Hardart, denen die Bojangles-Restaurants und ein Geschenkversand gehören; und Pep Boys-Manny, Moe & Jack, die man nicht mit den Drei Stooges verwechseln darf. Es waren eher die Drei Weisen, wenn es darum ging, mit Autoersatzteilen Geld zu machen.

Pep Boys, Seven Oaks, Chart House, Telecredit, Cooper Tire – ich erkannte allmählich, dass meine Lieblingsaktien etwas gemeinsam hatten. Alle waren Firmen mit starken Bilanzen und günstigen Aussichten, aber die meisten Portfoliomanager würden es nicht wagen, sie zu kaufen. Wie ich bereits erwähnt habe, fühlt sich ein Portfoliomanager, der auf einen gesicherten Job wert legt, eher zu akzeptablen Positionen wie IBM hingezogen und vermeidet unkonventionelle Firmen wie Seven Oaks, den bereits erwähnten Dienstleister mit einem Werk in Mexiko. Würde Seven Oaks einen Tiefschlag erleiden, dann bekäme derjenige, der die Firma für das Portfolio empfohlen hat, die Schuld dafür; erleidet jedoch IBM einen Tiefschlag, dann erhält IBM selbst die Schuld dafür, weil es „die Börse enttäuscht hat“.

Wie war es mir möglich, von dieser albernen Norm abzuweichen? Bei einem sehr offenen Fonds wie Magellan gab es niemanden, der mir über die Schulter blickte. In vielen Firmen existiert eine Art Schulter-Hierarchie. Jeder bewertet die Arbeit der Person, die unmittelbar vor ihm sitzt, während er sich darüber Gedanken macht, wie er wohl von demjenigen, der hinter ihm sitzt, bewertet werden wird.

Wenn man sich darüber Gedanken machen muss, was die Person, die hinter einem sitzt, wohl über die eigene Arbeit denkt, dann ist man meiner Meinung nach kein Profi mehr. Man ist nicht mehr dafür verantwortlich, was man tut. In diesem Zustand fängt man an, gedanklich daran zu zweifeln, ob man in seiner Tätigkeit Erfolg haben kann – warum sonst würde jeder Schritt beobachtet werden?

Mir wurde die Demütigung, von meinen Vorgesetzten infrage gestellt zu werden, erspart. Ich konnte mir den Luxus leisten, Aktien von Firmen zu kaufen, die völlig unbekannt waren, oder Aktien bei 40 Dollar zu verkaufen, meine Meinung zu ändern und sie bei 50 Dollar zurückzukaufen. (Meine Vorgesetzten mögen mich deshalb für verrückt gehalten haben, aber sie haben es mich niemals spüren lassen.) Ich musste nicht auf täglichen oder wöchentlichen Meetings meine Aktienauswahl rechtfertigen oder mich und meine Strategie demoralisierenden Kritiken aussetzen.

Fondsmanager haben genug Sorgen damit, den Markt zu übertreffen. Wir brauchen nicht noch die zusätzliche Belastung, uns an einen bestimmten Plan halten oder unsere Strategien täglich erklären zu müssen. Solange wir uns an das Fondsmandat, das im Zeichnungsprospekt erläutert ist, halten, sollten wir lediglich einmal im Jahr nach unseren Ergebnissen bewertet werden. In der Zwischenzeit sollte es niemanden interessieren, ob wir Golden Nugget oder Horn & Hardart anstatt von Reynolds Aluminium oder Dow Chemical kaufen.

Um 1981/1982 herum begann ich, samstags zu arbeiten. An diesem zusätzlichen Tag räumte ich ausschließlich meinen Schreibtisch auf. Ich musste einen Stapel Post durchgehen, der manchmal an einem Tag bis auf einen Meter hoch anwuchs. Im Februar und März vertiefte ich mich in die Jahresberichte. Ich blätterte in meinen Notizbüchern mit den Firmenkontakten herum und suchte nach Unternehmen, bei denen der Aktienkurs gefallen war (wenn ich mit einer Firma sprach, notierte ich mir immer das Datum und den Kurs) und die fundamentalen Werte sich entweder verbessert oder nicht verändert hatten. Ich arbeitete darauf hin, zum späten Nachmittag etwas Land zu sehen. aber dieses Ziel erreichte ich nicht immer.

Die erste Hälfte des Jahres 1982 war fürchterlich für die Börse. Der Basiszinssatz war inzwischen zweistellig geworden, ebenso die Inflationsrate und die Arbeitslosenquote. Die Bewohner der Vororte kauften Gold und Gewehre und deckten sich mit Dosensuppen ein. Geschäftsleute, die seit 20 Jahren nicht mehr angeln gewesen waren, bereiteten sich auf die Schließung der Lebensmittelläden vor, indem sie ihre Winden ölten und ihre Angelausrüstung in Ordnung brachten.

Die Zinssätze waren derart angestiegen, dass meine größte Position im Fonds für einige Monate die langfristigen T-Bonds waren. Uncle Sam zahlte dafür 13 bis 14 Prozent. Ich kaufte die Bonds nicht aus Defensivgründen oder weil ich Angst vor Aktien hatte, wie das bei vielen Investoren der Fall ist. Ich kaufte sie, weil ihre Zinsen die Renditen, die man normalerweise von Aktien erwarten konnte, übertrafen.

Das bringt mich zu Peters Prinzip Nummer 8, der einzigen Ausnahme von der Grundregel, dass es besser ist, Aktien statt Anleihen zu besitzen:

Übertreffen die Zinserträge aus langfristigen Staatsanleihen die Dividendenerträge aus dem S&P 500 um 6 Prozent oder mehr, dann sollten Sie von Aktien auf Anleihen umsteigen.

Ich konnte mir nicht vorstellen, dass die Zinsen noch viel höher klettern oder sich sehr lange auf diesem Level halten konnten, ohne dass die Wirtschaft zusammenbrechen würde und die schlimmsten

Albträume der Hobbyangler wahr werden ließ. Sollte das passieren, würde ich mit den anderen in der Brandung ums Überleben kämpfen müssen und die Portfoliostrategie des Magellan wäre die geringste meiner Sorgen. Sollte es jedoch nicht passieren, dann wollte ich voll in Aktien und langfristigen Anleihen investiert sein.

Warum Investoren versuchen, sich auf ein absolutes Desaster vorzubereiten, indem sie aus ihren besten Investitionen aussteigen, kann ich nicht verstehen. Tritt das absolute Desaster ein, dann ist das Bargeld auf der Bank genauso nutzlos wie eine Aktienurkunde. Auf der anderen Seite: Sollte das absolute Desaster nicht eintreten (der wahrscheinlichere Ausgang, wenn man die Geschichte betrachtet), dann werden die „vorsichtigen" Typen zu leichtsinnigen und verkaufen ihre wertvollsten Vermögenswerte für einen Hungerlohn.

Im Frühjahr 1982 exerzierte ich meine üblichen Übungen gegen die Angst, indem ich mich auf „das große Gesamtbild" konzentrierte. Ich nahm an, dass es nicht zum Schlimmsten kommen würde, und fragte mich, was stattdessen passieren würde. Ich kam zu dem Schluss, dass die Zinsen früher oder später wieder sinken mussten und in diesem Fall die Besitzer von Aktien ebenso wie die von langfristigen Anleihen große Gewinne machen würden.

(Tatsächlich verzeichnete der S&P 500 von 1982 bis 1990 einen vierfachen Gewinn und Staatsanleihen mit 30-jähriger Laufzeit schnitten leicht besser ab. Als dann 1991 die Aktien um weitere 31 Prozent stiegen, entwickelten sich die Anleihen miserabel, was wieder einmal mehr beweist, dass Aktien, langfristig betrachtet, Anleihen übertreffen.)

In dieser Zeit der Trübsal und der Untergangsstimmung ritten die Wirtschaftskommentatoren weiter auf dem Rückgang der Autoverkäufe herum, als ob fallende Autoverkäufe eine ständige Bedrohung wären. Egal ob Rezession oder nicht, ich hatte den Eindruck, dass die Menschen früher oder später in die Ausstellungsräume zurückkehren mussten. Wenn es etwas gibt, das so sicher ist wie der Tod und das Scheitern der Red Sox, dann ist es die Tatsache, dass Amerikaner Autos kaufen müssen.

Durch diese Gedankengänge stieß ich im März 1982 auf Chrysler. Eigentlich bin ich indirekt über Chrysler gestolpert. Ich war auf Ford aufmerksam geworden, das als Nutznießer aus dem Wiedererstarken der Automobilindustrie hervorgehen sollte, und gelangte während meiner Gespräche mit Ford immer mehr zu der Überzeugung, dass Chrysler ein noch größerer Nutznießer sein würde. Wie gewöhnlich hatten mich meine Nachforschungen hinsichtlich einer guten Gelegenheit zu einer noch besseren Gelegenheit gebracht, ebenso wie bei einem Goldschürfer, der den Goldspuren stromaufwärts folgt.

Die Chrysler-Aktie notierte zu der Zeit bei zwei Dollar, weil die Börse annahm, dass die drittrangigen Autohersteller bankrottgehen und zur nächsten Penn Central werden würden. Eine schnelle Überprüfung der Bilanzen ergab, dass Chrysler mehr als eine Milliarde Dollar an Barvermögen besaß – größtenteils aufgrund des Verkaufs eines militärischen Teilbereichs an General Dynamics –, sodass der bevorstehende Niedergang eine riesige Übertreibung war. Chrysler hatte die Voraussetzungen dazu, bankrott zu gehen, aber auf keinen Fall in den nächsten Jahren. Die US-Regierung hatte für genügend Kredite an Chrysler gebürgt, um ein kurzfristiges Überleben sicherzustellen.

Wäre das Autogeschäft im Allgemeinen gut gelaufen und Chrysler hätte es nicht fertiggebracht, seine Autos zu verkaufen, dann wäre ich, was die Zukunft anging, pessimistischer gewesen. Jedoch war die gesamte Industrie in ein Loch gefallen und reif für einen Aufschwung. Dass Chrysler bei mäßigen Verkaufszahlen seine Schulden reduziert hatte und sich fast auf den Break-even zubewegte, zeigte, dass das Potenzial vorhanden war, mit Riesenschritten vorwärtszustürmen, wenn die Verkäufe erst einmal zunahmen.

Im Juni besuchte ich die Firmenzentrale, wo ich die neuen Autos besichtigte und in einem Meeting, das der Investorenbetreuer Bob Johnson organisiert hatte, mit einigen Top-Führungskräften sprach. Wahrscheinlich war das der wichtigste Tag in meiner 21-jährigen Investmentkarriere.

Die Gespräche, die auf drei Stunden angesetzt waren, dehnten sich auf sieben Stunden aus, und eine kurze Unterhaltung mit Lee Iacocca wurde zu einer weiteren zweistündigen Sitzung. Am Ende war ich davon überzeugt, dass Chrysler nicht nur die Widerstandskraft hatte, um für einige Zeit im Geschäft zu bleiben, sondern dass die Firma zudem auch einiges an Pfiff in seine neuen Produkte hineinbrachte.

Die neuen Modelle Dodge Daytona, Chrysler Laser und G-124 Turbo Car kamen alle frisch vom Fließband. Der G-124 konnte schneller von 0 auf 60 Meilen beschleunigen als ein Porsche. Es gab Cabriolets für die Jüngeren und einen sportlicheren New Yorker mit Vorderradantrieb. Iacocca war sehr entzückt über eine Neuentwicklung, die er als „die erste Neuheit in der Autoindustrie seit 20 Jahren“ bezeichnete, ein Fahrzeug mit dem Codenamen T-115. Es handelte sich um den Chrysler-Minivan, von dem in den darauffolgenden neun Jahren über drei Millionen Stück verkauft wurden.

Die PKW beeindruckten mich mehr als der Minivan, aber der Minivan war letztendlich das Produkt, das die Firma rettete. Egal wie gut man eine Branche zu verstehen glaubt, Überraschungen kann es immer geben. Hier hatten wir einen Durchbruch in Autodesign und -fabrikation, der nicht aus Japan, Deutschland oder Schweden kam, sondern aus Detroit. Die Verkaufszahlen des Chrysler-Minivans übertrafen die der Volvos in den USA um das Fünffache!

Chrysler war eine große Firma mit Millionen umlaufender Aktien, sodass der Magellan eine bedeutende Position erwerben konnte. Die Firma war von der Börse derart in Verruf gebracht worden, dass die institutionellen Anleger sie nicht mehr verfolgt hatten. Ab dem Frühjahr 1982 bis in den Sommer hinein kaufte ich verstärkt Chrysler-Aktien. Ende Juni war die Firma zu meiner größten Beteiligung geworden. Bis zum Juli waren fünf Prozent von Magellans Vermögenswerten in Chrysler investiert, der höchstmögliche Prozentsatz, den die SEC genehmigte.

Durch den Herbst hindurch blieb Chrysler in seiner Spitzenposition, knapp vor Horn & Hardart, Stop & Shop, IBM und Ford. Wäre es mir gestattet gewesen, hätte ich 10 oder sogar 20 Prozent meines Fonds in Chrysler investiert, und das, obwohl die meisten meiner Freunde und Profikollegen mir sagten, ich sei verrückt und Chrysler würde bankrottgehen.

Bis zum Oktober hatte ich meine Anleiheposition auf fünf Prozent der Vermögenswerte des Magellan heruntergestutzt. Der große Bullenmarkt hatte tatsächlich begonnen. Die Zinssätze begannen zu sinken und die Wirtschaft zeigte Anzeichen einer Wiederbelebung. Zykliker führten den Markt zu immer neuen Höhen, wie sie das normalerweise am Ende einer Rezession tun. Ich reagierte, indem ich einige Bank- und Versicherungs-Aktien verkaufte. Elf Prozent des Fonds steckten jetzt in Automobilen und zehn Prozent in Einzelhändlern.

Diese Umschichtung meiner Kontingente erfolgte weder aufgrund entsprechender Schlagzeilen noch wegen etwaiger Bemerkungen des Vorsitzenden des Federal Reserve Board. Ich hatte von Fall zu Fall entschieden, als eine Firma nach der anderen mir berichtete, dass es mit den Geschäften aufwärts gehen würde.

Während dieser Zeit ging Genentech zu 25 Dollar an die Börse und schoss in einem Tag prompt auf 75 Dollar hinauf. Das war eine der Neuemissionen, die ich kaufte.

Am Wochenende vor Halloween hatte ich meinen ersten Auftritt in „Wall Street Week." Den Gastgeber, Louis Rukeyser, traf ich erst ungefähr eine Minute bevor wir auf Sendung gingen. Er betrat die Szenerie, lehnte sich zu mir herüber und sagte: „Machen Sie sich keine Sorgen, es wird alles gutgehen, nur acht Millionen Menschen sehen Ihnen zu."

Rukeyser eröffnete die Show mit einem Halloweenwitz darüber, dass Politiker der Börse wesentlich mehr Angst machen würden als kleine Monster. Anschließend zerbrachen sich die drei Diskussionsteilnehmer (Dan Dorfman, Carter Randall und Julia Walsh) etwas den Kopf darüber, was das bevorstehende Wochenende wohl bringen werde. Es gab wie üblich genug, worüber man sich den Kopf zerbrechen konnte, angefangen mit der Tatsache, dass der Dow Jones am vorangegangenen Freitag um 36 Punkte gefallen war. Die Zeitungen hatten diesen „schlimmsten Tagesverlust seit 1929“ aufgebauscht, obwohl der Vergleich zum Himmel schrie. Ein Kursrutsch um 36 Punkte bei einem Dow von 990 Punkten war nicht dasselbe wie ein Rutsch um 36 Punkte bei einem Dow von 280 – dort stand er 1929 vor dem Crash.

Weiter ging es darum, wie oft die Hochs von heute zu den Tiefs von Morgen werden könnten und umgekehrt. Auf die Frage, was den Markt wohl verschrecken könnte, erwähnten die drei Experten die Anklageschrift gegen den Autohersteller John De Lorean, die Angst vor Tylenol und die große Zahl der Kongressabgeordneten, die bei den kommenden Wahlen ihren Sitz verlieren konnten. Rukeyser verlas den Brief eines Zuschauers, der sich darüber Sorgen machte, dass eine mögliche Banken- und Sparkassenkrise die Ressourcen der Federal Deposit Insurance Corporation erschöpfen könnte. Die Diskussionsteilnehmer hielten dies für recht unwahrscheinlich. Rukeyser beendete die Diskussion mit dem Vorschlag, dass die Regierung schließlich immer noch „ein paar Dollar mehr drucken könnte, wenn es sein müsste“, eine Scherzhaftigkeit, die vielleicht prophetisch werden konnte.

Was meinen Teil der Sendung betraf, so wurde ich vom Rande des Sets auf die Bühne gescheucht, während ich freundlich als „bester Stockpicker eines Publikumsfonds der letzten fünf Jahre“ angekündigt wurde – als Spitzenreiter der Lipper-Liste mit einem 305-prozentigen Gewinnzuwachs in den letzten fünf Jahren. Ich trug einen einfachen braunen Anzug und ein blaues Hemd, wie man es bei einer Fernsehsendung erwartet, und ich war nervös. In der Rukeyser-Show aufzutreten war das Finanzäquivalent dazu, die Briefumschläge bei der Oscar-Verleihung öffnen zu dürfen.

Rukeyser warf mir zu Anfang ein paar einfache Fragen zu, beginnend damit, dass er mein „geheimes Erfolgsrezept“ wissen wollte. Ich erklärte, dass ich mehr als 200 Firmen pro Jahr besuchen würde und etwa 700 Geschäftsberichte läse, und dass ich mich der Theorie Edisons verschrieben hätte, die besagt, „Investieren hängt zu 99 Prozent mit Schwitzen zusammen“, was ich die meiste Zeit auch tun würde.

„Das war Edisons Theorie über die Genialität, nicht über das Investieren," korrigierte Rukeyser. Ich sagte nichts. Meine schlagfertigen und geistreichen Antworten wurden im Keim erstickt.

Rukeyser wollte mehr über meinen Modus Operandi wissen. Was sollte ich darauf antworten? „Na ja, Lou, ich kaufe, was mir so gefällt." Das sagte ich nicht. Stattdessen erklärte ich, dass ich das Magellan-Portfolio in zwei Gruppen unterteilt hatte: die Wachstumsaktien und Zykliker in der einen, und die konservativen Aktien in der anderen Gruppe. „Gibt der Markt nach, dann verkaufe ich die konservativen Aktien und stocke die andere Gruppe auf. Legt der Markt zu, dann verkaufe ich die Gewinner unter den Wachstumsaktien und Zyklikern und stocke die konservativen Aktien auf." Jede Ähnlichkeit zwischen meiner wirklichen Strategie und dieser aus dem Ärmel geschüttelten Erklärung vor acht Millionen Zuschauern ist rein zufällig.

Auf die Frage nach meinen Lieblingsaktien nannte ich Bassett Furniture, Stop & Shop und die Autoindustrie im Allgemeinen, besonders aber Chrysler. Die Automobilbranche lag in den letzten beiden Jahren darnieder, sagte ich, und Chrysler sei sehr gut positioniert, um aus einem Aufschwung Gewinn zu schlagen. Indem er die beliebte Wall-Street-Meinung vertrat, wandte Dorfman ein, ob Chrysler nicht zu riskant sei. „Ich bin bereit, Risiken einzugehen", konterte ich.

Die Sache entspannte sich etwas, als jemand eine Frage zu einem Technologie-Unternehmen stellte. Ich gestand, dass ich nicht nur technikignorant sei, sondern „niemals wirklich begriffen habe, wie Elektrizität funktioniert." Danach hatte ich die Lacher auf meiner Seite und Rukeyser wollte wissen, ob es mir jemals in den Sinn gekommen sei, dass ich ein „sehr altmodischer Zeitgenosse" sei. Meine brillante Antwort darauf lautete: „Nein, eigentlich nicht."

So nervös ich vielleicht auch gewirkt haben mag, mein Auftritt in der Rukeyser-Show vollbrachte Wunder für den Magellan. Die Fidelity-Verkaufsabteilung war plötzlich sehr damit beschäftigt, Telefongespräche und Kaufaufträge entgegenzunehmen. Was nach der Fusion mit Salem 1981 ein 100 Millionen-Dollar-Fonds geworden war, wurde bis Ende 1982 zu einem 450-Millionen-Dollar-Fonds. Neues Geld strömte in einem Ausmaß herein, wie es vor vier Jahren unvorstellbar gewesen wäre: 40 Millionen Dollar im Oktober, 71 Millionen Dollar im November und 55 Millionen Dollar im Dezember. Der fantastische Aktienmarkt hatte viel damit zu tun.

Jetzt musste ich nicht mehr eine Aktie verkaufen, um eine andere kaufen zu können, wie ich es in den letzten Jahren praktiziert hatte. Jetzt konnte ich mir den Luxus leisten, die alten Positionen zu behalten, während ich neue einging. Nachdem es mir nicht gestattet war, mein gesamtes Geld in Chrysler zu investieren, steckte ich es eben in andere Autohersteller, in Chemiefirmen und in Einzelhändler. Innerhalb von drei Monaten kaufte ich Aktienanteile an 166 verschiedenen Firmen.

Einige davon waren große Firmen, die Mehrheit jedoch nicht. Eine der Ironien meiner Karriere ist die, dass ich mich auf große Aktienwerte konzentriert hatte, als der Magellan ein kleiner Fonds war, und mich immer mehr auf die kleinen Aktienwerte verlegte, als der Magellan ein größerer Fonds wurde. Das war keine vorsätzliche Strategie, sondern es hat sich einfach so ergeben.

Die Popularität des Magellan wuchs auch 1983 noch stetig an. Im Februar mussten weitere 76 Millionen Dollar investiert werden und im März 100 Millionen Dollar. In einem miserablen Markt wäre es einfacher gewesen, potenzielle Aktien zum Kauf zu entdecken, aber Anfang 1983 hatte der Dow gegenüber dem 1982er-Tief um 300 Punkte zugelegt. Viele Technologiepapiere waren in derart schwindelnde Höhen gestiegen, wie sie selbst in den darauffolgenden sechs oder sieben Jahren nicht mehr erreicht wurden. Diese hohen Kurse brachten die Wall Street zum Jubilieren, ich fand sie eher deprimierend. Ich freute mich mehr über einen handfesten 300-Punkte-Absturz, der mir ein paar Schnäppchen bescherte.

Schnäppchen sind der Heilige Gral des wahren Stockpickers. Die Tatsache, dass 10 bis 30 Prozent unseres Nettovermögens in einem Börsenausverkauf verloren gehen, hat keine bedeutenden Folgen. Wir betrachten die jeweils letzte Korrektur nicht als Desaster, sondern als Möglichkeit, mehr Aktien zu einem niedrigeren Preis zu erwerben. So entstehen allmählich riesige Vermögen.

Chrysler war immer noch meine größte Beteiligung (fünf Prozent des Fonds) und behielt diese Position für die meiste Zeit des Jahres. In acht Monaten hatte sich der Wert verdoppelt. Horn & Hardart, Stop & Shop und IBM waren weiterhin unter den ersten Fünf. Pflichtbewusst hielt ich auch eine 3-Prozent-Position an IBM (wie sich herausstellte weniger als die vier Prozent, mit denen IBM am Gesamtwert des S&P 500 gewichtet war). Vielleicht reagierte ich auf eine unterbewusste Nachricht: „Du bist kein richtiger Fondsmanager, solange du Big Blue nicht in deinem Portfolio hast."

Im April erreichte der Magellan die Milliarden-Dollar-Grenze, ein Meilenstein, der im Büro ein großes Trara auslöste. Schon kurz darauf deutete der erste Börsenbriefschreiber an, dass der Magellan nun zu groß geworden sei, um erfolgreich operieren zu können. Dieses Argument sollte sich bald wachsender Popularität erfreuen.

6

Magellan

Die späten Jahre

Wie viel Zeit Sie damit verbringen, Aktien zu überprüfen, ist direkt proportional dazu, wie viele Aktien Sie besitzen. Man benötigt ein paar Stunden pro Jahr, um bei jeder einzelnen auf dem Laufenden zu bleiben, einschließlich des Lesens der Geschäfts- und Quartalsberichte und der Telefongespräche mit den Firmen, um den Wissensstand von Zeit zu Zeit aufzufrischen. Für jemanden, der fünf Aktien besitzt, ist diese Arbeit ein Hobby. Für den Fondsmanager eines kleinen bis mittelgroßen Fonds ist es ein 8-Stunden-Tag. In einem größeren Fonds bedeutet es eine 60- bis 80-Stunden-Woche.

Mitte 1983 gab es im Magellan-Portfolio 450 Aktien. Bis zum Herbst des gleichen Jahres hatte sich die Zahl auf 900 verdoppelt. Das bedeutete, dass ich dazu bereit sein musste, meinen Kollegen in 90 Sekunden oder weniger über 900 unterschiedliche Storys zu berichten. Dazu musste ich die Storys erst einmal kennen. Meine fähigen Assistenten halfen mir dabei, die Fakten zusammenzutragen.

John Neff vom Vanguard Windsor besaß immer noch den größten existierenden Publikumsfonds, aber bis Ende 1983 hatte der Magellan mit einem Vermögen von 1,6 Milliarden Dollar auf dem zweiten Platz dicht aufgeholt. Dieser letzte Wachstumsspurt veranlasste eine neue Gruppe von Kritikern, einmal mehr zu verkünden, dass der Magellan genau wie das Römische Reich zu groß geworden sei, um erfolgreich zu sein. Die Theorie besagte, dass ein Fonds mit 900 Aktien keine Chance habe, den Marktdurchschnitt zu übertreffen, weil er den Marktdurchschnitt darstelle. Ich wurde beschuldigt, den größten privaten Indexfonds der Welt zu leiten.

Die Theorie, dass ein großer Fonds nur ein mittelmäßiger Fonds sein kann, ist heute immer noch en vogue und genauso irreführend wie vor zehn Jahren.

Ein fantasievoller Fondsmanager kann 1.000 oder sogar 2.000 verschiedene Aktien unüblicher Firmen auswählen, von denen die Mehrheit niemals im Standard-Börsen-Portfolio auftauchen wird. Man nennt das „sich außerhalb des Radarschirms bewegen“. Er oder sie kann 300 Sparkassen und 250 Einzelhändler, keine Ölfirmen oder null Industriewerte besitzen, und die daraus resultierenden Ergebnisse machen zick, wenn der Rest des Marktes zack macht. Und umgekehrt kann ein fantasieloser Fondsmanager sein Portfolio auf die 50 Aktien beschränken, die weit und breit von den institutionellen Anlegern gehalten werden – und einen Mini-S&P 500 kreieren.

Das bringt mich zu Peters Prinzip Nummer 9:

Nicht alle Stammaktien
gehören dem gleichen Stamm an.

Die Größe eines Fonds und die Anzahl der Aktien, die er beinhaltet, sagen nichts darüber aus, ob er vortrefflich ist oder nicht. Einige Investoren haben sich vielleicht von der Publicity, die ich dafür erhielt, 900 und später 1.400 verschiedene Aktien gekauft zu haben, abschrecken lassen. Das ist sehr schade. Von den 900 Aktien aus dem Portfolio 1983 machten 700 weniger als zehn Prozent des Gesamtvermögens des Fonds aus.

Für diese winzigen Positionen gab es jeweils einen der folgenden Gründe: (1) Die Firmen selbst waren so klein, dass sie auch dann, wenn ich die maximal erlaubten zehn Prozent davon besaß, nicht so sehr ins Gewicht fielen; oder (2) ich war nicht davon überzeugt, dass sie eine stärkere Beachtung verdienten. Die meisten der Aktien fielen in diese „Steig später richtig ein"-Kategorie. Es war einfacher, die Story zu verfolgen, wenn man einige Aktien besaß und auf der Verteilerliste stand.

Ein Beispiel dafür, wie eine unbedeutende Beteiligung zu einer großartigen Möglichkeit führen kann, ist Jan Bell Marketing. Die Geschäftsführer dieses Schmucklieferanten, eines 200-Millionen-Dollar-Unternehmens und weit entfernt von den *Fortune* 500, besuchten Fidelity, um sich mit den Fondsmanagern zu treffen. Ich besaß die Aktie, sodass ich in den Konferenzraum hinüberhetzte, um mir die Präsentation anzuhören. Kein weiterer Fondsmanager erschien.

Jan Bell war zu klein, um unterm Strich viel zum Gewinn des Magellan beizutragen, aber ich bin froh, dass ich dem Meeting beigewohnt habe. Während die Geschäftsführer das Unternehmen beschrieben, erwähnten sie, dass ihre besten Kunden die Discountclubs (Pace, Warehouse, Wholesale, Costco und so weiter) seien, die ungeheure Schmuckmengen orderten – so viel, dass Jan Bell Mühe hatte, den Bestellungen nachzukommen.

Das brachte mich auf die Idee, in die Discountclubs zu investieren. Wenn sie tatsächlich so viel Schmuck verkauften, wie Jan Bell behauptete, müssten eigentlich alle anderen Verkäufe ebenso hervorragend laufen.

Ich beauftragte Will Danoff, den Einzelhändleranalysten, der später den Fidelity Contrafund übernahm, mit den Nachforschungen.

Die betreffenden Aktien waren sehr beliebt, als sie das erste Mal an die Börse gingen, aber die Euphorie war sehr kurzlebig. Die Erwartungen waren so hoch gegriffen, dass die Ergebnisse ihnen unmöglich gerecht werden konnten, und die Aktien wurden ausverkauft. Ganz wie es sich gehört, verlor die Wall Street das Interesse. Danoff rief die großen Investmenthäuser an und erfuhr, dass kein einziger Analyst damit beauftragt war, diese Firmen zu verfolgen.

Gemeinsam kontaktierten wir die Firmen direkt. Sie bestätigten, was Jan Bell gesagt hatte – das Geschäft lief hervorragend. Wir erfuhren weiter, dass sie Schulden getilgt und dadurch ihre Bilanzen gestärkt hatten. Mit den Gewinnen ging es bergauf, mit den Aktienkursen bergab – eine perfekte Situation. Ich kaufte Hunderttausende von Aktienanteilen an Costco, Wholesale Club und Pace. Alle drei brachten Geld – Costco verdreifachte sich.

Die Angestellten und Kunden in diesen Läden hätten den Aufschwung mit eigenen Augen erkennen und die gleichen Details erfahren können wie Danoff und ich. Der aufmerksame Kunde hat die Chance, Nachrichten über Einzelhändler eher zu erfahren als die Börse, und all das Geld, das er vorher für Waren ausgegeben hat, wieder hereinzubringen – nämlich durch den Kauf unterbewerteter Aktien.

Mitte der 1980er-Jahre gabelte ich beinahe jede Sparkasse auf, die an die Börse ging. Die meisten davon waren ziemlich klein, sodass ich ein Riesenpaket hätte kaufen müssen, damit sie einen Einfluss auf ein 1-Milliarden-Dollar-Portfolio gehabt hätten. Außerdem konnte ich, nachdem einige Finanzinstitutionen mir erzählten, dass ihre Profite sich aufgrund niedriger Zinssätze verbesserten, erkennen, dass viele andere von dem gleichen Trend profitieren würden. Von den 83 Neuakquisitionen, die ich im April 1983 tätigte, waren 39 Banken und Sparkassen. Bis Ende des Jahres hatte ich 100 Sparkassen gekauft, womit diese Gruppe drei Prozent des Fonds ausmachte.

Die Finanzpresse erwähnte meinen „Schwerpunkt" bezüglich der Sparkassen in so vielen Artikeln, dass der Gelegenheitsleser den Eindruck erhalten musste, das Schicksal des Magellan sei eng mit ihnen verbunden. Zum Glück war das nicht der Fall, denn als die schwächste der Sparkassen kollabierte, wurden auch die Kurse der stärkeren in Mitleidenschaft gezogen. Hätte ich damals 20 Prozent des Magellan in Sparkassen investiert gehabt, hätte ich vielleicht gezwungenermaßen viel eher in Rente gehen müssen.

Trotz der Sparkassen und Banken waren es aber die Automobilhersteller, denen der Erfolg des Magellan zu jener Zeit am meisten zu verdanken war. Ford hatte mich zu Chrysler gebracht, und Chrysler zu Subaru und Volvo. Der wunderbare Wirtschaftsaufschwung, der die eine Firma mit nach oben zog, erfasste auch all die anderen.

Der Kurs der Chrysler-Aktie schoss so schnell nach oben, dass meine Chrysler-Beteiligung für kurze Zeit fünf Prozent des Fondsvermögens überschritt. Hatte ich einmal fünf Prozent erreicht, durfte ich nicht mehr kaufen, doch ich durfte das Limit überschreiten, sofern der Kursanstieg einer Aktie den Wert der Magellanposition über die 5-Prozent-Marke hinausschob. Zur gleichen Zeit baute ich Ford und Volvo auf, bis alle drei gemeinsam acht Prozent der Magellan-Vermögenswerte ausmachten, und die Automobilhersteller zusammen 10,3 Prozent.

Eine Einzelperson kann sich die vielversprechendste Firma heraussuchen und ihr ganzes Geld in sie investieren. Der Manager eines großen Fonds ist gezwungen, auf einen sogenannten „Branchenpoker" einzugehen, um den vollen Gewinn aus einem Aufschwung beispielsweise in der Autoindustrie auszuschöpfen. Es gibt verschiedene Möglichkeiten, einen solchen Poker anzugehen. Eine Version ist, sich selbst zu sagen: „In diesem Jahr möchte ich acht Prozent Automobilanteile besitzen", weil man so eine Vorahnung hat, dass die Autos sich gut entwickeln werden. Anschließend kann man die Augen schließen, einen Dartpfeil auf eine Liste mit Automobil-Aktien werfen und ein paar davon kaufen. Eine andere Möglichkeit ist, jede Firma als Einzelinvestment zu analysieren.

Im ersten Fall ist eine 8-prozentige Gewichtung der Automobile ein Vorsatz und die Wahl der Firmen ein Zufall. Im zweiten Fall ist die Wahl der Firma ein Vorsatz und die Gewichtung ein Zufall. Wie Sie sich vielleicht denken, bevorzuge ich Letzteres. Es bedeutet zwar mehr Aufwand, seine Hausaufgaben zu machen, als Darts zu werfen, aber dafür sind 1983 die Dartwerfer wahrscheinlich auch bei General Motors gelandet.

Ich habe niemals viele General-Motors-Aktien besessen, nicht einmal in jener fabelhaften Phase für Automobile, da ich der Meinung war, dass das Attribut „miserable Firma" noch eines der nettesten Komplimente war, die man dem Unternehmen machen konnte. Selbst GM verdreifachte sich zwar in der Zeit von 1982 bis 1987, aber der Fondsmanager, der die Nummer 1 unter den amerikanischen Autoherstellern zu seiner Nummer-1-Investition gemacht hatte, kam nicht in den vollen Genuss des 17-fachen Gewinns mit Ford und des fast 50-fachen mit Chrysler.

Ich muss zugeben, dass ich zwar mit meiner Aufschwungthese recht hatte, was den Automobilmarkt anging, mich aber im Gesamtbild täuschte. Ich war davon überzeugt, dass die Japaner sich weiterhin auf den Kleinwagenmarkt konzentrieren würden, und hätte niemals geglaubt, dass sie derart in die Mittel- und Luxusklasse einsteigen würden, wie sie es getan haben. Trotz dieser Fehleinschätzung konnte ich aus Ford, Chrysler und Volvo den maximalen Gewinn ziehen.

Während der sechs Jahre zwischen 1982 und 1988 waren mindestens zwei dieser drei Autohersteller ständig unter den Top-5-Beteiligungen von Magellan vertreten – und manchmal alle drei gemeinsam. Die Ford- und Chrysler-Aktien stiegen dramatisch an, und ich machte schließlich jeweils über 100 Millionen Dollar Profit, plus 79 Millionen Dollar, die mir Volvo einbrachte. Es waren diese riesigen Gewinne mit riesigen Positionen, die letztendlich zu den überdurchschnittlichen Ergebnissen des Magellan führten.

Obwohl der Magellan ständig als Wachstumsfonds beschrieben wurde, so war es doch erst die Flexibilität, das kaufen zu können, was ich wollte, die es mir ermöglichte, Gelegenheiten wie zum Beispiel die Automobilhersteller beim Schopf zu packen. In den Wachstumsportfolios wären Chrysler und Ford nicht aufgetaucht, doch gerade weil diese Aktien so weit abgerutscht waren, konnten sie, als es aufwärts ging, die meisten Wachstumsaktien übertreffen.

Viele Fondsmanager blockierten sich auch selbst, indem sie sich über „Liquidität" den Kopf zerbrachen. Sie mieden all die wunderbaren kleinen Firmen – eine gute Auswahl daraus hätte selbst in einem großen Portfolio Wunder vollbracht –, weil die Aktien „zu dünn gehandelt“ wurden. Diese Menschen vertiefen sich so sehr in das Problem, Aktien zu finden, bei denen sie innerhalb von fünf Tagen oder weniger ein- und wieder aussteigen können, dass sie den Überblick darüber verlieren, ob es sich überhaupt lohnt, diese Aktien zu besitzen.

Im Aktiengeschäft, wie auch in der Liebe, ist die Beruhigung, dass man sich ja jederzeit wieder trennen kann, keine gute Voraussetzung für eine dauerhafte Bindung. Haben Sie zu Beginn eine weise Entscheidung getroffen, möchten Sie sowieso keine Trennung. Haben Sie das nicht getan, sitzen Sie ohnehin in der Patsche. Alle Liquidität der Welt wird Sie nicht vor Schmerz, Leiden und wahrscheinlich auch Geldverlust bewahren.

Nehmen Sie zum Beispiel Polaroid, das 1973 in einem einzigen Jahr 90 Prozent an Wert verloren hat. Viele Fondsmanager wünschten, dieser Kelch wäre an ihnen vorübergegangen. Polaroid war eine große Firma und wurde sehr lebhaft gehandelt, sodass es eine todsichere Sache war, kurzfristig größere Aktienblöcke zu verkaufen. Die Aktie befand sich seit drei Jahren auf einem langsamen Abwärtskurs, sodass jeder die Möglichkeit hatte, auszusteigen, aber ich kenne einige Profis, die das nicht taten. Um auszusteigen, muss man aussteigen wollen, und diese Leute sahen nicht, dass die Firma auseinanderfiel.

Ebenso hatten sie die Möglichkeit, aus Xerox auszusteigen, aber aus irgendwelchen Gründen geschah das ebenfalls nicht. Folglich betrachtet der Experte, der sich dafür entscheidet, nicht in eine Sache zu investieren, „weil nur 10.000 Aktien pro Tag gehandelt werden“, die Dinge mit ziemlich schiefem Blick. Denn zum einen werden von 99 Prozent aller Aktien weniger als 10.000 Stück pro Tag gehandelt, sodass die Fondsmanager, die sich den Kopf über Liquidität zerbrechen, auf ein Prozent aller börsennotierten Firmen beschränkt sind. Und zum anderen wird der Fondsmanager, wenn die Firma ein Verlierer ist, mit der Aktie, egal wie viele Papiere davon pro Tag gehandelt werden, ohnehin Geld verlieren. Ist die Firma ein Gewinner, wird er sich darüber freuen, gemächlich und mit Profit seine Aktienposition abwickeln zu können.

Als der Magellan zu einem mittelgroßen Fonds anwuchs, wurde es für mich praktisch über Nacht schwieriger, eine bedeutende Investition zu tätigen. Ab und an hatte ich die Chance, einen riesigen Aktienblock von einem institutionellen Käufer zu übernehmen. Auf diese Art und Weise habe ich an einem Tag zwei Millionen Aktien von Owens-Coming erworben. Ein anderes Mal kaufte ich auf die gleiche Art zwei Millionen Aktien von BankAmerica. Aber das waren Ausnahmen. In der Regel musste ich mich beständig mit kleinen Häppchen begnügen.

Jedes Mal, wenn der Fonds größer wurde, was beinahe jeden Tag der Fall war, musste ich jede einzelne Position vergrößern, um ihre relative Gewichtung gegenüber den anderen Aktien im Fonds beizubehalten. Besonders bei den kleinen Aktien dauerte es manchmal Monate, bis ich eine beachtliche Anzahl erwerben konnte. Kaufte ich die Aktien zu schnell, dann konnten meine eigenen Käufe den Kurs über das Level hinaustreiben, auf dem ich bereits wieder mit dem Verkauf beginnen wollte.

Durch das Jahr 1984 hindurch veränderten sich meine zehn Top-Positionen mehr oder weniger nicht, da ich im Gegensatz zu meiner früheren Praxis des häufigen Handelns nun die Kaufen-und-Halten-Strategie verfolgte. In einem Monat war Ford die Nummer 1, gefolgt von Chrysler und Volvo. In einem anderen Monat war Volvo die Nummer 1, gefolgt von Chrysler und Ford. Ich hielt außerdem große Positionen an T-Bonds, die ich 1983 gekauft hatte und die weiterhin im Wert stiegen, während die Zinssätze sanken.

Auf dem Höhepunkt meines Abenteuers mit den Autoherstellern gab es unter meinen Top-Ten fünf Autofirmen: die drei üblichen plus Subaru und Honda; und für kurze Zeit schaffte sogar General Motors den Sprung auf die Liste. Da Millionen von Amerikanern wieder die Ausstellungsräume bevölkerten, machte sogar dieses eher mittelmäßige Unternehmen viel Geld.

Wenn wir schon beim Geld sind: Der Magellan hatte während des Jahres 1984 seine zweite Milliarde erreicht. Es dauerte etwas, bis ich mich an die Extra-Null auf den Kauf-und Verkaufsorders gewöhnte, die ich zu den Händlerschreibtischen schickte. Außerdem dauerte es immer länger, bis ich meine morgendlichen Instruktionen an die Händler durchgegeben hatte.

Meine Entscheidungen hinsichtlich eines Urlaubsorts richteten sich in erster Linie nach Zeitzonen und vorhandenen Telefonzellen. Österreich war ein guter Fleck, da es dort bereits später Nachmittag war, wenn unsere Märkte eröffneten, sodass ich den ganzen Tag Ski fahren konnte, bevor ich die Händler anrief. Mein Lieblingsort zum Skifahren in den USA war Balsams in Dixville Notch, New Hampshire, weil es an der Liftstation eine Telefonzelle gab. Ich wedelte hinunter, rief die Händler an, ging eine Seite oder so mit Verkäufen und Ankäufen durch, fuhr mit dem Lift hinauf und brütete über meine nächsten Schritte nach.

Während meiner ersten fünf Jahre reiste ich nicht viel, aber in den zweiten fünf Jahren war ich immer wieder auf Achse. Die meisten der Trips waren um Investmentseminare herum organisiert, die in jedem Winkel des Landes abgehalten wurden. Es ging dabei zu wie auf Intensivkursen: In zwei bis drei Tagen verschaffte ich mir ein Bild von Dutzenden von Firmen.

Montgomery Securities hielt im September eine Konferenz in San Francisco ab, Habrecht & Quist organisierte eine für kleinere Technologiefirmen im Mai. Jedes Jahr im April gab es in Atlanta die Robinson-Humphrey-Konferenz für Firmen aus dem Südosten. Dain, Bosworth veranstaltete in Minnesota eine ähnliche Zusammenkunft für Unternehmen aus dem Mittleren Westen. Prescott, Ball, and Turben hielten im Herbst in Cleveland eine ab. Alex Brown in Baltimore und Adams, Harkness & Hill im August in Boston. Howard Weil richtete zwei separate Konferenzen in Louisiana aus, eine für Energielieferanten und eine andere für Energiedienstleistungsunternehmen. Es gab Schwerpunktkonferenzen, die sich ausschließlich mit Biotech-Firmen, Restaurants, Kabelfirmen und Banken beschäftigten.

Ein Investmentseminar war die größte Zeitersparnis, die den Fondsmanagern beschert wurde. Es war schwer zu entscheiden, welche Präsentation man besuchen sollte, da es immer Parallelveranstaltungen gab. Manchmal entsandte Fidelity eine ganze Delegation, sodass wir in jedem Meeting einen Repräsentanten sitzen hatten. Ab und zu war die Story so gut, dass ich den Raum verließ, bevor die Rede vorbei war, um von der Lobby aus eine Kauforder in Auftrag zu geben.

In meiner Freizeit mietete ich ein Auto oder nahm mir ein Taxi und fuhr Firmen besuchen, die zwar nicht auf der Konferenz vertreten, deren Firmenzentralen jedoch in der Gegend ansässig waren. Ich lernte Städte nicht durch ihre bekannten Wahrzeichen kennen, sondern dadurch, wer aus der *Fortune*-500-Liste sich hier niedergelassen hatte. Meine Touristenattraktionen hießen MCI und Fannie Mae in Washington; Chevron und BankAmerica in San Francisco; Litton und Unocal in Los Angeles; Coca-Cola und Turner Broadcasting in Atlanta; TRW, National City Bank und Eaton in Cleveland.

Meine Abenteuer im Ausland

Abgesehen von John Templeton war ich der erste amerikanische Fondsmanager, der stark in Auslandsaktien investierte. Templetons Fonds entsprach einer weltweit operierenden Version des Magellan. Während ich vielleicht 10 bis 20 Prozent meines Geldes in Auslandsaktien anlegte, machten sie bei Templeton den größten Anteil aus.

Ich startete meine eigenen ernsthaften weltweiten Käufe 1984. Niemand hatte bisher ein System entwickelt, um zuverlässige und absolut aktuelle Kurse von Firmen, die an den vielen ausländischen Börsen gehandelt wurden, zu übermitteln, sodass meine Händler jeden Abend mit Stockholm, London, Tokio und Paris telefonieren mussten, um die Informationen, die ich für den nächsten Tag benötigte, Stückchen für Stückchen zusammenzutragen. Die Telefonrechnung schoss in die Höhe, aber es lohnte sich. Es vergingen keine zwei Jahre, und wir besaßen eine Auslandsabteilung.

Mit dem Riesenhaufen Geld, der nun zum Investieren zur Verfügung stand, war es beinahe ein Muss, in Auslandsaktien, besonders in die europäischen, zu investieren. Mit meinem großen Fonds musste ich große Unternehmen aufspüren, die große Bewegungen verzeichneten, und in Europa gibt es einen höheren Prozentsatz an großen Unternehmen als in den USA. Die meisten davon wurden nicht näher verfolgt. Die schlechte Nachricht war, dass die Auslandsfirmen, was Berichterstattung und Buchführung anbelangte, nicht dem Standard ihrer amerikanischen Pendants entsprachen und daher undurchsichtig und schwieriger zu analysieren waren. Die gute Nachricht war, dass man, sofern man seine Hausaufgaben machte, gelegentlich so etwas wie Volvo fand.

Meine erfolgreichste Researchtour überhaupt begann Mitte September 1985 und endete nach drei Wochen und 23 Unternehmen. Diese Reise war viel anstrengender – und nützlicher – gewesen als eine frühere Spritztour, die ich als junger Fidelity-Analyst im Herbst 1973 unternommen hatte. Damals besuchte ich Dow-Chemical-Fabriken und aß und trank mich quer durch den Kontinent. Aus dieser Reise zog ich den Schluss, dass es völlig ausreichend ist, eine Dow-Chemical-Fabrik zu besuchen – hat man eine gesehen, kennt man sie alle.

Diesmal besuchte ich an einem Freitag drei Unternehmen in Boston, stieg am gleichen Nachmittag in ein Flugzeug und kam am Samstag in Schweden an. Zu allem Überfluss hatte die Fluggesellschaft mein Gepäck verloren. Es handelte sich um die Sabena, und ich war froh darüber, dass ich keine Aktien von ihr besaß.

In Schweden wird sehr viel Wert auf Etikette gelegt. In knapp zwei Tagen sollte ich einige schwedische Führungskräfte aus der Industrie kennenlernen, und ich fragte mich, wie die Reaktion wohl sein würde, wenn ich in meinem Reiseoutfit, das aus Cordhosen, einem zerknitterten Sportjackett und Turnschuhen bestand, in deren Büros auftauchen würde. Ich bereitete mich auf dieses kulturelle Desaster vor, als ich erfuhr, dass (1) Sabena keine Ahnung hatte, was mit meinem Gepäck passiert war und (2) alle Läden in Stockholm geschlossen hatten.

Während ich mich bereits auf das Schlimmste gefasst machte, holte mich Birgitta Drogell, die Schwester unserer Freunde, den Sweetlands, vom Flughafen ab. Bei ihr und ihrer Familie in Sigtuna, einem Vorort von Stockholm, sollte ich wohnen. Wundersamerweise hatte ihr schwedischer Ehemann Ingemar exakt meine Maße, bis hinunter zur Schuhgröße, und schon bald war ich mit einem tadellosen schwedischen Anzug ausgestattet.

Zu meinen weißen Haaren und meiner hellen Haut fehlte nur noch die einheimische Kleidung, um jeden davon zu überzeugen, dass ich ein Schwede sei. Wann immer ich auf die Straße trat, fragten mich die Leute nach dem Weg – ich nehme zumindest an, dass es das war, was sie wissen wollten. Da ich kein Schwedisch spreche, weiß ich das nicht so genau.

Mein Gepäck tauchte nie wieder auf, was sicherlich gar nicht so schlecht war, denn umso besser sah ich aus. Am Montag traf ich mich in meinen schwedischen Klamotten mit dem Vorstand von Esselte, einer Firma, die Büroausstattung herstellt, unter anderem auch die Ablagekästen, die man in den Schreibtischschubladen findet. Ich besuchte ebenso ASEA, ein hochqualitatives Konglomerat, das das schwedische Gegenstück zu General Electric darstellt; und Alfa Laval, das an einer witzigen Kombination von Unternehmen beteiligt ist – Milchmaschinen und Biogenetik. Am Abend bereitete ich mich auf die Sitzungen am nächsten Tag vor; zum einen bei Electrolux, einem Giganten auf dem Sektor der Haushaltsgeräte und Staubsauger, dessen Präsident das schwedische Pendant zu Lee Iacocca war, und zum anderen bei Aga, das mit dünner Luft gute Profite erzielte.

Theoretisch betrachtet, macht es wenig Sinn, in ein Unternehmen zu investieren, das Gase verkauft, die es aus der Luft gewinnt, weil diese ja nicht gerade knapp sind. Ich erfuhr jedoch von Aga, dass von der Stahlindustrie eine große Nachfrage nach Sauerstoff und von der Fast-Food-Industrie eine große Nachfrage nach Stickstoff besteht und nur einige wenige Hersteller entsprechende Anlagen besitzen, um diese Gase aus der Atmosphäre zu gewinnen. Da die Rohmaterialien absolut nichts kosten, ging es diesen wenigen Herstellern einschließlich Aga ziemlich gut.

Als ich meine Gespräche bei Aga beendet hatte, fuhr ich hinüber zu Ericsson, einer Telefonzubehörfirma, die unserer Western Electric ähnlich ist. Am Nachmittag war ich bei Skandia, ein Name, der ein Möbelhaus vermuten lässt, hinter dem sich aber eigentlich eine riesige Versicherungsfirma verbirgt. George Noble von unserem Overseas Fund hatte mich auf die Spur von Skandia gebracht, das niemand sonst zu verfolgen schien.

Bei amerikanischen Versicherungsfirmen dauert es in der Regel einige Monate, bis sich Prämienerhöhungen in den Unternehmensgewinnen bemerkbar machen. Deren Aktien verhalten sich wie Zykliker. Kaufen Sie, wenn die Prämien erstmals zu steigen beginnen, dann können Sie viel Geld damit verdienen. Es ist für eine Versicherungs-Aktie nicht ungewöhnlich, sich nach Prämienerhöhungen zu verdoppeln und sich dann aufgrund der höheren Gewinne, die sich daraus ergeben, nochmals zu verdoppeln.

Ich nahm an, dass man in Schweden von dem gleichen System ausgehen konnte. Mir wurde berichtet, dass eine Erhöhung bereits genehmigt worden war, was die Aktie eigentlich hätte hinaufschießen lassen müssen. Aber das war nicht der Fall. Die schwedischen Anleger ignorierten die guten Nachrichten und konzentrierten sich auf die aktuellen Gewinne, die miserabel waren. Hier hatten wir gefunden, wovon ein jeder Stockpicker träumt.

Ich rieb mir die Augen und betrachtete das Unternehmen noch genauer, um festzustellen, ob es wohl etwas Schreckliches gab, das mir entgangen war. Hatte es zu viele Schulden? Hatte Skandia die Hälfte seines Vermögens in Junk-Bonds oder einen Campeau-Immobiliendeal angelegt? Versicherte die Firma Bypässe und Brustimplantate oder andere risikoreiche Dinge, die zu unvorhergesehenen Forderungen in Millionenhöhe führen konnten? Die Antwort auf diese Fragen lautete

Nein. Es handelte sich um ein konservatives Versicherungsunternehmen, das die gewöhnlichen Sach- und Schadensversicherungspolicen abschloss und seine Gewinne mit Sicherheit verdoppeln würde. Die Aktie vervierfachte sich innerhalb von 18 Monaten.

Es blieb mir keine Zeit, um in die Sauna zu gehen oder auf den Fjorden zu segeln. Nachdem ich in zwei Tagen sieben Firmen besucht hatte, musste ich mich auf die andere Seite des Landes zu Volvo auf den Weg machen. Um mich auf diesen Ausflug vorzubereiten, wandte ich mich an den einsamen schwedischen Finanzanalysten, der in einer Brokerfirma arbeitete, die von einem der Carnegies gegründet worden war. Die Nachkommen dieses Carnegie waren in Schweden völlig in Vergessenheit geraten, wohingegen der vom Glück mehr bedachte Familienzweig in Amerika reich geworden war.

Selbst dieser einsame Analyst hatte Volvo noch nie besucht, die größte Firma des ganzen Landes und mit dem gesamten amerikanischen Automobilmarkt gleichzusetzen, plus einiger anderer Branchen, die man noch dazurechnen könnte. Ich machte diese Nachlässigkeit wieder gut, indem ich mit Carolyn, die inzwischen ebenfalls in Schweden angekommen war, nach Göteborg fuhr.

Die Leute von Volvo in Göteborg fanden es so aufregend, dass ein Investor sie um ein Gespräch bat, dass ich tatsächlich mit dem Präsidenten, dem geschäftsführenden Vizepräsidenten, dem Leiter der LKW-Abteilung und dem Leiter der Finanzabteilung sprechen konnte. Danach machten sie mit mir die große Führung durch das Unternehmen.

Volvo bekam zwar Druck von den Gewerkschaften, aber das war ein längerfristiges Problem. Kurzfristig betrachtet notierte die Aktie bei 34 Dollar und die Firma verfügte über 34 Dollar je Aktie an Cash. Kaufte man diese Aktie, so bekam man das Autogeschäft, die Fabriken und die vielen Volvo-Tochtergesellschaften (Lebensmittel- und Arzneimittelfirmen, Energielieferanten und so weiter) praktisch umsonst. In den USA war ein derartiges Sonderangebot vielleicht bei einer kleinen Firma, die die Analysten übersehen hatten, zu finden, aber man könnte sein ganzes Leben lang danach suchen und würde niemals auf eine General Electric oder Philip Morris mit derart niedrigen Kursen stoßen. Aus diesem Grund war ich nach Europa gekommen.

Es gibt Menschen, die glauben, dass es in einigen Auslandsmärkten kulturelle Tendenzen gibt, durch die die Aktien auf ewig über- oder unterbewertet werden. Bis vor Kurzem die Börse in Tokio abgerutscht war, gab es eine Menge darüber zu lesen, dass den Japanern eine angeborene Toleranz für überbewertete Wertpapiere eigen sei. Offensichtlich traf das nicht zu. Es schien, als ob die schwedischen Investoren den Wert von Skandia, Volvo und vielen anderen Unternehmen unterbewerteten, aber ich hatte keinerlei Zweifel daran, dass sich der wahre Wert letztlich sogar den gleichgültigen Schweden offenbaren würde.

Carolyn und ich verließen Göteborg und fuhren nach Oslo, wo ich Norsk Data und Norsk Hydro besuchte. Norsk Data war die Hewlett-Packard von Norwegen, eine aufregende Firma in einer aufregenden Industrie, die ihre Richtung noch nicht verloren hatte. Bei Norsk Hydro handelte es sich um eine aufregende Firma, die an einer Vielzahl von wenig aufregenden Industriebranchen beteiligt war – Wasserkraft, Magnesium, Aluminium und Düngemittel. In meinen Augen sowohl ein Zykliker als auch eine großartige Spekulation auf den Energiesektor. Auf den Öl- und Gasfeldern von Norsk Hydro gab es dreimal mehr zu fördern als bei Texaco, Exxon oder vielen anderen Ölgiganten. Erst vor Kurzem war der Aktienkurs um die Hälfte gefallen, was die Firma zu einem Schnäppchen machte.

Während ich meine Nachforschungen anstellte, war Carolyn damit beschäftigt, auf den Währungsmärkten zu spekulieren. Die europäischen Finanzminister aus der Gruppe der Sieben hatten gerade die Währungen neu angepasst und der Dollar war über Nacht um zehn Prozent gefallen. Der Besitzer eines Pelzgeschäfts in Oslo hatte offensichtlich keine Zeitung gelesen, da er Carolyn am nächsten Tag mit Reiseschecks von American Express für einen Fuchsmantel bezahlen ließ – zehn Prozent Rabatt im Vergleich zum Preis des Vortags.

Von Oslo aus fuhren wir mit dem Zug nach Bergen. Wir passierten wunderschöne Felder, krochen erst die Berge hinauf und anschließend wieder hinunter in diese reizvolle Küstenstadt. Wir hatten nicht viel Zeit, um uns diesem Reiz hinzugeben, da wir schon früh am nächsten Morgen nach Frankfurt flogen, wo ich die Direktoren der Deutschen Bank, der Hoechst AG und der Dresdner Bank traf. Dann ging es weiter nach Düsseldorf, wo ich Klöckner-Humboldt-Deutz besuchte. Ich schaute auch bei Bayer vorbei, dem ehemaligen Aspirin-Hersteller und jetzigen Chemie- und Medikamentenkonglomerat.

Auf irgendeinem Bahnhof drückte ich einem netten deutschen Mann, der uns mit den Koffern geholfen hatte, zwei Mark in die Hand, weil ich dachte, er sei ein Gepäckträger. Es handelte sich jedoch um einen Geschäftsmann, und ich hatte mich mit meinem Trinkgeld gründlich blamiert. Es entgingen mir einige kulturelle Eigentümlichkeiten und der größte Teil der Landschaft, während ich in meine Bilanzen abgetaucht war. Was mir aber nicht entging, war, dass die deutschen Männer sich stets mit einem Titel ansprachen, anstatt die Vornamen zu verwenden.

Wir fuhren den Rhein hinab, der von Süden nach Norden fließt, um nach Köln zu gelangen, wo ich weitere Unternehmen aufsuchte. Von hier aus steuerten wir Baden-Baden an, wo wir uns nochmals einen Leihwagen mieteten, sodass ich endlich in den Genuss gelangte, auf einer deutschen Autobahn zu fahren. Eines meiner Lebensziele neben dem Küssen des Blarney-Steins war, einmal auf der *Autobahn* zu fahren. Beide Erfahrungen waren gleichermaßen furchterregend.

Um den berühmten Blarney-Stein in Irland zu küssen, muss man sich auf dem Rücken liegend über ein Metallgitter hinweghangeln, das vor einer verhängnisvollen Falltür schützt, unter der es einige Stockwerke abwärts geht. Um die Erfahrung einer deutschen Autobahn zu machen, könnte man sich ebenso gut zum Indianapolis 500 anmelden. Ich rauschte mit über 160 km/h in meinem Leihwagen dahin, während Carolyn zum späteren Beweis den Tacho fotografierte. Dann nahm ich all meinen Mut zusammen, um meinen Vordermann zu überholen. Ich wechselte auf die linke Spur und beschleunigte auf etwa 190 km/h, womit ich ungefähr 50 Prozent schneller fuhr, als ich es jemals bisher in meinem Autofahrerleben getan hatte. Es verlief alles reibungslos, bis ich in den Rückspiegel schaute. Das bringt uns zu Peters Prinzip Nummer 10:

Schauen Sie niemals hinter sich, wenn Sie auf der Autobahn *unterwegs sind.*

Zehn Zentimeter von meiner Stoßstange entfernt und ebenso mit etwa 190 km/h unterwegs, befand sich da die Stoßstange eines Mercedes. Wir waren so dicht beieinander, dass ich die Fingernägel des anderen Fahrers erkennen konnte. Er musste eine gute Maniküre haben. Ich überlegte, dass dieser Mensch wohl mit ziemlicher Wahrscheinlichkeit zwischen uns auf den Vordersitzen landen würde, falls ich meinen Fuß auch nur eine Sekunde vom Gas nehmen würde. Also biss ich die Zähne zusammen und beschleunigte weiter, bis ich das Auto rechts von mir überholt hatte und wieder auf der sogenannten langsamen Spur Zuflucht nehmen konnte. Dort fuhr ich dann mit vernünftigen 160 km/h weiter.

Am nächsten Tag musste ich mich immer noch von diesem Erlebnis erholen. Wir waren nach Basel gefahren, wo Sandoz, der große schweizerische Pharmakonzern, seine Firmenzentrale hatte. Ich hatte bereits von den Staaten aus versucht, ein Interview mit Sandoz zu vereinbaren. In der Regel begreifen die Verantwortlichen sofort, weshalb ich mich mit ihnen unterhalten möchte, aber bei Sandoz war das anders. Ich wurde mit einem Vizepräsidenten verbunden, und als ich ihm erzählte, dass ich die Firma gerne besuchen würde, fragte er: „Warum?" „Ich möchte gerne mehr über Ihre Aktivitäten erfahren, sodass ich darüber entscheiden kann, größere Aktienanteile zu kaufen," antwortete ich. Wieder fragte er: „Warum?" „Nun, ich bin gerne auf dem neuesten Stand", fuhr ich fort. „Warum?", wollte er wissen. „Wenn ich kaufe und der Aktienkurs steigt, dann können meine

Aktionäre dadurch Geld verdienen." „Warum?", fragte er erneut, worauf ich sagte: „Auf Wiederhören." Es kam niemals zu einem Besuch bei Sandoz, allerdings habe ich gehört, dass die Firma ihre Besucherregeln inzwischen etwas gelockert hat.

Wir fuhren weiter durch die Alpen nach Italien und erreichten Mailand, wo ich Montedison, eine weitere Firma des Wasserkraft-Sektors besuchte. Dort gab es im 300 Jahre alten Sitzungssaal einen faszinierenden neumodischen Apparat, durch den das Wasser im Rhythmus derjenigen Menge hindurchtropfte, wie es tatsächlich beim wirklichen Staudamm der Fall war. Neben Montedison besuchte ich IFI, eine andere Firma in der Umgebung, und das berühmte Gemälde *Das Abendmahl*. Ich schaute auch bei Olivetti vorbei. Wahrscheinlich bin ich einer der wenigen Touristen, die Montedison, IFI, Olivetti und *Das Abendmahl* als ihre Lieblingsattraktionen in Norditalien angeben würden. Italien litt unter einer hohen Inflation und einer unmöglichen Politik, aber die Inflationsrate war im Sinken begriffen und die Politiker entwickelten eine gewisse Geschäftsmäßigkeit – und die Menschen hatten begonnen, ihre Lebensmittel im Supermarkt einzukaufen. Italien im Jahr 1985 erinnerte mich in vielen Dingen an das Amerika der Vierziger- und Fünfzigerjahre, ein Ort, an dem Haushaltsgerätefirmen, Elektrofirmen und Supermärkte künftig stark zulegen würden.

Carolyn fuhr nach Venedig, wo es keine Firmen gab, die ich besuchen konnte (der Dogenpalast und die Seufzerbrücke sind noch nicht an der Börse notiert), sodass ich mich auf den Weg nach Rom machte, um Stet und SIP zu besuchen. Am 9. Oktober trafen wir uns in Rom wieder und nahmen ein Flugzeug, das uns am 10. Oktober nach Boston zurückbrachte. Dort besuchte ich sofort vier weitere Firmen, nämlich Comdisco, A. L. Williams, Citicorp und Montedison. Es handelte sich um die gleiche Montedison, die ich vor einer Woche in Mailand besucht hatte.

Wegen dieser Wirbelwindtour quer durch Europa hatte ich die Silberhochzeit meines Chefs Ned Johnson verpasst, aber die Abwesenheit diente einem guten Zweck. Die Aktien, die ich als Ergebnis meiner

Europareise kaufte, entwickelten sich gut, allen voran Volvo, Skandia und Esselte.

Zehn Prozent des Magellan-Vermögens waren nun in Auslandsaktien investiert, und die vielen schönen Gewinne, die ich mit diesen Aktien erzielte, trugen dazu bei, dass der Fonds die Nummer 1 blieb. Meine elf Spitzenreiter unter den Auslandskäufen hießen Peugeot, Volvo, Skandia, Esselte, Electrolux, Aga, Norsk Hydro, Montedison, IFI, Tobu Railway und Kinki Nippon Railway und brachten den Aktionären mehr als 200 Millionen Dollar Gewinn.

Die beiden japanischen Eisenbahn-Aktien hatte mir George Noble vom Overseas Fund empfohlen. Auf einem Extratrip nach Japan, der genauso hektisch war wie sein europäischer Vorläufer – ich werde Ihnen die Details ersparen –, hatte ich die Sache weiterverfolgt. Tobu Railway war der größte Gewinner von allen: 386 Prozent Zuwachs in fünf Jahren! Leider hatte ich diese Aktie nur als kleine Position angelegt, lediglich 0,13 Prozent des Magellan-Vermögens waren darin investiert.

Jenseits der 5-Milliarden-Dollar-Grenze

1984 erzielte der Magellan zwei Prozent Gewinn, während der S&P 500 um 6,27 Prozent abfiel. 1985 trugen die Automobil- und Auslandsaktien zu einem 43,1-prozentigen Gewinn bei. Meine größten Positionen waren nach wie vor T-Bonds und Automobil-Aktien – und aus irgendwelchen Gründen, die keine guten sein konnten, IBM. Ebenso kaufte ich Gillette, Eaton, Reynolds, CBS, die ehemalige International Harvester (jetzt Navistar), Sperry, Kemper, Disney, Sallie Mae, die New York Times Company und australische Anleihen. Ich kaufte so viele Anteile an Smith Kline Beckman, Bank of New England, Metromedia und Loews, dass diese Firmen unter den Top Ten auftauchten. Zu den Aktien, von denen ich wünschte, sie nicht gekauft zu haben, gehörten One Potato Two, Eastern Airlines, Institutional Networks, Broadview Financial, Vie de France, Ask Computer, Wilton Industries und United Tote.

Zusätzlich zu der jeweils einen Milliarde aus den Jahren 1984 und 1983 waren dem Fonds 1985 noch weitere 1,7 Milliarden Dollar zugeflossen. Das Nettovermögen des Magellan entsprach inzwischen dem Bruttosozialprodukt von Costa Rica. Ich war ständig zum Handeln bereit, um dieses Geld zu absorbieren. Ich stellte Neubewertungen des Portfolios an, suchte nach neuen Positionen oder baute die bereits vorhandenen aus. Das bringt uns zu Peters Prinzip Nummer 11:

Die Aktie, die Sie kaufen sollten, ist vielleicht diejenige, die Sie bereits besitzen.

Ein gutes Beispiel dafür ist Fannie Mae. Im ersten Halbjahr 1985 war Fannie Mae eine typische Minderheitsbeteiligung, doch dann überprüfte ich die Story nochmals (siehe Kapitel 18) und entdeckte, dass die Aktie sich dramatisch verbessert hatte. Ich erhöhte ihren Anteil im Fonds auf 2,1 Prozent. Obwohl Ford und Chrysler sich bereits verdoppelt oder verdreifacht hatten, war die Autoindustrie immer noch mein Lieblingskind, da sich die Gewinne im Aufschwung befanden und alle Fundamentaldaten hervorragend waren. Aber schon bald würde Fannie Mae die Erfolgspositionen Ford und Chrysler verdrängen.

Im Februar 1986 überschritt der Magellan die 5-Milliarden-Dollar-Grenze. Ich musste weitere Anteile an Ford, Chrysler und Volvo kaufen, um deren Gewichtung im Fonds zu erhalten. Ich kaufte dazu noch Middle South Utilities, Dime Savings, Merck, Hospital Corporation of America, Lin Broadcasting, McDonald's, Sterling Drug, Seagram, Upjohn, Dow Chemical, Woolworth, Browning-Ferris, Firestone, Squibb, Coca-Cola Enterprises, Unum, DeBeers, Marui und Lonrho.

Der Anteil an Auslandsaktien betrug nun 20 Prozent des Gesamtportfolios, angeführt von Volvo, das für die meiste Zeit des Jahres die Top-Beteiligung war. Neben den Automobilen gehörten noch Bank of New England, Kemper, Squibb und Digital Equipment zu den Top Ten.

Eine 20-Millionen-Dollar-Position, die der Größe des gesamten Magellan-Fonds des Jahres 1976 entsprach, war jetzt unbedeutend. Ich brauchte einige 100-Millionen-Dollar-Positionen, um diese Milliardenmasse zu bewegen. Tag für Tag ging ich die alphabetische Liste der Beteiligungen durch, um zu entscheiden, was ich kaufen und verkaufen würde. Die Liste wurde länger und länger, die Beteiligungen größer und größer. Natürlich war diese Entwicklung nicht an mir vorbeigegangen, doch erst während einer besonders hektischen Börsenwoche, in der ich den Yosemite National Park besuchte, wurde ich mir dessen vollends bewusst.

Da stand ich nun in einer Telefonzelle mit Blick auf eine Bergkette und gab meinen Händlern die Transaktionen für einen Tag durch. Nach zwei Stunden war ich gerade mal beim Buchstaben L angekommen.

Die Zahl meiner Firmengespräche, die entweder bei Fidelity, auf Investmentseminaren oder bei den Unternehmen selbst stattfanden, war ebenfalls stark angestiegen: von 214 im Jahr 1980 auf 330 im Jahr 1982, 489 im Jahr 1983, zurück auf 411 im Jahr 1984, dann 463 im Jahr 1985 und 570 im Jahr 1986. Sollte dieser Trend anhalten, so rechnete ich mir aus, hätte ich schließlich im Schnitt mit zwei Firmen pro Tag persönlichen Kontakt, Sonn- und Feiertage nicht ausgenommen.

Meine Händlerin auf der Verkaufsseite, Carlene DeLuca, verließ nach fünf Jahren ununterbrochenen Verkaufens ihren Posten, um den ehemaligen Präsidenten von Fidelity, Jack O'Brien, zu heiraten. An ihrem letzten Arbeitstag ließen wir sie ein paar Kauforders ausführen, damit sie einmal erleben konnte, wie es auf der anderen Seite so zuging. Auf diese merkwürdige Erfahrung war sie nicht vorbereitet. Ein potenzieller Verkäufer bot ihr am anderen Ende der Leitung einige Aktien zu, sagen wir mal, 24 Dollar das Stück an, und Carlene wartete, bis der Kurs auf 24,50 Dollar hochging.

Ein taktischer Schachzug

1986 legte der Magellan um weitere 23,8 Prozent zu und in der ersten Hälfte des Jahres 1987 um nochmals 39 Prozent. Während der Dow

Jones auf einen Höchststand von 2.722,42 zurollte und alle größeren Zeitschriften in ihren Titelstorys von diesem Bullenmarkt berichteten, machte ich einen bedeutenden Schachzug – den ersten innerhalb von fünf Jahren. Ich hatte den Eindruck, dass unsere wirtschaftliche Aufschwungphase bereits weit fortgeschritten war. Die Menschen, die sich ein Auto kaufen wollten, hatten das inzwischen getan, und die Autoanalysten veröffentlichten Gewinnerwartungen, die ich aufgrund meiner Nachforschungen nicht unterstützen konnte. Ich verlagerte meinen Schwerpunkt von den Automobilen auf die Finanzunternehmen, besonders auf Fannie Mae, aber auch auf die Sparkassen.

Im Mai 1987 erreichte der Magellan die 10-Milliarden-Dollar-Grenze. Diese Meldung wirkte wie frisches Wasser auf die Mühlen der Miesmacher, die prophezeiten, dass der Magellan zu groß sei, um erfolgreich zu arbeiten. Ich weiß nicht genau, wie viel die skeptischen Bemerkungen zu meiner Performance beitrugen, aber sicherlich genug. Erst hieß es, eine Milliarde sei zu viel, dann zwei Milliarden, dann vier, sechs, acht und zehn Milliarden, und ich war die ganze Zeit wild entschlossen, das Gegenteil zu beweisen.

Andere große Fonds hatten ihre Tore für neue Anteilseigner geschlossen, als sie eine bestimmte Größe erreicht hatten. Der Magellan blieb für alle offen, und selbst diese Tatsache wurde negativ bewertet. Die Kritiker meinten, auf diese Art und Weise würde Fidelity aufgrund meines gestiegenen Ansehens mehr Kapital anziehen und dadurch höhere Gebühreneinnahmen erzielen.

1987 befriedigte es mich, dass selbst ein Fonds von der Größe des Bruttosozialprodukts von Schweden den Markt übertreffen konnte. Ich war aber auch von den Anstrengungen erschöpft und sehnte mich danach, mehr Zeit mit meiner Frau als mit Fannie Mae zu verbringen. Ich wäre vielleicht damals bereits ausgeschieden, drei Jahre früher, als ich es getan habe, doch was mich schließlich hielt, war die große Korrektur.

Ich kann nicht gerade behaupten, dass ich die Entwicklung kommen sah. Da hatten wir zwar einen Markt, der völlig überbewertet und reif für einen 1.000-Punkte-Absturz war – eine Situation, die im Nachhinein völlig klar auf der Hand liegt–, doch aufgrund meiner üblichen Vorstellungskraft hinsichtlich des großen Gesamtbilds brachte ich es fertig, die große Korrektur zu verpassen. Voll in Aktien investiert und nahezu ohne Bargeld auf der Seite, rutschte ich in diese gefährliche Zeit hinein. Soviel zum Markt-Timing.

Die gute Nachricht war, dass ich bereits im August meine Sparkassenanteile reduziert hatte, die 5,6 Prozent des Fondsvermögens ausmachten. Es hatte mir (und Dave Ellison, unserem hausinternen Sparkassenexperten) gedämmert, dass einige dieser Institute sehr idiotische Kredite vergaben. Die schlechte Nachricht war, dass ich die Erlöse in andere Aktien investierte.

Bis zur großen Korrektur hatte der Magellan 39 Prozent Gewinn eingefahren, und ich war wütend, weil der S&P 500 41 Prozent geschafft hatte. Ich erinnere mich noch, wie Carolyn sagte: „Wie kannst du dich nur darüber beschweren, dass du den Marktdurchschnitt um zwei Prozent verfehlt hast, wenn du für deine Aktionäre 39 Prozent Gewinn erwirtschaftet hast?“ Wie sich herausstellte, hatte sie recht und ich hätte mich nicht beklagen dürfen, denn bis zum 1. Dezember war ich auf minus elf Prozent abgerutscht. Das bringt mich zu Peters Prinzip Nummer 12:

Ein großer Kursverfall ist das beste Heilmittel dagegen, Aktien als etwas Selbstverständliches zu betrachten.

Meinen ersten Börsensturz hatte ich mit der Unschuld eines Narren gehandhabt. Als ich den Magellan übernahm, fiel der Markt innerhalb von ein paar Monaten um 20 Prozent, während die Aktienanteile im Fonds tatsächlich um sieben Prozent stiegen. Dieser kurzlebige Triumph überzeugte mich davon, dass ich gegen die Rückschläge, mit denen ein 08/15-Stockpicker zu kämpfen hatte, immun war. Diese Fantasterei bewahrheitete sich lediglich bis zum nächsten großen Kurssturz zwischen dem 11. September und dem 31. Oktober 1978.

Jener Sturz war eine Ausnahmesituation, die uns beschert wurde von einem schwachen Dollar, einer starken Inflation, Kongressabgeordneten, die um Steuerkürzungen feilschten, und einer Fed, die den Geldmarkt knapp hielt. Kurzfristige T-Bills warfen höhere Zinsen ab als langfristige Anleihen, eine Situation, die sich äußerst selten ergibt und auch als umgekehrte Zinskurve bezeichnet wird. Die Börse fiel eine gehörige Portion und der Magellan übertraf sie noch. In dieser Zeit setzte sich ein Trend fest, der für den Rest meiner Karriere Gültigkeit haben sollte: Wann immer die Börse in schlechter Verfassung war, erging es dem Magellan noch schlechter.

Dieses Muster hielt nunmehr unbeirrt über neun größere Rückschläge hinweg an, einschließlich desjenigen von 1987. Die Aktienanteile im Fonds verloren dabei mehr an Wert als die Durchschnittsaktie, übertrafen jedoch den Markt, sobald dieser sich erholte. Ich versuchte, die Aktionäre in den Magellan-Geschäftsberichten auf diese Berg- und Talfahrt vorzubereiten. Vielleicht liegt in der Tatsache, dass die Aktien, die langfristig gesehen am meisten einbringen, dem Aktionär auch die meisten Schrammen und Stöße versetzen, eine Art ausgleichende Gerechtigkeit.

Ich war hocherfreut, als das Jahr 1987 vorüber war. Ich triumphierte, da ich den Magellan auf ein Prozent Gewinn zurückgehievt hatte und damit die Kette von zehn Erfolgsjahren aufrechterhalten konnte. In jedem dieser zehn Jahre hatte ich außerdem stets den durchschnittlichen Aktienfonds übertroffen. Und wieder einmal war der Aufschwung des Magellan dem des Marktes vorausgeeilt.

Die große Korrektur hatte für kurze Zeit das Problem der Fondsgröße gelöst. Aus einem 11-Milliarden-Dollar-Fonds im August war bis zum Oktober ein 7,2-Milliarden-Dollar-Fonds geworden. Innerhalb einer Woche war das Bruttosozialprodukt von Costa Rica den Bach hinuntergegangen.

In meinem Buch „Der Börse einen Schritt voraus“ beschreibe ich, wie ich auf einem Golfplatz in Irland stand, während sich die Katastrophe ereignete. Ich musste viele Aktien verkaufen, um das notwendige Geld aufzubringen, das ich den Anteilseignern ausbezahlen musste, die völlig verschreckt ihre Anteile abstießen. Im Oktober 1987 erhielt der Magellan 689 Millionen Dollar neues Kapital und musste 1,3 Milliarden Dollar für Rücknahmen auszahlen, eine Umkehrung der vergangenen fünf Jahre. Die Anzahl der Verkäufer war doppelt so hoch wie die Anzahl der Käufer, aber der größte Teil der Magellan-Investoren hielt an den Anteilen fest und bewies Geduld. Sie betrachteten die große Korrektur als das, was sie war, und nicht als das Ende der Welt.

Für einige Spekulanten jedoch, die ihre Aktienkäufe über Kredite von Brokerhäusern finanziert hatten, war es das Ende der Welt. Diese Menschen mussten zusehen, wie ihre Portfolios ausgelöscht wurden, wenn die Brokerfirmen die entsprechenden Aktienbestände zur Deckung der Kredite verkauften, oftmals zu absoluten Tiefstkursen. Zum ersten Mal verstand ich das wahre Risiko des Aktienkaufs auf Kredit.

Meine Händler kamen am Sonntag ins Büro, um sich auf den Ausverkauf vorzubereiten, der für den Schwarzen Montag vorhergesagt worden war. Fidelity hatte das ganze Wochenende über dem nächsten Schritt gebrütet. Ich hatte meine Bargeldposition schon auf ein relativ hohes Level angehoben (20-mal so hoch wie der bisher höchste Wert von Rücknahmen eines Tages), bevor ich nach Irland flog. Das war schon schwer genug. Nun war eine Flut von Rücknahmeanträgen über das Telefon eingegangen. Ich war gezwungen, am Montag einen Teil des Fonds und am Dienstag einen weiteren Teil zu verkaufen. Genau zu dem Zeitpunkt, als ich gerne Käufer gewesen wäre, musste ich Verkäufer sein.

Die Anteilseigner haben diesbezüglich einen großen Einfluss auf den Erfolg oder Misserfolg eines Fonds. Behalten sie in bedrohlichen Situationen einen klaren Kopf und brechen nicht in Panik aus, dann ist der Fondsmanager nicht gezwungen, Aktien zu ungünstigen Kursen zu liquidieren, um die Aktionäre auszahlen zu können.

Nachdem der Markt sich stabilisiert hatte, war Ford immer noch mein Spitzenreiter, gefolgt von Fannie Mae, Merck, Chrysler und

*General Electric Co. (GE)

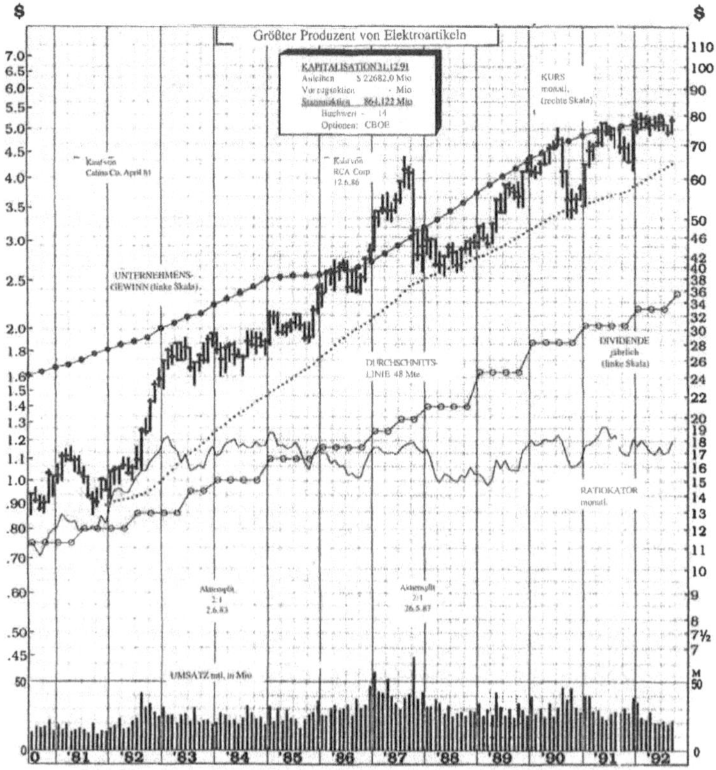

Chart von Securities Research Co,. einer Abt. der Babson-United Investment Advisors, Inc.

Chart 6-1

Digital Equipment. Den größten sofortigen Rebound schafften die Zykliker. Chrysler schnellte zum Beispiel von einem Tief bei 20 Dollar auf 29 Dollar hoch und Ford von einem Tief bei 38 1/4 Dollar auf 56 5/8 Dollar. Die Menschen, die trotzdem weiter auf diese Zykliker vertrauten, wurden bitter enttäuscht. Drei Jahre später notierte Chrysler bei 10 Dollar und Ford bei 20 Dollar, weniger als der Hälfte im Vergleich zu 1987.

Es ist sehr wichtig, zum richtigen Zeitpunkt aus den Zyklikern auszusteigen. Chrysler ist ein gutes Beispiel dafür, wie schnell sich das

Blatt wenden kann. Das Unternehmen erzielte 1988 einen Gewinn von 4,66 Dollar pro Aktie und die Aktionäre vertrauten auf weitere vier Dollar Zuwachs für 1989. Stattdessen schaffte Chrysler 1989 lediglich einen Dollar und ein paar Zerquetschte; 1990 waren es sogar nur noch 30 Cent und 1991 verlor es gar eine stattliche Summe und geriet in die roten Zahlen. Ich sah bis zum Horizont nichts als Verluste auf mich zukommen und verkaufte.

Einige Wall-Street-Analysten setzten noch während des Kursverfalls auf Chrysler. Meine höchste Gewinnschätzung für Chrysler, von der ich noch meinte, dass sie bereits hoffnungslos optimistisch sei, lag weit unter der niedrigsten Gewinnschätzung der Wall Street. Meine höchste Erwartung lag bei drei Dollar, während einige Analysten sechs Dollar prophezeiten. Wenn die eigenen optimistischsten Schätzungen noch unter den pessimistischsten aller anderen liegen, dann sollte man sich darüber Gedanken machen, ob die betreffende Aktie nicht auf einer Wolke der Fantasie dahinschwebt.

Als Gewinneraktien erwiesen sich nach der großen Korrektur die Wachstumswerte, und nicht die Zykliker. Zum Glück konnte ich Kapital aus den Automobilen abziehen und es in hochqualitative Unternehmen mit starken Bilanzen investieren. Dazu gehörten Philip Morris, RJR Nabisco, Eastman Kodak, Merck und Atlantic Richfield. Philip Morris wurde zu meiner größten Position. Ich kaufte auch General Electric – so viel, dass es schließlich zwei Prozent des Fonds ausmachte.

(Zwei Prozent reichten nicht aus. Der Marktwert von General Electric betrug vier Prozent des Gesamtmarkts, sodass ich mit nur zwei Prozent Anteil am Magellan indirekt gegen eine Firma setzte, die mir gefiel und die ich empfahl. Mein Nachfolger Morris Smith machte mich auf diesen Widerspruch aufmerksam.)

Hier haben wir übrigens ein weiteres Beispiel dafür, wie dumm es ist, Firmen durch die Einordnung in Kategorien in Stereotype zu verwandeln. General Electric wird weitgehend als ein mehr oder weniger schwerfälliger Blue Chip mit zyklischen Elementen betrachtet, und

Tabelle 6-1 Die 50 wichtigsten Aktien des Magellan (1977-1990)

Alia Corporation	MCI Communications
Bank Amerika	Metromedia
Boeing	NBD Bancorn
Cardinal Distribution	Owens-Corning Fiberglas
Chrysler	Pep Boys-Manny, Moe & Jack
Circuit City	Pepsico
Circus Circus	Philip Morris
Coca-Cola	Pic 'N' Save
Comerica	Reebok International
Congoleum	Rogers Communications
Cooper Tire	Royal Dutch
Cracker Barrel Old Country Store	Sbarro
Dunkin'Donuts	Service Corporation International
Envirodyne	Shaw Industries
Federal National Mortgage Association	Skandia
Ford Motor Company	Stop & Shop
General Public Utilities	Stride Rite
Gillette	Student Loan Marketing
Golden Nugget	Taco Bell
Great Atlantic & Pacific	Teléfonos de Mexico
Great Lakes Chemical	Telephone and Data Systems
International Lease Finance	Telerate
King World Productions	Unilever
La Quinta Motor Inns	Volvo
MCI Communications	Zayre

nicht als Wachstumsunternehmen. Aber sehen Sie sich Tabelle 6-1 an. Die Kurve könnte ebenso gut die Spur darstellen, die eine stetige Wachstumsaktie wie Johnson & Johnson hinterlassen hat.

Ich hatte aus dem Schnäppchenberg außerdem die unbeliebten Finanzdienstleister-Aktien ausgegraben, zu denen einige Aktienfonds gehörten, die vom Markt stark gebeutelt worden waren, da die Börse einen Massenexodus der Aktienfonds befürchtete.

1988 erreichte der Magellan einen Zuwachs von 22,8 Prozent, gefolgt von 34,6 Prozent im Jahr 1989. Als ich 1990 meinen Job aufgab, übertraf der Fonds erneut den Markt. In allen 13 Jahren, die ich auf dem Posten war, hat der Magellan außerdem stets den durchschnittlichen Fonds übertroffen.

An meinem letzten Arbeitstag verfügte der Magellan über 14 Milliarden Dollar Vermögen, davon 1,4 Milliarden Dollar in Bargeld. Aus der letzten großen Korrektur hatte ich gelernt, dass es niemals fehlen darf. Ich hatte Beteiligungen an großen Versicherungsunternehmen mit stabilen Gewinnen aufgebaut: AFLAC, General Re, Primerica. Ich hatte Medikamentenhersteller im Portfolio und außerdem Hersteller von Verteidigungs- und Militärausrüstung wie Raytheon, Martin Marietta und United Technologies. Die Aktien der Rüstungsindustrie wurden vom Markt wie Stiefkinder behandelt, da die Börse befürchtete, dass Glasnost den Frieden auf Erden bringen würde. Eine Angst, die wie üblich stark übertrieben war.

Ich schwächte meine Positionen unter den Zyklikern weiterhin ab (Papier, Stahl und Chemie) – obwohl einige davon offensichtlich sehr billig waren –, da meine Quellen in den verschiedenen Firmen mir berichtet hatten, dass die Geschäfte sehr schlecht liefen. 14 Prozent des Fonds waren in Auslandsaktien investiert. Ich hatte beim Krankenhausbedarf, bei Tabak und bei den Einzelhändlern aufgestockt, und natürlich bei Fannie Mae.

Fannie Mae schloss die Lücken, die Ford und Chrysler hinterließen. Wenn man fünf Prozent eines Portfolios in eine Aktie investiert hat, die sich in zwei Jahren vervierfacht, dann vollbringt das Wunder für die Gesamtentwicklung des Fonds. Innerhalb von fünf Jahren machte der Magellan mit Fannie Mae einen 500-Millionen-Dollar-Gewinn, während alle Fidelity-Fonds zusammen über eine Milliarde Dollar machten. Vielleicht ist das sogar der Weltrekord in Bezug auf den Gewinn, den eine einzige Firma mit einer einzigen Aktie je erzielt hat.

Tabelle 6-2 Die 50 wichtigsten Bank-Aktien des Magellan (1977- 1990)

South Trust (AL)	Boatmen's Bancshares (MO)
BankAmerica (CA)	Centerre Bancorporation (MO)
Wells Fargo (CA)	Bank of New York (NY)
Wilmington Trust (DE)	First Empire State (NY)
Landmark Banking (FL)	Irving Bank & Trust (NY)
Southwet Florida (FL)	Key Corp (NY)
First Atlanta (GA)	Marine Midland (NY)
First Railroad & Banking (GA)	NCNB (NC)
Sun Trust (GA)	Fifth Third Bank (OH)
Bankcorp Hawaii (HI)	Huntington Bank (OH)
West One (ID)	National City (OH)
Harris Bankcorp (IL)	Society Corporation (OH)
Northern Trust (IL)	Continental Bank (Norristown) (PA)
American Fletcher (IN)	CoreStates Financial (PA)
Merchants National (IN)	Dauphin Deposit (PA)
First Kentucky (KY)	Girard Bank & Trust (PA)
First Maryland (MD)	Meridian Bank (PA)
Union Trust (MD)	PNC Financial (PA)
State Street Bank & Trust (MA)	Fleet/Norstar (RI)
Comerica (MI)	South Carolina National (SC)
First of America (MI)	First American (TN)
Manufacturers National (MI)	Third National (TN)
NBD Bancorp (MI) Old Kent Financial (MI)	Signet Bank (VA)
Old Kent Financial (MI)	Sovran Bank (VA)
Norwest Corporation (MN)	Marshall & Ilsley (WI)

Der zweitgrößte Gewinner für den Magellan war Ford (199 Millionen Dollar von 1985 bis 1989), gefolgt von Philip Morris (111 Millionen Dollar), MCI (92 Millionen Dollar), Volvo (79 Millionen Dollar), General Electric (76 Millionen Dollar), General Public Utilities (69 Millionen

Tabelle 6-3 Die 50 wichtigsten Einzelhändler des Magellan (1977-1990)

Pic 'N' Save - Niedrigpreismärkte	Circuit City - Elektroartikel
Dollar General - Niedrigpreismärkte	The Good Guys - Elektroartikel
Service Merchandise – Niedrigpreismärkte	
Wal-Mart - Niedrigpreismärkte	Helig - Meyers - Möbel
Zayre - Niedrigpreismärkte	Pier 1 Imports - Möbel
Family Dollar - Niedrigpreismärkte	Edison Brothers - verschiedenes
TJX Companies - Niedrigpreismärkte	Woolworth - verschiedenes
K mart - Niedrigpreismärkte	Melville - verschiedenes
Michaels Stores - Kunsthandwerk	Sterling - Schmuck
Del Haize (Food Lion) - Supermärkte	Jan Bell Marketing - Schmuck
Albertson's - Supermärkte	Costco - Clubläden
Stop & Shop - Super- und Niedrigpreismärkte	Pace Membership - Clubläden
Great A&P - Supermärkte	House of Fabrics - Handarbeiten
Lucky Stores - Supermärkte	Hancock Fabrics - Handarbeiten
American Stores - Supermärkte	Transworld Music - Platten etc.
Gottschalks - Kaufhäuser	Toys "R" US - Spielwaren
Dillard - Kaufhäuser	Office Depot - Büroartikel
J. C. Penney - Kaufhäuser	Pep Boys-Manny, Moe & Jack - Autoersatzteile
May - Kaufhäuser	Walgreen - Apotheken
Mercantile Stores - Kaufhäuser	Home Depot - Baumärkte
Merry-Go-Round - Kleidung	CPI Corporation - Fotoläden
Charming Shoppes - Kleidung	Pearle Health - Augenoptik
Loehmann's - Kleidung	Herman's - Sportartikel
Children's Place - Kleidung	Sherwin - Williams - Farben, Tapeten etc.
Gap - Kleidung	Sunshine, Jr.- Waren d. tgl. Bedarfs

Dollar), Student Loan Marketing (65 Millionen Dollar). Kemper (63 Millionen Dollar) und Loews (54 Millionen Dollar).

Unter diesen neun größten Gewinnern waren zwei Automobilhersteller, ein Tabak- und ein Versicherungskonzern, ein Stromversorger, ein Unterhaltungsunternehmen und eine Firma, die Studentenkredite aufkauft. Es handelte sich hier nicht etwa ausschließlich um Wachstumsaktien, Zykliker oder Substanzwerte, aber zusammen brachten sie dem Fonds 808 Millionen Dollar ein.

Obwohl ich natürlich nicht genügend Aktien einer einzelnen kleinen Firma kaufen konnte, um damit die Entwicklung des Magellan merklich zu beeinflussen, so konnten doch 90 oder 100 solcher Unternehmen sehr wohl einen Unterschied ausmachen – was sie auch taten. Unter den Aktien kleiner Unternehmen gab es viele 5-Bagger und 10-Bagger, und die Spitzenreiter meiner letzten fünf Jahre waren Rogers Communications Inc. (ein 16-Bagger), Telephone and Data Systems (ein 11-Bagger) und Envirodyne Industries, Cherokee Group und King World Productions (alle 10-Bagger).

King World ist eine jener Firmen, deren Erfolg für Millionen von Amerikanern offensichtlich war – für alle, die Fernsehen schauten. King World gehören die Rechte an den überaus erfolgreichen Sendungen „Wheel of Fortune“ und „Jeopardy!“. Ein Wall-Street-Analyst hatte mir 1987 von King World erzählt, und kurz darauf sah ich mir mit meiner Familie eine Aufnahme von „Wheel of Fortune“ und von Vanna White an. Es hat eine Menge Stummfilmstars gegeben, aber Vanna White ist der einzige Stummfilm-Fernsehstar, an den ich mich erinnern kann. King World hatte auch die Rechte an einer Talkshow, die von einer Frau geleitet wurde, von der ich damals dachte, sie heiße Winfrah Oprey.

Ich stellte einige Nachforschungen an und erfuhr, dass Spielshows in der Regel eine Laufzeit von sieben bis zehn Jahren haben. Eigentlich handelt es sich dabei um ein sehr stabiles Geschäft – viel stabiler als Mikrochips. „Jeopardy!“, eine andere Produktion von King World, gab es bereits seit 25 Jahren, die Show hatte aber erst seit knapp vier Jahren einen der begehrten Sendeplätze im Abendprogramm inne. Die Show mit den höchsten Einschaltquoten überhaupt, „Wheel of Fortune“, lief erst im fünften Jahr. Oprah Winfrey war gerade auf dem Weg nach oben, ebenso die King-World-Aktie.

Gewinn und Verlust liegen nahe beieinander

Neben den Gewinnern, die ich gerade beschrieben habe, gab es im Magellan-Portfolio auch Hunderte von Verlierern. Ich habe eine seitenlange Liste davon. Zum Glück gehörte keiner der Verlierer zu meinen großen Positionen. Dies ist ein wichtiger Punkt beim Portfoliomanagement – Verluste begrenzen.

Es ist keine Schande, wenn man mit Aktien Geld verliert. Das passiert jedem. Es ist aber eine Schande, wenn man eine Aktie behält oder, was noch schlimmer ist, mehr davon kauft, obwohl sich die Fundamentaldaten verschlechtern. Genau das habe ich zu vermeiden versucht. Obwohl ich mehr Aktien besaß, mit denen ich Geld verlor, als Aktien, die sich zu 10-Baggern entwickelten, stockte ich jedoch die Verlierer nie auf, wenn sie bereits schlechten Zeiten entgegensteuerten. Das bringt mich zu Peters Prinzip Nummer 13:

Setzen Sie niemals auf den Aufstieg einer Aktie, während sie sich noch auf dem Weg nach unten befindet.

Mein Spitzenreiter unter den Verlierern war Texas Air. Ich verlor damit 33 Millionen Dollar. Es hätte noch schlimmer kommen können, wenn ich nicht während des Kursverfalls schon verkauft hätte. Ein anderer Top-Verlierer war die Bank of New England. Ich hatte die Gewinnaussichten offensichtlich überschätzt und die Auswirkungen der Rezession in Neuengland unterschätzt, aber als die Aktie um die Hälfte von 40 Dollar auf 20 Dollar fiel, begann ich, meine Verluste zu realisieren. Bei einem Kurs von 15 Dollar war ich komplett ausgestiegen.

In der Zwischenzeit rieten mir Leute aus ganz Boston, darunter einige erfahrene Investoren, Bank of New England zum Schleuderpreis von 15 und schließlich 10 Dollar zu kaufen, und als sie irgendwann bei vier Dollar ankam, sagten alle, die Gelegenheit sei so traumhaft, dass man sie nicht übersehen konnte. Ich erinnerte mich daran, dass es völlig egal ist, was man für eine Aktie bezahlt hat, denn sobald sie auf null abstürzt, hat man 100 Prozent seines Einsatzes verloren.

Einen Hinweis auf die großen Schwierigkeiten, in denen die Bank steckte, erhielt man durch das Verhalten ihrer Anleihen, das oft einen Hinweis auf die wahren Dimensionen einer Katastrophe bietet. Es erregte großes Aufsehen, dass der Wert der erstrangigen Schulden der Bank of New England vom Nennwert (100 Dollar) auf unter 20 Dollar gefallen war.

Ist ein Unternehmen letztendlich solvent, werden 100 Cent seiner Anleihen genauso viel wert sein wie ein Dollar. Notieren die Anleihen jedoch lediglich bei 20 Cent, dann will uns der Markt etwas sagen. Der Rentenmarkt wird von konservativen Investoren dominiert, die sehr genau beobachten, ob eine Firma das zur Verfügung gestellte Kapital wieder zurückzahlen kann. Da zuerst die Forderungen der Anleihebesitzer und dann erst die der Aktionäre erfüllt werden, können Sie sicher sein, dass eine Aktie praktisch wertlos ist, wenn schon die Anleihe nahe null notiert. Hier habe ich einen Rat für Sie, der aus der Erfahrung resultiert: Schauen Sie sich die Entwicklung des Anleihekurses an, bevor Sie in die billigen Aktien einer gebeutelten Firma investieren.

Weitere Verlierer aus der Spitzengruppe sind First Executive mit 24 Millionen Dollar, Eastman Kodak mit 13 Millionen Dollar, IBM mit 10 Millionen Dollar, Mesa Petroleum mit 10 Millionen Dollar und Neiman-Marcus Group mit 9 Millionen Dollar. Ich habe es sogar geschafft, 1987 mit Fannie Mae Geld zu verlieren, einem schlechten Jahr für diese Aktie, und 1988/1989 mit Chrysler, aber zu diesem Zeitpunkt hatte ich meine Chrysler-Anteile bereits auf weniger als ein Prozent des Fondsvermögens reduziert.

Mit den Zyklikern ist es das Gleiche wie beim Black Jack: Spielt man zu lange mit, ist es nur allzu wahrscheinlich, dass man alle Gewinne wieder verliert.

Zum Schluss muss ich zu meinem eigenen Erstaunen bemerken, dass meine beständigsten Verlierer die Technologie-Aktien waren, einschließlich eines 25-Millionen-Dollar-Verlustes, den ich 1988 mit

Digital machte, und etwas weniger großer Beträge, die ich mit Tandem, Motorola, Texas Instruments, EMC (ein Lieferant von Computerteilen), National Semiconductor, Micron Technology und Unisys verlor; und nicht zu vergessen, natürlich mit der immerwährenden Niete aller achtbaren Portfolios: IBM. Ich hatte noch nie viel für Technik übrig, aber das hielt mich leider nicht davon ab, gelegentlich davon fasziniert zu sein.

7

Kunst, Wissenschaft und Beinarbeit

Auf den nächsten rund 200 Seiten habe ich die Telefonate, Vermutungen und Berechnungen aufgelistet, die mich zu den 21 Aktien führten, die ich 1992 in *Barron's* empfahl. Die Länge, die dieser Buchabschnitt einnimmt, beweist, dass man die Aktienauswahl nicht auf eine einfache Formel oder ein Rezept reduzieren kann, dessen Anwendung den Erfolg garantiert, wenn man sich strikt daran hält.

Die Aktienauswahl ist sowohl eine Kunst als auch eine Wissenschaft, aber zu viel des einen oder anderen ist gefährlich. Jemand, der von Berechnungen besessen ist und sich so tief in Bilanzen vergräbt, dass er völlig den Überblick verliert, ist sehr wahrscheinlich weit vom Erfolg entfernt. Könnte man anhand von Bilanzen Zukunftsprognosen abgeben, wären die Mathematiker und Buchhalter schon lange die reichsten Menschen auf der Welt.

Bereits für den griechischen Philosophen Thales hatte sich das blinde Vertrauen in Berechnungen als sehr nachteilig erwiesen: Völlig darin vertieft, die Sterne am Himmel zu zählen, übersah er immer wieder die Schlaglöcher auf den Wegen und stolperte.

Andererseits kann die Aktienauswahl, als Kunst verstanden, ebenso erfolglos sein. Mit Kunst meine ich Intuition und Leidenschaft und den Bereich der rechten Gehirnhälfte, in dem sich die Gedanken des Künstlers bevorzugt entwickeln. Ein Künstler entdeckt seine Superinvestition, indem er auf einen bestimmten Dreh kommt oder seiner Ahnung folgt. Menschen, die auf einen bestimmten Dreh gekommen sind, verdienen Geld. Menschen, denen das nicht gelingt, verlieren Geld. Studien sind hier sinnlos.

Die Vertreter dieser Meinung tendieren dazu, deren Gültigkeit im Allgemeinen dadurch zu beweisen, dass sie Nachforschungen vernachlässigen und auf den Markt „spekulieren", was zu noch mehr Verlusten führt. Diese bestätigen wiederum die Grundidee, dass diesen Menschen eben der bestimmte Dreh fehlt. Eine der beliebtesten Entschuldigungen ist der Spruch: „Eine Aktie ist wie eine Frau – man versteht sie nie." Das ist unfair gegenüber den Frauen (wer möchte schon mit einer Union-Carbide-Aktie verglichen werden?) und den Aktien.

Ich wähle meine Aktien seit 20 Jahren nach der gleichen Methode aus, in der sich Elemente aus dem Bereich der Kunst und der Wissenschaft sowie Beinarbeit miteinander verbinden. Ich benutze auch einen Quotron, allerdings keinen von der Sorte, mit der die meisten Fondsmanager arbeiten; keinen dieser neumodischen Apparate, der einem mitteilt, was alle Analysten im gesamten Universum über sämtliche Unternehmen zu sagen haben, der kunstvolle technische Charts zeichnet und, soviel ich weiß, Kriegsspiele mit dem Pentagon und Schachpartien mit Bobby Fischer spielen kann.

Profi-Investoren erkennen das eigentlich Wichtige selten. Sie versuchen, sich gegenseitig mit Nachrichtendienst-Abos wie Bridge, Shark, Bloomberg, First Call, Market Watch und Reuters zu übertrumpfen, um herauszufinden, was all die anderen Profi-Investoren wohl tun. Dabei sollten sie mehr Zeit in den Einkaufszentren verbringen. Ein Haufen Software nützt absolut nichts, wenn man seine grundlegenden Hausaufgaben zu den Firmen nicht gemacht hat. Glauben Sie mir, auch Warren Buffet benutzt dieses Zeug nicht.

Bei früheren *Barron's*-Diskussionsrunden bin ich aufgrund meines Aktienenthusiasmus mit meinen Empfehlungen stets etwas über das Ziel hinausgeschossen. 1986 zum Beispiel empfahl ich mehr als 100 Aktien, ein Rekord, der sich nur bis zum darauffolgenden Jahr hielt, als ich 226 empfahl. Alan Abelson konnte sich nicht verkneifen zu bemerken: „Vielleicht hätten wir Sie fragen sollen, welche Aktien Ihnen nicht gefallen." Bei der 1988er-Runde hielt ich etwas an mich und tippte nur auf 122 Aktien beziehungsweise 129, wenn man die sieben Baby Bells einzeln rechnet. „Sie sind ein Käufer, der für Gleichberechtigung plädiert," spöttelte Abelson daraufhin. „Sie diskriminieren keine Aktie."

1989 hielt ich mich noch mehr zurück und erwähnte nur 91 meiner Favoriten, was immer noch genug war, um einen weiteren Seitenhieb der *Barron's*-Eminenz einstecken zu müssen, die sagte: „Wieder einmal wäre es vielleicht besser gewesen, Sie nach den Aktien zu fragen, die Ihnen nicht gefallen – es wäre die kürzere Liste." 1990 reduzierte ich die Anzahl weiter auf 73.

Ich war immer davon überzeugt, dass die Suche nach Unternehmen der Suche nach Käfern gleicht, die sich unter Steinen verstecken: Dreht man zehn Steine um, findet man meistens einen Käfer, dreht man 20 Steine um, zwei. In den vier Jahren, von denen ich gerade gesprochen habe, musste ich Tausende von Steinen umdrehen, um genügend neue Käfer zu entdecken, die ich der riesigen Kollektion des Magellan hinzufügen konnte.

Als ich vom Vollzeit- zum Teilzeit-Stockpicker wechselte, veranlasste mich das, die Zahl meiner Empfehlungen einzuschränken, die 1991 und 1992 nur noch 21 Aktien umfasste. Nachdem ich meiner Familie und den Wohltätigkeitsorganisationen mehr Zeit widmete, konnte ich nur noch einige wenige Steine umdrehen.

Das war für mich völlig in Ordnung, da ein Teilzeit-Stockpicker keine 50 oder 100 Gewinneraktien finden muss. Damit sich der Aufwand lohnt, benötigt man über zehn Jahre hinweg nur eine Handvoll großer Gewinner. Selbst der bescheidenste Anleger kann diese „Fünferregel“ befolgen und sein Portfolio auf fünf Aktienwerte begrenzen. Selbst wenn nur einer davon zu einem 10-Bagger wird und die vier anderen sich nicht von der Stelle bewegen, hat man sein Geld verdreifacht.

Der überteuerte Markt

Als wir uns zum Runden Tisch im Januar 1992 trafen, war der Dow Jones nach einem großen Aufschwung zur Jahreswende bei 3.200 Punkten gelandet, und alle waren sehr optimistisch. Inmitten der fröhlichen Stimmung, die den letzten 300-Punkte-Anstieg des Dow innerhalb von drei Wochen widerspiegelte, war ich der niedergeschlagenste der Gesprächsteilnehmer. Ein überteuerter Markt, in dem viele Aktien täglich neue Höchststände erreichen, deprimiert mich stets mehr als ein niedergedrückter Markt während einer Rezession. Rezessionen haben früher oder später ein Ende, sage ich mir immer, und in einem darniederliegenden Markt gibt es Schnäppchen, so weit das Auge reicht; aber auf einem überteuerten Markt ist es schwer, überhaupt etwas zu finden, das sich zu kaufen lohnt. Folglich ist der fanatische Stockpicker glücklicher, wenn der Markt um 300 Punkte fällt, als wenn er um 300 Punkte steigt.

Die Kurse vieler größerer Aktien, besonders die von hochkarätigen Wachstumsunternehmen wie Philip Morris, Abbott, Wal-Mart und Bristol-Myers, waren so stark gestiegen, dass sie weit über ihre Gewinnlinien hinausgetragen worden waren, wie man in den Charts 7-1, 7-2, 7-3 und 7-4 sehen kann. Das war ein schlechtes Zeichen.

Aktien, die im Kurs höher liegen als ihre Gewinnlinien, vollführen in der Regel Seitwärtsbewegungen (beziehungsweise „legen eine Verschnaufpause ein“) oder fallen im Kurs, bis sie sich wieder auf einem vernünftigeren Level befinden. Ein Blick auf diese Charts ließ mich vermuten, dass sich höchst gepriesene Wachstumsaktien, die 1991 die Gewinner waren, 1992 selbst in einem guten Markt nicht verändern beziehungsweise eine Seitwärtsbewegung machen würden. In einem schlechten Markt könnten sie bis zu 30 Prozent verlieren. Ich erklärte der *Barron's*-Runde, dass Mutter Teresa auf meiner Gebetsliste etwas nach unten rutschen musste. Ich war weitaus mehr über die Wachstumsaktien besorgt.

Es gibt keine schnellere Möglichkeit, festzustellen, ob die Aktie eines großen Wachstumsunternehmens überbewertet, unterbewertet oder richtig bewertet ist, als einen Blick in ein Chartbuch (erhältlich in Bibliotheken oder Maklerbüros) zu werfen. Kaufen Sie Aktien, wenn der Kurs auf oder unter der Gewinnlinie liegt, und kaufen Sie nicht, wenn die Kurslinie in die Gefahrenzone weit über der Gewinnlinie abgeschweift ist.

Verglichen mit dem Buchwert, den Gewinnen und anderen üblichen Bewertungseinheiten hatten der Dow Jones und der S&P 500 bereits ein sehr hohes Niveau erreicht, doch bei vielen Aktien von Kleinunternehmen war das nicht der Fall. Im Spätherbst, der Zeit, in der ich immer mit meinen *Barron's*- Hausaufgaben beginne, treiben die jährlichen steuerlich bedingten Verkäufe entmutigter Investoren die Kurse der kleineren Aktien auf traurige Tiefstände hinunter.

Man hätte ein wirklich gutes Auskommen, wenn man in dieser Phase Schnäppchen ergattern und sie über den Januar hinweg halten würde, weil sich die Kurse dann regelmäßig wieder erholen. Dieser sogenannte Januareffekt ist besonders bei kleinen Unternehmen sehr stark ausgeprägt. Deren Aktien haben während der letzten 60 Jahre in diesem einen Monat einen Kursanstieg von durchschnittlich 6,86 Prozent verzeichnet, wohingegen Aktien im Allgemeinen nur um 1,6 Prozent angestiegen sind.

Die Aktien kleinerer Unternehmen hielt ich für die Schnäppchen des Jahres 1992. Doch bevor ich damit begann, das Kleinaktien-Universum zu durchforsten, widmete ich nochmals den Unternehmen meine Aufmerksamkeit, die ich den *Barron's*-Lesern 1991 empfohlen hatte.

Entscheiden Sie sich auf keinen Fall für ein neues Unternehmen, nur damit Sie einen weiteren Kurs in der Zeitung oder ein neuerliches Aktienkürzel in den Börsennachrichten verfolgen können! In diesem

*Philip Morris Cos. (MO)

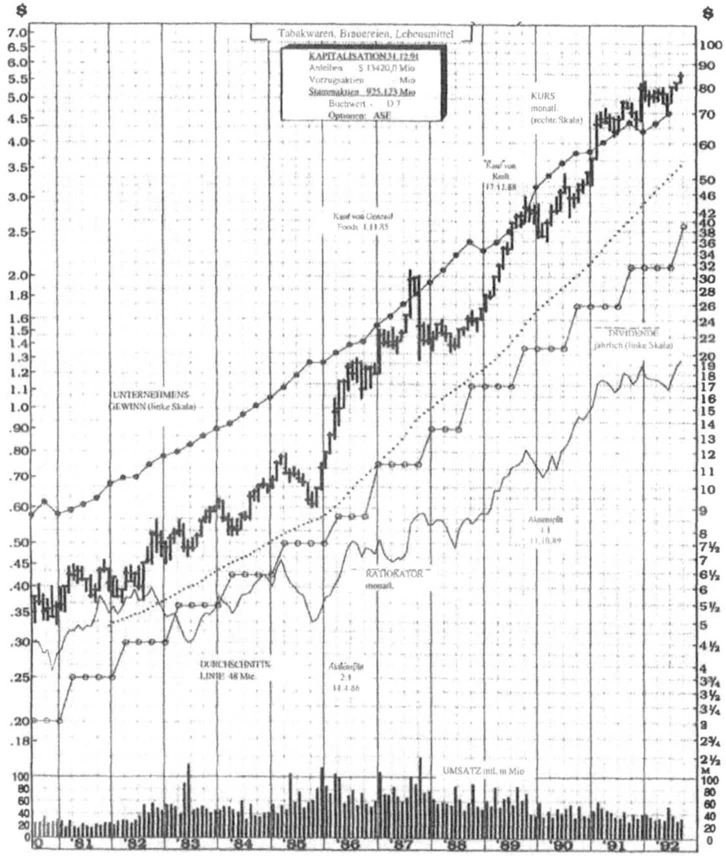

Chart von Securities Research Co., einer Abt. der Babson-United Investment Advisors, Inc.

Chart 7-1

Fall würden Sie irgendwann den Überblick verlieren und sich nicht mehr daran erinnern, warum Sie den einen oder anderen Wert eigentlich gekauft haben.

Es ist keine schlechte Strategie, sich nur mit einer übersichtlichen Anzahl von Unternehmen zu befassen und Käufe und Verkäufe auf

Abbott Laboratories (ABT)

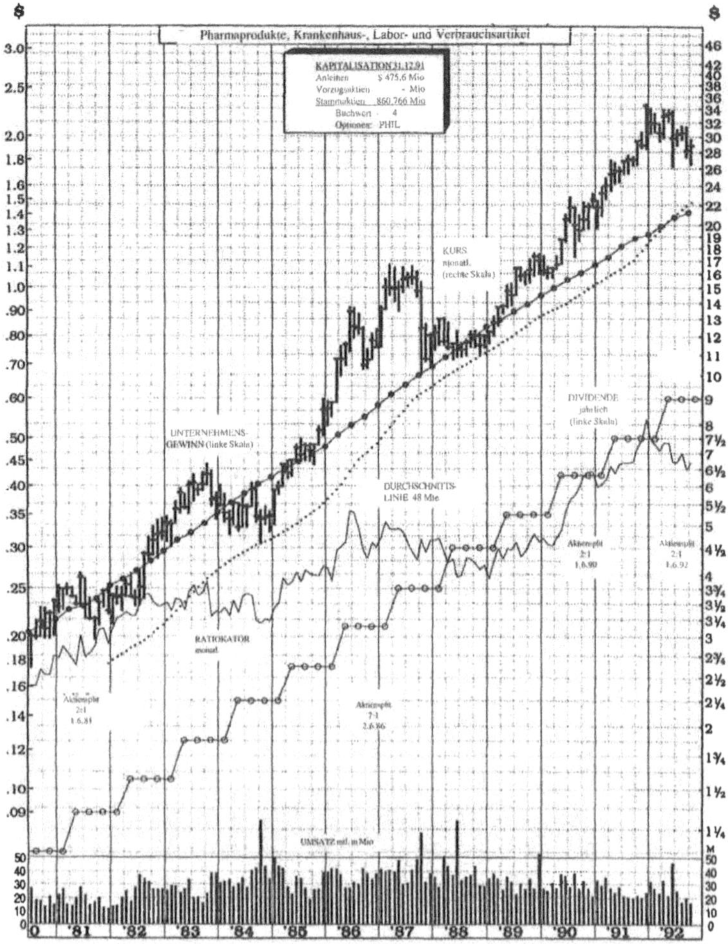

Chart von Securities Research Co., einer Abt. der Babson-United Investment Advisors, Inc.

Chart 7-2

diese zu beschränken. Haben Sie erst einmal eine bestimmte Aktie gekauft, kann man davon ausgehen, dass Sie inzwischen mit der betreffenden Industrie, dem Stellenwert, den das Unternehmen darin

Wal-Mart Stores, Inc. (WMT)

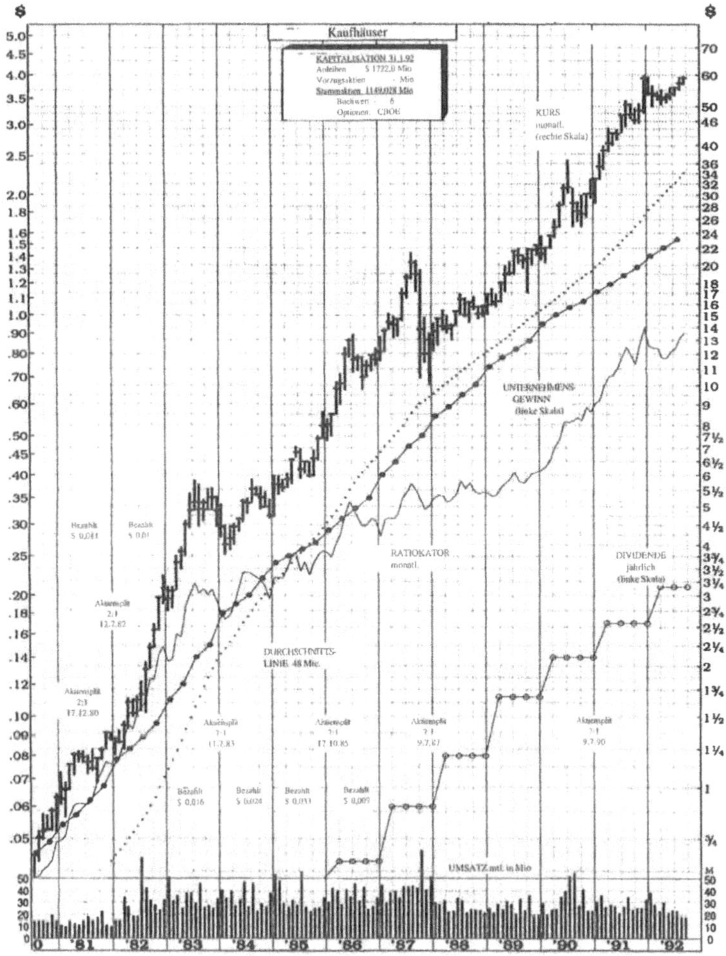

Chart von Securities Research Co., einer Abt. der Babson-United Investment Advisors, Inc.

Chart 7-3

innehat, seinem Verhalten während einer Rezession, den Faktoren, die die Gewinne beeinflussen, und so weiter vertraut sind. Es ist fast unvermeidlich, dass der Gesamtmarkt durch irgendein düsteres Szenario

Bristol-Myers Squibb (BMY)

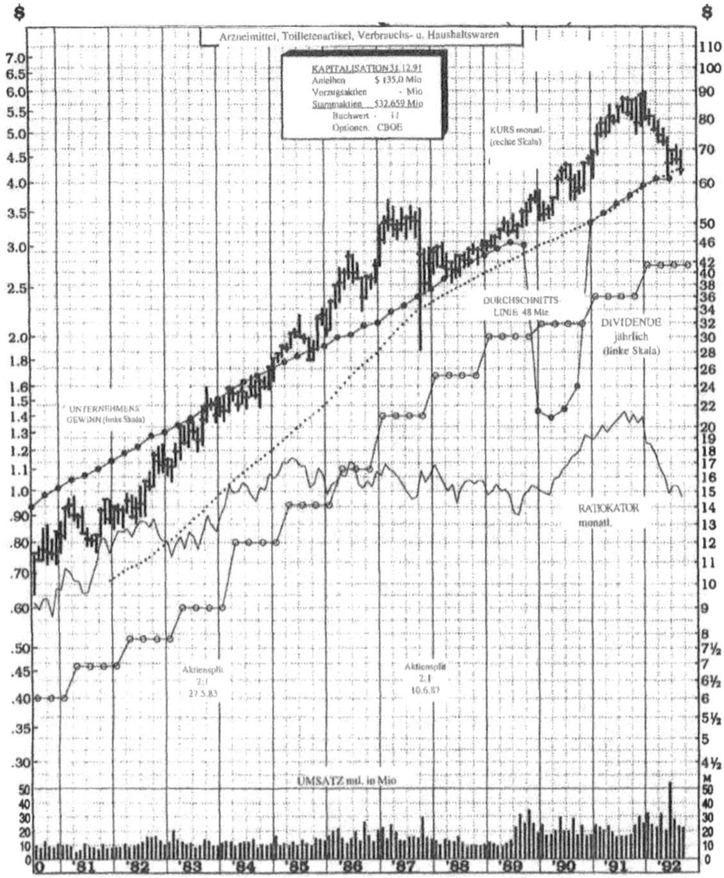

Chart von Securities Reserearch Co., einer Abt. der Babson-United Investment Advisors, Inc.

Chart 7-4

einmal abfallen wird, Ihre alten Favoriten dadurch erneut zu Schnäppchen werden und Sie Ihr Investment aufstocken können.

Das weitaus beliebtere Verfahren, Aktien zu kaufen, wieder zu verkaufen und die lange Liste von Unternehmen zu vergessen, hat wenig

Aussichten auf Erfolg. Dennoch agieren viele Investoren weiterhin nach diesem Prinzip. Sie wollen ihre alten Aktien aus dem Gedächtnis verdrängen, denn ehemals besessene Aktienwerte rufen meist schmerzliche Erinnerungen hervor. Hatten sie ihr Geld nicht damit verloren, dass sie zu spät verkauften, dann mit Sicherheit damit, dass sie zu früh verkauften. Egal was passiert war, man will sich nicht mehr daran erinnern. So wie man vielleicht im Supermarkt zwischen den Regalen umherschleicht, um einem alten Schwarm nicht zu begegnen, liegt es in der menschlichen Natur, zu vermeiden, den Kursen der Aktien, die man einst besessen hat – besonders derjenigen, die seit dem Verkauf gestiegen sind –, im Wirtschaftsteil der Zeitung zu begegnen. Ich kenne Leute, die die Kurstabellen mit einer Hand vor den Augen lesen, um sich vor dem emotionalen Schock zu bewahren, den sie erleiden könnten, wenn sie sehen würden, dass Wal-Mart sich verdoppelt hat, seitdem sie es verkauft haben.

Man muss sich darin trainieren, diese Phobie zu überwinden. Nachdem ich den Magellan geleitet habe, bin ich praktisch gezwungen, in Aktien einzusteigen, die ich bereits einmal besessen habe, da ansonsten nichts mehr da ist, was ich kaufen könnte. Allerdings habe ich inzwischen auch gelernt, Investitionen nicht als zusammenhanglose Ereignisse zu betrachten, sondern als eine Art Fortsetzungsroman, dessen Inhalt von Zeit zu Zeit auf neue Verwicklungen und Kehrtwendungen hin überprüft werden muss. Erst wenn ein Unternehmen bankrottgeht, ist die Geschichte zu Ende. Eine Aktie, die Sie vor zehn oder vor zwei Jahren besessen haben, ist heute vielleicht wieder lohnenswert.

Um bei meinen alten Favoriten auf dem Laufenden zu bleiben, führe ich ein großes spiralgebundenes Notizbuch, in dem ich wichtige Details aus den Geschäftsberichten und Quartalsberichten und die Gründe für den letzten Kauf oder Verkauf einer jeden Aktie festhalte. Auf dem Weg ins Büro oder spät nachts zu Hause blättere ich durch diese Notizbücher wie andere Leute durch alte Liebesbriefe, die sie auf dem Speicher gefunden haben.

Diesmal überprüfte ich die 21 Aktien, für die ich mich 1991 entschieden hatte. Es handelte sich um ein gemischtes Paket, das sich in einem Jahr, als der Markt einen extremen Aufschwung erlebte, sehr gut entwickelt hatte. Der S&P 500 stieg um 30 Prozent, meine Empfehlungen, glaube ich, sogar um 50 Prozent oder mehr. Die Liste beinhaltete Kemper (Versicherungs- und Finanzdienstleistungen), Household International (Finanzdienstleistungen), Cedar Fair (Vergnügungsparks), EQK Green Acres (Einkaufszentren), Reebok (Turnschuhe), Caesars World (Casinos), Phelps Dodge (Kupfer), Coca-Cola Enterprises (Getränke), Genentech (Biotechnologie), American Family, heute AFLAC (japanische Versicherungsgesellschaft für Krebskranke), Kmart (Einzelhändler), Unimar (indonesische Ölfirma), Freddie Mac und Capstead Mortgage (Hypotheken), Sun Trust (Bank), fünf Sparkassen und schließlich Fannie Mae (Hypotheken), eine Aktie, auf die ich sechs Jahre hintereinander gesetzt hatte.

Ich las meine Notizen aufmerksam durch und machte einige Ergänzungen über wichtige Veränderungen. Größtenteils waren die Kurse gestiegen. Das reichte nicht unbedingt aus, um eine Empfehlung nicht noch einmal zu wiederholen, aber in den meisten Fällen bedeutete es, dass die Aktie kein Schnäppchen mehr war.

So verhielt es sich zum Beispiel mit dem Unternehmen Cedar Fair, das Vergnügungsparks in Ohio und Minnesota besitzt. Ich wurde 1991 durch eine hohe Rendite von elf Prozent auf die Aktie aufmerksam. Damals war die Aktie für weniger als zwölf Dollar zu haben. Ein Jahr später musste man 18 Dollar dafür bezahlen und die Rendite hatte sich auf 8,5 Prozent reduziert. Das versprach immer noch einen hübschen Gewinn, aber für mich nicht hübsch genug, um mehr von meinem Kapital in Cedar Fair zu investieren. Dazu hätte es Hinweise geben müssen, dass die Gewinne sich vergrößerten, aber aus einem Schwätzchen mit einem Verantwortlichen entnahm ich, dass es derzeit nichts gab, was einem Gewinnzuwachs förderlich wäre. Ich ging davon aus, dass anderswo lukrativere Gelegenheiten auf mich warteten.

Die gleiche Übung führte ich mit den restlichen 20 Unternehmen durch. EQK Green Acres lehnte ich aufgrund eines Hinweises in einem der neuesten Quartalsberichte ab. Ich hielt es immer für sehr nützlich, den Text in diesen kleinen Broschüren aufmerksam durchzulesen. Was mir in diesem Fall auffiel, war, dass das Unternehmen, dem ein Einkaufszentrum auf Long Island gehört, darüber debattierte, ob es die Dividende wie üblich (um 1 Cent) erhöhen sollte oder nicht. Green Acres hatte seine Dividende stets vierteljährlich erhöht, seitdem es vor sechs Jahren an die Börse gegangen war. Diese Routine zu unterbrechen, nur um 100.000 Dollar zu sparen, deutete für mich auf einen kurzfristigen Verzweiflungsakt hin. Wenn eine Firma, die eine lange Tradition von Dividendenerhöhungen vorweisen kann, öffentlich erwähnt, dass sie diese Tradition zugunsten spärlicher Einsparungen eventuell unterbrechen werde, ist das eine Warnung, die man beachten sollte. (Im Juli 1992 hat EQK Green Acres dann die Dividende nicht nur nicht erhöht, sondern sogar drastisch gekürzt.)

Coca-Cola Enterprises war billiger geworden, aber auch die Aussichten waren schwärzer als zuvor, sodass ich es von der Liste strich. Fannie Mae war teurer geworden, hatte jedoch hervorragende Aussichten, sodass ich die Aktie auch im siebten Jahr wieder in meine Liste aufnahm. Nur weil eine Aktie billiger geworden ist, ist das noch lange kein Grund, sie zu kaufen, und nur weil eine Aktie teurer geworden ist, ist das noch lange kein Grund, sie zu verkaufen. Aus Gründen, die ich später noch diskutieren werde, beschloss ich außerdem, meine früheren Empfehlungen für Phelps Dodge und zwei Sparkassen beizubehalten.

8

Aktien-Einkaufstour

Der Einzelhandelssektor

Nachdem ich meine Auswahl für das Jahr 1991 überprüft und fünf Aktien entdeckt hatte, die ich erneut empfehlen würde, machte ich mich nach meiner üblichen Methode auf die Suche nach neuen Favoriten. Ich fuhr unverzüglich zu meiner Lieblingsquelle für Investitionsideen, dem Einkaufszentrum Burlington Mall.

Die Burlington Mall ist etwa 40 Kilometer von meinem Heimatort Marblehead entfernt. Das Einkaufszentrum ist sehr groß und überdacht und bietet eine ungeheure Vielfalt an Läden. In den USA gibt es nur etwa 450 solcher Einkaufszentren, die die beste Umgebung für das Studieren großartiger Aktien sind. Börsennotierte Unternehmen im Aufstieg, im Abstieg, im Ausstieg oder auf dem Weg zum Turnaround können hier jeden Tag von Amateuren und Profis, die nach Aktien suchen, begutachtet werden. Man verfolgt eine weitaus bessere Investmentstrategie, wenn man durch Einkaufszentren schlendert, anstatt den Rat eines Brokers für bare Münze zu nehmen oder die Finanzpresse nach den neuesten Tipps zu durchforsten.

Viele der besten Investitionen aller Zeiten nahmen ihren Anfang an Orten, die Millionen von Konsumenten tagtäglich besuchen. Eine Investition von jeweils 10.000 Dollar, die man 1986 in die Aktien der vier populären Einzelhandelsunternehmen Home Depot, Limited, Gap und Wal-Mart Stores getätigt und fünf Jahre lang gehalten hat, brachte Ende 1991 500.000 Dollar ein.

Auf der Fahrt zur Burlington Mall bewege ich mich wie auf einer Straße der Erinnerungen an vielen anderen Einzelhändlern vorbei, die ich in der Vergangenheit gekauft und verkauft habe: Gleich hinter Marblehead passiere ich zwei Radio Shacks (sie gehören Tandy – eine 10.000 Dollar-Investition Anfang 1970 hätte sich zu einer Million Dollar entwickelt, wenn man zum Höchststand von 1982 ausgestiegen wäre); ein Toys "R" Us (von 25 Cent auf 36 Dollar gestiegen!); ein Kids "R" Us; einen Ames Department Store (der mich daran erinnert, dass ein Wert nicht weiter als auf null fallen kann); und einen Lens Crafters (eine große Abteilung von U. S. Shoe mit Problemen, die für das Unternehmen zum Hemmschuh wurden).

Während ich mich Burlington von Norden her auf der Route 128 nähere – in den Sechzigerjahren, als diese Gegend das eigentliche Silicon Valley der USA darstellte, waren hier viele berühmte Technologie-Aktien wie Polaroid und EG&G beheimatet – verlasse ich die Schnellstraße. Nach der Ausfahrt komme ich an einem Howard Johnson's vorbei, einem großartigen Wachstumswert der Fünfzigerjahre; an einem Taco-Bell-Restaurant, einer wunderbaren Aktie, bis die Firma von Pepsi übernommen wurde und seither einen Großteil zu Pepsis Gewinnen beiträgt; einem Chili's (mit dem reizenden Kürzel EAT), das ich trotz der Empfehlungen meiner Kinder verpasste, weil ich mir sagte: „Wofür brauchen wir denn noch ein Chili-Restaurant?"

Der Parkplatz der Burlington Mall ist in etwa so groß wie die gesamte Innenstadt von Marblehead und immer mit Autos vollgestopft. Am anderen Ende gibt es ein Autoreparaturzentrum, das für Reifen von Goodyear wirbt, einer Aktie, die ich bei 65 Dollar gekauft habe, was ich später bedauerte, auch wenn sich der Wert im Moment etwas erholt.

Das Hauptgebäude breitet sich wie ein gigantisches Kreuz aus, mit Jordan Marsh am östlichen und Filene's am südlichen Ende, die beide einmal dem Immobilienmogul Robert Campeau gehörten. Campeau tauchte eines Tages voller Fakten und Zahlen über den Einzelhandel in meinem Büro auf und beeindruckte mich mit seinem Zahlenverständnis derart, dass ich Aktienanteile an seiner Campeau Corporation kaufte, was einer meiner Fehler war. Im Norden befindet sich Lord & Taylor, das heute zu den May Department Stores gehört, einem großartigen Wachstumsunternehmen. Im Westen logiert Sears, das seine Glanzzeit vor 20 Jahren hatte und diesen Gipfel seither nicht mehr erklimmen konnte.

Das Innere des Einkaufszentrums erinnert mich an einen alten Stadtkern komplett mit Stadtpark, Teichen, Parkbänken, großen Bäumen und einem Haufen Rentner und verliebten Teenagern. Aber anstatt eines einzelnen Kinos gegenüber dem Park gibt es einen Kinokomplex mit vier Sälen am Ende des Korridors, und anstelle jeweils einer Drogerie, einer Eisenwarenhandlung und eines Billigladens gibt es hier auf zwei Stockwerken 160 unterschiedliche Läden, in denen die Menschenmassen nach Herzenslust herumstöbern können.

Für mich ist es kein Herumstöbern. Für mich ist es die Fundamentalanalyse einer faszinierenden Gruppe potenzieller Investmentmöglichkeiten, die für den Aktienkäufer sehr bequem und übersichtlich Seite an Seite arrangiert sind. Hier können Sie mehr wahrscheinliche Gewinner entdecken, als wenn Sie einen ganzen Monat lang Investmentkonferenzen besuchen würden.

Es ist zu schade, dass es in der Burlington Mall kein Maklerbüro gibt, denn dann könnte man den ganzen Tag hier herumsitzen, die Kundenströme in Bezug auf die einzelnen Geschäfte beobachten und anschließend gleich zum Broker schlendern und Kauforders für diejenigen Unternehmen aufgeben, die am meisten bevölkert waren. Diese Technik ist bei Weitem nicht narrensicher, aber sie ist der Methode, Aktien deshalb zu kaufen, weil Onkel Harry sie empfohlen hat, weit überlegen. Das bringt uns zu Peters Prinzip Nummer 14:

Gefällt Ihnen schon der Laden, dann lieben Sie wahrscheinlich die Aktie.

Der einheitliche Geschmack in Sachen Essen und Mode, der eine langweilige Kultur ausmacht, beschert gleichzeitig den Besitzern der Einzelhandelsunternehmen und Restaurants ein Vermögen. Was sich in einer Stadt verkauft, wird sich mit Sicherheit auch in einer anderen Stadt verkaufen, wie man das am Beispiel von Donuts, alkoholfreien Getränken, Hamburgern, Videos, Pflegeversicherungen, Socken, Hosen, Kleidern, Gartengeräten, Joghurts und Beerdigungsinstituten unschwer feststellen kann. Der Stockpicker, der eingestiegen ist, als Home Depot von Atlanta aus nach Westen oder Taco Bell von Kalifornien aus nach Osten expandierte oder als Lands' End von Wisconsin aus nach Süden oder Wal-Mart von Arkansas aus nach Norden expandierte, oder als The Gap oder The Limited vom Mittleren Westen aus zur Küste hin expandierten, hat heute genügend Geld, um die Welt zu bereisen und sich von Einkaufszentren und Ladenketten fernzuhalten.

In den Fünfzigerjahren gab es weniger Möglichkeiten, mit dem Einzelhandel reich zu werden. Die Fünfziger waren ein Jahrzehnt der Massenproduktion und der Einheitshäuser, aber die Menschen hatten unterschiedliche Einkaufs- und Essgewohnheiten. Als John Steinbeck „Die Reise mit Charley" schrieb, konnten er und Charley die einzelnen Orte voneinander unterscheiden. Würde man die beiden heute an der Burlington Mall absetzen und sie dann mit verbundenen Augen zu einer Mall in Spokane, einer Mall in Omaha und einer Mall in Atlanta transportieren, würden sie annehmen, dass sie nicht einen Zentimeter weit gereist sind.

Ich habe eine besondere Vorliebe für Einzelhändler, seit ich die Bekanntschaft mit Levitz Furniture zu Beginn der Verhundertfachung dieser Aktie machte – eine Erfahrung, die ich nie vergaß. Einzelhändler sind zwar nicht immer erfolgreich, aber es ist zumindest einfach, ihren Fortschritt zu verfolgen, ein weiterer attraktiver Vorteil, den sie haben. Bevor man investiert, kann man abwarten, bis sich eine Ladenkette in einer Gegend bewährt, und dann zusehen, wie sie auf die Reise geht und auch in anderen Gegenden erfolgreich ist.

Die Angestellten in den Einkaufszentren haben einen Insidervorteil, da sie jeden Tag den Verkauf miterleben und von ihren Kollegen erfahren, wo das Geschäft läuft und wo nicht. Die Manager in den Einkaufszentren haben den allergrößten Vorteil – den Zugang zu den monatlichen Verkaufszahlen, die benutzt werden, um die Mieten zu berechnen. Jeder Geschäftsführer, der den Erfolg von The Gap und The Limited miterlebt und keine Aktienanteile gekauft hat, sollte in einen Lochstreifen eingewickelt und mit einer Narrenkappe auf dem Kopf im Schaufenster des örtlichen Brokerhauses ausgestellt werden. Selbst Ivan Boesky hat keine besseren Tipps bekommen – und er hat dafür betrügen müssen.

Die Lynchs haben keine Verwandten, die Läden in Einkaufszentren betreiben, sonst würde ich sie drei- bis viermal in der Woche zum Abendessen einladen. Aber es gibt unter ihnen potenzielle Käufer, was beinahe ebenso wertvoll ist. Meine Frau Carolyn betreibt nicht mehr so viele Nachforschungen an der Kasse, wie sie es einst tat (obwohl sie einige Freundinnen hat, die den schwarzen Gürtel im Einkaufen besitzen), aber unsere drei Töchter haben das mehr als ausgeglichen. Es dauerte etwas, bis ich mir deren ausgezeichnete Analysen zu Herzen nahm.

Vor ein paar Jahren saßen wir am Küchentisch, als Annie fragte: „Ist Clearly Canadian an der Börse notiert?“, eine der Fragen, zu der man in unserer Familie ermutigt wird. Ich wusste bereits, dass die Kinder dieses neue Sprudelgetränk mochten, weil unser Kühlschrank voll davon war, aber anstatt den Hinweis aufzugreifen und meine Hausaufgaben zu machen, sah ich lediglich im S&P-Buch nach, konnte die Firma nicht finden und vergaß die ganze Sache.

Es stellte sich heraus, dass Clearly Canadian an den kanadischen Börsen notiert und noch nicht im S&P-Buch aufgetaucht war. Es erwies sich als äußerst unglücklich, dass ich die Aktie nicht weiterverfolgt habe. Nachdem Clearly Canadian 1991 an die Börse ging, stieg der Kurs innerhalb eines Jahres von drei Dollar auf 26,75 Dollar, was praktisch einem 9-Bagger gleichkam, um schließlich wieder auf 15 Dollar zurückzufallen. Man könnte sich schon glücklich schätzen, einen solchen Gewinn einmal innerhalb von zehn Jahren zu erzielen. Jedenfalls hat die Aktie all meine *Barron's* Empfehlungen für 1991 übertroffen.

Ich ignorierte auch die positiven Berichte meiner Töchter über die Chili's-Restaurants. Die Mädchen trugen oft ihre grünen Chili's-Sweatshirts, wenn sie zu Bett gingen, was mich immer wieder daran erinnerte, dass ich ihre Investmentratschläge dummerweise nicht ernst genommen hatte. Wie viele Eltern folgen dem schlechten Rat eines Nachbarn und kaufen Anteile an Goldminen oder Immobilien, statt mit ihren Kindern zum Einkaufen zu gehen und direkt bei Gap und dem 100-prozentigen Gewinn, den dessen Aktie zwischen 1986 und 1991 gebracht hat, zu landen? Selbst wenn Sie bis 1991 gewartet hätten, um sich von Ihren Kindern zu Gap führen zu lassen, hätten Sie Ihr Geld immer noch innerhalb eines Jahres verdoppelt und alle größeren bekannten Fonds damit übertroffen.

So sehr wir auch gerne glauben, dass unsere Kinder einzigartig sind, sind sie doch Teile einer internationalen Käufermasse mit dem gleichen Geschmack für Kappen, T-Shirts, Socken und Jeans. Wenn meine älteste Tochter Mary also ihre Klamotten bei Gap kauft, kann ich davon ausgehen, dass Teenager in all den anderen amerikanischen Niederlassungen von Gap dasselbe tun.

Mary hatte mich im Sommer 1990 dazu angeregt, Gap zu verfolgen, als sie ihre Schulkleidung in dem Gap-Laden im ersten Stock der Burlington Mall gekauft hatte. (Hier ein weiterer Tipp eines lang erprobten Beobachters von Einkaufszentren: In zweistöckigen Malls befinden sich die populäreren Einzelhändler gewöhnlich in der oberen Etage. Die Manager richten das bewusst so ein, damit so viele Kunden wie möglich auf ihrem Weg zu den geschäftigsten und damit profitabelsten Treffpunkten so viele Läden wie möglich passieren müssen.) Solange The Gap nur ein Jeansladen war, hatte sie nicht viel davon gehalten, aber wie Tausenden anderer Teens gefiel ihr die neue, bunte

Ware umso besser. Einmal mehr habe ich dieses nachdrückliche Kaufsignal missachtet, genauso wie bei Chili's und Clearly Canadian. 1992 war ich entschlossen, diesen Fehler nicht noch einmal zu begehen.

Kurz vor Weihnachten ging ich mit meinen drei Töchtern in die Burlington Mall. In ihren Augen gingen wir zwar Weihnachtsgeschenke kaufen, ich jedoch betrachtete das Ganze mehr als Researchtrip. Ich wollte, dass sie mir ihre Lieblingsläden zeigten, was nach den bisherigen Erfahrungen zu todsicheren Kaufsignalen führen würde. The Gap war wie üblich überfüllt, aber dahin gingen sie nicht zuerst. Ihr erstes Ziel war der Body Shop.

Body Shop verkauft Cremes und Badeöle, die aus Bananen, Nüssen und Früchten hergestellt werden. Man bekommt dort Wimperntusche aus Bienenwachs, Lippenstifte aus Kiwis, Karotten-Feuchtigkeitscreme, Reinigungsmilch aus Orchideenöl, Reinigungsmasken aus Honig und Haferschrot, Himbeer-Haarspülungen, Shampoo aus Seetang und das noch mysteriösere Rhassoul-Moorshampoo. Dieses Shampoo war sicherlich nicht unbedingt etwas, das ich auf meiner Kaufliste haben musste, aber eine Menge Leute waren da offensichtlich anderer Meinung, da der Laden mit Käufern vollgestopft war.

Tatsächlich war der Body Shop einer der drei überfülltesten Läden im gesamten Einkaufszentrum, zusammen mit The Gap und der Nature Company, einem Tochterunternehmen von CML, dem auch Nordic Tracks gehört, dessen beliebte Fitnessgeräte man heute in fast jedem Wohnzimmer finden kann. Grob überschlagen belegten der Body Shop und die Nature Company zusammen 300 Quadratmeter, aber sie schienen so viel Geschäft zu machen wie Sears, das über 10.000 Quadratmeter Verkaufsfläche verfügte und ziemlich leer aussah.

Als ich über die Flaschen mit Bananenölbad nachsann, die meine Kinder zur Kasse trugen, erinnerte ich mich daran, dass Monica Kalmanson, eine junge Analystin von Fidelity, Body Shop damals 1990 bei einem unserer wöchentlichen Meetings empfohlen hatte. Ich erinnerte mich ebenfalls daran, dass Fidelitys Bibliotheksleiterin Cathy Stephenson kurze Zeit später ihren gut bezahlten und anspruchsvollen Job (sie leitete eine Abteilung mit 30 Leuten) aufgegeben hatte, um mit ihrem eigenen Geld eine Body-Shop-Filiale zu eröffnen.

Ich fragte eine der Angestellten, ob die Besitzerin des Ladens, in dem ich mich mit meinen Töchtern befand, Frau Stephenson sei, und es stellte sich heraus, dass es tatsächlich so war. Leider befand sie sich an diesem Tag nicht im Laden. Ich hinterließ eine Nachricht, dass ich sie unbedingt sprechen müsse.

Der Laden schien gut geführt zu sein, mit einem jungen enthusiastischen Verkaufsteam von mindestens einem Dutzend Leuten. Wir verließen das Geschäft mit einigen Taschen voller Shampoos und Seifen, aus deren Bestandteilen man gut und gerne einen eindrucksvollen Salat hätte zubereiten können.

In meinem Büro suchte ich anschließend den Body Shop auf dem Computerausdruck, der alle Aktien aufführte, die der Magellan an meinem letzten Arbeitstag besessen hatte – der Ausdruck war übrigens zweimal so umfangreich wie das Telefonbuch meines Wohnorts. Zu meinem Verdruss stellte ich fest, dass ich schon 1989 Aktien dieses Unternehmens gekauft und das irgendwie vergessen hatte. Body Shop war einer dieser „Steige später richtig ein“-Aktienwerte, von denen ich in der Regel kleine Mengen kaufte, um die zukünftige Entwicklung besser verfolgen zu können. Das hatte ich hier offensichtlich versäumt. Vor meinem Besuch im Einkaufszentrum hätte man mir erzählen können, der Body Shop sei eine Autoreparaturwerkstatt, und ich hätte es geglaubt. Eine gewisse Vergesslichkeit bleibt nicht aus, wenn man versucht, 1.400 Unternehmen zu verfolgen.

Mithilfe der Analystenberichte einiger Brokerfirmen war ich bald wieder auf dem Laufenden. Es handelte sich um ein britisches Unternehmen, das eine ehrgeizige Hausfrau namens Anita Roddick, deren Mann häufig auf Geschäftsreisen unterwegs war, gestartet hatte. Anstatt sich Seifenopern anzusehen oder Aerobic-Kurse zu besuchen, begann sie, in einer Scheune mit Hautpflegemittelchen herumzuexperimentieren. Ihre Mittelchen wurden so beliebt, dass sie ihre Produkte schon bald in der Nachbarschaft verkaufte und nach kurzer Zeit vom Hinterhof in den ersten Laden umzog. 1984 ging Body Shop an die Börse und notierte damals zu fünf Pence (ungefähr zehn Cent) pro Aktie.

Nach seinen bescheidenen Anfängen expandierte Body Shop schon bald zu einer internationalen Ladenkette, die sich ganz und gar der Hautpflege mittels Früchten und Salaten verschrieb. Trotz zweier großer Einbrüche (die Aktie verlor um die Hälfte während der großen Korrektur und nochmals während des Saddam-Ausverkaufs), waren die anfänglichen 5-Pence-Emissionen nach sechs Jahren inzwischen 362 Pence wert. Das bedeutete einen 70-fachen Gewinn für die glücklichen Freunde der Ladengründerin, die bei den ersten Aktienemissionen eingestiegen waren. Body Shop wird an der Londoner Börse gehandelt, aber man kann die Aktie ebenso über die meisten amerikanischen Broker kaufen.

Hier haben wir ein weiteres umweltbewusstes Unternehmen wie Celestial Seasonings oder Ben & Jerry's Eiscreme. Man verwendet für die Produktion nur natürliche Substanzen (einschließlich einiger durch die Kayapó-Indianer aus dem Regenwald gewonnenen Extrakte, dessen Bäume die Menschen dort wohl aus Überlebensgründen absägen würden, wenn sie diesen Job nicht hätten); vermeidet Werbung; gibt allen Angestellten einen bezahlten Tag in der Woche frei, um sich für das Gemeinwohl zu engagieren; stellt Gesundheit über Schönheit (schließlich und letztendlich: Wie viele von uns können jemals noch schöner werden?); Einkaufstüten werden wiederverwertet; und für jede Flasche, die man zum Nachfüllen zurückbringt, erhält man 25 Cent Belohnung.

Body Shop hat sich anderen Idealen als dem Geld verschrieben, doch das hat die Läden nicht daran gehindert, inzwischen Riesenmengen davon einzubringen. Cathy Stephenson erzählte mir, dass sie als Franchisenehmerin damit rechnen konnte, bereits im ersten Geschäftsjahr einen Profit zu erzielen. Ihr Laden in der Burlington Mall war so gut gelaufen, dass sie bereits in den Vorbereitungen zu einem zweiten Laden am Harvard Square in Cambridge steckte, und das mitten in einer Rezession.

Trotz der Rezession haben die Body Shops 1991 Gewinn beim sogenannten flächenbereinigten Umsatz verzeichnet. (Der flächenbereinigte Umsatz ist einer der zwei oder drei Schlüsselfaktoren bei der Analyse von Einzelhandelsunternehmen.) Die Produkte von Body Shop sind teurer als herkömmliche Shampoos und Lotionen, die man in den Supermärkten kaufen kann, aber billiger als die Produkte aus dem Fachhandel. Dadurch sitzt die Firma in einer „Preisnische".

Das Beste an der ganzen Geschichte war, dass die Expansion sich erst im Frühstadium befand und die Idee offensichtlich weltweites Interesse hervorrief. Die meisten Filialen gab es mit bislang 92 Body Shops in Kanada. Das Unternehmen war bereits zum erfolgreichsten Einzelhändler Kanadas geworden, wenn man die Umsätze je Quadratmeter Ladenfläche heranzog.

Es gab erst einen Body Shop in Japan, einen in Deutschland und 70 in den USA. Wenn in Kanada, wo nur ein Zehntel der amerikanischen Bevölkerung lebt, 92 Body Shops existieren können, dann hätten in den USA wenigstens 920 Filialen eine Chance.

Das Unternehmen hatte noch Jahre des Wachstums vor sich und expandierte dabei vorsichtig und bedacht. Meiden Sie Einzelhändler, die zu schnell expandieren, besonders wenn sie es mithilfe von Krediten tun. Da der Body Shop ein Franchiseunternehmen war, konnte er mithilfe des Kapitals der Franchisenehmer expandieren.

Von diesem vorsichtigen und wohlüberlegten Vorgehen erfuhr ich durch Cathy Stephenson. Mit ihrem Body Shop in Burlington hatte sie bereits ihren Erfolg bewiesen, doch bevor ihr die Genehmigung für eine zweite Filiale am Harvard Square erteilt wurde, flog der Vorstandsvorsitzende aus England ein, um den Laden und Cathys Leistung zu begutachten. Hätte Body Shop dabei Eigenkapital investiert, wäre dieses Vorgehen nicht so bemerkenswert gewesen. Hier stand jedoch das Geld von Frau Stephenson auf dem Spiel, und trotzdem wurde ihre zweite Filiale nicht automatisch genehmigt.

Es war ein glücklicher Zufall, dass ich die Besitzerin eines Body Shops kannte, doch Millionen von Käufern weltweit hätten durch den

Besuch einer Filiale den gleichen Eindruck erhalten können, und durch das Lesen der Geschäfts- und Quartalsberichte die gleichen Fakten und Zahlen. Ich erwähnte gegenüber einem Pokerpartner, dass ich im Body Shop gewesen war, und er erzählte mir, dass seine Frau und seine Tochter total begeistert davon seien. Wenn eine 45-Jährige und eine 13-Jährige von ein und demselben Laden begeistert sind, ist es an der Zeit, einige Untersuchungen anzustellen.

Der flächenbereinigte Umsatz war in Ordnung, der Expansionsplan schien realistisch zu sein, die Bilanz war stark und das Unternehmen vergrößerte sich um 20–30 Prozent im Jahr. Wo also lag der Haken? Beim KGV von 42, berechnet nach den S&P-Gewinneinschätzungen von 1992.

Jede Wachstumsaktie, die zum 40-fachen voraussichtlichen Gewinn des kommenden Jahres gehandelt wird, ist gefährlich teuer und in den meisten Fällen überbewertet. Das KGV einer Aktie sollte nahe oder unter ihrer Wachstumsrate liegen, das ist eine Daumenregel. Unter der Wachstumsrate versteht man den Prozentsatz, mit dem sich jährlich die Gewinne steigern. Selbst das am schnellsten expandierende Unternehmen erreicht kaum mehr als eine 25-prozentige Wachstumsrate, eine Wachstumsrate von 40 Prozent ist eine Rarität. Ein derart rasanter Fortschritt kann nicht lange anhalten und Firmen, die zu schnell wachsen, tendieren dazu, sich selbst kaputt zu machen.

Zwei Analysten, die Body Shop verfolgen, prognostizierten für die nächsten Jahre einen fortlaufenden Zuwachs von 30 Prozent. Wir haben es hier also mit einem 30-prozentigen Wachstumswert zu tun, der zum 40-fachen Gewinn notierte. Betrachtet man das Ganze abstrakt, dann waren das keine attraktiven Zahlen, aber im Hinblick auf den aktuellen Aktienmarkt waren sie gar nicht so schlecht.

Als ich die Firma überprüfte, lag das KGV des gesamten S&P 500 bei 23 und Coca-Cola hatte ein KGV von 30. Müsste ich mich zwischen Coca-Cola, einem 15-prozentigen Wachstumswert, der zum 30-fachen Gewinn notiert, und Body Shop, einem 30-prozentigen Wachstumswert, der mit dem 40-fachen Gewinn bewertet wird, entscheiden, so würde ich letzteren bevorzugen. Ein Unternehmen mit einem hohen KGV, das sehr schnell expandiert, wird am Ende ein Unternehmen mit einem niedrigeren KGV, das langsamer expandiert, übertreffen.

Die Schlüsselfrage war, ob Body Shop tatsächlich eine 25- bis 30-prozentige Wachstumsrate aufrechterhalten konnte, bis es seinen derzeitigen hochfliegenden Kurs eingeholt hatte. Das ist zwar leichter gesagt als getan, aber ich war davon beeindruckt, dass die Firma sich auf neuen Märkten behauptet hatte und weltweit beliebt war. Praktisch von Anfang an handelte es sich um ein internationales Unternehmen. Die Firma hatte sich auf sechs Kontinenten niedergelassen und noch nicht einmal einen Bruchteil der dort vorhandenen Potenziale ausgeschöpft. Sollte alles nach Plan laufen, gäbe es irgendwann vielleicht Tausende von Body Shops und die Aktie könnte um weitere 7.000 Prozent steigen.

Dieser einzigartige weltweite Aspekt brachte mich dazu, das Unternehmen öffentlich in *Barron's* zu unterstützen. Ich hätte seine Aktie allerdings nie als die einzige empfohlen, die man besitzen sollte, und ich war mir bewusst, dass der hohe Kurs in Relation zu den Gewinnen nur wenig Spielraum für einen Irrtum ließ. In einer solchen Situation ist es das Beste, mit einem kleinen Aktienpaket einzusteigen und nach dem nächsten Ausverkauf aufzustocken.

Das Faszinierende an solchen schnellen Wachstumswerten im Einzelhandel, egal ob es sich um den Body Shop, Wal-Mart oder Toys "R" Us handelt, ist, dass man sehr viel Zeit hat, um einzusteigen. Bevor man investiert, kann man es sich erlauben, abzuwarten, bis sich die Situation aufhellt. Man muss sich nicht überstürzt einkaufen, während die Erfinderin der Body-Shop-Lotionen ihre Mittelchen immer noch in der heimischen Scheune ausprobiert. Sie müssen auch keine Aktien kaufen, wenn es 100 Body Shops in England oder sogar 300 oder 400 weltweit gibt. Noch acht Jahre, nachdem das Unternehmen an die Börse ging, war es nicht zu spät, um mit einer Idee, die ganz klar noch nicht voll eingeschlagen hatte, Geld zu verdienen.

Sollte Ihnen jemand erzählen, dass eine Aktie, die bereits um das 10- oder 50-Fache gestiegen ist, nicht weiter steigen kann, dann zeigen Sie dieser Person den Wal-Mart-Chart. Vor 23 Jahren, im Jahr 1970, ging Wal-Mart mit 38 Läden, von denen die meisten in Arkansas angesiedelt waren, an die Börse. Fünf Jahre später, im Jahr 1975, bestand Wal-Mart aus 104 Läden und der Aktienkurs hatte sich vervierfacht. Zehn Jahre später, im Jahr 1980, gab es schon 276 Läden und die Aktie hatte sich beinahe verzwanzigfacht.

Viele glückliche Einwohner von Bentonville in Arkansas, dem Heimatort des Gründers von Wal-Mart, dem vor Kurzem verstorbenen Sam Walton, haben bei der ersten Gelegenheit investiert und ihr Geld in den ersten zehn Jahren verzwanzigfacht. War es dann an der Zeit, zu verkaufen und auf die Computerbranche umzusteigen? Nicht, wenn diese Leute an Gewinne glaubten. Einer Aktie ist es egal, wem sie gehört, und das Problem der Habgier lässt sich wohl am besten in der Kirche oder beim Psychiater lösen – nicht bei der Altersvorsorge.

Es ging hier nicht darum, herauszufinden, ob Wal-Mart seine Aktionäre für ihre Gier bestrafen würde, sondern ob die Firma ihren Markt gesättigt hatte. Die Antwort war einfach: Sogar in den Siebzigerjahren, nach all den Kurs- und Gewinnzuwächsen, waren erst 15 Prozent der USA mit Wal-Mart-Läden abgedeckt. Das hieß, es waren noch 85 Prozent übrig, in denen die Firma nach wie vor expandieren konnte.

Sie hätten die Wal-Mart-Aktie noch 1980 kaufen können, ein Jahrzehnt nachdem das Unternehmen an die Börse ging und der Kurs sich bereits verzwanzigfacht hatte – und Sam Walton als der Milliardär, der privat einen Pick-up fuhr, berühmt wurde. Hätten Sie die Aktie von 1980 bis 1990 besessen, hätten Sie den 30-fachen Gewinn erzielt, und 1991 hätten Sie weitere 60 Prozent Gewinn gemacht, alles in allem ein 50-Bagger in elf Jahren. Die geduldigeren Erstaktionäre konnten ihre Habgier auf noch mehr als ihren ursprünglichen 20-fachen Gewinn befriedigen. Außerdem haben sie jetzt keinerlei Probleme, ihre Psychiater zu bezahlen.

Bei den Einzelhändlern und den Restaurantketten entsteht das Wachstum, das die Gewinne ankurbelt, in erster Linie durch Expansion. Solange die flächenbereinigten Umsätze zunehmen (die entsprechenden Zahlen finden sich in den Geschäfts- und Quartalsberichten), die Firma nicht durch übermäßige Schulden behindert ist und ihren Expansionsplänen wie im Geschäftsbericht beschrieben folgt, lohnt es sich, dabeizubleiben.

Kürze	Unternehmen	Kurs 13.1.1992
BOSU*	Body Shop	325 p

*Gehandelt an der London Stock Exchange

9

Hoffnungsträger in schlechten Zeiten

Wie mich der Kollaps der Immobilienwerte zu Pier 1, Sunbelt Nursery und General Host brachte

In einer ruhigen und friedlichen Umgebung nach etwas Ungewöhnlichem zu suchen mag sich als genauso unbefriedigend herausstellen, wie Detektivarbeit von einem gut gepolsterten Lehnstuhl aus zu betreiben. Man muss in diejenigen Gefilde vorstoßen, die andere Investoren und vor allem Fondsmanager nicht zu betreten wagen oder, um es auf den Punkt zu bringen, in die sie nicht zu investieren wagen. Als sich 1991 dem Ende zuneigte, waren die gefürchtetsten Regionen der Wohnungsbau und der Immobilienmarkt.

Der Immobilienmarkt war seit zwei Jahren das nationale Schreckgespenst gewesen. Es wurde gemunkelt, dass sich der berühmte Kollaps des gewerblichen Immobilienmarkts auf die privaten Immobilien ausweiten würde – man erwartete, dass die Hauspreise derart schnell in den Keller fallen würden, dass Hauseigentümer ihren Besitz bald nur noch verschenken konnten.

Ich beobachtete diese Verzweiflung in meiner eigenen Umgebung in Marblehead, wo so viele Verkaufsschilder in den Gärten auftauchten, dass man hätte annehmen können, das Verkaufsschild sei das neue Staatssymbol von Massachusetts. Als die frustrierten Verkäufer es leid geworden waren, auf angemessene Kaufangebote zu warten, verschwanden die Schilder schließlich wieder. Die Leute beschwerten sich, dass sie unmögliche Angebote bekämen, die 30–40 Prozent unter dem lagen, was vor zwei oder drei Jahren üblich war. In wohlhabenden Gegenden gab es viele klare Anzeichen dafür, dass der große Immobilienboom sich in nichts aufgelöst hatte.

Da zu den betroffenen wohlhabenden Hausbesitzern auch Zeitungsverleger, Fernsehmoderatoren und Wall-Street-Geldmanager gehörten, kann man leicht verstehen, warum der Immobilienkollaps so viel Aufmerksamkeit von Presse und Fernsehen erhielt. Bei vielen dieser Berichte ging es um den Kollaps im gewerblichen Immobilienmarkt, aber da das Wort „gewerblich" nicht in den Überschriften auftauchte, erhielt man den Eindruck, dass jeglicher Immobilienbesitz in Kürze wertlos sein würde.

Was mir eines Tages auf der letzten Seite der Zeitung ins Auge fiel, war eine Nachricht des landesweiten Maklerverbands National Association of Realtors: Der Preis für ein durchschnittliches Haus stieg. Die Preise waren 1989, 1990 und 1991 gestiegen, wie das in jedem Jahr seit 1968, als der Verband damit begann, seine Statistik zu veröffentlichen, der Fall war.

Der Preis für ein Durchschnittshaus ist nur eine von vielen unauffälligen Tatsachen, die eine große Quelle der Kraft und des Trostes für diejenigen Investoren sein können, die bereit sind, die gefährlichsten Marktwinkel zu erforschen. Andere nützliche und unauffällige Tatsachen sind der „Erschwinglichkeitsindex" des Verbands der Hausbauer und der Prozentsatz der Hypothekenkredite, deren Schuldner sich im Zahlungsverzug befinden.

Ich habe in den letzten Jahren bei mehreren Gelegenheiten festgestellt, dass die unauffälligen Fakten eine völlig andere Geschichte zu erzählen haben als die Fakten, die laut hinausposaunt werden. Eine Technik, die sich immer wieder bewährt hat, ist, abzuwarten, bis aus aller Munde über eine bestimmte Branche verkündet wird, dass es nicht mehr schlechter werden könne, und dann Aktien der stärksten Unternehmen dieser Branche zu kaufen.

(Diese Technik ist allerdings nicht idiotensicher. Von der Öl- und Gasförderindustrie wurde 1984 behauptet, dass es nun nicht mehr schlechter werden könne, und trotzdem hat sich die Situation seitdem immer weiter verschlechtert. Es ist sinnlos, in eine heruntergewirtschaftete Unternehmung zu investieren, wenn die unauffälligen Fakten nicht darauf hinweisen, dass die Verhältnisse sich verbessern werden.)

Die Nachricht über die Preissteigerung für ein Durchschnittshaus im Jahr 1990 und erneut 1991 wurde so schlecht verbreitet, dass mir niemand glauben wollte, als ich sie in der *Barron's*-Runde vorbrachte. Darüber hinaus hatten auch sinkende Zinsen Häuser erschwinglicher gemacht als je zuvor in den vergangenen zehn Jahren. Der Erschwinglichkeitsindex war so hervorragend, dass ein besserer privater Immobilienmarkt eigentlich unvermeidlich war – außer wenn die Rezession ewig dauern würde.

Obwohl die unauffälligen Fakten auf eine positive Entwicklung hinwiesen, waren dennoch viele einflussreiche Leute über den Immobilienkollaps beunruhigt, und die Kurse jeglicher Firmen, die auch nur im Entferntesten mit Hausbau und -finanzierung zu tun hatten, spiegelten deren pessimistische Haltung wider. Im Oktober 1991 kontrollierte ich Toll Brothers, eine sehr bekannte Baufirma, die von Zeit zu Zeit in meinem Portfolio und in meinen Notizbüchern aufgetaucht war. Ganz klar, Toll Brothers war von 12 5/8 Dollar auf 2 3/8 Dollar gefallen – ein umgekehrter 5-Bagger. Offensichtlich waren viele der Verkäufer selbst Besitzer großer Häuser.

Ich entschied mich, Toll Brothers weiter zu verfolgen, weil ich es als starkes Unternehmen mit den nötigen Finanzen in Erinnerung hatte, um eine Krise zu überstehen. Ken Heebner, ein großartiger Fondsmanager, der mir Toll Brothers vor Jahren empfohlen hatte, hatte mir erzählt, was für ein hervorragendes Unternehmen dies war. Alan Leifer, ein Kollege von Fidelity, hatte es im Aufzug ebenfalls einmal positiv erwähnt.

Toll war absolut darauf beschränkt, Häuser zu bauen, und hatte mit der Erschließung von Bauland nichts zu tun. Dadurch wurde kein Eigenkapital auf dem Grundstücksmarkt riskiert. Da ein Großteil der wenig kapitalkräftigen Konkurrenz auf der Strecke blieb, glaubte ich, dass Toll Brothers nach Beendigung der Rezession einen größeren Anteil des Baumarkts für sich einnehmen würde. Langfristig betrachtet bedeutete der letzte Markteinbruch einen Vorteil für Toll.

Woher also kam diese Beurteilung, die ein fünffaches Schrumpfen der Toll-Brothers-Aktie rechtfertigte? Ich las den letzten Geschäftsbericht, um das herauszufinden. Die Schulden hatten sich um 28 Millionen Dollar verringert und das Barvermögen hatte sich um 22 Millionen Dollar erhöht, sodass sich die Bilanz während dieser harten Zeit sogar verbessert hatte. Ebenso das Auftragsbuch. Toll Brothers war für die nächsten zwei Jahre mit Bauaufträgen versorgt. Wenn es irgendein Manko gab, dann höchstens das, dass die Firma zu viel Geschäft machte.

Die Firma hatte auf einige neue Märkte expandiert und war gut positioniert, um aus einer Markterholung Gewinn zu schlagen. Es war kein überragender Boom auf dem Baumarkt nötig, damit Toll Rekordgewinne einstreichen konnte.

Sie können sich vorstellen, wie aufgeregt ich darüber war, eine Firma entdeckt zu haben, die kaum Schulden und genügend Aufträge für die nächsten zwei Jahre hatte, ihre Konkurrenz weit aus dem Rennen schlug und deren Aktie obendrein zu einem Fünftel des 1991er-Höchststands verkauft wurde.

Im Oktober setzte ich Toll Brothers an die Spitze meiner *Barron's*-Liste, mit der Absicht, die Aktie beim Runden Tisch im Januar zu empfehlen. Zwischenzeitlich vervierfachte sich der Wert jedoch auf acht Dollar und als sich die Diskussionsrunde dann schließlich traf, hatte der Kurs wieder zwölf Dollar erreicht. Hier haben Sie einen Tipp von den Goldsuchern, die nach den Anomalien der letzten Wochen des Jahres schürfen: Handeln Sie schnell! Schnäppchenjäger brauchen heutzutage nicht mehr besonders lange, um die Superangebote der

Aktienmärkte zu entdecken, und wenn sie ihre Käufe erst einmal getätigt haben, sind es keine Superangebote mehr.

Es ist mir mehr als einmal passiert, dass ich einen potenziellen Gewinner gefunden habe, der durch die steuerbedingten Zwangsverkäufe im Herbst niedergeschmettert worden war, nur um mitanzusehen, wie er in die Höhe schnellte, bevor ich seinen Namen zwei Monate später in *Barron's* veröffentlichen konnte. 1991 stieg der Kurs von Good Guys, einer Ladenkette mit Elektro- und Elektronikartikeln, zwischen dem 14. Januar (dem Tag der *Barron's*-Sitzung, an dem ich die Aktie empfahl) und dem 21. Januar (dem Tag, an dem das Magazin auf den Markt kommen sollte) dramatisch an. Am 19. Januar beschloss ich gemeinsam mit den Herausgebern, dass wir Good Guys aus dem Text streichen würden.

Offensichtlich war ich im Herbst 1991 nicht der einzige Investor, der Toll Brothers entdeckte. Frustriert darüber, dass die anderen bereits Hurra brüllten, noch bevor ich eine Chance hatte, die Firma in *Barron's* zu erwähnen, richtete ich meine Aufmerksamkeit auf andere Unternehmen, von denen ich glaubte, dass sie nicht so offensichtlich von der überbewerteten Immobilienkrise profitieren würden. Als Erstes kam mir dabei Pier 1 in den Sinn.

Pier 1

Man musste kein Hellseher sein, um zu wissen, dass die Menschen, die in ihre neu erworbenen Häuser einzogen – egal ob Alt- oder Neubau –, Lampen, Raumteiler, Untersetzer, Tischdecken, Teppiche, Vorhänge, anderen Schnickschnack und vielleicht ein paar Rattansofas und Rattanstühle brauchen würden. Käufer, die mit ihrem Geld haushalten mussten, konnten all das zu erschwinglichen Preisen bei Pier 1 bekommen.

Selbstverständlich hatte ich Pier 1 auch im Magellan schon besessen. Das Unternehmen war 1966 aus Tandy ausgegliedert worden, und der Erfolg dieser Möbelhäuser mit dem asiatischen Flair wurde mir von meiner Frau Carolyn nahegebracht, die es selbst liebte, im Pier 1 am Rande der North Shore Shopping Mall herumzubummeln. Pier 1 war in den Siebzigerjahren eine großartige Aktie gewesen, der die Luft ausging, die aber dann in den Achtzigerjahren einen weiteren Höhepunkt erlebte. Investoren, die diese Aktie während Pier 1s letzter Renaissance gekauft hatten, wurden bis zur großen Korrektur 1987 sehr gut dafür belohnt. Da allerdings fiel der Wert von 14 auf 4 Dollar. Danach schnellte er wieder auf 12 Dollar hoch und hielt sich dort bis zum Saddam-Ausverkauf, wo er erneut einbrach – diesmal auf 3 Dollar.

Als ich zum dritten Mal auf die Aktie aufmerksam wurde, hatte sie sich bereits zwischenzeitlich auf zehn Dollar erholt, war dann aber auf sieben Dollar abgerutscht. Ich nahm an, dass die Aktie bei sieben Dollar wahrscheinlich unterbewertet sei, besonders wenn man von einer Erholung der Immobilienbranche ausging. Ich kramte meinen Pier-1-Ordner hervor, um mein Gedächtnis aufzufrischen. Zwölf Jahre lang verzeichnete das Unternehmen Rekordgewinne, bevor es von der Rezession betroffen wurde. Zu einem gewissen Zeitpunkt hatte ein Konglomerat namens Intermark 58 Prozent der Aktien besessen, sie völlig überteuert zum Verkauf angeboten und angeblich ein Kaufangebot von 16 Dollar pro Aktie abgelehnt. An der Börse wurde erzählt, dass Intermark für 20 Dollar ausharren wollte, doch als die Firma später in Geldnöte geriet, musste sie ihr gesamtes Pier-1-Paket zu sieben Dollar pro Aktie abstoßen. Kurze Zeit später ging Intermark bankrott.

Die Tatsache, dass das Damoklesschwert der Intermark-Anteile aus dem Weg geräumt war, eröffnete eine vielversprechende Entwicklung. Ende September 1991 und nochmals am 8. Januar 1992 sprach ich mit Pier 1s Vorstandsvorsitzendem Clark Johnson. Dabei erwähnte er einige günstige Faktoren: (1) Das Unternehmen hatte 1991 in einer sehr problematischen Wirtschaftslage einen Gewinn erzielt; (2) pro Jahr vergrößerte sich das Unternehmen um 25–40 neue Filialen; und (3) mit gegenwärtig nur 500 Filialen in den USA war der Marktsättigungsgrad noch lange nicht erreicht. Außerdem war es der Firma 1991 gelungen, die Ausgaben zu reduzieren, und das, obwohl 25 neue Filialen eröffnet worden waren. Dank Pier 1s Bemühungen, Kosten zu reduzieren, hatte sich die Gewinnspanne beständig verbessert.

Was den altbewährten, zuverlässigen Indikator des flächenbereinigten Umsatzes angeht, so berichtete Johnson, dass in Regionen, in denen die Rezession besonders hart zugeschlagen hatte, der Umsatz um neun Prozent zurückgegangen war, er jedoch im Rest des Landes zugelegt hatte. Da es während einer Rezession nicht ungewöhnlich ist, dass der flächenbereinigte Umsatz abnimmt, wertete ich diesen Bericht als leicht positiv. Ich wäre weitaus mehr beunruhigt gewesen, wenn der flächenbereinigte Umsatz in einer Zeit des allgemeinen Wirtschaftswachstums im Einzelhandel zurückgegangen wäre, in der wir uns aber nicht befanden.

Wann immer ich einen Einzelhändler bewerte, versuche ich zusätzlich zu den Faktoren, die wir bereits diskutiert haben, einen Blick auf die Lagerbestände zu werfen. Wenn sich die Vorräte über das normale Level hinaus vergrößern, dann ist das ein Warnsignal dafür, dass das Management eventuell schlechte Verkaufszahlen vertuschen will. In der Folge muss das Unternehmen dann unverkaufte Ware zu Billigstpreisen abgeben und seine Schwierigkeiten eingestehen. Bei Pier 1 hatten sich die Vorräte jedoch nur aus dem Grund erhöht, weil die Firma die Regale in 25 neuen Filialen auffüllen musste. Davon abgesehen waren die Zahlen akzeptabel.

Hier hatten wir also ein schnell expandierendes Unternehmen mit genügend Spielraum für weiteres Wachstum. Die Kosten wurden reduziert, die Gewinnspannen vergrößert und trotz eines schlechten Jahres wurden Gewinne erzielt. Pier 1 hatte seine Dividende in den letzten fünf Jahren stetig angehoben und war im aufsteigenden Hausbaumarkt bestens positioniert. Darüber hinaus waren viele von Carolyns Freunden von Pier 1 ebenfalls sehr angetan. Ein zusätzlicher Bonus an der ganzen Sache war zudem Sunbelt Nursery.

1991 verkaufte Pier 1 50,5 Prozent seiner Sunbelt-Nursery-Kette an der Börse. Von den daraus resultierenden 31 Millionen Dollar Einnahmen flossen 21 Millionen Dollar in die Schuldentilgung und die restlichen zehn Millionen Dollar gingen an Sunbelt, um dessen Umstrukturierung und Expansion zu finanzieren. Insgesamt hatte sich der Schuldenberg von Pier 1 dadurch 1991 um 80 Millionen Dollar reduziert. Eine starke Bilanz sprach dagegen, dass Pier 1 in Kürze bankrottgehen würde, was während einer Rezession mit hoch verschuldeten Einzelhändlern häufig passiert.

Der 31-Millionen-Dollar-Erlös aus dem Verkauf des halben Sunbelt-Unternehmens lag sechs Millionen Dollar über dem Gesamtkaufpreis aus dem Jahr 1990. Wenn man bedachte, dass die andere Hälfte von Sunbelt, die sich ja weiterhin im Besitz von Pier 1 befand, ebenfalls 31 Millionen Dollar wert war, dann hatten wir hier einen kostbaren verborgenen Substanzwert.

Während ich mir all das betrachtete, notierte die Pier-1-Aktie bei sieben Dollar mit einem KGV von 10, das auf Gewinnschätzungen von 70 Cent pro Aktie im Jahr 1992 basierte. Da das Unternehmen um 15 Prozent jährlich wuchs, war ein KGV von 10 ein vielversprechender Wert. Als ich im Januar nach New York flog, um mich mit den anderen Rundenmitgliedern zu treffen, notierte die Aktie bereits bei 7,75 Dollar. Trotzdem hielt ich sie für einen guten Kauf, sowohl wegen ihrer eigenen Vorzüge als auch im Hinblick auf den „Sunbelt-Effekt".

Monat für Monat mussten einige mehr von Pier 1s größten Konkurrenten unter den Einrichtungshäusern, meistens örtliche Familienbetriebe, ihre Pforten schließen und gingen bankrott. Die großen Kaufhäuser stießen ihre Einrichtungsabteilungen ab und konzentrierten sich auf Kleidung und Mode-Accessoires. Im Zuge des nächsten Wirtschaftsaufschwungs wird Pier 1 einen gewaltigen Anteil eines Marktes beanspruchen, in dem scheinbar immer weniger Unternehmen konkurrieren wollen.

Vielleicht bin ich ja ein verhinderter Heiratsvermittler. Wann immer ich mich für ein Unternehmen interessiere, versuche ich mir gleichzeitig vorzustellen, welche andere Firma vielleicht Interesse daran hätte, es zu besitzen. In meinen Tagträumen stelle ich mir vor, dass Pier 1 eine logische Bereicherung für Kmart wäre, das an seinen vor

Kurzem erworbenen Drogerie-, Buchhandlungs- und Bürobedarfsketten nur wenig Freude hat und stetig auf der Suche nach neuen Expansionsmöglichkeiten ist.

Sunbelt Nursery

Ungefähr zehn Sekunden nachdem ich den Pier-1-Ordner zurückgestellt hatte, zog ich den Sunbelt-Nursery-Ordner hervor. Oft führt eine Aktie zur nächsten und der leidenschaftliche Stockpicker befindet sich somit auf einer neuen Spur, genauso wie ein abgerichteter Hund sich auf seine Nase verlässt und neue Gerüche aufschnappt.

Sunbelt ist ein Einzelhandelsunternehmen, das im Gartenpflanzen- und Gartenzubehörsektor tätig ist. Ich war auf die Idee gekommen, dass dieses Geschäft mindestens genauso von einem Aufschwung des Immobilienmarkts profitieren würde wie Lampenschirme und Geschirrabtropfgestelle. Jeder neue Hausbesitzer würde Bäume, Sträucher, Blumen und so weiter benötigen, um sein neues Heim zu verschönern.

Während ich so vor mich hin brütete, kam mir auch in den Sinn, dass Gartencenter eine der letzten Domänen der Familienunternehmen waren, die noch nicht von Franchises und Ladenketten verdrängt wurden. Theoretisch gab es hier ein großes Potenzial für eine gut geführte regionale oder nationale Gartencenterkette, die für Blumenbeete das leisten konnte, was Dunkin' Donuts für den Donut getan hatte.

Konnte Sunbelt eine nationale Ladenkette werden? Unter dem Namen Wolfe Nursery in Texas und Oklahoma, Nurseryland Garden Centers in Kalifornien und Tipp Top Nursery im Gebiet von Arizona hatte sich Sunbelt bereits auf sechs der elf größten Gartenmärkte der USA etabliert. Einem Researchbericht von Smith Barney zufolge, der auf meinem Tisch gelandet war, versuchte das Unternehmen, sich besonders dem „gut verdienenden, auf Qualität bedachten Kunden“ zu widmen, „der an einer größeren und qualitativ höherwertigen Auswahl von Pflanzen und Zubehör interessiert ist und einen besseren

Service wünscht, als er normalerweise von niedrigpreisorientierten Einzelhändlern geboten wird."

Ursprünglich hatte sich Sunbelt gemeinsam mit Pier 1 aus Tandy heraus entwickelt. Meine erste Bekanntschaft mit dem selbstständigen Unternehmen machte ich im August 1991, als die Sunbelt-Führungsriege im Rahmen einer Roadshow nach Boston kam, um einen Teil der 3,2 Millionen Aktien zu verkaufen, die Pier 1 auf den Markt geworfen hatte. Bei diesem Treffen erhielt ich einen Emissionsprospekt, auch „red herring" genannt, aufgrund der knallroten Linien, mit denen die grässlichen vorgeschriebenen Warnungen unterstrichen sind, die im gesamten Prospekt verstreut sind. Liest man einen dieser Prospekte, so ist das, als ob man das Kleingedruckte auf der Rückseite eines Flugtickets läse. Das meiste davon ist langweilig, außer den aufregenden Abschnitten, die einen davon abhalten können, jemals ein Flugzeug zu besteigen beziehungsweise eine einzigen Aktie zu kaufen.

Da Erstemissionen oft ausverkauft sind, kann man davon ausgehen, dass viele Investoren die markierten Absätze ignorieren. Darüber hinaus enthält ein Emissionsprospekt jedoch auch sehr nützliche Informationen, die man nicht übersehen sollte.

Die Erstemission von Sunbelt verlief bei einem Kurs von 8,50 Dollar pro Aktie sehr erfolgreich. Dank dieser Einnahmen startete die Firma mit einer starken Bilanz in die Unabhängigkeit – keine Schulden und zwei Dollar je Aktienanteil an Barvermögen. Sie plante, das Barvermögen zur Renovierung der besten unter den 98 Gartencentern zu verwenden, um dadurch deren Ertragspotenzial noch zu verbessern, und gleichzeitig ein paar Nieten zu schließen.

Diese Läden waren seit dem Vietnamkrieg nicht mehr renoviert worden, und es gab genügend Ansatzpunkte für Verbesserungen. Eine der wichtigsten Innovationen war, Gewächshäuser anzulegen, damit die Pflanzen und Blumen in den kälteren Monaten nicht erfrieren und als Mulch reinkarniert würden.

Mit 49 Prozent der Aktien war Pier 1 immer noch der Hauptaktionär von Sunbelt, ein Faktor, den ich sehr positiv bewertete. Ich wusste bereits, dass Pier 1 es verstand, ein Einzelhandelsunternehmen zu leiten, sodass es sich hier nicht so verhielt, als ob eine Versicherungsgesellschaft die Aktienmehrheit an einer Papierfirma hielte. Darüber hinaus hatte Pier 1 zwischenzeitlich selbst Umbaumaßnahmen durchgeführt, und ich war überzeugt, dass Sunbelt von diesen Erfahrungen profitieren konnte. Die Führungsspitze beider Unternehmen besaß jeweils selbst einen großen Anteil der Aktien, was ein zusätzlicher Ansporn dafür war, Sunbelt zum Erfolg zu führen.

Als ich so weit war, Sunbelt als potenziellen *Barron's* Kandidaten in Betracht zu ziehen, hatten die alljährlichen steuerbedingten Verkäufe im November und Dezember den Aktienkurs auf beunruhigende fünf Dollar hinuntergedrückt. Nach nur einem enttäuschenden Quartalsergebnis, hauptsächlich bedingt durch eine Reihe von Naturkatastrophen (frühzeitiger Frost in Arizona, 35 Zentimeter Regen in Texas), hatte Sunbelt rund die Hälfte seines Marktwerts verloren.

Welch eine Goldgrube für diejenigen Investoren, die den Mut hatten, nachzukaufen! Es handelte sich hier immer noch um die gleiche Firma, die zwei Monate zuvor zu 8,50 Dollar pro Aktie an die Börse gegangen war. Die Firma verfügte nach wie vor über zwei Dollar Barvermögen pro Aktie und die Renovierungspläne waren ebenfalls noch in Kraft. Bei fünf Dollar pro Aktie notierte Sunbelt unter seinem Buchwert von 5,70 Dollar, und mit Gewinnschätzungen von 50–60 Cent für 1992 lag das KGV knapp unter 10. Außerdem wuchs die Firma mit prognostizierten 15 Prozent im Jahr. Andere Gartenbau-Einzelhändler wurden zum doppelten Buchwert gehandelt und hatten KGVs von 20.

Eine weitere Möglichkeit, den wirklichen Wert einer Firma zu schätzen, ist, die Methode eines Hauskäufers anzuwenden, der beispielsweise die Preise vor Kurzem in der Umgebung verkaufter ähnlicher Häuser miteinander vergleicht. Indem ich den Aktienkurs von fünf Dollar mit der Anzahl der Sunbelt-Aktien von 6,2 Millionen multiplizierte, kam ich zu dem Schluss, dass der Marktwert des Gesamtunternehmens einschließlich der 98 Gartenbaucenter bei 31

Millionen Dollar lag. (Normalerweise muss man bei diesem Rechenexempel noch die Schulden abziehen, aber da Sunbelt keine hatte, konnte ich diesen Schritt vergessen.)

Ich überprüfte andere Gartencenterbetreiber, die an der Börse notiert waren, und entdeckte, dass Calloway's, das 13 Sunbelt-ähnliche Läden im Südosten betrieb, vier Millionen Aktien im Umlauf hatte, deren Kurs bei zehn Dollar notierte. Das ergab für Calloway's einen Marktwert von 40 Millionen Dollar.

Wenn Calloway's mit 13 Filialen einen Wert von 40 Millionen Dollar hatte, wie konnte es dann angehen, dass Sunbelt mit 98 Filialen nur einen Gesamtwert von 31 Millionen Dollar erreichte? Selbst wenn Calloway's ein besseres Unternehmen war, das pro Filiale mehr Geld erwirtschaftete als Sunbelt – was auch zutraf –, so hatte Sunbelt doch die siebenfache Anzahl an Filialen und erzielte das Fünffache an Umsatz. Stellte man das alles gegenüber, dann musste Sunbelt eigentlich einen Wert von 200 Millionen Dollar haben, also umgerechnet mehr als 30 Dollar je Aktie. Oder, von einer anderen Perspektive aus betrachtet, wäre Calloway's zum Beispiel überteuert und Sunbelt nur ein mittelmäßiges Unternehmen, so wäre Sunbelt immer noch billig.

Bis zu dem Zeitpunkt, als mein Sunbelt-Tipp gedruckt wurde, hatte sich die Aktie wieder auf 6,50 Dollar erholt.

General Host

Obwohl ich es nicht geplant hatte, wurde das Jahr 1992 zu dem Jahr, in dem sich Lynch auf Grünzeug spezialisierte. Genauso wie mich Pier 1 zu Sunbelt geführt hatte, führte mich Sunbelt zu General Host.

Man würde nie annehmen, dass General Host irgendetwas mit Pflanzen zu tun hätte. Es handelte sich um ein ziemlich exzentrisches Konglomerat, das einmal von allem und jedem etwas besaß – wodurch sich auch der Name irgendwie erklärt. Zu bestimmten Zeitpunkten hatten dem Unternehmen Hot Sam's Pretzels, Hickory-Farms-Läden und Kioske sowie American Salt gehört. Die Firma besaß auch All-American

Gourmet TV-Dinners, Van De Kamps (gefrorener Fisch) und Frank's Nursery & Crafts. Bevor Calloway's eigenständig wurde, hatte es ebenfalls zu diesem Konglomerat gehört.

In der letzten Zeit hat General Host seine Knabbereien, das Salz, die TV-Dinners, die Farm-Läden und den gefrorenen Fisch abgestoßen, um sich auf die 280 Frank's-Nursery-Filialen zu konzentrieren, die über 17 Staaten verteilt sind. Was mich gleich von Anfang an beeindruckte, war die Tatsache, dass die Firma langfristig plante, ihre eigenen Aktien zurückzukaufen. Vor Kurzem wurden einige Aktien bei zehn Dollar zurückgekauft, was uns verrät, dass die Insider bei General Host der Meinung sind, dass die Aktie mehr als zehn Dollar wert ist – andernfalls würden sie sicherlich kein Geld an die eigenen Aktien verschwenden.

Kauft ein Unternehmen Aktien zurück, auf die es vorher Dividende zahlte, und leiht sich zudem das Geld dafür, dann ergibt das einen doppelten Vorteil. Die Kreditzinsen lassen sich von der Steuer absetzen und die Firma reduziert ihre Dividendenausgaben, die sie sonst von dem Geld bezahlen muss, das ihr nach den Steuerabzügen übrig bleibt. Vor ein paar Jahren lag die Exxon-Aktie derart darnieder, dass sie aufgrund der Dividendenzahlungen mit acht bis neun Prozent rentierte. Damals gelang es Exxon, sich zu einem Zinssatz von acht bis neun Prozent Kredite zu beschaffen, mit denen es Millionen Aktien zurückkaufte. Da Kreditzinsen steuerlich abzugsfähig sind, zahlte Exxon in Wirklichkeit nur ungefähr fünf Prozent dafür, acht bis neun Prozent an Dividenden einzusparen. Dieses einfache Manöver erhöhte den Unternehmensgewinn, ohne dass ein zusätzlicher Tropfen Öl raffiniert werden musste.

Ich war davon beeindruckt, dass der Aktienkurs von General Host weit unter den Kurs gefallen war, zu dem die Firma vor Kurzem Aktien zurückgekauft hatte. Wenn ich oder Sie Aktien zu einem niedrigeren Kurs bekommen können, als ihn die Firma selbst bezahlte, dann lohnt es sich, diesen Deal einmal genauer zu betrachten. Außerdem ist es ein gutes Zeichen, wenn Insider, Führungskräfte und so weiter mehr als den aktuellen Kurs bezahlt haben. Insider sind nicht unfehlbar (Angestellte verschiedener Banken in Texas und Neuengland beispielsweise hatten während des gesamten Kursrutschs wie verrückt weiterhin Aktien gekauft), aber es gibt ein paar kluge Köpfe, die genau wissen, was sie tun, und nicht dazu neigen, ihr Geld in einen Flop zu investieren. Außerdem sind sie dazu bereit, besonders hart dafür zu arbeiten, dass sich ihre eigene Investition auszahlt. Das bringt uns zu Peters Prinzip Nummer 15:

Kaufen Insider, so ist das ein gutes Zeichen, außer es handelt sich zufällig um Bankangestellte in Neuengland.

Während ich also den letzten General-Host-Bericht überprüfte, hielt ich es für ein gutes Zeichen, dass sich der Vorstandsvorsitzende und Besitzer von einer Million Aktienanteilen, Harris J. Ashton, während des kürzlichen Kurssturzes von keiner einzigen seiner Aktien getrennt hatte. Ein weiteres verlockendes Detail war, dass der Buchwert von General Host neun Dollar pro Aktie betrug und damit über dem Aktienkurs von sieben Dollar lag. Anders ausgedrückt bekam der Aktienkäufer neun Dollar an Wert zu sieben Dollar. Das entsprach meiner Vorstellung von einer guten Investition.

Wann immer der Buchwert ins Spiel kommt, stelle ich mir die gleiche Frage, die uns hinsichtlich eines Kinofilms bewegt: Steckt da eine wahre Geschichte dahinter oder hat sich das jemand ausgedacht? Beim Buchwert kann jede der beiden Möglichkeiten zutreffen. Um die Wahrheit zu ergründen, werfe ich einen Blick auf die Bilanz.

Um meine Dreiminutenübung in Sachen Bilanzen detaillierter zu beschreiben, betrachten wir uns die Bilanz von General Host einmal etwas genauer (Seiten 228 und 229). Normalerweise gibt es in einer Bilanz eine rechte und eine linke Seite. Auf der rechten Seite sind die Passiva der Firma aufgeführt (das heißt, wie viele Schulden die Firma hat) und auf der linken Seite die Aktiva (das heißt, was die Firma besitzt). Die Differenz zwischen den beiden Seiten, alle Aktiva minus

Tabelle 9-1 **Konzernbilanz – General Host Corporation**

27. Januar 1991 und 28. Januar 1990	*1990*	*1989*
(In Tsd. Dollar)		
Aktiva		
Umlaufvermögen		
Barmittel und Gleichwertiges	**$ 65.471**	$ 110.321
Wertpapiere des Umlaufvermögens	119	117
Außenstände und Wechselforderungen	4.447	2.588
Ertragsteuerforderungen	4.265	13.504
Wert der Lagerbestände	**77.816**	83.313
Transitorische Aktiva	7.517	7.107
Gesamtumlaufvermögen	159.635	217.450
Sachanlagen nach Abzug der aufgelaufenen Abschreibung von $ 77.819 bzw. $ 61.366	245.212	246.316
Immaterielle Anlagewerte nach Abzug der aufgelaufenen Abschreibung von $ 5.209 bzw. 4.207	**22.987**	23.989
Andere Vermögenswerte und Abgrenzungsposten, die erst in der nächsten Bilanz zum Tragen kommen	17.901	18.138
	$ 445.735	$ 505.893
Verbindlichkeiten und Eigenkapital		
Laufende Passiva		
Kreditoren	**$ 47.944**	63.405

Kostenrückstellungen	41.631	38.625
Aktuelle Aufwendungen für langfristige Verschuldung	9.820	24.939
Gesamtkosten laufender Verbindlichkeiten	99.395	126.969
Langfristige Verbindlichkeiten:		
Vorrangige Schuldtitel	119.504	146.369
Nachrangige Schuldtitel abzgl. Emissionsdisagio	48.419	50.067
Gesamtsumme langfristiger Verbindlichkeiten	**167.923**	196.436
Abgegrenzte Ertragsteuern	20.153	16.473
Andere Verbindlichkeiten und abgegrenzte Erträge	9.632	12.337
Börsengeschäfte u. unvorhergesehene Ausgaben		
Eigenkapital		
Stammaktien im Nennwert von 1 $, zugelassene Aktien 100.000.000, ausgegebene Aktien 31.752.450	31.752	31.752
Überschusskapital am Nennwert	89.819	89.985
Freie Rücklagen	158.913	160.985
	280.484	282.592
Nettobetrag nicht realisierter Verluste aus langfristigen Anteilsrechten		(2.491)
Aufwendungen für 13.866.517 bzw. 12.754.767 Aktien im Eigenbesitz	(131.738)	(125.545)
Forderungen durch die Ausübung von Aktienoptionen	(114)	(878)
Eigenkapital insgesamt	**148.632**	153.678
	$ 445.735	$ 505.893

alle Passiva, ist das, was dem Aktionär gehört. Es wird als Aktionärsvermögen bezeichnet. Das Aktionärsvermögen ist mit 148 Millionen Dollar angegeben. Konnte man sich auf diese Zahl verlassen?

65 Millionen Dollar davon waren Barvermögen, sodass zumindest dieser Teil glaubwürdig erschien. Ob die restlichen 83 Millionen Dollar eine verlässliche Zahl darstellten, hing von der Art der Vermögenswerte ab.

Die linke Seite einer Bilanz, auf der die Vermögenswerte aufgeführt werden, kann eine ziemlich unklare Angelegenheit sein. Diese Seite beinhaltet Dinge wie Immobilien, Maschinen sowie andere Ausrüstungsgegenstände und Vorräte, die vielleicht nicht dem Wert entsprechen, den das Unternehmen dafür ansetzt. Eine Stahlproduktionsanlage kann mit 40 Millionen Dollar aufgeführt sein; ist die Ausstattung jedoch veraltet, bekommt man selbst auf einem Flohmarkt womöglich keinen Cent mehr dafür. Oder die Immobilie, die in den Büchern noch zum ursprünglichen Kaufpreis geführt wird, hat vielleicht an Wert verloren – obwohl meist eher das Gegenteil zutrifft.

Bei einem Einzelhandelsunternehmen wird die Ware ebenfalls zu den Aktiva gerechnet, und inwieweit man hier den angegebenen Zahlen vertrauen kann, hängt von der Art der Ware ab. Es könnte sich um altmodische Miniröcke handeln, die wertlos sind, oder es könnten weiße Socken sein, die immer Käufer finden. General Hosts Vorräte setzten sich aus Bäumen, Blumen und Sträuchern zusammen, die, wie ich annahm, einen angemessenen Wiederverkaufswert hatten.

Eventuelle Übernahmen eines anderen Unternehmens spiegeln sich in der „Goodwill"-Kategorie (oder, wie in unserem Fall, der Kategorie „immaterielle Vermögenswerte") wider, die hier 22,9 Millionen Dollar ausweist. Der Goodwill ist der Teil der Übernahmesumme, der über den Buchwert der aktuellen Vermögenswerte hinausgeht. Coca-Cola zum Beispiel ist weitaus mehr wert als seine Fabriken, Lastwagen und Sirupvorräte zusammengenommen. Würde General Host Coca-Cola aufkaufen, müsste die Firma allein für den Namen Coca-Cola, das eingetragene Warenzeichen und andere immaterielle Vermögenswerte Milliarden bezahlen. Dieser Teil des Kaufpreises würde in der Bilanz als Goodwill auftauchen.

Natürlich ist General Host zu klein, um Coca-Cola zu kaufen, aber das sollte nur ein Beispiel sein. Aus der Bilanz kann man erkennen, dass die Firma in der Vergangenheit bereits andere Unternehmen aufgekauft hat. Ob sie diese Goodwill-Ausgaben jemals wieder ausgleichen kann, darüber muss man spekulieren, und in der Zwischenzeit müssen die Goodwills allmählich gegen einen Teil der Gewinne abgeschrieben werden.

Man kann nicht mit Sicherheit davon ausgehen, dass die 22,9 Millionen Dollar Goodwill von General Host tatsächlich so viel wert sind. Würde der Goodwill die Hälfte des Gesamtvermögens betragen, hätte ich kein Vertrauen in den Buchwert oder in das Aktionärsvermögen. Wie sich herausstellt, sind 22,9 Millionen Dollar Goodwill bei einem Gesamtvermögen von 148 Millionen Dollar kein beunruhigender Prozentsatz.

Wir können folglich davon ausgehen, dass General Hosts Buchwert sich tatsächlich an die angegebenen neun Dollar pro Aktie annäherte.

Wenn wir uns die andere Seite der Bilanz betrachten, die Passiva, dann sehen wir, dass die Firma neben 148 Millionen Dollar Vermögen Schulden in Höhe von 167 Millionen Dollar hatte. Das war in der Tat beunruhigend. In einer Bilanz sollte das Kapitalvermögen doppelt so hoch sein wie die Schulden, und je höher das Kapitalvermögen und je niedriger die Schulden, desto besser.

Eine derart hohe Verschuldung würde in den meisten Fällen ausreichen, um eine Firma von der Kaufliste zu streichen, aber hier gab es mildernde Umstände: Die meisten dieser Schulden waren erst in ein paar Jahren fällig, und es handelte sich nicht um Bankschulden. Für ein hoch verschuldetes Unternehmen sind Bankschulden gefährlich, denn sobald irgendwelche Probleme auftauchen, wird die Bank ihr Geld zurückfordern. Das kann eine Situation, die ansonsten noch zu bewältigen wäre, in eine potenzielle Katastrophe verwandeln.

Ich wandte mich wieder der linken Seite zu und begutachtete den Warenbestand. Das ist immer ein Punkt, über den man sich bei Einzelhandelsunternehmen den Kopf zerbrechen muss. Es ist nicht gut, wenn ein Unternehmen zu viele Vorräte hat. Ist das der Fall, kann es bedeuten, dass die Firma Verluste nur zurückstellt, indem sie unverkaufte Waren nicht unverzüglich herabsetzt und abstößt. Häufen sich Vorräte an, ergeben sich als Resultat daraus überzogene Gewinne. Die Vorräte von General Host hatten sich, wie man aus Tabelle 9-1 erkennen kann, jedoch gegenüber den früheren Beständen verringert.

Eine stattliche Summe Verbindlichkeiten ist durchaus o. k. Man kann daran erkennen, dass General Host seine Rechnungen langsam beglich und demzufolge Bargeld bis zur letzten Minute für sich arbeiten ließ.

Im Geschäftsbericht beschrieb das Unternehmen, wie es mittels einer energischen Kampagne darum bemüht war, Kosten zu reduzieren, um wettbewerbsfähiger und profitabler zu arbeiten – das Ziel einer jeden amerikanischen Firma. Auch wenn die meisten Unternehmen gerne von derartigen Kampagnen berichten. Ob etwas dabei herauskommt, beweisen erst die S-, G- und A-Kategorien – wobei S (selling) für verkaufsbezogene, G (general) für allgemeine und A (administrative) für verwaltungsbezogene Ausgaben steht – in der Erfolgsrechnung (Tabelle 9-2). Man kann erkennen, dass diese Ausgaben bei General Host rückläufig waren, ein Trend, der auch 1991 anhielt.

Es stellte sich heraus, dass General Host verschiedene Schritte unternahm – sowohl auf der Erde als auch im Weltraum –, um sein Vermögen noch zu vergrößern. In irdischen Gefilden stattete sich die Firma mit neuen Computerkassen aus, um die Überprüfung des Warenbestands zu automatisieren. Das Ergebnis einer jeden Transaktion sollte an einen Satelliten gesendet werden, der das Signal wiederum an einen Zentralcomputer zurückschickte.

Sobald dieses Satellitensystem installiert sein würde, erwartete man, dadurch die Verkäufe in allen Filialen künftig exakter verfolgen zu können und somit dem Management schnellere Entscheidungen dahingehend zu ermöglichen, wann die Weihnachtssterne aufgestockt

Tabelle 9-2 Gewinn- und Verlustrechnung – General Host Corporation

Ende der Geschäftsjahre: 27. Januar 1991, bzw. 28. Januar 1990 und 29. Januar 1989	*1990*	*1989*	*1988*
(In Tsd., ausgenommen Werte je Aktie)			
Einnahmen:			
Umsatzerlöse	$ 515.470	$ 495.767	$ 466.809
Andere Erträge	4.103	13.179	11.661
	519.573	508.946	478.470
Kosten und Aufwendungen:			
Kosten der verkauften Erzeugnisse			
inkl. Betriebsaufwendungen	355.391	333.216	317.860
Verkaufs-, Verwaltung- und allgemeine Kosten	**145.194**	**156.804**	147.321
Zinsaufwendungen und andere Schuldenkosten	**21.752**	**26.813**	21.013
	522.337	516.833	486.194
Verluste aus bestehenden Unternehmensbereichen vor Ertragsteuern	(2.764)	**(7.887)**	(7.724)
Ertragsteuergutschrift	(6.609)	(8.768)	(3.140)
Gewinn (Verlust) aus bestehenden Unternehmensbereichen	3.845	881	(4.584)
Verlust aus aufgelösten Unternehmensbereichen		(3.424)	(12.200)
Gewinn (Verlust) vor außerordentlichen Verlusten	3.845	(2.543)	(16.784)
Außerordentliche Verluste			(4.500)
Nettogewinn (-verlust)	$ 3.845	$ (2.543)	$ (21.284)
Gewinn je Aktie:			
Gewinn (Verlust) aus bestehenden Unternehmensbereichen	$ 0,21	$ 0,05	$ (0,23)
Verlust aus aufgelösten Unternehmensbereichen		(0,18)	(0,61)
Gewinn (Verlust) vor außerordentlichen Verlusten	0,21	(0,13)	$ (0,84)
Außerordentliche Verluste			(0,23)
Nettogewinn (-verlust)	$ 0,21	$ (0,13)	$ (1,07)
Durchschnittlich im Umlauf befindliche Aktien	18.478	19.362	19.921

oder wann beispielsweise die Hibiskussträucher von der Filiale in Fort Lauderdale zur Filiale in Jacksonville umgeschichtet werden mussten.

Darüber hinaus wurde die Kreditkartenbearbeitung von 25 auf 3 Sekunden reduziert, um die Abfertigung der Warteschlangen an der Kasse zu beschleunigen und die Zufriedenheit der Kunden zu steigern.

Ähnlich wie Sunbelt Nursery plante General Host, in jeder Filiale einen Teilbereich zu überdachen, um den Verkauf zeitlich auszuweiten. Zusätzlich wurden während der Feiertage Weihnachtsstände in Einkaufszentren eingerichtet. Das war durchaus keine flatterhafte Idee – General Host hatte bereits mit 1.000 Hickory-Farm-Kiosken Erfahrungen im Verkaufsstandgeschäft gemacht.

Dies war eine billige Möglichkeit für einen Einzelhändler, um zusätzlichen Verkaufsraum zu gewinnen. General Host hatte bereits 1991 mehr als 100 Frank's-Nursery-Stände in Einkaufszentren eingerichtet – bestückt mit Weihnachtsbäumen, Kränzen, Zweigen und Geschenkpapier – und das Unternehmen hatte vor, diese Anzahl zur Weihnachtszeit 1992 auf 150 zu erhöhen. Teilweise war man auch schon dabei, die Stände zu stabilen Verkaufshäuschen auszubauen, um sie dauerhafter zu gestalten.

In der Zwischenzeit eröffnete General Host bedächtig, aber stetig eine Frank's-Nursery-Filiale nach der anderen. Das Ziel war, bis 1995 150 neue Filialen zu etablieren und somit auf insgesamt 430 Filialen aufzustocken. Außerdem war es mit einer neuen, selbst entwickelten Produktlinie von Düngern und Samen auf den Markt gegangen.

Jede Firma erzählt ihren Aktionären gerne, dass sich die Geschäfte im Aufschwung befinden. Was General Host dabei so glaubhaft machte, war, dass die Führung nach Plan vorging. Man wartete nicht darauf, dass sich die Begonien besser verkauften, sondern es wurden konkrete Schritte (die Kioske, die renovierten Gartencenter, das Satellitensystem) unternommen, um die Gewinne anzukurbeln. Wenn ein derart altmodisches Unternehmen wie Frank's auf allen Ebenen modernisiert und dabei gleichzeitig expandiert, stehen die Chancen auf höhere Gewinne sehr gut.

Ein letztes, bekräftigendes Detail war die Calloway's-Transaktion. General Host hatte 1991 die Gartencenterkette Calloway's in Texas verkauft und die Gewinne zur Schuldendeckung verwendet, wodurch die Bilanz gestärkt wurde.

Da General Host nun genauso wie Calloway's auf das Gartencentergeschäft beschränkt war, konnte man anhand der Calloway's-Gewinne einen weiteren Vergleich anstellen. Wieder einmal nahm ich mein anspruchsvollstes Handwerkszeug, meinen 15 Jahre alten Rechner, in die Hand, um die folgende Mathematikaufgabe zu bewältigen:

Calloway's hatte mit 13 Läden einen angenommen Wert von 40 Millionen Dollar – umgerechnet etwa drei Millionen Dollar pro Filiale. General Host besaß 280 Frank's-Nursery-Filialen, also 21-mal so viele wie Calloway's. Die Frank's-Filialen waren zwar älter, kleiner und weniger profitabel als die von Calloway's, aber wenn man annahm, dass sie mit 1,5 Millionen Dollar auch nur halb so viel wert waren, müsste man von einem Gesamtwert von 420 Millionen Dollar ausgehen.

Wir hatten es bei General Host also mit einem Vermögen von 420 Millionen Dollar zu tun. Abzüglich der 167 Millionen Dollar Schulden war das Unternehmen immer noch 253 Millionen Dollar wert.

Bei 17,9 Millionen umlaufenden Aktien hieß das, dass es eigentlich bei 14 Dollar beziehungsweise dem Zweifachen des derzeitigen Kurses notieren musste. Es lag auf der Hand, dass die Firma unterbewertet war.

Kürzel	Unternehmen	Kurs 13.1.1992
GH	General Host	$ 7,75
PIR	Pier 1 Imports	$ 8,00
SBN	Sunbelt Nursery	$ 6,25

10

Noch einmal davongekommen

Im Dezember 1991 ließ ich mir bei Supercuts, das seit Kurzem unter dem Kürzel CUTS an der Börse notierte, die Haare schneiden. Wäre nicht ein Emissionsprospekt dieses Friseurunternehmens ganz oben auf dem Papierstapel auf meinem Schreibtisch gelandet, hätte ich meinen Stammfriseur Vinnie DiVincenzo niemals hintergangen. In seinem Laden in Marblehead in Massachusetts bekomme ich für zehn Dollar einen Haarschnitt und dazu noch einen angenehmen Schwatz als Bonus.

Wir unterhalten uns dann über die Kinder und darüber, ob mein rostiger, alter 1977er AMC Concord eher „antik“ oder „klassisch“ ist. Ich hoffe, dass Vinnie, der noch nicht an die Börse gegangen ist, mir diesen einen Schnitzer zugunsten meiner Nachforschungen verzeiht.

Der Supercuts-Laden, in dem ich mir die Haare schneiden ließ, befand sich im ersten Stock eines alten Backsteinhauses in der Boylston Street 829 in Boston. Im Erdgeschoss verkündete ein großes Plakat die Preise, die ich pflichtbewusst auf einem meiner essenziellen Handwerkszeuge, dem gelben Notizblock, festhielt. Ein einfacher Supercuts-Schnitt kostete 8,95 Dollar, Schneiden und Waschen zwölf Dollar und nur Haare-Waschen vier Dollar.

Diese Preise entsprachen ungefähr dem, was Vinnie mir berechnet hätte, und lagen weit unter den aktuellen Sätzen der Schönheitssalons und Damencoiffeure, zu denen meine Frau und meine Töchter gehen und wo man im Übrigen zur Finanzierung manch einer Hennabehandlung oder Dauerwelle genauso gut gleich einen Kredit aufnehmen könnte. Ich ging in den Supercuts-Laden hinein und wurde persönlich begrüßt. Drei Kunden wurden gerade verschönert und vier warteten im Vorraum. Es waren alles Männer. Manchmal tauchten vereinzelt ein paar Frauen auf, doch ich erfuhr in einem späteren Gespräch mit der Firma, dass 80 Prozent der Kundschaft Männer seien, während 95 Prozent der Stylisten (man bezeichnet diese Leute offensichtlich nicht mehr als Friseure und Friseusen) Frauen sind. Ich trug mich in die Warteliste ein und notierte im Geiste, dass viele Menschen wohl davon überzeugt waren, dass es sich lohne, auf einen Supercuts-Haarschnitt zu warten. Ich nahm ebenfalls Platz und begann, die Emissionsunterlagen und die Broschüre, die ich beide aus meinem Büro mitgebracht hatte, zu studieren. Man kann einen Nachmittag nicht besser verbringen als damit, eine Firma vor Ort zu überprüfen.

Supercuts ging im Oktober 1991 zu einem Ausgabekurs von elf Dollar pro Aktie an die Börse. Es handelte sich um ein Franchiseunternehmen, sozusagen das McTrim unter den Friseurläden, mit bereits mehr als 650 Filialen. Die ehemaligen Firmengründer waren ausbezahlt worden, und das neue Management hatte den Kurs nachdrücklich auf Expansion eingestellt. Man hatte Ed Faber, den ehemaligen Leiter von Computerland, aus seinem Rentnerdasein herausgeschmeichelt, um das Projekt zu leiten.

Ich erinnerte mich daran, dass Faber ein ehemaliger Marinesoldat war, der für Computerland in dessen gewinnbringendster Wachstumsphase Wunder vollbracht hatte, bevor das Unternehmen auseinanderfiel. Er schied aus, Supercuts gründete sich und er kam zurück. Ich hielt es zwar für eine Überraschung, einen ehemaligen Marinesoldaten im Friseurgeschäft vertreten zu finden, aber eigentlich war es nicht so wichtig, was das Unternehmen genau tat. Faber war ein Experte dafür, ein paar wenige Franchisefilialen zu einem nationalen Netzwerk auszubauen. Supercuts basiert auf der Theorie, dass die Haarpflegeindustrie mit einem Umsatz von 15–40 Milliarden Dollar von unabhängigen Friseuren wie Vinnie und örtlichen Schönheitssalons dominiert wird. Friseure sind eine aussterbende Spezies (im Staate New York ist die Anzahl der amtlich zugelassenen Friseure in den letzten zehn Jahren um die Hälfte gefallen). Haare wachsen ungefähr einen Zentimeter pro Monat, und aufgrund der Tatsache, dass die Vinnies langsam von der Bildfläche verschwinden, muss es jemand anderes geben, der sie dann schneidet. Es bot sich also eine perfekte Einstiegsmöglichkeit für ein gut geführtes, effektives und landesweites Franchiseunternehmen, den Markt zu erobern.

Ich traf hier auf dieselbe Situation, die ich bereits vor ein paar Jahren mit Service Corporation International erlebte hatte, als diese Firma allmählich begann, die Familienbetriebe der Bestattungsbranche zu übernehmen. Menschen sterben mit regelmäßiger Zuverlässigkeit, und irgendjemand muss sie beerdigen. Die Branche bestand damals zum Großteil aus Hunderten ineffektiver kleiner Einzelunternehmer, deren Kinder lieber Jura studieren als die Firma übernehmen wollten.

Laut Supercuts-Broschüre ist jede Stylistin darauf trainiert, ohne Scherzchen oder Raffinessen schnell und effizient zu schneiden, was der klaren Linie der 90er-Jahre hervorragend entspricht. Mit einer kleinen Schere und einem „revolutionären Kamm“ bewaffnet, kann sich ein Supercuts-Stylist durch 2,8 Haarschöpfe pro Stunde hindurchschneiden, und der Schnitt, den man in Albuquerque bekommt, sollte der gleiche sein, den man auch in Miami erhält.

Bei diesen Steifzügen kann man übrigens immer dazulernen – wussten Sie schon, dass Friseure eine Lizenz benötigen? Ich wusste das nicht, aber es ist so. Seltsam, für Fondsmanager gibt es keine derartige Bestimmung. Man muss keine besonderen Anforderungen erfüllen, um Milliarden von Dollar zu verwalten, doch bevor einem Menschen erlaubt wird, Ihre Koteletten zu schneiden, muss er eine

Prüfung bestehen. Wenn man sich die Ergebnisse der durchschnittlichen Fondsmanager in den letzten zehn Jahren betrachtet, wäre der umgekehrte Fall vielleicht nicht unangebracht.

Eine Supercuts-Stylistin (ich benutze die weibliche Form, da die Mehrheit der Beschäftigten Frauen sind) verdient fünf bis sieben Dollar in der Stunde. Das ist kein hohes Gehalt, doch dazu kommen noch besondere Leistungen hinsichtlich der Krankenversicherung und bei 2,8 Köpfen pro Stunde ein saftiges Trinkgeld, mit dem sich der Stundenlohn beinahe verdoppeln lässt.

Unterdessen bringt jede Stylistin dem Franchisepartner 30 Dollar pro Stunde ein, weshalb es auch so gewinnbringend ist, einen Supercuts-Laden zu besitzen. Hier kann es nicht wie in der Aluminiumindustrie passieren, dass die Hälfte des Gewinns durch die Erneuerung von Fabriken und Ausrüstung aufgefressen wird. Neben den Mietkosten sind die größten laufenden Kosten in einem Friseursalon die Scheren und Kämme.

Außerdem las ich im Emissionsprospekt, dass der Besitzer eines Supercuts-Ladens zu Beginn im Durchschnitt etwa 100.000 Dollar investiert – dieses Geld deckt die Franchisegebühr, die Waschbecken, Stühle, Dekoration, Shampoos und so weiter. Nach nur zwei Jahren erwartet man, dass der Laden einen 50-prozentigen Bruttogewinn abwirft, was beinahe jeden Gewinn, den man irgendwo anders erzielen könnte, übertrifft und erklärt, weshalb die Firma keine Probleme damit hat, weitere Filialen zu eröffnen.

Was für den Besitzer gut ist, ist auch für die Aktionäre gut – speziell hier wurde mein Interesse geweckt. Das Unternehmen erhält fünf Prozent der Bruttoeinnahmen und vier Prozent aus den Verkäufen der Nexxus-Produkte, die in allen Filialen angeboten werden. (Sie waren auf Regalen an der Wand gegenüber aufgereiht.) Die Verwaltungskosten sind minimal. Den größten Posten macht die Stylistenausbildung aus. Für jeweils zehn neue Filialen engagiert Supercuts einen neuen Ausbilder (für 40.000 Dollar im Jahr), aber diese zehn neuen Filialen sollten dann auch 300.000 Dollar im Jahr zu den Einnahmen beitragen.

Das Erste, was man über ein Einzelhandelsunternehmen wissen muss – ich habe das bereits erwähnt –, ist, ob es sich es leisten kann, zu expandieren. Ein Blick auf die Bilanz von Supercuts zeigte mir, dass die Schulden 31 Prozent des Gesamtkapitals ausmachten, eine beunruhigende Zahl, die einer näheren Erklärung bedurfte. Ich machte mir darüber eine Notiz.

Als ich mit meinen Untersuchungen an diesem Punkt angelangt war (die Angestellten, die mich dabei beobachtet hatten, wie ich herumschnüffelte und mir Notizen machte, müssen mich für einen Spion der Friseurgewerkschaft gehalten haben), wurde mein Name aufgerufen und ich wurde an den Behandlungsstühlen vorbei in den Raum mit den Waschbecken geführt. Eine nette junge Spezialistin wusch mir kurz mein Haar, brachte mich zurück in den Schneideraum, wickelte mich in ein Tuch und begann, alles, einschließlich meiner Koteletten, abzuschnippeln. Das passierte so schnell, dass ich gar keine Gelegenheit hatte, zu protestieren. Ich kam mir vor wie die Gartenhecke in dem Film *Edward mit den Scherenhänden*.

Da ich mir schon unter normalen Umständen nie sicher bin, ob ich gut oder schlecht aussehe, protestierte ich auch nicht, als ich mich im Supercuts-Spiegel sah. Ich zog es vor, das Urteil abzuwarten, das wirklich zählte – das meiner Familie. Soweit ich wusste, war es gerade in, einen kurzgeschorenen Kopf zu haben.

Als ich nach Hause kam, und Carolyn und meine Töchter mich mit einem „Was ist denn mit dir passiert?“ begrüßten, wurde mir bewusst, dass ein Kurzhaarschnitt zumindest für einen 48-Jährigen mit Warhol-ähnlichem weißen Haar nicht angebracht war. Einige Bekannte meinten, ich würde „jung“ aussehen, aber ich glaube, sie sagten das nur deshalb, weil sie sich ernsthaft bemühten, etwas Positives von sich zu geben, ohne dabei zu sehr lügen zu müssen; und so war „jung“ das Beste, was ihnen in den Sinn kam. Wenn Menschen mir sagen, ich sähe jung aus, dann wird mir bewusst, dass sie zuvor offensichtlich der Meinung waren, ich sähe alt aus, und es nur versäumt hatten, es mir zu sagen.

Hier haben wir eine Ausnahme von der Regel, dass einem das Unternehmen gefallen muss, bevor man in die Aktie investiert. Nachdem ich bei Supercuts geschoren worden war, musste ich zugeben, dass mir die Aktie (oder zumindest das, was ich zukünftig davon erwartete) weitaus besser gefiel als der Laden. Ich schwor, Vinnie DiVincenzo und seinem 10-Dollar-Haarschnitt nie mehr untreu zu werden.

In einem Telefongespräch mit dem Supercuts-Vizepräsidenten und Finanzchef Steven J. Thompson erwähnte ich auch, dass ich mir bei meinem Besuch eines seiner Läden wie eine Gartenhecke vorgekommen war. Er trauerte mit mir um meine verlorenen Koteletten und sagte: „Trösten Sie sich damit, dass Haare ungefähr einen Zentimeter im Monat nachwachsen." Diese Hoffnung hatte ich bereits geschöpft, nachdem ich den entsprechenden Hinweis in der Broschüre gelesen hatte.

Wir sprachen darüber, dass jede Supercuts-Stylistin eine geprüfte Spezialistin sei, die alle sieben Monate einen Auffrischungskurs besuchen muss, und darüber, dass die guten Zusatzleistungen hinsichtlich der Krankenversicherung sowie das Trinkgeld gute Arbeitskräfte anziehen würden. Worüber ich mir Sorgen machte, waren eine eventuelle hohe Fluktuation und unzureichende Schneidekenntnisse von möglicherweise schlecht ausgebildeten und/oder unzufriedenen Angestellten. Ich fragte nach der Fluktuationsrate, und Mr. Thompson erklärte mir, diese sei bisher sehr niedrig gewesen.

Die meisten Informationen waren positiv. Der Schuldenstand stellte sich als geringeres Problem heraus, als ich angenommen hatte. Supercuts verfüge jährlich über 5,4 Millionen Dollar freien Cashflow, der größtenteils in die Schuldentilgung fließe, sagte Thompson. Bis 1993 erwarte das Unternehmen, schuldenfrei zu sein, und die 1991 noch fälligen Zinsausgaben von 2,1 Millionen Dollar würden dann komplett wegfallen.

Da es sich um ein Franchiseunternehmen handelte, würde das Geld für neue Supercuts von den Franchisenehmern kommen. Hier hatten wir ein weiteres großes Plus: Supercuts konnte rapide expandieren, ohne dabei sein Eigenkapital angreifen oder riesige Kredite aufnehmen zu müssen.

Das größte Plus aber war, dass 250 Millionen Amerikaner jeden Monat zum Friseur gehen mussten. Gleichzeitig schlossen immer mehr Familienunternehmen ihre Pforten und es gab noch keine dominierende Ladenkette, die diese Marktlücke ausgefüllt hatte. Supercuts Hauptkonkurrenten waren MEI-Regis, das die Mastercuts in den Einkaufszentren betreibt, mit wesentlich höheren Mieten kalkulieren muss und überwiegend von Frauen aufgesucht wird; außerdem Fantastic Sam's, das zwar über doppelt so viele Filialen wie Supercuts verfügt, wovon allerdings die meisten Franchisenehmer sind, die weniger als die Hälfte der Einnahmen eines Supercuts-Ladens erwirtschaften; und schließlich J. C. Penney, dessen Läden nur in J.C.-Penney-Kaufhäuser integriert sind.

Darüber hinaus besaß Supercuts den Vorteil, auch an Sonntagen und am Abend geöffnet zu sein. Die Firma arbeitete ferner an einer nationalen Werbekampagne, um auf breiter Ebene bekannt zu werden, was bei keinem seiner Konkurrenten der Fall war. Das Unternehmen befand sich im Anfangsstadium und wuchs mit einer Rate von 20 Prozent, wobei es zum Zeitpunkt meiner Empfehlung mit dem 16-fachen Gewinn bewertet wurde.

Schließlich siegten die hervorragenden Zahlen über die verlorenen Koteletten, und ich nahm Supercuts in meine *Barron's*-Liste auf. „Ich war selbst dort und habe es ausprobiert", erklärte ich dem Rest der Runde. „Ist das der Haarschnitt, den Sie im Moment tragen?", fragte Mario Gabelli und ich musste es bejahen. „Das werden wir nicht empfehlen", sagte darauf Abelson.

Kürzel	Unternehmen	Kurs 31.01.1992
CUTS	Supercuts	$ 11,33

11

Blumen in der Wüste

Großartige Firmen in einer miserablen Branche

Sun Television & Appliances

Ich bin immer auf der Suche nach großartigen Firmen in miserablen Industriezweigen. Eine großartige Branche, die schnell wächst, wie zum Beispiel Computer oder Medizintechnik, zieht zu viel Aufmerksamkeit und zu viel Konkurrenz auf sich. Wie schon Yogi Berra einmal über ein berühmtes Restaurant in Miami Beach sagte: „Es ist so populär, dass niemand mehr hingeht." Wird eine Branche zu populär, dann verdient darin keiner mehr Geld.

Ich würde jederzeit eher in eine miserable Branche als in eine großartige Branche investieren. In einer miserablen Branche, die nur langsamen Zuwachs verzeichnet, bleiben die Schwachen auf der Strecke und die Überlebenden haben am Ende einen größeren Marktanteil. Ein Unternehmen, das einen stetig wachsenden Anteil an einem stagnierenden Markt für sich einnehmen kann, ist viel besser positioniert als ein Unternehmen, das ständig seinen schwindenden Anteil an einem aufregenden Markt verteidigen muss. Das bringt uns zu Peters Prinzip Nummer 16:

*In der Wirtschaft ist es immer besser,
zu dominieren als zu konkurrieren.*

Die großartigsten Unternehmen in miserablen Industriezweigen haben einige gemeinsame Merkmale. Sie arbeiten billig und in den Führungsetagen sitzen Pfennigfuchser. Sie vermeiden Schulden um jeden Preis. Sie lehnen das Firmen-Kastensystem, das die Mitarbeiter in kopfarbeitende Brahmanen und handarbeitende Unberührbare einteilt, ab. Die Arbeiter werden gut bezahlt und haben einen Anteil an der Zukunft der Firma. Sie entdecken Marktnischen, die die größeren Firmen übersehen haben. Sie wachsen schnell – schneller als viele Unternehmen aus den schnell expandierenden Branchen, die gerade in Mode sind.

Pompöse Konferenzzimmer, übertriebene Gehälter im Bereich der Führungsebene, demoralisierte Mitarbeiter, exzessive Verschuldung und mittelmäßige Leistung gehen oftmals Hand in Hand. Das funktioniert auch umgekehrt. Bescheidene Konferenzzimmer, vernünftige Gehälter für die Führungskräfte, motivierte Mitarbeiter und geringe Schulden führen meist zu hervorragenden Leistungen.

Ich rief John Weiss an, einen Analysten von Montgomery Securities in Kalifornien, der über einige Supermarktketten Berichte geschrieben hatte. Ich wollte seine Meinung zu Good Guys hören, einer Aktie, die ich seit 1991 verfolgt hatte. Weiss sagte, der Konkurrent Circuit City beeinträchtige die Gewinne von Good Guys. Als ich fragte, was ihm in dieser miserablen Branche noch gefalle, erwähnte er Sun Television & Appliances.

Weiss' Version der Sun-TV-Story war so beeindruckend, dass ich sofort, nachdem ich den Hörer aufgelegt hatte, die Firmenzentrale in Ohio anrief, um mich direkt an der Quelle zu informieren.

Wenn man postwendend einen Vorstand an die Strippe bekommt, obwohl man diesen Menschen vorher noch nie getroffen hat, dann weiß man, dass es in dieser Firma keine exzessive Hierarchie gibt. Ich wurde mit einem freundlichen Zeitgenossen namens Bob Oyster verbunden. Wir schwärmten zunächst von den Golfplätzen in Ohio, bevor wir zum Kern der Sache kamen.

Sun TV ist die einzige Supermarktkette für kleinere Elektrogeräte, Kühlschränke, Waschmaschinen und Trockner in Zentral-Ohio. Allein in Columbus gebe es sieben Sun-TV-Läden, sagte mir Oyster. Die gewinnbringendste Filiale war diejenige in Chillicothe in Ohio. Meine Kollegen aus der *Barron's*-Runde gratulierten mir später dazu, dass ich diesen Namen korrekt aussprechen konnte. Eine weitere dominante Position hat die Firma im Gebiet um Pittsburgh.

Ratespielfreaks und Aktionäre von Sun Television & Appliances werden sich über die Nachricht freuen, dass 50 Prozent der amerikanischen Bevölkerung in einem 800-km-Radius um Columbus angesiedelt sind. Tatsächlich ist Columbus die einzige größere Stadt östlich des Mississippi und nördlich der Mason-Dixon-Linie, deren Bevölkerung sich zwischen 1950 und 1990 vermehrt hat.

Der Bevölkerungszuwachs in diesem Teil Ohios, von dem die Bewohner der Ostküste noch kaum etwas gehört haben, ist ein gutes Zeichen für die Zukunft von Sun TV. Das Unternehmen hat ein vehementes Expansionsprogramm aufgelegt (sieben neue Filialen 1991, fünf weitere 1992), wodurch auf insgesamt 22 Filialen aufgestockt werden soll. Die Schulden lagen unter zehn Millionen Dollar. Da die Aktie bei 18 Dollar notierte, betrug das KGV 15. Diese Firma wuchs mit einer Rate von 25–30 Prozent im Jahr und hatte ein KGV von 15, während einige ihrer Konkurrenten gerade ums Überleben kämpften.

Sun TV machte selbst in der Rezession 1990/1991 Gewinne, als die Konjunktur verheerend war, die Hausverkäufe nur schleppend vorangingen und die Menschen keine neuen Haushaltsgeräte kauften. Tatsächlich waren die Gewinne 1991 sogar gestiegen. Ich hatte keinerlei Zweifel, dass es 1992 noch besser aussehen würde.

Nichtsdestotrotz muss Sun TV sich erst noch ausgiebig beweisen, bevor die Firma in mein Gewinnerteam aus großartigen Unternehmen in miserablen Branchen aufgenommen wird. Ein Was-wäre-wenn-Portfolio dieser „Wunderbaren Sieben“ (plus Green Tree, das als vorläufiges

Mitglied geführt wird) hätte zu den Ergebnissen in Tabelle 11-1 geführt. Die meisten dieser Aktien sind allerdings vor Kurzem nach oben geschossen, was mich dazu bewog, sie aus meiner Empfehlungsliste für 1992 herauszunehmen. Aber jede einzelne von ihnen ist es wert, sie im Auge zu behalten.

Southwest Airlines

Kennen Sie eine Branche, der es in den Achtzigern schlechter ging als den Fluggesellschaften? Eastern, Pan Am, Braniff, Continental und Midway machten Bankrott, und einige andere standen kurz davor. In dieser katastrophalen Zeitspanne von zehn Jahren stieg eine Aktie von Southwest Airlines jedoch von 2,40 Dollar auf 24 Dollar. Warum? Vor allem aufgrund all der Dinge, die Southwest Airlines nicht getan hatte.

Diese Fluggesellschaft flog nicht nach Paris, servierte keine ausgefallenen Menüs, nahm nicht zu viele Kredite auf, um zu viele Flugzeuge zu kaufen, bezahlte ihre Führungskräfte nicht zu hoch und gab ihren Mitarbeitern keinen triftigen Grund, sich über die Firma zu ärgern.

Tabelle 11-1. „Die wunderbaren Sieben"-Portfolio (+ 1)

Unternehmen	Gesamtgewinn, 1990-1991
Southwest Airlines	115 %
Bandag	46
Cooper Tire	222
Green Tree Financial	188
Dillard	75
Crown Cork & Seal	69
Nucor	50
Shaw Industries	17
Durchschnittsgewinn	87 %
S&P 500	26 %

Southwest Airlines (Kürzel LUV) verzeichnete die niedrigsten Gesamtkosten der ganzen Branche. Woher wissen wir das? Die aufschlussreiche Kennzahl heißt „Betriebskosten pro Sitzmeile." Southwest rangierte hier in einer Zeit, in der der Marktdurchschnitt zwischen sieben und neun Cent lag, zwischen fünf und sieben Cent.

Eine Möglichkeit, die Sparsamkeit einer Firma zu überprüfen, ist, ihre Firmenzentrale zu besuchen. „Die Tatsache, dass ein Unternehmen das Geld seiner Aktionäre in große Gebäude investiert, bedeutet nicht, dass die Menschen, die darin arbeiten, schlau sind, sondern dass die Aktionäre dazu beigetragen haben, das Gebäude zu bezahlen", sagt der Investmentberater William Donoghue. Meiner Erfahrung nach hat er recht. Bei Golden West Financial in Kalifornien beispielsweise, einem Meister im Pfennigfuchsen und der am billigsten operierenden Sparkasse schlechthin, wurde die Rezeption durch ein altmodisches, schwarzes Telefon mit einem Schild daran ersetzt, auf dem geschrieben stand „Bitte abheben". Southwest Airlines operierte 18 Jahre lang von einem kleinen Büro in Love Field in Dallas aus, das aussah wie eine Baracke. Die freundlichste Bemerkung, die man darüber verlieren konnte, wäre „altmodisch" gewesen. 1990 prasste die Firma und baute ein dreistöckiges „Hochhaus". Ein Innenarchitekt wurde angeheuert, um die Innenräume zu verschönern, aber er beging den Fehler, die Urkunden und Auszeichnungen der Angestellten und die Fotografien von Firmenausflügen durch teure Kunst ersetzen zu wollen. Als der Vorstandsvorsitzende Herb Kelleher von der Sache Wind bekam, feuerte er den Innenarchitekten und verbrachte das Wochenende damit, die Urkunden und Fotografien wieder an ihren Platz zu hängen.

Kelleher prägte Southwests verrückten Esprit. Sein Büro war mit Truthähnen dekoriert. Die jährliche Betriebsfeier bestand in einem Chili-Grillfest. Die Führungskräfte erhielten prozentual keine größeren Gehaltserhöhungen als die einfachen Arbeiter. An einem Tag im Monat arbeiteten alle hohen Tiere von Kelleher abwärts am Abfertigungsschalter oder in der Gepäckabfertigung.

Die Stewardessen von Southwest trugen Jeans, T-Shirts und Turnschuhe. Die Mahlzeiten beschränkten sich auf Erdnüsse und Cocktails. Die Passagiere mit den größten Löchern in ihren Socken erhielten einen Preis, und die Sicherheitsinstruktionen wurden in Form eines Rap-Songs präsentiert.

Während andere Fluglinien mit ihren Großraumflugzeugen auf den gleichen Routen nach Los Angeles, New York und Europa flogen, entdeckte Southwest seine Nische: Kurzstreckenflüge. Das Unternehmen bezeichnete sich als „einzige Fluglinie, die mit hoher Frequenz auf Kurzstrecken zu Billigsttarifen fliegt". Während die anderen sich ruinierten, wuchs Southwest von einem Unternehmen mit vier Flugzeugen im Jahr 1978 zur achtgrößten Gesellschaft des Landes heran. Als einzige amerikanische Fluggesellschaft schreibt es seit 1973 kontinuierlich schwarze Zahlen. Und was die Kapitalrendite angeht, so muss erst noch jemand gefunden werden, der es mit Southwest aufnehmen kann.

Während die Konkurrenz ins Trudeln gerät, ist Southwest voll darauf vorbereitet, das zu seinen Gunsten auszunutzen; und das ist genau das, was einem großartigen Unternehmen in einer miserablen Branche üblicherweise passiert. Vor Kurzem übernahm die Firma Flugrouten, die von USAir und America West aufgegeben wurden, weil sie sich wegen finanzieller Probleme einschränken mussten.

Die Aktionäre, deren Southwest-Anteile sich von 1980 bis 1985 verdoppelt hatten, wurden von 1985 bis 1990, als die Aktie sich seitwärts bewegte, auf eine Geduldsprobe gestellt. Es hätte schlimmer kommen können – sie hätten in Pan Am oder Eastern investiert sein können. Als Southwest sich nach 1990 erneut verdoppelte, wurde die Geduld belohnt.

Bandag

Was kann es Langweiligeres geben als eine Firma, die Reifen runderneuert und in Muscatine im Staate Iowa zu Hause ist? Ich bin noch nie in Muscatine gewesen, aber ich habe es auf der Karte gesucht. Ein verschlafenes Nest am Mississippi südwestlich von Davenport und südöstlich von Moscow, Atalissa und West Liberty.

Die neuesten Nachrichten aus Kansas City gelangen wahrscheinlich nie bis Muscatine, worin vielleicht Muscatines großer Vorteil liegt. Die Wall Street hat sich ebenfalls noch nicht in Muscatine blicken lassen. Nur drei Analysten haben Bandag während seines Aufstiegs von zwei Dollar auf 60 Dollar innerhalb von 15 Jahren verfolgt.

Martin Carver, der Vorstandsvorsitzende von Bandag, revanchiert sich dafür, indem er sich von New York fernhält. Er hält den Geschwindigkeitsweltrekord für Diesellastwagen. Sie werden ihn zwar nicht im Foyer des Trump Plaza Hotels dabei entdecken, wie er gerade Champagner schlürft, aber andererseits: Carver ist solvent.

Hier haben wir die Southwest Airlines der Runderneuerer: ein Management, das mit beiden Füßen auf dem Boden steht (im Geschäftsbericht von 1988 bedankte sich Carver bei seiner Familie), Pfennigfuchser mit Leib und Seele und eine ungewöhnliche Marktnische in einer Branche, die schon manch einer Firma das Genick gebrochen hat. In den USA werden jährlich zwölf Millionen ausgediente Lastwagen- und Busbereifungen durch runderneuerte Reifen ersetzt. Ungefähr fünf Millionen davon liefert Bandag.

Bandag hat seine Dividende seit 1975 stetig erhöht. Der Gewinnzuwachs seit 1977 betrug 17 Prozent im Jahr. Die Bilanz ist etwas schwach, aber das liegt in erster Linie daran, dass Bandag in die Expansion im Ausland investiert hat (was dort einen derzeitigen Marktanteil von zehn Prozent mit sich brachte) und 2,5 Millionen eigene Aktien zurückgekauft hat.

Während die Gewinne weiterhin Zuwachs verzeichneten, fiel Bandags Aktienkurs während der großen Korrektur und erneut während des Saddam-Ausverkaufs stark ab. Diese Überreaktion der Börse bot eine perfekte Gelegenheit, Aktien zuzukaufen. In beiden Fällen machte der Aktienkurs seine Verluste wieder wett und legte noch zu.

Cooper Tire

Cooper Tire ist eine andere Version von Bandag. Diese Firma hat ihre Nische auf dem Ersatzbedarfsreifenmarkt gefunden. Während die Industriegiganten weiterhin ihre verlustbringende Schlacht führen, neue Autos mit neuen Reifen auszustatten, geht ihnen Cooper aus dem Weg und stattet alte Autos mit neuen Reifen aus. Die Firma produziert sehr kostengünstig, weshalb unabhängige Reifenhändler sehr gerne bei Cooper kaufen.

Ende der Achtzigerjahre, als die großen Drei (Michelin, Goodyear und Bridgestone) ihre Geschäfte gegenseitig ruinierten, schrieb Cooper schwarze Zahlen. Die Gewinne stiegen seit 1985 kontinuierlich an und erreichten 1991 einen neuen Rekord. Der Aktienkurs verdreifachte sich gegenüber dem 1987er-Tief bis auf zehn Dollar vor dem Saddam-Ausverkauf, als ein Großteil dieser Gewinne wieder verloren ging und die Aktie auf sechs Dollar fiel. Die Investoren ignorierten die Fundamentaldaten, weil sie sich auf den drohenden Weltuntergang und die folglich düstere Zukunft für Reifen konzentrierten. Als dieses Ereignis nicht eintrat, stieg die Aktie um das Fünffache auf 30 Dollar an.

Green Tree Financial

Dieses Unternehmen gehört zusammen mit Cedar Fair, Oak Industries, EQK Green Acres, Maple Leaf Foods und Pinelands Inc. zum zauberhaften Portfolio der Firmen, die nach Bäumen benannt sind. Green Tree hat sehr hohe Schulden und einen Vorstandsvorsitzenden, der sogar mehr verdient als einige hoch dotierte Baseballspieler, sodass die Firma sich nicht unbedingt für die Gruppe der großartigen Unternehmen in miserablen Branchen qualifiziert. Ich nehme sie aber auf, um ein Beispiel dafür zu geben, dass sich sogar eine Firma, die o. k. ist, in einer miserablen Branche gut entwickeln kann.

Bei der miserablen Industriezweig von dem ich hier spreche, handelt es sich um die Kreditvergabe für Mobilheime. Green Tree hat sich auf solche Kredite spezialisiert und das Geschäft verschlechtert sich immer weiter. Seit 1985 ist der Mobilheim-Absatz rückläufig. 1990 gab es so wenig Nachfrage, dass nur 200.000 neue Einheiten verkauft wurden.

Um die Sache noch zu verschlimmern, hat eine Rekordzahl von Mobilheim-Eigentümern die Kreditrückzahlungen gestoppt und ihren Besitz verlassen. Einige hinterließen eine Notiz für den Kreditgeber, die lautete: „Unser Heim ist Ihr Heim." So ein Ding hat nach zehn Jahren nicht mehr viel Wiederverkaufswert.

Die Katastrophe dieser Branche war ein Segen für Green Tree, denn die meisten Konkurrenten gaben auf. Valley Federal, eine glücklose kalifornische Sparkasse, vergab eine Milliarde Dollar an Mobilheim-Krediten, verlor Geld und verließ fluchtartig das Geschäft. Ebenso Financial Services Corporation, die Tochterfirma einer Versicherungsgesellschaft aus Michigan. Und auch Citicorp, der größte Kreditgeber für Mobilheime überhaupt. Nur Green Tree war noch übrig, um aus all diesen Entwicklungen einen Vorteil zu schlagen – falls sich je wieder etwas entwickeln würde.

Als die Aktie Ende 1990 auf einen Tiefstand von acht Dollar fiel, gab es genügend Zweifler, die eine positive Entwicklung nicht mehr für möglich hielten. Die Zeitschrift *Forbes* hatte im Mai desselben Jahres einen ziemlich pessimistischen Artikel veröffentlicht. Schon die Überschrift „Sterben die Wurzeln des Baumes langsam ab?" war ausreichend, um noch zögernden Green-Tree-Aktionären den letzten Verkaufsschub zu geben. Der Reporter hatte bei der detaillierten Auflistung aller Probleme nichts vergessen: den Rückgang der Mobilheim-Verkäufe, die Kreditschwierigkeiten und eine unangenehme gerichtliche Klage, die drohend über Green Trees Vermögenswerten schwebte. „Sogar bei einer Bewertung mit lediglich dem 7-Fachen des Gewinns ist Green Tree nicht gerade ein Sonderangebot", schloss *Forbes*.

Die Investoren schüttelten diese schlechten Nachrichten ab, und die Aktie stieg in neun Monaten auf 36 Dollar. Wie konnte sich etwas derart Hoffnungsloses derart positiv entwickeln? Da es keine Konkurrenz mehr gab, war Green Tree nun der Alleinanbieter im Kreditgeschäft für Mobilheime. Dadurch kam es zu einem beachtlichen Anstieg des Kreditumsatzes. Außerdem hatte die Firma Kreditpakete zusammengestellt, um sich auf dem Sekundärmarkt zu refinanzieren, so wie es Fannie Mae mit Haushypotheken tut. Dazu kamen noch lukrative Hausrenovierungskredite und Kredite für gebrauchte Mobilheime, und die Firma stieg allmählich in den Markt für Motorradfinanzierungen ein.

Hätte man Green Tree gleich gekauft, nachdem man den *Forbes*-Artikel gelesen hatte, hätte man sein Geld in weniger als neun Monaten verdreifacht. Ich bin nicht darauf aus, eine gute Zeitschrift zu tadeln – ich habe im Laufe meiner Karriere viele Green Trees verpasst. Der entscheidende Punkt ist vielmehr, dass der Überlebende in einer miserablen Branche sehr schnell wieder zu Gewinnen kommen kann, wenn die Konkurrenz erst einmal verschwunden ist.

Dillard

Hier haben wir einen weiteren Haufen volksnaher Manager, die den Firmengeldsäckel fest in der Hand halten. Die Dillard-Familie (in erster Linie der 77-jährige William und sein Sohn William II) besitzt acht Prozent dieser Kaufhausfirma und beinahe alle Aktien mit Stimmrecht. Die Firmenzentrale ist in Little Rock angesiedelt.

Mit einer immensen Intensität überprüfen die beiden die Bücher, um neue Möglichkeiten zu entdecken, wie sie die Kosten reduzieren können. Dillards Angestellte sind davon nicht betroffen, sie verdienen ganz gut. Dillard knausert viel lieber bei den Schulden. Davon tauchen in der Bilanz nur wenige auf.

Die Dillards haben schon sehr früh auf Computer umgestellt, nicht nur um die Wege des Geldes besser verfolgen zu können, sondern auch, um die Waren zu managen. Verkauft sich ein Hemd in einem Dillard-Laden gut, dann vermerkt es der Computer der entsprechenden Filiale und schickt automatisch eine Nachbestellung an den

Lagercomputer. Dieser wiederum gibt den Auftrag an den jeweiligen Lieferanten weiter. Die Filialleiter und die Verwaltungsmitarbeiter wissen immer, welche Artikel in welcher Filiale verkauft werden, und die Firma spart sich das Geld für eine Expertenarmee, die umherzieht und ihr sagt, was sie einkaufen soll.

Dillard hält sich von den glamourösen Märkten fern, auf denen die größeren Einzelhandelsketten übereinander stolpern. Dillard-Läden gibt es in kleineren Städten und Orten wie Wichita und Memphis. Während sich die Glamourketten (Federated, Allied, Macy's) neu strukturieren müssen oder bankrottgehen, expandiert Dillard, indem es einige der von diesen aufgegebenen Abteilungen aufkauft und sie an die Dillard-Computer anschließt. Unter anderem hat das Unternehmen Joske's von Allied und J. B. Ivey von B. A. T. Industries gekauft.

Eine Investition von 10.000 Dollar in Dillard-Aktien im Jahr 1980 wäre heute 600.000 Dollar wert.

Crown Cork & Seal

Crown Cork & Seal erinnert mich an New England Wire & Cable, die Firma, die Danny DeVito in dem Film *Das Geld anderer Leute* kaufen wollte. Die Vorstandsetage von New England Wire bestand aus einem chaotischen Zimmer über der Fabrik, das mit Kalendern eines Auspuffherstellers dekoriert war. Die Vorstandsetage von Crown Cork & Seal besteht aus einem offenen Loft über den Fließbändern. New England Wire stellte Drähte, Crown Cork & Seal Getränkedosen für Softrdrinks und Bier her, Farbdosen, Tierfutterbehälter, Dosen für Frostschutzmittel, Flaschenverschlüsse, Dosenwärmer sowie Vorrichtungen zum Waschen, Spülen und Verschließen von Flaschen.

In beiden Fällen war der Vorstandsvorsitzende ein Geschäftsmann mit altmodischen Ideen. Der Unterschied ist, dass New England Wire & Cable kurz vor dem Bankrott stand, wohingegen Crown Cork & Seal weltweit der erfolgreichste Dosenhersteller ist.

Ich muss Ihnen wahrscheinlich nicht sagen, dass die Dosenherstellung ein miserables Geschäft mit einer dünnen Gewinnspanne oder dass Crown Cork & Seal ein Billigproduzent ist. Das Verhältnis von Kosten zu Einnahmen beträgt 2,5 Prozent und liegt damit mehr als nur ein paar Striche unter dem Marktdurchschnitt von 15 Prozent.

John Connelly, der vor Kurzem verstorbene ehemalige Vorstandsvorsitzende, hatte zu derart geringen, beinahe schon spartanischen Unkosten angeregt. Connellys Feindseligkeit gegenüber Extravaganzen bringt uns zu Peters Prinzip Nummer 17:

Sind alle anderen Faktoren identisch, dann investieren Sie in diejenige Firma, die am wenigsten Farbfotos in ihrem Geschäftsbericht abdruckt.

In Connellys Geschäftsberichten gab es gar keine Fotos. Allerdings machte es ihm nichts aus, Geld für neue Technologien in der Dosenherstellung auszugeben, mit deren Hilfe CC&S seinen Status als der am billigsten produzierende Hersteller behaupten konnte.

Mit den Erträgen, die nicht in die Verbesserung der Dosenherstellung reinvestiert wurden, tätigten die Unternehmer Aktienrückkäufe. Das trieb die Gewinne für die verbleibenden Aktien in die Höhe, was den glücklichen Aktionären zugutekam, die nicht verkauft hatten. Man hätte fast meinen können, dass Connelly für die Aktionäre arbeitete, was in vielen Unternehmen als sehr exzentrisch gilt.

Seit Connellys Tod hat die Firma ihre Taktik geändert. Der beachtliche Cashflow wird jetzt darauf verwendet, Konkurrenten aufzukaufen und mithilfe dieser wohlbekannten Methode zu expandieren. Die Investitionen sind gestiegen, und ebenso die Höhe der Schulden, aber bis heute hat sich die neue Taktik als ebenso profitabel erwiesen wie die alte. Der Aktienkurs von Crown Cork & Seal ist 1991 von 54 Dollar auf 92 Dollar gestiegen.

Nucor

Angesichts der japanischen Konkurrenz und der Milliarden, die in Maschinen investiert werden, die vielleicht in Kürze schon wieder überholt sind, will heute niemand mehr etwas mit der Stahlindustrie zu tun haben. Die großen Produzenten U.S. Steel (alias USX) und Bethlehem Steel, die einst Symbole für Amerikas überragende Tüchtigkeit waren, stellen die Geduld ihrer Aktionäre seit zwölf Jahren auf die Probe. Bethlehem ist 1986 auf fünf Dollar pro Aktie gefallen, hat sich seither aber langsam wieder erholt; doch bei einem aktuellen Kurs von 13 Dollar steht dem Unternehmen noch ein weiter Weg bevor, um den Höchststand von 32 Dollar aus dem Jahr 1981 wieder zu erreichen. USX befindet sich in der gleichen Situation.

Hätten Sie dagegen 1981 in Nucor investiert, dann wäre Ihre 6-Dollar-Aktie heute 75 Dollar wert und das Stahlgeschäft wäre in Ihren Augen nach wie vor eine tolle Branche. Oder wären Sie 1971 zu einem Aktienkurs von einem Dollar in Nucor eingestiegen, dann wären Sie heute davon überzeugt, dass das Stahlgeschäft die Branche überhaupt sei. Hätten Sie 1971 bei einem Aktienkurs von 24 Dollar in Bethlehem Steel investiert, wären Sie allerdings anderer Meinung, denn dieser liegt heute bei 13 Dollar. Nach solch einem Ergebnis hält man T-Bills für eine glänzende Investition.

Auch hier haben wir es mit einem sparsamen Einzelgänger zu tun, der eine Vision hatte. F. Kenneth Iverson scheute sich nicht, berühmte Firmenkunden zum Lunch in einen Imbiss namens Phil's Deli einzuladen, der sich gegenüber der Firmenzentrale in Charlotte in North Carolina befand. Bei Nucor gibt es keinen Speisesaal für die Geschäftsführung, keine Limousinen auf dem Parkplatz, keinen Firmenjet am Flughafen und keine Sonderprivilegien für diejenigen, die einen Anzug tragen – gehen die Gewinne zurück, dann nehmen sowohl die Anzug- als auch die Overall-Träger ein geringeres Gehalt mit nach Hause. Steigen die Gewinne (was sie üblicherweise tun), erhalten alle einen Bonus.

Die 5.500 Angestellten von Nucor gehören keiner Gewerkschaft an, aber es geht ihnen dabei besser als den organisierten Kollegen in den Stahlfabriken. Sie sind an den Gewinnen beteiligt und können nicht entlassen werden. Ihre Kinder bekommen Stipendien für das College. Flaut die Konjunktur ab und die Produktion wird gedrosselt, dann gibt es für die gesamte Belegschaft kürzere Arbeitszeiten, um die unangenehme Kurzarbeit gemeinsam zu tragen.

Nucor besetzt seit seinem Bestehen zwei Nischen. In den Siebzigern spezialisierte sich das Unternehmen darauf, Metallabfälle in konstruktionsfähigen Stahl umzuwandeln. Später, als andere Firmen dieses Prinzip übernommen hatten, blieb ihnen Nucor durch die erfolgreiche Herstellung von hochqualitativen Stahlblechen einen Schritt voraus. Diese Stahlbleche können für Autoreparaturen und Kleinteile verwendet werden. Mithilfe dieser neuartigen Technik der Stahlproduktion kann Nucor heute direkt mit den Bethlehems und den USXs konkurrieren.

Shaw Industries

Sucht man in einer Zeitschriftendatenbank nach Artikeln zu diesem Unternehmen, stößt man auf zwei Einträge. Zu Shaw Industries wurde ein Absatz in *Textile World* und ein Satz in einer obskuren Technikzeitschrift namens *Datamation* veröffentlicht. Darüber hinaus habe ich zwei Artikel im *Wall Street Journal* und einen von der Agentur Newswire herausgegebenen Artikel entdeckt. Offensichtlich ist über dieses 1-Milliarden-Dollar-Unternehmen, das bald ein 2-Milliarden-Dollar-Unternehmen sein wird und 20 Prozent des amerikanischen Teppichmarkts erobert hat, bislang wenig veröffentlicht worden.

Ganz gemäß unserem Thema „Großartige Gelegenheiten dort, wo man sie niemals vermutet“, befindet sich der Firmensitz des Unternehmens in Dalton in Georgia, auf einem südlichen Ausläufer der Blue Ridge Mountains gelegen und wenigstens zwei Stunden von einem größeren Flughafen entfernt. Historisch betrachtet ist Dalton berühmt für seinen schwarz gebrannten Alkohol, Holzschuhtanz und die Tatsache, dass sich 1895 ein junges Mädchen aus der Gegend ausdachte, wie man Steppdecken herstellen kann. Diese neue Steppdecken-Technik führte zu einem Bettdeckenboom, und dieser wiederum zu einem Teppichboom – allerdings gab es Shaw damals noch nicht.

Shaw wurde 1961 ins Leben gerufen. Der Gründer Robert Shaw ist heute 58 Jahre alt und immer noch Präsident und Vorstand, und sein Bruder J. C. ist immer noch Vorsitzender des Unternehmens. In der oberflächlichen Berichterstattung wird Robert Shaw als wortkarger Mensch beschrieben, der die wenigen Worte, die er von sich gibt, sehr ernst meint. An der Wand hinter seinem Schreibtisch hängt ein Banner mit dem knackigen Motto: „Erhalte dir so viel Marktanteil, dass unsere Produktionsanlagen optimal genutzt werden können."

Als Shaw einst ankündigte, dass Shaw Industries ein Milliarden-Unternehmen werden würde, wurde er ausgelacht. Man konnte das schallende Gelächter bis in die Büros von West Point-Pepperell verfolgen, einem Giganten der Branche, der doppelt so viele Teppiche wie Shaw verkaufte. An dem Tag, als Shaw die Teppichproduktion von West Point-Pepperell aufkaufte, verstummte das Gelächter.

Im modernen Amerika hat es noch keine schlechtere Branche gegeben. Als die Shaw-Brüder in den Sechzigerjahren einstiegen, taten ihnen das unzählige andere gleich, die ebenfalls 10.000 Dollar übrig hatten, um sie in eine Teppichfabrik zu investieren. Die Gegend um Dalton herum war mit kleinen Fabriken überfüllt. Es gab 350 neue Teppichhersteller, die auf vollen Touren produzierten, um den Teppichbedarf für alle Fußböden in Amerika zu decken. Die Nachfrage war groß, doch das Angebot war größer, und schon bald reagierten die Teppichhersteller mit Preissenkungen. Damit war klar, dass weder sie noch ihre Rivalen Geld verdienen würden.

1982 entdeckten Hausbesitzer den Holzboden wieder und der Teppichboom hatte ein Ende. Innerhalb von fünf Jahren machte die Hälfte der 25 Top-Hersteller Bankrott. Die Teppichindustrie stagniert seitdem, und Shaw konnte als Billighersteller wachsen und gedeihen. Mit jedem Konkurrenten, der aufgeben muss, wächst sein Geschäft.

Jeden verfügbaren Dollar pumpt Shaw in die Produktionsverbesserung und weitere Kostenreduzierung. Da die Firma es leid war, hohe Preise für Garn zu bezahlen, erwarb sie eine Garnproduktionseinrichtung und schaltete damit den Zwischenhandel aus. Es gibt ein hausinternes Vertriebsnetz mit einer hausinternen Lastwagenflotte. Auf der niemals endenden Suche nach Wirtschaftlichkeit entschied sich Shaw gegen einen teuren Ausstellungsraum in Atlanta. Die Firma schickt einen Firmenbus nach Atlanta und verfrachtet die Kunden nach Dalton.

In den schlimmsten Zeiten für das Teppichgeschäft gelang es Shaw, seine jährliche Wachstumsrate von 20 Prozent beizubehalten. Der Aktienkurs war brav gefolgt und hat sich seit 1980 verfünfzigfacht. 1990/1991 hinkte er ein bisschen hinterher, worauf er sich 1992 gleich nochmals verdoppelte. Wer hätte je geglaubt, dass wir im Teppichgeschäft einen 50-Bagger erleben würden?

Im Mai 1992 hat Shaw die Firma Salem Carpet Mills aufgekauft und dadurch seinen Einfluss auf die Industrie weiter verstärkt. Das Unternehmen prognostiziert, dass bis zum Ende des Jahrhunderts drei oder vier Riesenfirmen die weltweite Teppichherstellung dominieren werden. Die Konkurrenten befürchten dagegen, dass nur eine einzige Riesenfirma die Teppichherstellung dominieren wird, und sie wissen auch schon, welche.

Kürzel	Unternehmen	Kurs 31.01.1992
SNTV	Sun Television & Appliances	$ 18,50

12

Wunderbare Schnäppchen

Seit Kurzem gehören auch die Sparkassen zur Kaste der Unberührbaren. Man erwähne nur das Wort „Sparkasse“, und schon umklammern die Leute krampfhaft ihre Brieftaschen. Unwillkürlich denken sie an die 500 Milliarden Dollar, die wir alle bezahlen müssen, um die Sparkassen aus ihren Schwierigkeiten herauszubekommen; an die 675 Einrichtungen, die seit 1989 Bankrott gemacht haben; an die Angestellten und Direktoren, die Gelder äußerst freigiebig verwaltet haben; an die 10.000 Verfahren wegen Bankbetrugs, die beim FBI anhängig sind. Einst dachten wir bei dem Wort „Sparsamkeit“ an Jimmy Stewart in dem Film *Ist das Leben nicht schön?* Heute haben wir dabei Charles Keating in Handschellen vor unserem geistigen Auge.

Seit 1988 kann man keine Zeitung mehr lesen, ohne auf einen Bericht über einen Sparkassenbankrott, ein Gerichtsverfahren oder die verzweifelten Bemühungen des Kongresses zu stoßen, die fehlenden 500 Milliarden Dollar aufzutreiben. Mindestens fünf Bücher sind bereits zu diesem traurigen Thema erschienen, und nicht ein einziges davon trug den Titel „Wie man mit Sparkassen-Aktien reich wird“.

Denjenigen Sparkassen, die nicht in diese Schwierigkeiten hineingeraten waren oder sie überlebt haben, geht es jedoch nach wie vor wunderbar. Geht man von der fundamentalsten Maßeinheit der Finanzkraft, dem Verhältnis der Aktiva zum Eigenkapital (AEV) aus, dann sind mehr als 100 Sparkassen finanzkräftiger als J. P. Morgan, die stärkste Bank in den USA. People's Savings Financial of New Britain in Connecticut, um nur ein Beispiel zu nennen, hat ein AEV von 12,5, während das J. P. Morgans nur 5,17 beträgt.

Für die Vormachtstellung von J. P. Morgan unter den Banken sind noch weitere Faktoren verantwortlich, sodass ein Vergleich mit People's Savings Financial etwas sehr an den Haaren herbeigezogen ist. Der springende Punkt jedoch ist, dass viele Sparkassen sich in einer hervorragenden finanziellen Verfassung befinden, was genau dem Gegenteil von dem entspricht, was wir überall zu hören bekommen.

Natürlich gibt es auch genug Sparkassen, die sich in einer miserablen finanziellen Verfassung befinden, weshalb es ungeheuer wichtig ist, hier genau zu unterscheiden. Ich habe die Sparkassen in drei Basistypen eingeteilt: die miesen Typen, auf deren Konto die Betrügereien gehen; die gierigen Typen, die eine gute Sache ruiniert haben; und die Jimmy Stewarts. Schauen wir uns diese einmal nacheinander an:

1. Die miesen Typen

Das altbewährte Schema, das von Betrügern in ganz Amerika sehr schnell übernommen wurde, funktionierte wie folgt: Es kamen, sagen wir mal, ungefähr zehn Personen zusammen und brachten, sagen wir mal, je 100.000 Dollar auf, um die Sparkasse „In God We Trust" zu kaufen. Mit einem Vermögen von einer Million Dollar konnte diese Gruppe 19 Millionen Dollar an Kontoeinlagen kassieren und etwa neue Kredite im Wert von 20 Millionen Dollar vergeben.

Um die 19 Millionen Dollar zusammenzubekommen, bot sie eine extrem hohe Verzinsung an, um Sparbriefe attraktiver zu machen, und heuerte Broker wie Merrill Lynch und Shearson an, um das Bargeld zu beschaffen. Sicherlich haben Sie vor ein paar Jahren die Anzeigen in der Zeitung gesehen: „In God We Trust bietet Ihnen einen Jumbo-Sparbrief mit einer Verzinsung von 13 Prozent, die von der FSLIC garantiert wird." Mit der Regierung im Rücken hatte „In God We Trust" keinerlei Probleme, die Sparbriefe noch frisch von der Druckerpresse weg zu verkaufen. Die Broker freuten sich über die reichlichen Provisionen.

Schon bald vergaben die Besitzer und Direktoren von „In God We Trust„ die Einnahmen von 20 Millionen Dollar aus den Sparbriefen in Form von Krediten an Freunde, Verwandte und Partner, die damit verschiedene Bauprojekte mit dubiosen Zukunftsaussichten finanzierten. Dadurch entstand an vielen Orten ein Bauboom, an denen gar keine Neubauten nötig waren. Inzwischen machte die Sparkasse wegen der enormen Gebühren, die sie durch die Vergabe der Kredite im Voraus kassierte, auf dem Papier einen sehr profitablen Eindruck.

Diese „Profite" wurden zum Sparkassenvermögen hinzugezählt und für jeden Dollar, um den das Vermögen anwuchs, konnten die Besitzer und Direktoren weitere 20 Dollar als Kredit vergeben. Das System trug sich selbst, sodass eine kleine Sparkasse, zum Beispiel im texanischen Vernon, zu einem Milliardenunternehmen werden konnte. Mit den Krediten wuchs auch das Vermögen, bis schon bald genügend Geld vorhanden war, um sowohl Angestellten und Kassenprüfern Provisionen als auch Unterhausabgeordneten und Senatoren aus den mächtigen Bankausschüssen Bestechungsgelder zu bezahlen. Dabei blieb immer noch genug Geld übrig, um Lear Jets sowie Partys mit Prostituierten und importierten Elefanten zu finanzieren.

Mit einigen bemerkenswerten Ausnahmen, wie zum Beispiel der von Charles Keating, befand sich die Mehrheit der Betrüger-Sparkassen in Privatbesitz. Die Besitzer und Direktoren, die in diese schmutzigen Geschäfte verwickelt waren, hätten den prüfenden Blicken, dem ein börsennotiertes Unternehmen ausgesetzt ist, nicht standgehalten.

2. Die gierigen Typen

Man musste kein Gauner oder Verschwörer sein, um eine Sparkasse in den Ruin zu treiben. Man musste einfach nur gierig sein. Die Schwierigkeiten gehen schon los, wenn die Direktoren der First Backwater Savings sich umblicken und sehen, dass ihre Konkurrenten von „In God We Trust" und anderen Instituten durch die Gebühren aus den großen Firmenkrediten reich werden, die sie ihren alten Kumpanen zugeschoben haben. Während andere Institutionen über Nacht Millionen verdienen und sich damit auf Cocktailpartys brüsten, schleppt sich First Backwater aufgrund seiner altmodischen Art, Darlehen zu vergeben, mühsam vor sich hin.

Die Direktoren der First Backwater heuern daraufhin einen Wall-Street-Experten an, damit er ihnen Ratschläge hinsichtlich der Profitmaximierung gibt. Die Beratung läuft immer auf dasselbe hinaus: Man leihe sich direkt von der Federal Home Loan Bank so viel Geld wie erlaubt und investiere es in einige dieser wunderbaren kommerziellen Deals, die die anderen Sparkassen abschließen.

Also leiht sich First Backwater von der Federal Home Loan Bank Geld, verkauft dazu Sparbriefe und schaltet eine Anzeige in der Zeitung gleich neben „In God We Trust". Sie kassiert das Geld und verleiht es an Unternehmer, die Bürogebäude, Eigentumswohnungen und Einkaufszentren bauen wollen. First Backwater wird bei manchem dieser Projekte vielleicht sogar Teilhaber, um noch mehr Gewinn zu machen. Dann schlägt die Rezession zu, die Mieter in spe für die Bürogebäude, Eigentumswohnungen und Einkaufszentren lösen sich in Luft auf und die Unternehmer können ihre Kredite nicht mehr bezahlen. Das Nettovermögen von First Backwater, das über 50 Jahre hinweg kontinuierlich aufgebaut wurde, verpufft in weniger als fünf Jahren.

Im Grunde wiederholt sich hier die „In God We Trust"-Geschichte, außer dass die Direktoren von First Backwater kein Geld an Freunde verliehen und keine Provisionen unter der Hand kassiert haben.

3. Die Jimmy Stewarts

Die Bausparkassen vom Jimmy-Stewart-Typ sind mir die liebsten. Still und bescheiden haben sie stetig Gewinn gemacht. Es sind Unternehmen, die ohne Kinkerlitzchen und billig operieren, die Guthaben aus ihrem Einzugsgebiet verwalten und damit zufrieden sind, altmodische Hypothekenkredite zu vergeben. Man findet diesen Typ in kleinen Städten und Orten in ganz Amerika und in einigen städtischen Gebieten, die von den kommerziellen Banken übersehen wurden. Viele Jimmy-Stewart-Sparkassen haben wenige, aber sehr große Zweigstellen mit enormen Guthabeneinlagen, was weitaus profitabler ist, als einen ganzen Haufen kleiner Filialen zu besitzen.

Dadurch, dass eine Jimmy-Stewart-Sparkasse an ihrer einfachen Struktur festhält, kann sie auf teure Kreditanalysten und andere kostspielige Pfuscher, die von den großen Banken angeheuert werden, verzichten. Außerdem kann sie sich das Geld für eine Firmenzentrale, die einem griechischen Tempel gleicht, für antike Möbel in der Lobby, Reklameflächen, Sponsoraktivitäten und ausgefallene Kunstobjekte sparen. Reiseplakate sind hier voll und ganz ausreichend.

Eine Bank wie Citicorp investiert allein für die allgemeinen Kosten und andere Ausgaben regelmäßig eine Summe, die 2,5 bis 3,0 Prozent des gesamten Kreditportfolios entspricht. Aus diesem Grund muss sie zwischen den Ausgaben für Guthabenzinsen und den Einnahmen durch Kreditzinsen eine Marge von mindestens 2,5 Prozent einkalkulieren, um überhaupt auf null zu kommen.

Eine Jimmy-Stewart-Sparkasse kann mit einer viel geringeren Differenz von 1,5 Prozent überleben. Theoretisch könnte das Unternehmen einen Gewinn erzielen, ohne überhaupt Kredite zu vergeben. Zahlt es den Sparern vier Prozent Zinsen, könnte es die Gewinne in T-Bonds anlegen, die sechs Prozent abwerfen, und dabei immer noch Geld verdienen. Bei 8- oder 9-prozentigen Hypotheken wird es für die Aktionäre sehr gewinnbringend.

Jahrelang war das Vorbild der Jimmy-Stewart-Sparkassen Golden West in Oakland, Kalifornien. Golden West besitzt und betreibt drei Sparkassentochterfirmen, die alle von dem entzückenden Ehepaar Herb und Marion Sandler gemanagt werden. Die beiden besitzen den Gleichmut von Ozzie und Harriet und den scharfen Verstand eines Warren Buffett. Die perfekte Kombination, um ein Unternehmen erfolgreich zu führen. Wie Ozzie und Harriet ist es ihnen gelungen, viel unnötige Aufregung zu vermeiden. Sie haben es unterlassen, in Junkbonds und in gewerbliche Immobilien, die beide den Bach hinuntergingen, zu investieren, und dadurch die Aufregung der Übernahme durch die Resolution Trust Corporation vermieden.

Es hat den Sandlers schon immer widerstrebt, ihr Geld durch verrückte Ideen zu verschwenden. Ihr Misstrauen gegenüber allem Neumodischen war auch der Grund dafür, niemals Geldautomaten einzurichten. Sie haben ihre Sparer niemals mit Geschenken wie Toastern oder Sektkübeln angelockt. Sie haben den großen Boom der unangebrachten Baukreditvergaben verpasst. Sie haben sich an Hypotheken gehalten, die immer noch 96 Prozent des Golden-West-Portfolios ausmachen.

Was das Sparen in den Kundenbereichen angeht, so sind die Sandlers wahre Meister. Ich habe die Firmenzentrale besucht, die sich nicht in San Francisco befindet, wo die meisten berühmteren Banken sitzen, sondern in einem billigeren Stadtteil von Oakland. Besucher kündigen sich dort selbst an, indem sie den Hörer eines schwarzen Telefons an der Rezeption abheben.

Die Sandlers investieren ihr Geld lieber in ihre Filialen, denn sie wollen sicherstellen, dass sich die Kunden wohlfühlen und zufrieden sind. In regelmäßigen Abständen ziehen als Kunden getarnte Teams los, um den Service zu überprüfen.

In den Achtzigerjahren hielt Marion Sandler während einer Sparkassenkonferenz in West Virginia eine Rede vor ihren Kollegen, die noch lange in aller Munde war. Ihr Lieblingsthema „Produktivität und Kostenkontrolle“ schien die anderen Sparkassendirektoren unter den

Zuhörern derart zu fesseln, dass gleich ein Drittel davon den Raum verließ. In Massen waren sie herbeigeströmt, um aufregende Dinge über neue Computersysteme und Geldzählmaschinen zu hören, aber nicht um Frau Sandlers Vortrag über Kostenreduzierung zu verfolgen. Vielleicht gäbe es heute noch eine größere Anzahl Sparkassen, wenn damals mehr Leute geblieben wären und sich Notizen gemacht hätten.

In der Zeit vor 1980 war Golden West eine der wenigen Sparkassen, die an der Börse notiert waren. Ungefähr Mitte der Achtziger gab es plötzlich einen Ansturm, und Hunderte ehemaliger privater Sparkassen, die bisher als eine Art „gemeinnützige Sparkasse" operierten, gingen mehr oder weniger gleichzeitig an die Börse. Damals erwarb ich viele davon für den Magellan-Fonds. Während dieser Zeit war ich bei meinen Einkäufen so selektiv, dass ich alles mit den Worten „First" oder „Trust" im Titel aufkaufte. Einmal beichtete ich der *Barron's*-Runde, dass ich in 135 von 145 Sparkassen, deren Emissionsprospekte auf meinem Schreibtisch gelandet waren, investiert hatte. Abelsons Antwort war typisch: „Was ist mit den anderen passiert?"

Für die wahllose und fatale Anziehungskraft, die Sparkassen auf mich ausübten, gibt es zwei Erklärungen. Erstens war mein Fonds so groß und die Sparkassen so klein, dass ich sehr viele Anteile kaufen musste, damit sie ins Gewicht fielen. Etwa so wie ein Wal, der sich von Plankton ernähren muss. Zweitens waren die Sparkassen auf eine einzigartige Weise an die Börse gegangen und dadurch von Anfang an automatisch zu Schnäppchen geworden. (Wenn Sie mehr darüber erfahren wollen, wie Sie ebenfalls etwas umsonst bekommen können, blättern Sie auf Seite 291.)

Die Experten von SNL Securities in Charlottesville in Virginia, welche die Daten aller bestehenden Sparkassen verwalten, lieferten mir vor Kurzem die neuesten Unterlagen zu den Entwicklungen, die die 464 Sparkassen, die 1982 an die Börse gingen, in der Folge durchmachten. 99 wurden von größeren Banken und Sparkassen übernommen, was den Aktionären in der Regel einen hohen Gewinn einbrachte. (Ein Musterbeispiel ist die Morris County [New Jersey] Savings Bank. Die

Neuemissionen kosteten 10,75 Dollar und drei Jahre später wurde Morris zu 65 Dollar pro Aktie aufgekauft.) 65 der börsennotierten Sparkassen sind eingegangen, was für die Aktionäre in der Regel einen hundertprozentigen Verlust bedeutete. (Da ich einige Vertreter dieser Kategorie besaß, weiß ich das aus eigener Erfahrung.) Damit haben wir aber immer noch 300 Stück, die im Geschäft blieben.

Wie man eine Sparkasse bewertet

Wann immer ich den Drang verspüre, in eine Sparkasse zu investieren, denke ich an Golden West, aber nachdem dieses Unternehmen 1991 seinen Kurs verdoppelt hatte, machte ich mich auf die Suche nach gewinnversprechenden Kandidaten. Während ich mich auf die *Barron's*-Runde 1992 vorbereitete und die Sparkassenliste durchging, entdeckte ich einige potenzielle Möglichkeiten. Die allgemeine Situation war für Schnäppchen ideal.

Die Berichte über Sparkassenbetrügereien waren zwar inzwischen von den Titelseiten verschwunden, doch stattdessen gab es nun Berichte über den Zusammenbruch des Immobilienmarkts. Seit zwei Jahren war das bereits die populäre Horrorvision: Der Immobilienmarkt würde zusammenbrechen und die Banken mit in den Abgrund ziehen. Die Menschen erinnerten sich an den Immobilienkollaps in Texas Anfang der Achtzigerjahre, als einige Banken und Sparkassen aus Sympathie ebenfalls Bankrott machten, und erwarteten, dass den Sparkassen im Nordosten und in Kalifornien, wo Luxusimmobilien bereits eine Korrektur nach unten vollführten, das gleiche Schicksal drohte.

Die neuesten Nachrichten der National Association of Home Builders, die offensichtlich unbemerkt an den meisten Menschen vorbeigingen, besagten, dass der Durchschnittspreis für Häuser 1990 und 1991 gestiegen war. Das überzeugte mich, dass der Kollaps des Immobilienmarkts eine reine Einbildung war, die der Fantasie der Reichen entsprang. Ich wusste, dass die besten unter den Jimmy-Stewart-Sparkassen ihre Beteiligung an Luxusimmobilien, gewerblichen Gebäuden oder Baukrediten begrenzt hatten. Zum größten Teil lag der Schwerpunkt der Portfolios auf 100.000-Dollar-Hypotheken für durchschnittliche Hausbesitzer. Die Sparkassen konnten einen guten Gewinnzuwachs, eine solide Basis aus loyalen Kontoinhabern und ein größeres Vermögen als J. P. Morgan vorweisen.

Trotzdem gingen die Vorzüge der Jimmy-Stewart-Sparkassen in der allgemeinen Panikstimmung unter. Die Börse war aus deren Aktien ausgestiegen und mit ihr der Kleinanleger. Fidelitys eigener Select S&L Fund war von 66 Millionen Dollar im Februar 1987 auf ein Minimum von drei Millionen Dollar im Oktober 1990 geschrumpft. Die Brokerhäuser berichteten immer weniger über die Sparkassenbranche, und manche hatten es ganz aufgegeben.

Bei Fidelity hatte es ursprünglich zwei Vollzeitanalysten für Sparkassen gegeben: Dave Ellison für die größeren und Alec Murray für die kleineren. Murray ging zurück an die Uni, um seinen Doktor zu machen, und wurde nicht ersetzt. Ellison wurden andere größere Firmen zugeteilt, zu denen Fannie Mae, General Electric und Westinghouse gehörten, sodass die Sparkassen für ihn nur noch eine Nebenbeschäftigung darstellten.

In den USA gibt es ungefähr 50 Analysten, die Wal-Mart verfolgen, und weitere 46 Analysten für Philip Morris, aber nur eine winzige Anzahl widmet sich den börsennotierten Sparkassen. Das bringt mich zu Peters Prinzip Nummer 18:

Zeigen selbst die Analysten kein Interesse mehr,
dann sollten Sie zu kaufen beginnen.

Die absolut niedrigen Kurse der meisten Sparkassen fand ich derart verlockend, dass ich mich in eine Ausgabe des *Thrift Digest* vertiefte, in dem praktisch alles über Sparkassen steht, was es zu wissen gibt – für meinen Geschmack der absolute Thriller für den Nachttisch. Er wird von SNL Securities veröffentlicht, einem Unternehmen, das ich bereits erwähnt habe, und von Reid Nagle herausgegeben, der dabei hervorragende Arbeit leistet. *The Thrift Digest* ist etwa so dick wie das Telefonbuch von Boston und Umgebung und es kostet 700 Dollar im Jahr, die jeweils monatlich erscheinenden aktuellen Ausgaben zu beziehen. Ich erwähne den Preis, damit Sie jetzt nicht losrennen und das Ding bestellen, nur um danach festzustellen, dass Sie für das gleiche Geld ebenso zwei Hin- und Rückflüge nach Hawaii bekommen hätten.

Sollten Sie sich dazu entschließen, sich den unterbewerteten Sparkassen zu widmen – was in meinen Augen viel aufregender ist als ein Trip nach Hawaii –, dann sollten Sie sich unbedingt die neueste Ausgabe des *Thrift Digest* in der örtlichen Bibliothek oder von Ihrem Broker besorgen. Ich habe mir meine Ausgabe von Fidelity geliehen.

Ich vergrub mich vor dem Essen, während des Essens und nach dem Essen derart intensiv in dieses Buch, dass Carolyn es inzwischen als das Alte Testament bezeichnete. Mit dem Alten Testament in der Hand stellte ich meine eigene Sparkassen-Punkteskala zusammen, auf der ich die 145 stärksten Institutionen nach Staaten auflistete und ihnen die nachfolgenden Schlüsselwerte zuordnete. Hier ist in komprimierter Form alles, was sie über eine Sparkasse wissen müssen:

Aktueller Kurs

Versteht sich von selbst.

Emissionskurs

Notiert eine Sparkasse unter ihrem Emissionskurs, ist das möglicherweise ein Zeichen dafür, dass die Aktie unterbewertet ist. Natürlich müssen auch andere Faktoren berücksichtigt werden.

Verhältnis der Aktiva zum Eigenkapital (AEV)

Die wichtigste Zahl von allen. Hieraus ergibt sich die Finanzkraft und die „Überlebensfähigkeit“. Je höher das AEV desto besser. AEVs haben eine ungeheuer weite Bandbreite. Sie können von 1 oder 2 (Kandidaten für den Abfalleimer) bis hin zu 20 (viermal so finanzkräftig wie J. P. Morgan) reichen. Ein AEV von 5,5 bis 6 ist durchschnittlich, unter 5 befinden sich Sparkassen bereits in der Gefahrenzone.

Bevor ich in eine Sparkasse investiere, vergewissere ich mich, dass sie ein AEV von mindestens 7,5 hat. Das dient nicht nur dem Katastrophenschutz, sondern ist auch deshalb vorteilhaft, weil Sparkassen mit einem hohen AEV attraktive Übernahmekandidaten sind. Durch das Überschussvermögen haben sie ungenutzte Kreditkapazität, die sich eine größere Bank oder Sparkasse vielleicht zu eigen machen möchte.

Dividende

Viele Sparkassen zahlen überdurchschnittliche Dividenden. Erfüllt eine Kandidatin alle anderen Kriterien und verspricht dazu noch eine hohe Rendite, ist das ein zusätzliches Plus.

Buchwert

Der größte Teil des Vermögens einer Bank oder Sparkasse liegt in ihren Krediten. Haben Sie sich erst einmal vergewissert, dass eine Sparkasse hochriskante Kredite (siehe unten) vermieden hat, können Sie darauf vertrauen, dass der Buchwert, wie er in den Geschäftsberichten aufgeführt ist, den tatsächlichen Wert der Institution akkurat widerspiegelt. Viele der profitabelsten Jimmy Stewarts notieren heute weit unter ihrem Buchwert.

KGV

Wie für jede Aktie gilt auch hier: Je niedriger das KGV, desto besser. Einige Sparkassen mit einer jährlichen Wachstumsrate von 15 Prozent haben KGVs von 7 oder 8, die sich aus den Gewinnen der 12 vorangegangenen Monate errechnen. Das ist sehr vielversprechend, besonders, wenn man berücksichtigt, dass das Gesamt-KGV des S&P 500 zum Zeitpunkt meiner Nachforschungen 23 betrug.

Immobilienwerte mit hohem Risiko

Das sind in der Regel die Problemkinder, insbesondere die Geschäftskredite und die Baukredite, die schon so manche Sparkasse ruiniert haben. Betragen solche hochriskanten Vermögenswerte mehr als fünf bis zehn Prozent, werde ich nervös. Wenn auch sonst alles stimmen mag, so ziehe ich es doch vor, in eine Sparkasse zu investieren, die nur mit einem kleinen Prozentsatz ihrer Vermögenswerte in der hochriskanten Kategorie investiert ist. Da es für den Gelegenheitsinvestor unmöglich ist, aus der Distanz ein Portfolio mit gewerblichen Krediten zu analysieren, ist es am sichersten, wenn man die Sparkassen, die solche Kredite vergeben, von Anfang an meidet.

Selbst wenn man *The Thrift Digest* nicht besitzt, kann man eigene Berechnungen zu hochriskanten Aktivposten anstellen. Suchen Sie im Jahresbericht den Dollarwert aller Baukredite und gewerblichen Immobilienkredite, die unter „Aktiva“ aufgeführt sind. Nehmen Sie dann den Dollarwert der gesamten Kredit-Außenstände und teilen sie letzteren Wert durch den ersteren. Das Ergebnis gibt Ihnen einen guten Eindruck von dem Risiko – je höher die Zahl, desto geringer der Risikofaktor.

Forderungen, die seit 90 Tagen überfällig sind

Das sind die Kredite, die sich bereits im Zahlungsverzug befinden. Davon sollte es nur einen geringen Prozentsatz geben, der möglichst weniger als zwei Prozent des Gesamtvermögens der Sparkasse ausmacht. Außerdem sollte die Tendenz des Prozentsatzes fallend und nicht steigend sein. Schon ein paar zusätzliche Prozent an Krediten, die sich im Zahlungsverzug befinden, können das gesamte Sparkassenvermögen auslöschen.

Immobilien, die bereits in Sparkassenbesitz übergegangen sind

Das sind Gebäude und Grundstücke, bei denen die Hypothek von den Sparkassen bereits zwangsvollstreckt wurde. Sie werden in der sogenannten REO (Real Estate Owned)-Kategorie zusammengefasst. Diese

Kategorie ist ein Index für Probleme von gestern, denn alles, was hier erscheint, wurde in den Büchern bereits als Verlust abgeschrieben.

Da dieser finanzielle Schlag bereits verkraftet worden ist, muss man sich über einen hohen Prozentsatz an Immobilienbesitz nicht so sehr beunruhigen wie über einen hohen Prozentsatz an überfälligen Forderungen. Es ist jedoch beunruhigend, wenn der REO-Wert steigt. Sparkassen sind nicht im Immobiliengeschäft tätig, und das Letzte, was sie sich wünschen, ist, in den Besitz von weiteren Eigentumswohnungen oder Bürogebäuden zu gelangen, die teuer zu unterhalten und schlecht zu verkaufen sind. Existieren viele eigene Immobilien, dann muss man eigentlich davon ausgehen, dass die Sparkasse Probleme hat, diese loszuwerden.

***

Ich entschloss mich schließlich dazu, *Barron's* sieben Sparkassen zu empfehlen, was ein Beweis dafür ist, wie sehr mir diese Gruppe gefiel. Dabei handelte es sich um fünf stabile Jimmy-Stewart-Typen und zwei krasse Außenseiter – ich nenne sie die Wiedergeborenen, die knapp dem Konkurs entkommen waren. Zwei der fünf starken Sparkassen, nämlich Germantown Savings und Glacier Bancorp, hatte ich bereits 1991 empfohlen.

Die fünf Jimmy Stewarts hatten in einigen Kategorien hervorragende Bewertungen erhalten: Buchwert (vier notierten zu einem absoluten Schleuderpreis), AEV (alle bei 6,0 oder darüber), hochriskante Kredite (unter zehn Prozent), 90-Tage Zahlungsverzug (zwei Prozent oder weniger), Immobilienbesitz (weniger als ein Prozent) und KGV (unter 11). Ein weiteres positives Zeichen war, dass zwei der Auserwählten in den letzten Monaten Aktienrückkäufe getätigt hatten. Bei Glacier und Germantown war der Anteil an gewerblichen Krediten etwas hoch, aber nachdem mir die Banker diesen Punkt erläutert hatten, beunruhigte mich das nicht mehr so sehr.

Was meine beiden Wiedergeborenen angeht, so waren viele Daten ziemlich trostlos und beinhalteten alles, was ein konservativer Investor eigentlich vermeiden sollte. Ich habe sie als krasse Außenseiter ausgewählt, weil sie trotz ihrer Probleme immer noch ein hohes AEV hatten. Dieses Vermögenspolster gab ihnen etwas Spielraum, um ihre Schwierigkeiten zu bereinigen. Das Gebiet, in dem die beiden Sparkassen ansässig waren, die Grenzregion zwischen Massachusetts und New Hampshire, zeigte erste Anzeichen von Stabilität.

Ich konnte nicht dafür garantieren, dass diese Wiedergeborenen überleben würden, aber ihre Aktienkurse waren derart in den Keller gefallen (Lawrence Savings beispielsweise von 13 Dollar auf 75 Cent), dass ich mir sicher war, dass die Schnäppchenjäger viel Geld verdienen würden, falls die beiden sich erholen sollten.

Es gibt Dutzende von Sparkassen im ganzen Land, die ebenso stabil oder sogar stabiler sind als meine Top 5. Vielleicht gibt es sogar die eine oder andere davon in Ihrer eigenen Umgebung. Viele Investoren werden sehr zufrieden damit sein, dass sie sich auf diese Gruppe konzentriert haben. Die Jimmy Stewarts werden entweder weiterhin eigenständig prosperieren oder von größeren Institutionen zu Kursen übernommen werden, die weit über dem derzeitigen Level liegen.

Eine Sparkasse mit Überschussvermögen, ungenutzter Kreditkapazität und einer loyalen Basis von Sparern ist für eine große Bank sehr begehrenswert. Große Banken dürfen nur in den Staaten, in denen sie ansässig sind, Spareinlagen annehmen (diese Vorschrift ändert sich gerade in geringem Umfang), aber überallhin Geld verleihen. Das macht die Übernahme einer Sparkasse zu einer sehr verlockenden Angelegenheit.

Wäre ich zum Beispiel die Bank of Boston, dann würde ich Liebesbriefe an die Home Port Bancorp of Nantucket auf der Insel Nantucket in Massachusetts schicken. Home Port hat ein AEV von 20 Prozent und ist dadurch die vielleicht stärkste Finanzinstitution in der modernen Welt. Außerdem dominiert das Unternehmen einen Inselmarkt mit

Tabelle 12-1

Name	Kurs 3. Quartal 1991	Emissionskurs	Flüssige Vermögenswerte	Dividende	Buchwert	90 Tage Zahlungsverzug	Immobilien im Eigenbesitz	Gewerbeimmobilien und andere gewerbliche Darlehen
				Starke Sparkassen				
Germantown	$ 14+	$ 9+	7,5	40 ¢	$ 26 2/8	0,5 %	0,0 %	7,0 %
Glacier	$ 12	$ 8+	11,0	40 ¢	$ 11 1/2	0,9 %	0,2 %	9,2 %
People's	$ 11	$ 10+	13,0	68 ¢	$ 18 5/8	2,0 %	0,9 %	2,7 %
Eagle	$ 12	$ 11+	9,7	60 ¢	$ 19 1/8	1,8 %	0,7 %	2,9 %
Sovereign	$ 9+	$ 4+	6,0	16 ¢	$ 10 1/4	0,9 %	0,4 %	3,9 %
				Wiedergeborene				
First Essex	$ 2	$ 8	9,0		$ 7 7/8	10,0 %	3,5 %	13,0 %
Lawrence	75 ¢	$ 13+	7,8		$ 6 1/2	9,6 %	7,5 %	21,0 %

Quelle: SNL Quarterly Thrift Digest

Spareinlagen vieler altmodischer Neuengländer, die ihre Bankgewohnheiten in naher Zukunft wohl kaum ändern und zu einem neumodischen Geldmarktfonds überwechseln werden.

Selbst wenn die Bank of Boston auf Nantucket keine Kredite vergeben will: Wenn sie erst einmal das Vermögen und den Sparer-Stamm von Home Port erworben hat, kann sie die überschüssige Kreditkapazität nutzen, um Kredite in Boston oder irgendwo anders im Land zu vergeben.

Von 1987 bis 1990, einer fürchterlichen Zeitspanne für die Sparkassen, wurden mehr als 100 unter ihnen von größeren Institutionen übernommen, die darin das gleiche Potenzial erkannten, wie es die Bank of Boston in Home Port erkennen sollte. Immer mehr Banken und Sparkassen werden sich auch in Zukunft zusammenschließen, und das aus gutem Grund: In den USA gibt es derzeit mehr als 7.000 Banken, Sparkassen und andere Einlagenverwalter, was ungefähr 6.500 zu viele sind.

Allein in meinem kleinen Heimatort Marblehead gibt es sechs verschiedene Geldinstitute – halb so viele wie in ganz England.

13

Die Sparkassen etwas genauer betrachtet

Der gelegentliche Stockpicker könnte sich mit dem bis jetzt Erarbeiteten begnügen, fünf Sparkassen auswählen, die dem Jimmy-Stewart-Profil entsprechen, in jede davon die gleiche Summe investieren und zuversichtlich auf die Gewinne warten. Eine Sparkasse würde sich besser als erwartet entwickeln, drei ganz passabel und eine schlechter als erwartet, und das Gesamtergebnis wäre immer noch besser, als wenn man in eine überteuerte Coca-Cola oder Merck investiert hätte.

Da ich jedoch sehr neugierig bin und mich nicht gerne auf Informationen aus zweiter Hand verlasse, versuche ich normalerweise, meine Chancen zu erhöhen, indem ich die Firmen anrufe, bevor ich mein Geld in sie investiere. Dadurch steigt zwar die Telefonrechnung, aber langfristig betrachtet zahlt es sich aus.

Für gewöhnlich kann ich mit dem Präsidenten oder dem Vorstand oder einer anderen Führungskraft sprechen. Entweder versuche ich etwas ganz Bestimmtes herauszufinden, oder ich versuche, Überraschungen zu entdecken, von denen die Wall-Street-Analysten noch nichts wissen. Glacier Bancorp hatte zum Beispiel mehr gewerbliche Kredite vergeben, als es sich für eine starke Sparkasse gehörte. Ich hätte diese Aktie nicht gekauft oder empfohlen, ohne mich in einem Gespräch mit der Firma näher über diesen Punkt zu informieren.

Sie müssen kein Experte sein, um sich mit einer Sparkasse zu unterhalten, aber Sie müssen eine grundsätzliche Vorstellung davon haben, wie das Geschäft funktioniert. Eine Sparkasse ist auf loyale Sparer angewiesen, die ihr Geld auf Sparbücher und Girokonten einzahlen. Mit diesen Einlagen muss das Unternehmen Geld verdienen, indem es Kredite vergibt – allerdings nicht an Gläubiger, die anschließend in Zahlungsverzug geraten. Außerdem sind niedrige Betriebskosten eine Voraussetzung, um Gewinne zu maximieren. Banker leben gerne mit Dreien und Sechsen: Geld leihen zu drei, Geld verleihen zu sechs, Golf spielen um drei ...

Jedenfalls habe ich sechs Telefongespräche mit sechs Sparkassen (vier starken und zwei Wiedergeborenen) geführt, um wichtige Details zusammenzutragen. Eagle Financial rief ich gar nicht erst an. Eagles Geschäftsjahr lief von September bis September, sodass der Geschäftsbericht rechtzeitig auf meinem Tisch landete und ich die Details schwarz auf weiß betrachten konnte. Er las sich wie der Traum eines jeden Bankprüfers. Die Geschäftsberichte der anderen Sparkassen würde ich nicht vor Februar oder März bekommen. Folgendes habe ich durch meine Unterhaltungen herausgefunden:

Glacier Bancorp

Ich telefonierte einen Tag nach Weihnachten mit Glacier. In karierten Hosen und Sweatshirt war ich in mein Büro nach Boston gekommen. Außer mir und dem Sicherheitspersonal befand sich niemand im Gebäude.

Feiertage eignen sich hervorragend für diese Art von Arbeit. Ich bin immer beeindruckt, wenn ich mit Führungskräften spreche, die an einem solchen Tag hinter ihrem Schreibtisch sitzen.

Inmitten des Chaos auf meinem Schreibtisch öffnete ich den Glacier-Bancorp-Ordner. Die Aktie notierte bei zwölf Dollar, einem 60-prozentigen Gewinn gegenüber dem Vorjahr. Hier hatten wir ein Unternehmen, das mit einer Rate von 12–15 Prozent wuchs und mit dem 10-fachen Gewinn bewertet wurde – nicht gerade ein spektakuläres Schnäppchen, aber dafür gab es auch kein großes Risiko.

Glacier Bancorp hieß vormals First Federal Savings and Loan of Kalispell, und ich wünschte, das Unternehmen hätte den alten Namen beibehalten. Er klang altmodisch und spießig, was mich immer sehr beruhigt. Altmodisch und spießig ist mir lieber als trendgemäß und intellektuell. Zweiteres bedeutet meistens, dass das Unternehmen verzweifelt versucht, sein Image aufzupolieren.

Firmen, die sich auf das Geschäft konzentrieren und ihr Image sich selbst überlassen, gefallen mir. Es gibt unter den Finanzunternehmen diese unglückselige Tendenz, das Wort „Bank" aus dem Namenszug zu eliminieren und es durch „Bancorp" zu ersetzen. Ich weiß, was eine Bank ist, aber die Bezeichnung Bancorp macht mich nervös.

Jedenfalls erzählte mir die Person, die ich bei Glacier Bancorp in Kalispell am Apparat hatte, dass gerade eine Abschiedsparty für einen der Angestellten im Gange war, aber man würde den Vorsitzenden Charles Mercord informieren, dass ich angerufen hätte. Sie müssen ihn von der Party weggezerrt haben, da ich bereits innerhalb von fünf Minuten einen Rückruf erhielt.

Es ist eine sehr heikle Sache, einen Präsidenten oder Vorstand nach den Firmengewinnen zu befragen. Platzt man mit „Wie ist die Gewinnschätzung für das nächste Jahr?" heraus, erreicht man gar nichts. Zunächst muss man eine Beziehung aufbauen. Ich erzählte, dass die gesamte Familie Lynch im Westen gewesen war, um die Nationalparks zu besuchen, und dass wir Montana liebten. Wir schwatzten etwas über die Bauholzindustrie, den Fleckenkauz, das Skigebiet Big Mountain und die große Kupferhütte, die Anaconda gehört, einer Firma, die ich als Analyst oft besucht hatte.

Dann ließ ich nach und nach immer ernsthaftere, investmentbezogene Fragen einfließen, wie zum Beispiel: „Wie viele Menschen leben denn in Ihrem Gebiet?" und „Wie hoch ist die Stadt eigentlich gelegen?", was wiederum zu dem substanzielleren „Planen Sie, neue Filialen zu eröffnen, oder sind Sie mit dem derzeitigen Stand zufrieden?" führte. Ich versuchte, einen Eindruck von der Stimmung bei Glacier zu erhalten.

„Gibt es im dritten Quartal irgendetwas Ungewöhnliches?", fuhr ich fort. „Sie haben 38 Cent zugelegt, wie ich sehe." Am besten ist es, wenn man die Fragen mit ein paar Fakten würzt, sodass Ihr Ansprechpartner davon ausgehen kann, dass Sie Ihre Hausaufgaben gemacht haben.

Die Stimmung bei Glacier Bancorp war bestens. Zahlungsverzüge gab es kaum. Das Unternehmen hatte seine Dividende seit 15 Jahren kontinuierlich erhöht. Es hatte soeben zwei andere Sparkassen mit wunderschönen Namen übernommen: die First National Bank of Whitefish und die First National Bank of Eureka.

Auf diese Art und Weise beschleunigen die stärkeren Sparkassen ihr Wachstum in den nächsten Jahren. Sie erwerben die wertvollen Spareinlagen von Sparkassen, die sich in Schwierigkeiten befinden oder aufgeben müssen. Glacier kann die First National of Whitefish in das eigene System integrieren und durch das zusätzliche Whitefish-Vermögen weitere Kredite vergeben. Außerdem reduzieren sich die Verwaltungskosten, da zwei Sparkassen gemeinsam billiger operieren können als eine allein.

„Damit bauen Sie einen hübschen zusätzlichen Aktivposten auf", sagte ich, indem ich auf das Whitefish-Thema anspielte. „Das ist sicherlich ein geschickter unternehmerischer Schachzug." Meine einzige Sorge war, dass Glacier vielleicht zu viel für die Übernahme bezahlt haben könnte. „Ich nehme an, Sie haben weit mehr als den Buchwert dafür bezahlen müssen", sagte ich und spielte Glaciers Präsidenten damit den Ball zu, um eine eventuelle Horrornachricht loszuwerden. Aber nein, Glacier hatte nicht zu viel bezahlt.

Wir sprachen über die 9,2 Prozent gewerblicher Kredite, die Glacier vergeben hatte, den einzigen beunruhigenden Wert, den ich aus *The Thrift Digest* entnommen hatte. Hätte es sich um eine Sparkasse in Neuengland gehandelt, hätte mich dieser hohe Wert verschreckt, aber

Montana war nicht Massachusetts. Der Präsident von Glacier versicherte mir, dass seine Sparkasse kein Geld an die Bauherren leerer Bürogebäude und unverkäuflicher Ferienwohnungen vergeben hatte. Glaciers gewerbliche Kredite betrafen meist Mehrfamilienhäuser, die sich großer Nachfrage erfreuten. Die Bevölkerung von Montana wuchs. Jahr für Jahr flüchteten Tausende von Menschen vor kalifornischem Smog und Steuern und ließen sich unter dem großen blauen Himmel des kleinen Staates nieder.

Ich lege niemals auf, ohne zu fragen: „Welche anderen Firmen bewundern Sie am meisten?" Es hat keine große Bedeutung, wenn der Vorstand von Bethlehem Steel sagt, er bewundere Microsoft, aber wenn der Leiter einer Sparkasse erwähnt, er bewundere eine andere Sparkasse, dann bedeutet das in der Regel, dass diese andere Sparkasse sehr gut funktionieren muss. Auf diesem Weg habe ich viele gute Aktien entdeckt. Als Herr Mercord United Savings und Security Federal erwähnte, klemmte ich mir folglich den Telefonhörer zwischen Schulter und Kinn und schlug mein S&P-Aktienhandbuch auf, um die Kürzel ausfindig zu machen. Daraufhin gab ich UBMT und SFBM in den Quotron ein, während mein Gesprächspartner mir die Firmen beschrieb. Beides waren in Montana ansässige Sparkassen mit beeindruckenden AEVs (20 Prozent im Falle von Security Federal!). Ich notierte sie auf meiner Liste der Unternehmen, die ich im Auge behalten wollte.

Germantown Savings

Im Januar, am Tag bevor ich zum *Barron's*-Treffen nach New York abflog, rief ich bei Germantown an. Diese Firma war eine weitere meiner Empfehlungen aus dem Vorjahr gewesen. Die Aktie notierte damals bei zehn Dollar und jetzt bei 14 Dollar. Germantown machte einen Gewinn von zwei Dollar pro Aktie und hatte damit ein KGV unter 7. Der Buchwert lag bei 26 Dollar, das AEV bei 7,5 und die Zahlungsverzüge betrugen weniger als ein Prozent.

Germantown hatte seinen Sitz in einem Vorort von Philadelphia. Das Gesamtvermögen umfasste 1,4 Milliarden Dollar und die Bilanz war wunderbar, doch nicht ein einziges Brokerhaus machte sich die Mühe, dieses Unternehmen zu verfolgen. Ich bereitete mich auf den Anruf vor, indem ich den neuesten Geschäftsbericht las. Die Spareinlagen hatten zugenommen, was bedeutete, dass die Kunden ihr Geld weiterhin auf die Konten einzahlten, aber die Kreditvergaben waren rückläufig. Die Aktiva-Seite der Bilanz nahm ab. Das bedeutete, dass wir es mit konservativen Banken zu tun hatten, die sich bei Kreditvergaben zurückhielten.

In der Kategorie „Investmentpapiere" fand ich weitere Anzeichen für die besonnene Vorgehensweise der Banker. Diese Kategorie hatte im Vergleich zum Vorjahr um 50 Millionen Dollar zugenommen. Sie beinhaltete T-Bills, T-Bonds, Aktien und Bargeld. Eine Sparkasse, die sich über die Wirtschaftslage oder die Kreditwürdigkeit potenzieller Kreditnehmer Sorgen macht, parkt ihr Geld in Anleihen, genauso wie es Privatanleger tun. Verbessert sich die wirtschaftliche Lage und die Kreditvergabe wird zu einer sicheren Sache, dann wird Germantown seine Wertpapiere verkaufen und neue Kredite ausgeben. Dadurch werden die Gewinne heftig ansteigen.

Bezüglich dieses Punktes untersuchte ich den Geschäftsbericht, um eventuelle unübliche Faktoren zu entdecken, die Investoren vielleicht einen falschen Eindruck vermittelten. Man will sich schließlich nicht zu einem Aktienkauf verleiten lassen, weil eine Firma einen Gewinnzuwachs verzeichnet, nur um dann später festzustellen, dass das Ganze ein Sonderfall war, der zum Beispiel aus dem Verkauf von Wertpapieren resultierte. Hier fand ich das Gegenteil – Germantown hatte durch den Verkauf einiger Wertpapiere einen kleinen Verlust gemacht, der die regulären Gewinne beeinflusste, jedoch nicht so sehr, dass es größere Auswirkungen haben würde.

„Unsere Geschichte ist ziemlich langweilig", erklärte mir der Vorstandsvorsitzende Martin Kleppe, als ich ihn anrief. Es war genau die Geschichte, die mir gefiel, und er musste das gewusst haben. „Wir haben eine gefestigte Bilanz. Bevor wir in Schwierigkeiten geraten, gehen erst einige andere über Bord."

Die Kreditverluste und Zahlungsrückstände waren nicht der Rede wert und nahmen monatlich ab. Nichtsdestotrotz hatte Germantown sich abgesichert, indem die Reserven für verlorene Kredite aufgestockt wurden, was die Gewinne zwar kurzfristig beeinträchtigte, jedoch später dazu beitragen könnte, sie explodieren zu lassen, wenn nicht benötigte Reserven in das Firmenvermögen zurückfließen.

Das Gebiet, in dem Germantown ansässig ist, kann man nicht gerade als prosperierend bezeichnen, aber die Menschen, die dort leben, haben schon immer brav gespart und ihr Geld loyal eingezahlt. Germantown Savings würde dieses Geld nicht dahinschmelzen lassen. Ich nahm an, dass diese vorsichtig agierende Sparkasse viele ihrer zügelloseren Konkurrenten überleben und dabei langfristig große Profite machen würde.

Sovereign Bancorp

In der *Barron's*-Ausgabe vom 25. November 1991 stieß ich auf einen Artikel, in dem beschrieben wurde, wie Sovereign Bancorp von seiner Firmenzentrale in Reading aus für einen wohlhabenden Kunden im Südosten von Pennsylvania Geschäfte abwickelte. Mir gefiel besonders die Bemerkung darüber, dass jedes Mal, wenn in einer Sovereign-Filiale eine Hypothek genehmigt wird, eine Klingel anschlägt.

Es war nicht das einzige Mal in meiner Laufbahn, dass ich eine Aktie durch eine Wochenzeitschrift entdeckte. Ich überprüfte den jährlichen und vierteljährlichen Geschäftsbericht. In jeder wichtigen Kategorie erhielt Sovereign gute Bewertungen: Die Zahlungsrückstände betrugen ein Prozent des Gesamtvermögens; kommerzielle Kredite und Baukredite machten vier Prozent aus; Sovereign hatte ausreichend Reserven zurückgestellt, um die Zahlungsrückstände 100-prozentig abzudecken.

Sovereign hatte außerdem von der Resolution Trust Corporation zwei Sparkassen in New Jersey übernommen. Dadurch explodierten die Spareinlagen, was sich letztendlich auf die Gewinne auswirken würde. Ich rief Jay Sidhu an, Sovereigns Präsidenten indischer Abstammung, um einige der Details zu überprüfen. Wir schwatzten über Bombay und Madras, die ich im vergangenen Jahr anlässlich eines Wohltätigkeitstrips besucht hatte.

Als wir uns den ernsthafteren Themen näherten, erklärte Herr Sidhu, dass das Management entschlossen sei, eine Wachstumsrate von mindestens zwölf Prozent jährlich zu erreichen. In der Zwischenzeit notierte die Aktie laut Analysteneinschätzungen für 1992 mit einem KGV von 8.

Das einzige negative Detail war, dass Sovereign 1991 weitere 2,5 Millionen Aktien verkauft hatte. Wir haben bereits diskutiert, weshalb es in der Regel sehr positiv ist, wenn ein Unternehmen Aktienrückkäufe tätigt, solange es sich das leisten kann. Im umgekehrten Fall ist es sehr negativ, wenn ein Unternehmen die Anzahl der Aktien erhöht. Das führt zum gleichen Ergebnis wie der Druck neuer Geldscheine durch die Regierung: Die Währung wird billiger.

Zumindest verschwendete Sovereign den Erlös aus den Aktienverkäufen nicht. Die Gewinne wurden darauf verwendet, weitere Sparkassen, die in Schwierigkeiten geraten waren, vom Resolution Trust aufzukaufen.

Wie ich voller Freude feststellte, war Sidhus Erfolgsmodell Golden West. Grundsätzlich wollte er es den sparsamen Sandlers gleichtun, indem er die Kreditvergabe steigerte und Kosten reduzierte. Einschließlich der Gehaltsliste, die Sovereign aus seinen kürzlichen Übernahmen geerbt hatte, betrug der Unkostenanteil 2,25 Prozent – wesentlich höher als Golden Wests 1,0 Prozent –, doch Sidhu war entschlossen, diesen Prozentsatz abzubauen. Die Tatsache, dass er vier Prozent der Aktien besaß, gab ihm einen beachtlichen Anreiz, diesen Plan auszuführen.

Statt wie viele Sparkassen an ihren Hypotheken festzuhalten, hatte sich Sovereign darauf spezialisiert, Kredite zu vergeben und diese anschließend an Paketanbieter wie zum Beispiel Fannie Mae oder Freddie

Mac zu verkaufen. Durch diese Strategie konnte Sovereign sein Geld schnell zurückbekommen und es in neue Hypotheken stecken, wobei die Profite aus den Zinsdifferenzen und Vorabgebühren gezogen wurden. Das Risiko des Hypothekenbesitzes wurde auf andere übertragen.

Trotzdem verfuhr Sovereign sehr konservativ hinsichtlich der Art der Kredite, die es genehmigte. Es wurden ausschließlich Hypotheken auf Privathäuser vergeben. Seit 1989 hatte es keinen einzigen Kredit auf ein Geschäftsgebäude vergeben. Die durchschnittliche Hypothek betrug niemals mehr als 69 Prozent des Wertes, den der zugrunde liegende Besitz hatte. Die wenigen faulen Kredite wurden genauestens untersucht, sodass Sovereign aus seinen Fehlern lernen konnte und sie nicht wiederholen würde.

Wie so oft in meinen Gesprächen erfuhr ich auch von Sidhu eine Neuigkeit. Er beschrieb mir eine raffinierte Methode, mit der skrupellose Banken und Sparkassen ihre Problemkredite tarnten. Bittet ein Bauherr um einen Kredit von beispielsweise einer Million Dollar für ein kommerzielles Projekt, dann bietet ihm die Bank auf der Basis einer überhöhten Schätzung einen Kredit von 1,2 Millionen Dollar an. Die zusätzlichen 200.000 Dollar werden von der Bank in Reserve gehalten. Sollte der Bauherr in Zahlungsverzug geraten, kann die Bank dieses Geld dazu benutzen, die Zahlungen zu decken. Auf diese Weise kann ein schlechter Kredit in den Büchern immer noch als guter Kredit geführt werden – zumindest für einige Zeit.

Ich weiß nicht, wie weitverbreitet diese Praxis inzwischen geworden ist, aber wenn Sidhu recht hat, dann ist das ein weiterer Grund dafür, nicht in Banken und Sparkassen zu investieren, die große Portfolios aus kommerziellen Immobilien mit sich herumschleppen.

People's Savings Financial

Ich rief den CFO John Medved in der Firmenzentrale in New Britain in der Nähe von Hartfort, Connecticut, an. Medved berichtete, dass eine Reihe schwacher Banken in der Umgebung aufgegeben hatte, wodurch die Position von People's Savings als Ort, an dem Geld gut aufgehoben war, gestärkt wurde. People's hatte aus dieser Situation mittels einer Werbekampagne Kapital geschlagen, deren Kernaussage war, dass es sich hier um eine vertrauenswürdige Institution mit einem AEV von 13 handelte. Als Ergebnis der Werbekampagne wuchsen die Spareinlagen von People's von 220 Millionen Dollar in 1990 auf 242 Millionen Dollar in 1991 an.

Das AEV von People's wäre sogar noch höher gewesen, wenn das Unternehmen nicht einen Teil des Vermögens darauf verwendet hätte, Aktien zurückzukaufen. In zwei Stufen hatte diese Sparkasse in Connecticut 16 Prozent ihrer Aktien eingezogen und dabei 4,4 Millionen Dollar ausgegeben. Sollte es weiterhin in dieser Form Aktien zurückkaufen, so werden diese eines Tages sehr rar und wertvoll sein. Mit einer geringeren Anzahl von Aktien, die sich im Umlauf befinden, werden sich die Gewinne je Aktie steigern, auch wenn das Geschäft flau ist. Läuft das Geschäft gut, können die Aktienkurse in den Himmel schießen.

Firmenmanager geben oft genug Lippenbekenntnisse hinsichtlich der „Erhöhung des Aktionärsvermögens" ab, nur um anschließend loszuziehen und Geld für ausgefallene Firmenkäufe zu verschwenden. Dabei ignorieren sie die einfachste Methode, ihre Aktionäre zu belohnen: Aktienrückkäufe. Ganz simple Unternehmen wie zum Beispiel International Dairy Queen und Crown Cork & Seal haben an der Börse spektakuläre Kurssteigerungen erzielt, weil sie sich dem Grundsatz der Aktienrückkäufe verschrieben hatten. Teledyne wurde durch dieses Prinzip zum 100-Bagger.

Als People's Savings Financial 1986 an die Börse ging, notierte eine Aktie bei 10,25 Dollar. Jetzt, fünf Jahre später, war das Unternehmen größer, arbeitete profitabler und hatte weniger Aktien im Umlauf; trotzdem stand die Aktie bei lediglich elf Dollar. Ich nahm an, dass die Aktie deshalb schwach notierte, weil die Firma mit einer Depression zu kämpfen hatte – wobei ich nicht die Gemütsverfassung meine, sondern das Umfeld im Staate Connecticut.

Zusammengefasst betrachtet, würde ich eher in eine Sparkasse investieren, die bewiesen hat, dass sie eine Depression überleben kann, als in eine, die in einer hervorragenden Konjunktur Gewinne macht und sich noch nie in schlechten Zeiten bewähren musste.

Aus der Lektüre des *Thrift Digest* wusste ich, dass relativ bescheidene Zahlungsverzüge von zwei Prozent vorhanden waren, aber ich wollte diesen Punkt dennoch genauer untersuchen. Medved erklärte mir, dass dieses Problem größtenteils durch einen einzigen Bauherrenkredit verursacht wurde und People's keine neuen Kredite dieser Art mehr vergeben würde.

People's hatte den daraus resultierenden Gewinnausfall bereits weggesteckt, als diese Zahlungsverzüge abgeschrieben wurden. Der nächste Schritt war, den Besitz zu verwerten. Medved bestätigte, was ich bereits gehört hatte, nämlich dass dieser Prozess sich sehr lange hinziehen und sehr kostspielig sein kann. Es könne zwei Jahre dauern, bis man einen Schuldner, der in Verzug geraten ist, auf die Straße setzen kann. Man könne diese Menschen nicht so ohne Weiteres loswerden, da die meisten Zahlungsverzüge von People's Savings gewerbliche Kredite oder Hypotheken für teure Häuser beträfen, in denen die Schnorrer dann noch monatelang umsonst hausen könnten, bis ihre gesetzlichen Möglichkeiten irgendwann erschöpft seien.

Schließlich kommt eine verfallene Hypothek in das Stadium, in dem der Besitz als „eigener Besitz“ bezeichnet wird, und von da ab kann der geschädigte Kreditgeber versuchen, ihn zu verkaufen, um dadurch einen Teil seines im Geiste bereits abgeschriebenen Darlehens wieder hereinzuwirtschaften. Manchmal erhält der Gläubiger dadurch mehr als erwartet, sodass hier ein zusätzliches Gewinnpotenzial besteht.

Medved und ich diskutierten auch über die allgemeine geschäftliche Lage im Gebiet von People's. Spricht man über Connecticut im Jahre 1992, dann macht man sich über derartige Dinge Gedanken. Medved sagte, dass die Eisenwarenhersteller ehemals die größten Arbeitgeber in New Britain gewesen seien, aber Stanley Works sei die einzige Firma, die davon übrig geblieben sei. Die Central Connecticut State University und das New Britain General Hospital hätten diese Flaute zwar etwas aufgefangen, aber die Arbeitslosigkeit sei nach wie vor hoch.

Bevor ich den Hörer auflegte, stellte ich meine übliche Frage: „Welcher Konkurrent beeindruckt Sie am meisten?" Medved erwähnte, dass die American Savings Bank of New Milford, die noch nicht an der Börse notiert war, ein AEV von zwölf Prozent habe. Die Versuchung, dort hinzufahren und ein Konto zu eröffnen, um bei einer eventuellen Emission unmittelbaren Zugriff zu haben, war sehr groß. Wenn Sie auf Seite 292 weiterblättern, wissen Sie, weshalb.

First Essex

Dies war der erste meiner zwei wiedergeborenen Kandidaten. Hier haben wir einen Fall, bei dem Aktienrückkäufe für das Unternehmen nicht sinnvoll waren. First Essex ging 1987 mit acht Millionen Aktien zu acht Dollar das Stück an die Börse. Die Aktie stagnierte für zwei Jahre und das Management kaufte zwei Millionen davon für die gleichen acht Dollar pro Stück zurück. Hätte das Management bis 1991 gewartet, hätte es einen 75-prozentigen Rabatt erhalten, da die Aktie zu diesem Zeitpunkt bereits auf zwei Dollar gefallen war.

Es gab einige beunruhigende Zahlen in meinem First-Essex-Ordner: zehn Prozent Zahlungsrückstände, 3,5 Prozent zwangsvollstreckte Immobilien und 13 Prozent gewerbliche Kredite und Baukredite. Diese winzige Sparkasse in Lawrence, Massachusetts, hatte 1989 elf Millionen Dollar und 1990 weitere 28 Millionen Dollar verloren. Sie war ein Opfer eifriger Kreditvergaben an Bauträger von Eigentumswohnungen sowie Immobilienmagnaten geworden, die in der Rezession zugrunde gingen. Lawrence liegt dicht an der Grenze zu New Hampshire in einem der wirtschaftlich schwächsten Gebiete von Neuengland.

„Wir müssen den Grund mit einer 200 Meter langen Angelleine abfischen", so beschrieb der Vorstand von First Essex, Leonard Wilson, seine missliche Lage, als ich mit ihm telefonierte. Drei schreckliche Jahre lang hatte diese Sparkasse zusehen müssen, wie reihenweise Hypotheken zwangsvollstreckt werden mussten. Jede einzelne davon bedeutete einen Gewinnausfall und einen zusätzlichen Immobilienbesitz, so lange, bis die Sparkasse arm an Bargeld und reich an herrenlosen Gebäuden war, die niemand kaufen wollte. First Essex avancierte zu einem der größten Immobilienbesitzer der Region – nur leider ohne Mieter.

Trotzdem hatte First Essex immer noch einen Buchwert von 7 7/8 Dollar und genügend Vermögen, um ein AEV von 9 zu erzielen. Die Aktie notierte dagegen bei zwei Dollar.

Hier haben wir die klassische Spekulation mit einer Sparkasse, die von schweren Zeiten hart getroffen wurde. Stabilisiert sich der gewerbliche Immobilienmarkt und die Zwangsvollstreckungen von Hypotheken stagnieren oder nehmen ab, dann wird diese Institution überleben und schließlich die Verluste wiedergutmachen. Die Aktie kann leicht auf zehn Dollar ansteigen. Das Problem liegt darin, dass man nicht wissen kann, wann oder ob der Markt sich stabilisieren wird oder wie tief die Rezession noch einschneiden wird.

Aus dem Geschäftsbericht konnte ich sehen, dass First Essex bis Ende 1991 insgesamt 46 Millionen Dollar an kommerziellen Krediten vergeben hatte. Gleichzeitig verfügte das Unternehmen über ein Vermögen von 46 Millionen Dollar. Dieses 1:1-Verhältnis zwischen Vermögen und gewerblichen Krediten war etwas Beruhigendes. Sollten 50 Prozent der entsprechenden Kredite tatsächlich in die Hose gehen, würde First Essex zwar 50 Prozent seines Vermögens verlieren, aber immer noch überleben.

Lawrence Savings

Lawrence ist ein weiterer krasser Außenseiter, der aus der gleichen Gegend im Merrimack-Tal stammt. Und er hat die gleichen Probleme wie First Essex – eine absolut miserable lokale Wirtschaftslage. Die

Kürzel	Unternehmen	Kurs 13.1.92
EAG	Eagle Financial	12,06 $
FESX	First Essex Bancorp	2,13 $
GSBK	Germantown Savings	14,50 $
GBCI	Glacier Bancorp	11,14 $
LSBX	Lawrence Savings Bank	1,00 $
PBNB	People's Savings	11,00 $
SCRN	Sovereign Bancorp	6,95 $

Geschichten sind identisch: Eine profitable Sparkasse verstrickt sich in ungestüme, gewerblich bezogene Kreditvergaben, verliert dabei Millionen von Dollar und der Aktienkurs bricht zusammen.

Nach dem Geschäftsbericht von 1990 hatte Lawrence immer noch ein AEV von 7,8, aber als ich dieses analysierte, stellte ich fest, dass die Situation riskanter als bei First Essex war. Bei Lawrence machten die kommerziellen Immobilienkredite 21 Prozent des Kreditportfolios aus, wohingegen dieser Wert bei First Essex nur 13 Prozent betrug. Lawrence hatte insgesamt mehr solche Kredite vergeben (im Wert von 55 Millionen Dollar) und verfügte über ein geringeres Reinvermögen (27 Millionen Dollar) als First Essex. Das Sicherheitspolster für einen Irrtum war viel dünner. Sollte die Hälfte der verbleibenden kommerziellen Kredite in die Hose gehen, konnte man Lawrence vergessen.

So geht man bei einer Außenseiter-Sparkasse vor: Man findet heraus, wie hoch das Vermögen ist ,und vergleicht es mit den Außenständen aus den kommerziellen Krediten. Gehen Sie dabei immer vom Schlimmsten aus.

Der (fast) absolut sichere Tipp

Stellen Sie sich vor, Sie kaufen ein Haus und entdecken beim Einzug, dass die Vorbesitzer das Geld, mit dem Sie das Haus angezahlt haben, in einem Briefumschlag in der Küchenschublade mit folgender Notiz hinterlassen haben: „Behalten Sie es, es ist schließlich Ihres." Das Haus gehört Ihnen, und Sie haben keinen Pfennig dafür bezahlt.

Derartige angenehme Überraschungen warten auf Investoren, die Aktien von Sparkassen kaufen, die zum ersten Mal emittieren. Und da dieser Schritt noch 1.178 Sparkassen bevorsteht, wird es auch noch viele weitere Möglichkeiten für Investoren geben, sich derart überraschen zu lassen.

Von diesem verborgenen Schubladen-Gewinn erfuhr ich schon sehr früh während meiner Karriere beim Magellan. Das erklärt auch, dass ich Aktien von beinahe jeder Sparkasse und gemeinnützigen Sparkasse (lediglich ein anderer Name für die gleiche Art Institution) kaufte, die auf meinem Quotron erschien.

Traditionell haben die örtliche Sparkasse und die gemeinnützige Sparkasse keine Aktionäre. Sie sind im gemeinschaftlichen Besitz aller Kontoinhaber, genauso wie in ländlichen Gebieten die Elektrizitätswerke als Genossenschaften organisiert sind und dem Kundenstamm gehören. Das Nettovermögen einer gemeinnützigen Sparkasse, das sich vielleicht über hundert Jahre hinweg aufgebaut hat, gehört jedem, der ein Sparkonto oder ein Girokonto bei einer ihrer Filialen führt.

Solange die gemeinnützige Form beibehalten wird, bekommen Tausende von „Mitbesitzern" nicht einmal einen feuchten Händedruck für ihren Anteil an dem Unternehmen.

Geht eine gemeinnützige Sparkasse an die Börse und gibt Aktien aus, passiert etwas Faszinierendes. Zuallererst einmal sitzen die Sparkassendirektoren, die das Ganze arrangiert haben, und die Aktienkäufer nun im gleichen Boot. Die Direktoren werden selbst Aktien kaufen. In einem Emissionsrundschreiben kann man nachlesen, wie viele.

Wie setzen Direktoren einen Kurs für eine Aktie an, die sie selbst kaufen werden? Niedrig.

Kontoinhaber ebenso wie Direktoren haben die Möglichkeit, Aktien zum Ausgabekurs zu kaufen. Das Interessante daran ist, dass jeder

Dollar, der dabei erwirtschaftet wird, abzüglich der Gebühren wieder in den Sparkassentresor zurückfließt.

Das passiert nicht, wenn andere Unternehmen an die Börse gehen. Dort wird ein beachtlicher Teil des Geldes von Gründern und ursprünglichen Aktionären eingesackt, die dann Millionäre werden und in Italien und Spanien Paläste bauen. Aber in diesem Fall, bei dem eine gemeinnützige Sparkasse den Kontoinhabern gehört, käme es sehr ungelegen, die Gewinne aus dem Aktienverkauf unter Tausenden von Verkäufern aufzuteilen, die gleichzeitig Käufer sind. Stattdessen fließt das Geld komplett an die Institution zurück, um zu einem Teil des Sparkassenvermögens zu werden.

Nehmen Sie einmal an, Ihre örtliche Sparkasse hat einen Buchwert von zehn Millionen Dollar, bevor sie an die Börse geht. Dann emittiert sie Aktien im Wert von zehn Millionen Dollar – eine Million Aktien zu je zehn Dollar. Wenn diese zehn Millionen Dollar Erlös aus dem Aktienverkauf wieder zum Vermögen zurückkehren, hat sich der Buchwert der Firma verdoppelt. Eine Firma mit einem Buchwert von 20 Millionen Dollar notiert nun mit zehn Dollar pro Aktie.

Das heißt nicht automatisch, dass dieses Geschenk sich auch als eine gute Sache erweist. Sie können dafür eine Jimmy-Stewart-Sparkasse erhalten oder eine Niete mit einem unfähigen Management, die Miese macht und schließlich bankrottgehen wird. Selbst in dieser todsicheren Gewinnsituation sollten Sie die Sparkasse überprüfen, bevor Sie investieren.

Wenn Sie das nächste Mal an einer Sparkasse vorbeigehen, die immer noch gemeinnützig ist, überlegen Sie sich, ob Sie nicht hineingehen und ein Konto eröffnen sollten. Auf diese Weise haben Sie auf alle Fälle eine Chance, bei einer Erstemission Aktien zu erhalten. Natürlich können Sie auch warten, bis dieser Fall eintritt, und Ihre Aktien auf dem freien Markt kaufen – Sie werden immer noch ein Schnäppchen machen.

Aber warten Sie nicht zu lange. Die Börse scheint auf den Schubladentrick aufmerksam geworden zu sein. Von 16 gemeinnützigen Sparkassen, die 1991 an die Börse gingen, hat sich die am wenigsten rentable um 40 Prozent im Wert gesteigert und die rentabelste hat ihren Wert vervierfacht.

Dazwischen gibt es zwei, deren Kurs sich verdreifacht hat, zwei, deren Kurs sich verdoppelt hat, und weitere zehn, die um 60 Prozent oder mehr gestiegen sind.

Im ersten Halbjahr 1992 war es dasselbe. Jede der 24 Sparkassen, die emittierten, brachte den Aktionären Gewinn. Seither sind 18 davon um 30 oder mehr Prozent im Wert gestiegen und eine, United Postal Bancorp of Missouri, hat ihren Wert in sechs Monaten verdoppelt.

Tabelle 13-1 Aktienemissionen 1991

Kürzel	Kurzname	Staat	Emissions-datum	Ausgabe-kurs ($)	Kurs ($) 31.8.92	Veränderung zum Ausga-bekurs (%)
MGNL	Magna Bancorp, Inc.	MS	8.3.91	8,500	34,000	300,00
FFBS*	Fed First Bancshares	NC	27.3.91	10,000	37,000	270,00
COOP	Cooperative Bank for Savings	NC	16.1.91	8,000	22,000	175,00
DKBC	Dakota Bancorp. Inc.	SD	16.4.92	8,000	20,500	156,25
CRGN*	Cragin Financial Corp.	IL	6.6.91	10,000	23,500	135,00
FFSB	First Federal Bancorp	FL	2.7.91	10,000	22,500	125,00
KOKO	Central Indiana Bancorp	IN	1.7.91	10,000	18,250	82,50
KFSB	Kirksville Banc-shares, Inc.	MO	3.10.91	10,000	18,250	82,50
AFFC	AmeriFed Financial Corp.	IL	10.10.91	10,000	17,500	75,00
UFBI*	UF Bancorp, Inc.	IN	18.10.91	10,000	16,625	66,25
FCVG	FirstFed Northern Kentucky	KY	19.11.91	10,000	16,000	60,00
AMBS	Amity Bancshares	IL	16.12.91	10,000	15,750	57,50
LBCI*	Liberty Bancorp	IL	24.12.91	10,000	15,750	57,50
CRCL	Circle Financial Corp.	OH	6.8.91	11,000	16,000	45,45
BELL*	Bell Bancorp	IL	23.12.91	25,000	35,125	40,50
CENF	CENFED Financial Corp.	CA	25.10.91	10,000	13,625	36,25

* Aktienrückkaufprogramm durchgeführt
Quelle: SNL Securities, L. P.

Tabelle 13-2 Aktienemissionen 1992

Kürzel	Kurzname	Staat	Emissionsdatum	Ausgabekurs ($)	Kurs ($) 31.8.92	Veränderung zum Ausgabekurs (%)
UPBI	United Postal Bancorp	MO	11.3.92	10,000	20,250	102,50
FBPC	First Financial Bancshares of Polk	FL	10.1.92	6,500	12,500	92,31
HFBS	Heritage Federal Bancshares	TN	8.4.92	11,500	20,000	73,91
RESB	Reliable Financial Corp.	PA	1.4.92	10,000	17,000	70,00
HFFC	HF Financial Corp.	SD	8.4.92	10,000	15,750	57,50
CTZN	CitFed Bancorp, Inc.	OH	10.1.92	9,000	14,000	55,56
ABCW	Anchor BanCorp. Wisconsin	WI	16.7.92	10,000	14,625	46,25
FFWM	First Financial-W. Maryland	MD	11.2.92	10,000	14,500	45,00
AADV*	Advantage Bancorp, Inc.	WI	23.3.92	11,500	16,500	43,48
CFBC	CF Bancorp	IA	17.1.92	10,000	13,875	38,75
PSFC*	Plains Spirit Financial Corp.	IA	10.3.92	11,500	15,750	36,96
LGFB	LGF Bancorp, Inc.	IL	18.6.92	10,000	13,500	35,00
MWFD	Midwest Federal Financial	WI	8.7.92	10,000	13,375	33,75
FFDP	FirstFed Bancshares	IL	1.7.92	10,000	13,250	32,50
OSBF	OSB Financial Corp.	WI	1.7.92	11,500	15,000	30,43
SFSB	SuburbFed Financial Corp.	IL	4.3.92	10,000	13,000	30,00
CBCI*	Calumet Bancorp, Inc.	IL	20.2.92	15,000	19,500	30,00
MSBK	Mutual Savings Bank	MI	17.7.92	8,750	11,375	30,00
ALBK*	ALBANK Financial Corp.	NY	1.4.92	10,000	12,875	28,75
SWBI	Southwest Bancshares	IL	24.6.92	10,000	12,750	27,50
ABCI	Allied Bank Capital, Inc.	NC	9.7.92	11,500	14,250	23,91
WCBI	Westco Bancorp	IL	26.6.92	10,000	12,250	22,50
HNFC	Hinsdale Financial Corp.	IL	7.7.92	10,000	11,625	16,25
CNIT	CENIT Bancorp, Inc.	VA	5.8.92	11,500	11,750	2,17

*Aktienrückkaufprogramm durchgeführt
Quelle: SNL Securities, L. P.

14

Master Limited Partnerships

Ein gewinnbringender Deal

Hier haben wir eine weitere Gruppe von Unternehmen, deren Vorteile von der Börse ignoriert werden. Schon die Bezeichnung „Limited Partnership" – „Kommanditgesellschaft" – erinnert uns an Tausende von Investoren, die in massiv beworbene Verlustprojekte – Öl- und Gasförderer, Immobiliengesellschaften, Filmproduktionen, landwirtschaftliche Betriebe und Friedhofsbetreiber – investierten, um Steuern zu sparen, und dabei weitaus mehr Geld verloren, als sie einzusparen gehofft hatten.

Die einträglichen börsennotierten Varianten (die sogenannten Master Limited Partnerships oder MLPs) leiden immer noch unter der schlechten Publicity der oben erwähnten Gesellschaften. Dabei handelt es sich meist um florierende Unternehmen mit dem Ziel, Geld zu verdienen und nicht zu verlieren, nur um dem Finanzamt eins auszuwischen. Mehr als 100 MLPs werden an den verschiedenen Börsen gehandelt. Jedes Jahr finde ich in dieser Gruppe ein oder zwei Schnäppchen.

Der Aktionär einer MLP muss zusätzlichen Papierkram bewältigen. Spezielle Steuerformulare müssen ausgefüllt werden. Das ist inzwischen weniger lästig als es einmal war, da die Abteilungen, die die

Aktionäre betreuen, alle Formulare bereits vorbereiten. Einmal im Jahr erhält man per Post ein Formular, auf dem man nur noch bestätigen muss, wie viele Aktien man besitzt und ob sich darunter Neuerwerbungen befinden.

Doch das ist lästig genug, um viele Investoren, besonders Fondsmanager, abzuschrecken. Ich würde Fragebogen ausfüllen, die in Sanskrit verfasst sind, wenn ich davon überzeugt wäre, dass es dazu beitragen würde, MLPs noch weniger populär zu machen, als sie es bereits sind. Mangelnde Popularität hält die Kurse niedrig und trägt dazu bei, die Schnäppchen zu kreieren, die man unter diesen Firmen oft entdeckt.

Ein weiteres attraktives Merkmal dieser Aktien ist, dass sich die dazugehörigen Unternehmen in der Regel mit bodenständigen Aktivitäten befassen, zum Beispiel mit Basketball (die Boston Celtics sind eine MLP) oder mit der Öl- und Gasförderung. ServiceMaster betreibt einen Hausmeister- und Reinigungsdienst, Sun Distributors verkauft Autoersatzteile, Cedar Fair betreibt einen Vergnügungspark und EQK Green Acres besitzt ein Einkaufszentrum auf Long Island.

Selbst die Namen der MLPs klingen in unserer Hightech-Gesellschaft veraltet und fremd. Cedar Fair könnte ohne Weiteres ein Roman von William Makepeace Thackeray und Green Acres einer von Jane Austen sein, und ich wäre nicht überrascht, wenn Tenera plötzlich neben den anderen Figuren des Schriftstellers Thomas Hardy in Dartmoor auftauchen würde.

Fasst man alles zusammen, haben wir es hier mit einem Haufen Unternehmen mit merkwürdig romantischen Namen zu tun, die sich in profanen Tätigkeiten engagieren und auf eine komplizierte Art und Weise organisiert sind, die zusätzlichen Papierkram erfordert. Man muss Fantasie haben, um sich für Aktien einer MLP zu interessieren, und dann hat man auch schon den Papierkram am Hals, den die meisten fantasievollen Menschen nicht ausstehen können. Eine kleine Minderheit fantasievoller Menschen, die etwas altmodisch sind, bleibt übrig, um die Gewinne zu ernten.

Der größte Unterschied zwischen einer MLP und einem regulären Unternehmen ist, dass die MLP alle Gewinne an die Aktionäre ausschüttet, entweder in Form einer Dividende oder als Kapitalausschüttung. Die Dividenden sind demzufolge ungewöhnlich hoch. Die Variante der Kapitalausschüttung ermöglicht es, dass ein gewisser Prozentsatz der jährlichen Gewinnverteilung von der Steuer ausgenommen werden kann.

Die ersten dieser an der Börse notierten Personengesellschaften erschienen 1981 auf dem Parkett. Der größte Teil tauchte 1986 auf, nachdem diese Unternehmensart aufgrund neuer Steuergesetze sogar noch mehr Vorteile versprach als zuvor. Bis auf diejenigen MLPs, die sich mit Immobilien oder natürlichen Ressourcen beschäftigen und auf vorerst unbestimmte Zeit weiterexistieren können, sollten alle anderen bis 1997/1998 abverkauft werden. Zu diesem Zeitpunkt verlieren sie ihre Steuervergünstigungen. Eine MLP, die heute 1,80 Dollar Gewinn macht, bringt 1998 vielleicht nur noch 1,20 Dollar ein. Darüber muss man sich aber erst in drei oder vier Jahren Gedanken machen.

Die meisten meiner Lieblings-MLPs sind an der New Yorker Börse notiert. In der 1991er-*Barron's*-Runde habe ich EQK Green Acres und Cedar Fair empfohlen, und ein Jahr später entschied ich mich für Sun Distributors und Tenera. Im Anschluss werde ich Ihnen erzählen, warum ich diese Unternehmen jeweils so attraktiv fand.

EQK Green Acres

Ich wurde nach dem Saddam-Ausverkauf auf EQK Green Acres aufmerksam. (EQ steht für Equitable Life Assurance Society, einen Teilhaber des Unternehmens; K steht für Kravco.) Die Firma war vor vier Jahren mit zehn Dollar an die Börse gegangen und hatte einmal einen Höchststand von 13,75 Dollar erreicht. Im Sommer 1990 jedoch, als die Investoren sich über die Flaute in den Einkaufszentren und im Einzelhandel insgesamt grämten, fiel die Aktie auf 9,75 Dollar. Zu diesem Kurs warf EQK Green Acres eine Rendite von 13,5 Prozent ab, was einigen Junkbonds durchaus ebenbürtig war. Allerdings hielt ich EQK Green Acres für eine sicherere Anlage als Junkbonds. Das Hauptvermögen des Unternehmens bestand aus seinem riesigen überdachten Einkaufszentrum auf Long Island.

Das Gute war, dass ich nicht nur mit einer Kurssteigerung rechnete, sondern dass das Management zudem ein Aktienpaket besaß und die Dividende vom Zeitpunkt der Börsennotierung an stets vierteljährlich erhöht worden war.

Ich erinnerte mich an einige dieser Einzelheiten, da ich natürlich EQK-Green-Acres-Aktien schon für den Magellan gekauft hatte. Den ersten Hinweis bekam ich von einem Fondsmanager bei Fidelity namens Stuart Williams, aber 750.000 Insider auf Long Island haben im Grunde den gleichen Tipp erhalten. So viele Menschen leben innerhalb eines 10-km-Radius um das Green-Acres-Einkaufszentrum, das sich mitten im dicht besiedelten Verwaltungsbezirk Nassau befindet.

Solche Kandidaten, die man beim Einkaufen überprüfen konnte, waren mir immer die liebsten. Ich fuhr zu Green Acres, kaufte dort ein paar Schuhe und stellte fest, dass das Einkaufszentrum ein beliebter Ort ist. Es gibt nur ungefähr 450 solcher überdachten Einkaufszentren im ganzen Land, und entgegen dem allgemeinen Eindruck werden nicht mehr viele neue gebaut. Wollte man ein Konkurrenzzentrum von den gleichen riesigen Ausmaßen bauen, käme man mit anderen Bauwerken wohl ins Gehege. Außerdem dürfte es ziemlich schwierig werden, 370.000 Quadratmeter brachliegendes Land zu finden, die man als Parkfläche überteeren könnte.

Einfache Ladenzeilen gibt es in jedem Viertel, aber überdachte Einkaufszentren sind rar und haben sich dadurch eine Nische geschaffen. Vertraut man in den Wert dieser Nische und möchte in ein Einkaufszentrum investieren, dann ist Green Acres das einzige börsennotierte Unternehmen, das sich ausschließlich auf den Betrieb eines Einkaufszentrums konzentriert.

Das Schreckgespenst eines jeden Einkaufszentrumsbesitzers sind leer stehende Geschäftsräume. Das war der erste Punkt, den ich im

Geschäftsbericht überprüfte. In der Regel stehen in Einkaufszentren durchschnittlich vier Prozent der Geschäftsräume leer, Green Acres Leerstand lag darunter. Ein wirklicher Insider (ich meine damit einen Bewohner des Bezirks Nassau, der im Green Acres einkauft) hat den Vorteil, diese leer stehenden Räume wöchentlich überprüfen zu können, doch ich war damit zufrieden, dass es hier keine Probleme gab.

Zudem zogen gerade ein Waldbaum's-Supermarkt und ein Pergament Home Center in das Einkaufszentrum ein, und es war sicher, dass diese beiden die Mieteinnahmen steigern würden. Für ein Drittel der ansässigen Läden waren zudem für 1992/1993 bereits Mieterhöhungen angekündigt. Die zukünftigen Gewinne standen damit unter einem guten Vorzeichen.

Beunruhigend waren dagegen eine hoch belastete Bilanz (die Firma muss bis 1997 all ihre Schulden tilgen), ein hohes KGV und die Anfälligkeit eines jeden Einkaufszentrums im Falle einer Rezession. Diese negativen Faktoren wurden jedoch, zumindest kurzfristig betrachtet, durch eine hervorragende Dividende und die Tatsache, dass der Aktienkurs bereits geschwächt war, aufgehoben. Es ist durchaus üblich, dass MLPs ein hohes KGV aufweisen.

Als ich meine Auswahl für 1992 traf, notierte Green Acres bei elf Dollar. Rechnete man die Rendite ein, dann lag der Gesamtgewinn 1991 über 20 Prozent. Das war eine weitere erfreuliche Tatsache, aber als ich die Geschichte weiter überprüfte, entdeckte ich noch mehr Faktoren, die mich beunruhigten. Eine miserable Weihnachtssaison für die Einzelhändler hatte die Mieten, die sich an den Verkaufszahlen orientieren, nach unten gedrückt. Geht der Verkauf schlecht, verdient das Einkaufszentrum weniger.

Offensichtlich teilten alle Einkaufszentren und Einzelhändler das gleiche Schicksal, sodass es Green Acres nicht schlechter erging als dem Rest. Verzeichnet eine Industrie in ihrer Gesamtheit trostlose Verkaufszahlen, dann beunruhigt mich das weniger, als wenn eine bestimmte Firma ums Überleben kämpft, während ihre Konkurrenten florieren. Nichtsdestotrotz erfuhr ich aus einem Abschnitt des Berichts für das dritte Quartal 1991, dass Green Acres seine Dividendenerhöhung vielleicht um einen Penny kürzen würde.

Wie ich schon in Kapitel 2 berichtet habe, erregte diese harmlose Aktion viel Aufmerksamkeit. Hat eine Firma ihre Dividende wie Green Acres kontinuierlich über 13 Quartale hinweg erhöht, so ist das automatisch ein nachdrücklicher Ansporn, diese Kette fortzusetzen. Eine Unterbrechung, nur um einen Penny oder umgerechnet insgesamt 100.000 Dollar zu sparen, deutete für mich auf ernsthaftere Schwierigkeiten hin.

Was mich weiter darin bestärkte, Green Acres nicht ein zweites Mal zu empfehlen, waren die tollen Neuigkeiten, die am Horizont auftauchten. Die Firma hatte verkündet, dass sie mit zwei großen potenziellen Mietern, Sears und J. C. Penney, in Verhandlung stehe, um ihnen Räume im erweiterten zweiten Geschoss zu vermieten. Das war allerdings nicht dasselbe wie ein Vertragsabschluss. Hätte die Ankündigung gelautet, dass ein Vertrag mit Sears und J. C. Penney abgeschlossen worden sei, hätte ich so viele Aktien gekauft wie nur möglich. Ein wahrscheinlicher Vertrag war mir zu vage.

Das beliebte Sprichwort „Schlechte Nachrichten kaufen, gute Nachrichten verkaufen“, kann ein schlechter Ratgeber sein. Käufe aufgrund schlechter Nachrichten können sich zu einer kostspieligen Strategie entwickeln, vor allem weil schlechte Nachrichten die Angewohnheit besitzen, sich weiter zu verschlechtern. Wie viele Menschen haben letztlich beträchtliche Summen verloren, als sie auf die schlechten Nachrichten über die Bank of New England hin Aktien kauften, nachdem der Kurs bereits von 40 Dollar auf 20 Dollar oder von 20 Dollar auf 10 Dollar oder von 10 Dollar auf 5 Dollar oder von 5 Dollar auf 1 Dollar gefallen war, nur um mitzuerleben, wie er schließlich auf null fiel und 100 Prozent ihrer Investition auslöschte.

Es ist langfristig gesehen gesünder, gute Nachrichten als Kaufanlass zu nehmen, und Sie verbessern ihre Chancen zusätzlich, wenn Sie Bestätigungen abwarten. Vielleicht verlieren Sie einen Dollar pro Aktie oder so, wenn Sie warten, bis ein Vertragsabschluss zwischen

Sears und Green Acres verkündet wird, anstatt auf das Gerücht hin zuzuschlagen, aber dafür gibt es dann einen konkreten Deal, der den Aktienkurs garantiert in die Höhe treiben wird. Und sollte es kein konkreter Deal werden, haben Sie sich durch ihre abwartende Haltung geschützt. Ich legte die Sache auf Eis und machte mir eine Notiz, den angekündigten Vertragsabschluss im Auge zu behalten.

Cedar Fair

Dies war die zweite MLP, die ich 1991 empfohlen hatte. Cedar Fair besitzt und betreibt zwei Vergnügungsparks, einen namens Cedar Point an der Küste des Lake Erie im Staat Ohio und einen anderen namens Valley Fair in Minnesota. Beide sind von Mai bis September und an den Herbstwochenenden geöffnet.

In Cedar Point gibt es zehn verschiedene Achterbahnen, darunter auch Magnum, die höchste Achterbahn der Welt, und Mean Streak, die höchste Holzachterbahn der Welt. An der Wand gegenüber meinem Schreibtisch hängt ein Poster von Mean Streak. Dieses Poster und ein Bild der Fannie-Mae-Firmenzentrale in Washington sind die einzigen Firmenmementos, die neben den Kunstwerken meiner Kinder und den Familienfotos einen Platz erhalten haben.

Cedar Point besteht seit 120 Jahren und betreibt seit 100 Jahren Achterbahnen. Sieben amerikanische Präsidenten haben diesen Park besucht, und Knute Rockne arbeitete dort in den Sommermonaten. Während eines seiner Sommer in Cedar Point hat Rockne offensichtlich den Vorwärtslooping erfunden. Dieses Ereignis ist auf einer historischen Tafel festgehalten.

Vielleicht taucht nächste Woche jemand auf, der ein neues Heilmittel für Aids auf den Markt bringt, und der Wert von Firmen mit ähnlichen Produkten wird um die Hälfte fallen, aber es wird sich mit Sicherheit niemand heranschleichen und unbemerkt einen Vergnügungspark im Wert von 500 Millionen Dollar am Ufer des Lake Erie errichten.

Einer der angenehmen Nebeneffekte, wenn man Aktienanteile an einem Vergnügungspark besitzt, ist, dass der jährliche Besuch einschließlich der Testfahrten im Riesenrad und einer Fundamentalanalyse der Achterbahnen als reiner Researchtrip im Dienste der Investitionen getarnt werden kann. Dadurch haben Erwachsene, die Vergnügungsparks lieben, eine willkommene Ausrede, sie öfter zu besuchen.

Außerdem konnte ich mir vorstellen, dass die sechs Millionen Einwohner, die in einem 100-km-Radius um Cedar Point leben, in einer Rezession vielleicht auf den Sommertrip nach Frankreich verzichten und stattdessen im Cedar Point Hotel absteigen würden, um sich bei ein paar Fahrten in der höchsten Achterbahn der Welt auszutoben. Hier hatten wir ein Unternehmen, das aus einem wirtschaftlichen Niedergang Profit schlagen konnte.

Die Cedar-Fair-Aktie war 1991 von 11,50 Dollar auf 18 Dollar gestiegen, was den Aktionären zusammen mit der Dividende innerhalb eines Jahres einen Gewinn von über 60 Prozent bescherte. Als sich 1992 seinem Ende näherte, überlegte ich, ob es sich weiterhin lohnte, die Aktie zu kaufen. Die Rendite betrug 8,5 Prozent, was immer noch recht nett war; aber egal wie gut die Dividende ist, eine Firma wird langfristig nicht wachsen, solange die Gewinne nicht zunehmen.

Für jeden Aktionär sollte die folgende nützliche Betrachtungsweise zur jährlichen Routine werden: Überprüfen Sie Ihr Portfolio Firma für Firma und finden Sie einen Grund dafür, dass das nächste Jahr besser werden wird als das vergangene. Wenn Sie keinen Grund entdecken können, sollten Sie sich fragen, warum Sie die betreffende Aktie besitzen.

Mit diesen Hintergedanken rief ich das Unternehmen direkt an und sprach mit dem Präsidenten Dick Kinzel. Wenn Otto Normalverbraucher nicht immer gleich mit dem Präsidenten verbunden wird, kann er die Informationen auch von der Abteilung für Investor Relations erhalten. Ein Gespräch mit der Führungsspitze macht Sie nicht notwendigerweise zum besseren Investor, ebenso wenig wie Ihnen der Tipp eines Rennpferdbesitzers zu einem sicheren Wettgewinn verhelfen wird. Die Besitzer haben immer eine Begründung dafür, dass ihr Pferd gewinnen wird, und in 90 Prozent der Fälle irren sie sich.

Wenn ich Cedar Fair in den vorangegangenen Jahren kontaktierte, gab es immer irgendeine neue Attraktion – eine neue Achterbahn, den Looping der Loopings und so weiter –, die die Gewinne steigern würde. Die Eröffnung der höchsten Holzachterbahn der Welt im Jahr 1991 bedeutete einen definitiven Gewinnzuwachs, aber 1992 gab es abgesehen von der Erweiterung eines Hotels keine größeren aufregenden Entwicklungen innerhalb des Vergnügungsparks. Ist eine neue Attraktion erst einmal eingeführt, verliert Cedar Fair für gewöhnlich im darauffolgenden Jahr an Besucherzahlen.

Am Ende meiner Unterhaltung mit Cedar Fairs Präsident sah ich für 1992 kein Potenzial für weiteren großen Auftrieb. Sun Distributors gefiel mir besser.

Sun Distributors

Sun Distributors hat nichts mit Sonnenenergie zu tun. Diese Firma, die sich aus Sun Oil entwickelt hat, verkauft Autoglas, Glasplatten, Isolierglas, Kabel, Spiegel, Windschutzscheiben, Sicherheitsgurte, Kugellager und hydraulische Systeme an Autohersteller und Reparaturwerkstätten. Derartige Geschäfte schläfern die Absolventen unserer Managementschulen ein. Finanzanalysten würden eher die Kacheln an der Wand zählen, als eine Firma zu verfolgen, die Autoteile verkauft.

Tatsächlich hatte dieses Unternehmen als einzige einsame Analystin nur Karen Payne von Wheat First Securities verfolgt, aber offensichtlich verfasste sie im April 1990 ihren letzten Bericht. Selbst der Präsident von Sun, Don Marshall, den ich am 23. Dezember 1991 anrief, wusste nicht, was aus ihr geworden war.

Das war der erste große Vorteil des Unternehmens: Die Börse ignorierte es. Ich hatte die Aktien der Firma bereits im Magellan besessen (natürlich), und ich war durch die schlechte Lage Ende 1991 wieder auf sie aufmerksam geworden. Tatsächlich gab es zwei Kategorien von Aktien: die Aktien der Kategorie A, die mit einer hohen Dividende bedacht wurden, und die Aktien der Kategorie B, die keine erhielten. Beide wurden an der New Yorker Börse gehandelt. Das machte die bei MLPs ohnehin schon vorhandenen Komplikationen noch komplizierter: zwei Arten von Aktien und zusätzlicher Papierkram obendrein. „Sun Distributors ist eine einfache, gut geführte Firma mit einer komplizierten Finanzstruktur", so hatte Payne das Ganze in ihrem letzten Bericht bezeichnet.

Mit Ausnahme der Dividende zeigten die Aktien der Kategorie A wenig Entwicklungspotenzial – letztendlich wird die Firma diese Aktien zu zehn Dollar das Stück zurückkaufen, und dieser Kurs war bereits erreicht. Die gesamte Bewegung war unter den Aktien der Kategorie B zu erwarten. Deren Kurs war 1991 von vier auf zwei Dollar um die Hälfte gefallen.

Im Abschlussbericht von Payne las ich, dass Shearson Lehman 52 Prozent der Aktien der B-Kategorie besaß und dass die Führung von Sun Distributors eine Option auf die Hälfte der Shearson-Aktien zu einem Fixpreis hatte. Dadurch hatten die Manager einen gewaltigen Anreiz, den Wert dieser Aktien explodieren zu lassen, indem sie die Firma zum Erfolg führten. Die Tatsache, dass der Präsident unmittelbar vor Weihnachten am 23. Dezember in seinem Büro Telefonanrufe entgegennahm, war für mich ein starker Hinweis darauf, dass das Management seine Bemühungen sehr ernst nahm.

Don Marshall gehört zur bescheidenen Sorte, deren Lebensgeschichte noch nicht in der Zeitschrift *Vanity Fair* erschienen ist. Man kann sie aber in einem Buch mit dem Titel „The Service Edge" nachlesen. Unter seinem von Sparsamkeit geprägten Regime werden Führungskräfte nicht nach ihrem Status, sondern nach ihrem Erfolg während eines laufenden Geschäftsjahres bewertet und belohnt.

Das Hauptaugenmerk bei meinen Nachforschungen war das gleiche wie bei jedem Unternehmen, dessen Aktien einen drastischen Verlust einstecken mussten: Wird Sun Distributors überleben? War dieser Kursrückgang selbst verschuldet oder ist das Unternehmen schlicht und ergreifend ein Opfer der jährlichen steuerlich begründeten Verkaufsflut geworden, die immer wieder Schnäppchen beschert?

Offensichtlich verdiente das Unternehmen immer noch Geld, da es immer noch Gewinne auswies. Seit es 1986 eigenständig geworden war, hatte Sun Distributors konstant Gewinne erzielt. Selbst 1991, obwohl das Glasgeschäft und das Geschäft für Elektronikteile im Allgemeinen fürchterlich lief, keine Besserung in Sicht war und es auch bei den Hydrauliksystemen nicht gerade zum Besten stand. Aber hier hatten wir wieder einen dieser Fälle, in denen der Billigproduzent überlebte und sich die schlechte Marktlage für ihn am Ende als positiv erweisen konnte, sofern die Konkurrenz zusammenbrechen und von der Bildfläche verschwinden würde.

Woher wusste ich, dass es sich um einen Billighersteller handelte? Das konnte ich mir aus den Informationen im Einkommensbericht (Tabelle 14-1) zusammenreimen. Indem ich die Kosten der verkauften Erzeugnisse dem Nettoumsatz gegenüberstellte, erhielt ich den Bruttogewinn beziehungsweise den Verkaufsaufschlag. Dieser lag seit zwei Jahren konstant bei ungefähr 60 Prozent. Zwischenzeitlich wurde der Absatz gesteigert und der Gesamtgewinn wuchs ebenfalls. Bei einem Bruttokostenanteil von 60 Prozent macht das Unternehmen jedes Mal, wenn es Waren im Wert von 100 Dollar verkauft, 40 Dollar Gewinn. Das war unter den Anbietern von Glas, Sicherheitsgurten und so weiter die absolute Spitze.

Ein weiteres Plus auf meiner Checkliste war der geringe Kapitalbedarf, den dieses Geschäft erforderte. Dieser Punkt hat schon so manchem bedeutenden Produzenten das Genick gebrochen, der zwar eine Milliarde Dollar im Jahr verdienen mag, aber 950 Millionen Dollar ausgeben muss, um das zu bewerkstelligen. Ein kleinerer regionaler Verkäufer von Windschutzscheiben und Ersatzteilen kennt diese Probleme nicht. Auf der zweiten Seite des Geschäftsberichts konnte ich sehen, dass Sun Distributors' Ausgaben für Kapitalkosten nur etwa

Tabelle 14-1 Sun Distributors und Tochtergesellschaften – Gewinn- und Verlustrechnung-

(in Tsd. Dollar bis auf den Betrag der Gesellschaftsanteile)	1990	1989	1988
Nettoumsatz	$ 594.649	$ 561.948	$ 484.376
Kosten der verkauften Erzeugnisse	357.561	340.785	294.640
Bruttogewinn	237.088	221.163	189.736
Betriebskosten:			
Verkauf, allgemeine und administrative Kosten	187.762	175.989	151.784
Verwaltungskosten für den persönlich haftenden Gesellschafter	3.330	3.330	3.330
Abschreibung auf Sachanlagen	5.899	6.410	7.024
Abschreibung auf immaterielle Anlagewerte	4.022	3.920	3.282
Betriebskosten insgesamt	201.013	189.649	165.420
Betriebsgewinn	36.075	31.514	24.316
Zinseinkünfte	352	283	66
Zinsaufwendungen	(12.430)	(12.878)	(11.647)
Andere Einkünfte (Ausgaben)	173	678	(384)
	24.170	---	--
Ertrag vor Ertragsteuern insgesamt	1.024	840	637
Nettoertrag	23.146	18.757	12.314
Nettoertrag aller Gesellschafter:			
Persönlich haftender Gesellschafter	231	188	123
Gesellschafter Kategorie A	13.820	18.569	12.191
Gesellschafter Kategorie B	9.095	---	---
ausstehende Geschäftsanteile:			
Gesellschafter Kategorie A	11.099.573	11.099.573	11.099.573
Gesellschafter Kategorie B	22.127.615	22.199.146	22.199.146
Gewinn pro Gesellschaftsanteil:			
Gesellschafter Kategorie A	$ 1,25	$ 1,25	$ 1,25
Gesellschafter Kategorie B	$ 0,41	---	---
Pro-forma-Gewinn pro Gesellschaftsanteil:			
Gesellschafter Kategorie A	$ 1,10	$ 1,10	$ 1,10
Gesellschafter Kategorie B	$ 0,48	$ 0,29	$ 0,00

drei bis vier Millionen Dollar im Jahr betrugen. Verglichen mit den Gewinnen war das unbedeutend.

Als knauseriges Unternehmen in einer stagnierenden Branche, das seinen Marktanteil immer mehr ausweitete, während die freigiebigen Konkurrenten aus dem Rennen fielen, hätte Sun Distributors eigentlich einen Platz in meiner Kategorie „Blumen in der Wüste" verdient. Wäre es nicht eine MLP gewesen, ich hätte es dort eingereiht.

Wichtiger als die Gewinne war jedoch der Cashflow. Bei jedem Unternehmen, das eine größere Anzahl Akquisitionen tätigt, betrachte ich mir die Cashflow-Situation stets sehr genau. Sun hatte seit 1986 nicht weniger als 36 branchenverwandte Firmen aufgekauft, sie in das eigene Unternehmen integriert und dadurch deren laufende Kosten reduziert und die Rentabilität erhöht. Darin bestand die Wachstumsstrategie von Sun. Das Ziel sei, so erklärte Marshall, zu einem riesigen Supermarkt für Drähte, Sicherheitsgurte, Glas und andere Teile zu werden.

Kauft man ein Unternehmen, bezahlt man in der Regel mehr als den Buchwert. Dieses Aufgeld wird zum Goodwill und muss in der Bilanz verzeichnet werden.

Vor 1970 mussten Firmen ihre Gewinne nicht belasten, um den Goodwill abzuschreiben. Unter dem alten Buchhaltungssystem konnte Firma X, wenn sie Firma Y kaufte, den vollen Kaufpreis für Firma Y als Vermögenswert fortführen. Eine der Konsequenzen daraus war, dass es den Aktionären verborgen blieb, wenn Firma Y zu einem überhöhten Preis erworben wurde, und die Aktionäre demzufolge auch nicht erfuhren, ob dieser Kaufpreis jemals wieder erwirtschaftet wurde.

Um dieses Problem zu lösen, änderten die Menschen, die die Buchhaltungsregeln aufstellten, das System. Kauft heute die Firma X die Firma Y, dann muss der Betrag, der über dem Wert des Sachvermögens liegt, also der Goodwill-Betrag, von den Gewinnen der Firma X über mehrere Jahre hinweg abgezogen werden.

Diese „Belastung" der Gewinne ist eine Papiertransaktion, die dazu führt, dass die angegebenen Gewinne niedriger ausfallen als die tatsächlichen Gewinne. Folglich erscheinen Firmen, die Übernahmen tätigen, weniger profitabel, als sie in es in Wirklichkeit sind, was oftmals dazu führt, dass ihre Aktien unterbewertet werden.

Sun Distributors hatte zum Beispiel 57 Millionen Dollar Goodwill abzuschreiben, und dieses Rechenexempel reduzierte die angegebenen Gewinne für beide Aktienkategorien auf 1,25 Dollar pro Aktie – obwohl die Firma in Wirklichkeit beinahe den doppelten Beitrag erzielte. Diese Phantomeinnahmen, die die Firma hat, die sie aber nicht als Gewinne verbuchen kann, werden als freier Cashflow bezeichnet.

Ein gesunder freier Cashflow ermöglicht es einer Firma, in guten wie in schlechten Zeiten ihre Flexibilität zu wahren. Das war im Fall von Sun Distributors besonders wichtig, da sein Schuldenberg mit 60 Prozent des Gesamtkapitals sehr hoch war. Zu meiner Erleichterung entdeckte ich, dass so viel Cashflow vorhanden war, dass die Schuldzinsen vierfach gedeckt werden konnten.

Als die Konjunktur noch stark war, hatte Sun Distributors den Cashflow genutzt, um zu expandieren, indem Unternehmen im Wert von 41 Millionen Dollar aufgekauft wurden. Marshall erklärte, dass die Firma 1991 auf die Rezession reagiert hätte, indem sie die Übernahmen reduzierte und den Cashflow für die Schuldentilgung verwendete. Sollte Sun seinen gesamten Cashflow zu diesem Zweck einsetzen, konnten die 110 Millionen Dollar Schulden, die zu 9,5 Prozent geliehen waren, innerhalb von zwei Jahren getilgt werden. Offensichtlich hatte das Unternehmen sich genau für diesen Weg entschieden.

Sollte die wirtschaftliche Lage sich weiter zuspitzen, könnte Sun einige seiner Übernahmen, wie zum Beispiel die Abteilung für Autozubehör, verkaufen, um seine Schulden noch weiter zu verringern.

Der gegenwärtige Übernahmestopp wird wahrscheinlich Suns Gewinnzuwachs etwas verlangsamen, aber auf der anderen Seite ergibt sich dadurch eine stärkere Bilanz. Die Bestrebungen, Schulden zu reduzieren, überzeugten mich, dass das Management der Realität ins Auge blickte und dass die Firma überleben würde, um später weitere Übernahmen durchzuführen.

Selbst in einer miserablen Konjunktur wird Sun Distributors überleben, doch wenn sich die Lage bessert, kann sich die Firma überdurchschnittlich gut entwickeln. Läuft dann letztendlich in einigen Jahren die entsprechende Verordnung für MLPs aus, wird möglicherweise das gesamte Unternehmen verkauft. Dann bekommen die elf Millionen Aktionäre der Kategorie A ihre zehn Dollar pro Aktie, und die 22 Millionen Aktionäre der Kategorie B bekommen den Rest des Geldes, was fünf bis acht Dollar pro Aktie bedeuten könnte. Sollte dieser Fall eintreten, hätten die Aktionäre der Kategorie B ihre Investition mehr als verdoppelt.

Tenera Limited Partners

Hier hatten wir eine Firma mit Schönheitsfehlern. Ihr größter Vorzug lag darin, dass der Aktienkurs im Sommer 1991 von neun Dollar auf 1,25 Dollar gefallen war. Die Firma war im Software- und Consultingbereich tätig – das war eine Hightech-Branche, von der ich nichts verstand und die ich daher für unzuverlässig hielt, und das andere war zu vage, um mich über Ersteres hinwegzutrösten. Zu den größten Kunden gehörten die Atomkraftindustrie und Vertragsunternehmen der Regierung.

Nach einigen Telefongesprächen wusste ich, weshalb der Aktienkurs zusammengebrochen war. Die Firma stritt sich mit einer ihrer Haupteinnahmequellen: den Bundesbanken. Die Bundesbanken beschuldigten Tenera, gewisse Dienstleistungen überteuert berechnet zu haben, und hatten einige Verträge gekündigt. Noch schlimmer war, dass sich ein Softwareprogramm, das in der Herstellung Millionen verschlungen hatte und an Stromversorger auf der ganzen Welt verkauft werden sollte, nicht rentierte.

Das Unternehmen musste seinen Mitarbeiterstamm drastisch reduzieren. Einige Spitzenführungskräfte einschließlich des Präsidenten Don Davis waren zurückgetreten. Für den verbleibenden Rest stellte sich die Stimmung alles andere als harmonisch dar. Teneras

Konkurrenten in der Consultingbranche machten Tenera bei den Kunden schlecht. Im Juni 1991 wurde die Dividende eingestellt. Die Firma gab bekannt, dass es „sehr lange dauern würde", bis das ehemalige Niveau von 20 Cent pro Quartal wieder erreicht würde.

Ich möchte nicht zu viel Werbung für Tenera betreiben. Hätte dieses Unternehmen auch nur einen Pfennig Schulden gehabt, ich hätte nicht einen einzigen Gedanken daran verschwendet. Da jedoch keinerlei Schulden vorhanden waren und keine großen Zahlungsverpflichtungen bestanden, nahm ich an, dass Tenera wohl kaum in den nächsten ein oder zwei Tagen Konkurs machen würde. Hier also die positiven Faktoren: null Schulden, keine erwähnenswerten Ausgaben (was brauchen Berater schon, außer einem Schreibtisch, einem Rechner, um ihre Honorare zusammenzuzählen, und einem Telefon?) und eine hoch angesehene Serviceabteilung für Atomkraftwerksbetreiber, die im Falle einer Liquidation mit Gewinn verkauft werden konnte.

Von 1987 bis 1991 hatte Tenera 77 bis 81 Cent je Aktie verdient und es gab immer noch Gewinnpotenzial. Vielleicht würden niemals wieder 80 Cent erreicht werden, aber selbst wenn die Einnahmen nur 40 Cent betragen würden, könnte der Aktienkurs auf vier Dollar steigen.

In einer derart hoffnungslosen Situation setzte ich nicht auf Einnahmen. Ich setzte auf den potenziellen Wert der vorhandenen Substanz als Retter in der Not. Meiner Meinung nach war eine Tenera-Aktie unter dem Hammer mehr als 1,50 Dollar wert (den Kurs zum Zeitpunkt meiner Untersuchungen), und da keinerlei Schulden und sonstige Zahlungsverpflichtungen bestanden, würde der Gesamtbetrag abzüglich der gesetzlichen Gebühren an die Aktionäre gehen.

Sollte die Firma einige ihrer Probleme lösen, würde die Aktie einen riesigen Aufschwung erleben, gelänge das nicht, dann eben nur einen kleinen Aufschwung. Das waren zumindest meine Erwartungen.

Tenera hatte Bob Dahl angeheuert, den ich kennengelernt hatte, als er in der Telekommunikationsindustrie arbeitete und mithalf, sie aus der Krise zu führen. Dahl erreichte mich in der Nacht vor der *Barron's*-Runde in New York. Er deutete an, dass innerhalb der nächsten sechs bis zwölf Monate ein Turnaround für Tenera zu erwarten sei. Er sagte ebenfalls, dass die Insider an ihren Aktien festhielten. Das überzeugte mich, dass mit der Firma noch Gewinne zu machen waren.

Kürzel	Unternehmen	Kurs 31.01.1992
SDP.B	Sun Distributors L. P., Class B	$ 2,75
TLP	Tenera L.P.	$ 2,38

15

Die Zykliker

Ein Kreislauf ohne Ende

Wenn die Wirtschaft am Boden liegt, denkt der professionelle Geldmanager allmählich darüber nach, in Zykliker zu investieren. Das stetige Auf und Ab der Aluminium- und Stahlindustrie, Papier- und Autoproduzenten, Chemieunternehmen und Luftfahrtgesellschaften vom Boom zur Rezession und wieder zurück ist ein bekanntes Muster, auf das man sich so sicher verlassen kann wie auf die Jahreszeiten.

Was die Sache verkompliziert, ist das ständige Bemühen des Fondsmanagers, seinen Konkurrenten einen Schritt voraus zu sein, indem er zu den Zyklikern zurückkehrt, bevor es irgendein anderer tut. Ich habe den Eindruck, dass die Börse den Aufschwung der Zykliker zu immer früheren Zeitpunkten antizipiert, als dieser tatsächlich eintritt, und das macht die Investition in Zykliker immer komplizierter.

Bei den meisten Aktien ist ein niedriges KGV eine gute Sache, nicht aber bei den Zyklikern. Ist das KGV eines Zyklikers sehr niedrig, dann ist das gewöhnlich ein Anzeichen dafür, dass das Ende einer florierenden Phase erreicht ist. Unbedachte Investoren halten ihre Zykliker weiter, weil die Geschäfte nach wie vor gut gehen und die Unternehmen hohe Einnahmen verzeichnen – doch das wird sich sehr bald ändern. Der schlaue Anleger verkauft seine Aktienanteile, um den großen Ansturm zu vermeiden.

Beginnt eine riesige Herde erst einmal damit, eine Aktie zu verkaufen, kann der Kurs sich nur in eine Richtung bewegen. Fällt der Kurs, dann fällt das KGV, und einem Uneingeweihten wird ein Zykliker attraktiver erscheinen als zuvor. Diese Fehleinschätzung kann sehr teuer werden.

Die Wirtschaft wird bald zusammenbrechen, und die Einnahmen der zyklischen Industrie werden mit atemberaubender Geschwindigkeit abnehmen. Je mehr Investoren nun fluchtartig aus ihren Aktien aussteigen, desto tiefer wird der Kurs hinunterplumpsen. Wenn Sie einen Zykliker nach einigen fetten Jahren und mit einem KGV, das an seinem Tiefststand angelangt ist, kaufen, ist das eine todsichere Methode, die Hälfte Ihres Geldes in einem sehr kurzen Zeitraum zu verlieren.

Umgekehrt ist ein hohes KGV, das bei den meisten Aktien als sehr negative Erscheinung betrachtet wird, vielleicht eine sehr gute Nachricht für einen Zykliker. Oft bedeutet es, dass ein Unternehmen seinen absoluten Tiefpunkt überwunden hat und die Situation sich bald verbessern wird. Die Einnahmen werden die Erwartungen der Analysten übertreffen und die Fondsmanager werden die Aktie eifrig zurückkaufen. Daraufhin steigt der Kurs.

Die Tatsache, dass das Spiel mit den Zyklikern ein Spiel mit der Vorahnung ist, macht es noch schwieriger, mit diesen Aktien Geld zu verdienen. Die Hauptgefahr ist, dass man verfrüht kauft, den Mut verliert und wieder verkauft. Es ist sehr gefährlich, in einen Zykliker zu investieren, sofern man die dazugehörige Industrie (Kupfer, Aluminium, Stahl, Automobile, Papier oder was auch immer) und deren Rhythmus nicht sehr gut kennt. Als Klempner, der den Preis für Kupferrohre verfolgt hat, haben Sie eine größere Chance, mit Phelps Dodge Geld zu verdienen, als ein studierter Wirtschaftsfachmann, der Phelps Dodge in sein Portfolio aufnimmt, „weil die Aktie billig ist“.

Mein eigener Erfolg mit Zyklikern ist durchschnittlich, und immer wenn es eine Rezession gibt, richte ich meine Aufmerksamkeit auf diese Gruppe. Da ich stets positiv denke und davon ausgehe, dass die Wirtschaft zulegen wird, egal wie viele traurige Überschriften mir aus den Zeitungen entgegenprangen, investiere ich bereitwillig in Zykliker, die am Boden liegen. Gerade wenn man meint, dass es mit diesen Unternehmen nicht mehr schlimmer werden kann, bessert sich die Lage. Der Aufschwung eines am Boden liegenden Zyklikers mit einer starken Bilanz ist unvermeidlich, was mich zu Peters Prinzip Nummer 19 bringt:

Außer für Leerverkäufer oder Dichter,
die nach einer reichen Frau Ausschau halten,
lohnt es sich nicht, pessimistisch zu sein.

Phelps Dodge

Ich habe bereits erzählt, wie mein Versuch vereitelt wurde, durch Aktienkäufe in den im Aufschwung begriffenen Immobilienmarkt einzusteigen – zu viele andere Käufer waren mir bereits zuvorgekommen. Aber sie hatten den Aufschwung des Kupfermarkts noch nicht vorausgeahnt, und ich konnte das Schnäppchen, das sich im Januar in Form von Phelps Dodge vor mir auftat, schwerlich ignorieren. Ich konferierte mit meinem Klempner, der mir bestätigte, dass der Preis für Kupferrohre stieg.

Ich hatte Phelps Dodge 1991 empfohlen, und die Aktie hatte das ganze Jahr über stagniert. Das ist nicht unbedingt ein Grund, sie zu ächten, sondern kann vielleicht sogar ein Grund sein, weitere Anteile zu kaufen. Am 2. Januar 1992 überprüfte ich die Phelps-Dodge-Story nochmals, und sie klang sogar besser als im Jahr zuvor.

Ursprünglich habe ich Phelps Dodge immer in New York besucht, aber seitdem die Firma nach Arizona umgezogen ist, kommunizieren wir per Telefon. Ich rief an und sprach mit dem Vorsitzenden Douglas Yearly.

Ich hatte schon früher hin und wieder mit diesem Unternehmen geliebäugelt und dabei einige Dinge über Kupfer gelernt, die mich davon überzeugten, dass es eine viel wertvollere Anlage war als zum Beispiel Aluminium. In der Erdkruste gibt es sehr viel Aluminium (acht Prozent, um genau zu sein) und Aluminium ist nicht nur so alltäglich und gewöhnlich wie Unkraut, sondern auch relativ einfach abzubauen. Kupfer ist erstens seltener als Aluminium und zweitens ein schwindendes Metall. Die Kupferminen versiegen oder werden überschwemmt und müssen schließen. Man kann hier nicht wie an einem Fließband einfach weiterproduzieren, indem man eine zusätzliche Schicht fährt.

Viele unserer amerikanischen Schmelzhütten sind aufgrund von Umweltverordnungen geschlossen worden, und viele Firmen haben das Schmelzen endgültig eingestellt. Es gibt bereits heute zu wenig Schmelzhütten in den USA, und diese Entwicklung ist weltweit zu beobachten. Die Menschen, die entgegen der Windrichtung einer Schmelzhütte leben, können dank dieses Trends freier durchatmen, genau wie die Aktionäre von Phelps Dodge. Phelps Dodge besitzt eine Menge Schmelzhütten und hat bei Weitem nicht mehr so viel Konkurrenz wie früher.

Obwohl die Kupfernachfrage kurzfristig etwas nachgelassen hatte, nahm ich an, dass die Zeit reif für einen Aufschwung war. Alle Entwicklungsländer der Welt, einschließlich der neuen Sowjetrepubliken, wollten ihre Telefonnetze verbessern. Heute will jeder ein Kapitalist sein, aber wenn man kein Telefon hat, ist das sehr schwierig.

Für ein traditionelles Telefonsystem braucht man kilometerlange Kupferdrähte. Sollten diese Länder sich in ihrer Aufbruchstimmung nicht für Funktelefone in der Jackentasche entscheiden (was ziemlich unwahrscheinlich ist), wird es über kurz oder lang auf dem Kupfermarkt viele Käufer geben. Entwicklungsländer benötigen weitaus mehr Kupfer als entwickelte Länder, und da erstere in der Mehrzahl sind, versprach das eine gute Zukunft für dieses Metall.

In der letzten Zeit folgte die Phelps-Dodge-Aktie einem typisch zyklischen Muster. Vor der Rezession 1990 machte das Unternehmen pro Aktie 6,50 Dollar Gewinn (dieser Wert ist um den letzten Split bereinigt) und die Aktie notierte in einer Bandbreite zwischen 23 Dollar und 36 Dollar, mit einem niedrigen KGV zwischen 3,5 und 5,5. 1991 fielen die Einnahmen auf 3,90 Dollar und der Aktienkurs gab vom Höchststand bei 39 Dollar auf ein Tief von 26 Dollar nach. Aus dem Umstand, dass es nicht noch weiter bergab ging, kann man erkennen, dass viele Investoren die Zukunftsaussichten des Unternehmens sehr positiv bewerteten. Vielleicht hofften auch die Zyklusspekulanten darauf, dass der nächste Zyklus früher als üblich beginnen würde.

Die wichtigste Frage bei einem Zykliker ist, ob die Bilanz des Unternehmens stark genug ist, um das nächste Tief zu überstehen. Die entsprechende Information entdeckte ich auf Seite 30 des Phelps-Dodge-Geschäftsberichts von 1990, des aktuellsten, den ich zu jenem Zeitpunkt bekommen konnte. Das Firmenvermögen betrug 1,68 Milliarden Dollar und die Gesamtschuld (abzüglich des Barvermögens) nur 320 Millionen Dollar. Hier hatten wir ganz klar keinen Bankrott-Kandidaten, egal wie sich der Kupferpreis entwickeln würde (nun ja, null Dollar würden problematisch sein). Viele schwächere Konkurrenten werden ihre Minen schließen und einpacken müssen, noch bevor Phelps Dodge überhaupt an eine Refinanzierung denken muss.

Da es sich um ein großes Unternehmen handelt, das sich neben Kupfer in viele andere Industriezweige diversifiziert hat, wollte ich mir diese anderen Geschäfte auch einmal näher betrachten. Der Vorstand Yearly ratterte die ganze Liste herunter: Ruß sei in Ordnung, meinte er, Eisendrähte seien in Ordnung, Lastwagenreifen seien in Ordnung und Canyon Resources, die Goldminenentdeckung in Montana, an der Phelps Dodge mit 72 Prozent beteiligt ist, könne ein großer Gewinner werden.

Diese Tochtergesellschaften brachten in einem schlechten Jahr (1991) weniger als einen Dollar je Aktie ein und die Annahme, dass sie in einem passablen Jahr mindestens zwei Dollar einbringen könnten, war durchaus nicht an den Haaren herbeigezogen. Ich ging bei der Beurteilung von einem mittelmäßigen KGV von 5–8 aus und schloss daraus, dass sich der Anteilswert je Aktie mit einem Betrag zwischen 10 und 16 Dollar bemessen könnte. Die Goldminenbeteiligungen könnten für Phelps Dodge fünf Dollar pro Aktie wert sein.

Ich peile häufig die verschiedenen Abteilungen einer Firma, die vielleicht einen beachtlichen verborgenen Substanzwert darstellen könnten, auf diese Weise über den Daumen. Diese nützliche Übung können Sie auf jede Firma anwenden, an deren Aktien Sie interessiert sind. Man entdeckt dabei häufig, dass einzelne Teilbereiche einer Firma wertvoller sind als der Gesamtkomplex.

Es lässt sich sehr leicht feststellen, ob eine Firma mehr als eine Abteilung hat – der Geschäftsbericht gibt Ihnen darüber Auskunft. Ebenso listet er die Zusammensetzung der Gewinne auf. Wenn Sie nun die Gewinne der einzelnen Tochtergesellschaften hernehmen und diese mit einem allgemeinem KGV (sagen wir einmal 8–10 für einen Zykliker mit Durchschnittsgewinnen oder 3–4 für einen mit Spitzengewinnen) multiplizieren, dann haben Sie ungefähr eine Vorstellung davon, wie viel die Abteilung pro Aktie wert ist.

Aber nun zurück zu Phelps Dodge. Davon ausgehend, dass die Goldmine fünf Dollar und die anderen angeschlossenen Bereiche 10-16 Dollar je Aktie wert waren und die Aktie bei 32 Dollar notierte, bedeutete das, dass man das Kupfergeschäft äußerst billig bekam.

Außerdem warf ich einen Blick auf die Investitionsausgaben, die so viele Industriefirmen ruinieren. Bei Phelps Dodge schien das kein Problem zu sein. 1990 hatte die Firma 290 Millionen Dollar ausgegeben, um Fabriken und Ausrüstung zu verbessern, eine Summe, die weniger als die Hälfte des Cashflows darstellte.

Auf Seite 31 des 1990er-Geschäftsberichts (siehe Tabelle 15–2) ist ein Cashflow von 633 Millionen Dollar verzeichnet, der die Kapitalausgaben und Dividendenzahlungen zusammengerechnet weit übertrifft. Selbst in einem schlechten Jahr wie 1991 lag der Cashflow über den Ausgaben. Es ist immer ein gutes Zeichen, wenn eine Firma mehr Geld einnimmt, als sie ausgibt.

Tabelle 15-1 Konzernbilanz – Phelps Dodge Corporation

(in Tsd. Dollar – ausgenommen Angaben zu Werten pro Aktie)		
	13. Dez. 1990	31. Dez. 1989
BETRIEBSVERMÖGEN		
Umlaufvermögen:		
Barmittel und kurzfristige Beteiligungen (Einstandspreis)	$ 169.649	$ 12.763
Außenstände abzgl. Wertberichtigung für zweifelhafte Forderungen (1990 -$ 16.579; 1989 -$ 11.484)	307.656	346.892
Lagerbestand	256.843	238.691
Vorräte	95.181	84.283
transitorische Aktiva	17.625	8.613
Umlaufvermögen	838.954	691.242
Beteiligungen und langfristige Außenstände	93.148	79.917
Buchwert der Sachanlagen	1.691.176	1.537.359
Andere Aktiva und Abgegrenzungsposten	204.100	196.109
	2.827.378	2.504.627
VERBINDLICHKEITEN		
Laufende Verbindlichkeiten		
Kurzfristige Schulden	43.455	92.623
Aktuelle Aufwendung für langfristige Schulden	32.736	33.142
Kreditoren und Kostenrückstellungen	362.347	307.085
Ertragsteuer	51.193	46.197
Laufende Verbindlichkeiten	489.731	479.047
Langfristige Schulden	403.497	431.523
abgegrenzte Ertragsteuer	110.006	67.152
Andere Verbindlichkeiten und abgegrenzte Erträge	116.235	156.74
	1.119.469	1.134.465
Gewinnanteil der Minderheitsaktionäre an den Tochtergesellschaften; Eigenkapital in Stammaktien	24.971	20.066
Stammaktien im Nennwert von 6,25 $; 100.000.000 zugelassene Aktien; 34.441.346 ausgegebene Stücke* (1989 – 34.618.723) nach Rückführung von 3.152.955 Aktien (1989 – 2.975.578) in Eigenbesitz	215.258	215.367
Überschusskapital am Nennwert	268.729	281.381
freie Rücklagen	1.269.094	917.848
Umrechnungsdifferenzen und andere	(70.143)	(65.500)
Eigenkapital	1.682.938	1.350.096
	$ 2.827.378	$ 2.504.627

* Vor dem jüngsten Split im Verh. 2:1

Die Phelps-Dodge-Minen und andere Einrichtungen befanden sich in ausgezeichnetem Zustand. Im Gegensatz zu einer Computerfirma, die jährlich Unsummen für Produktentwicklung und die Entsorgung veralteter Modelle ausgeben muss, hat Phelps Dodge beim Unterhalt seiner Minen kaum Unkosten. Die Situation ist in diesem Fall auch besser als in der Stahlindustrie, die ein Vermögen in Fabrikerneuerungen investiert, nur um von ausländischen Konkurrenten geschröpft zu werden, die den Stahl billiger verkaufen.

Egal was mit den Ausgaben oder den verschiedenen Tochtergesellschaften passiert, das Schicksal von Phelps Dodge hängt vom Kupferpreis ab. Phelps Dodge fördert jährlich 1,1 Milliarden Pfund Kupfer (laut Geschäftsbericht), sodass eine Erhöhung des Pfundpreises um einen Penny einen zusätzlichen Bruttogewinn von elf Millionen Dollar einbringen würde. Bei 70 Millionen emittierten Aktien würden elf Millionen Dollar Gewinn abzüglich der Steuern pro Aktie zehn Cent ausmachen. Folglich kann man sagen, dass jedes Mal, wenn der Kupferpreis um einen Penny pro Pfund steigt, die Einnahmen um zehn Cent steigen, und sollte Kupfer um 50 Cent steigen, würden die Einnahmen um fünf Dollar pro Aktie zulegen.

Menschen, die wissen, was Kupfer im nächsten und übernächsten Jahr kosten wird, werden automatisch zu Koryphäen, wenn es darum geht, den Kauf- oder Verkaufszeitpunkt für Phelps Dodge zu bestimmen. Ich verfüge leider nicht über derartige hellseherische Fähigkeiten, aber ich dachte, dass Kupfer 1990–1991 aufgrund der Rezession billig war, und nahm an, dass dieser Trend nicht ewig anhalten würde; und ich war davon überzeugt, dass die Aktionäre von Phelps Dodge bei einem Anstieg des Kupferpreises die Hauptnutznießer sein würden. Wir mussten nur abwarten und Geduld üben und zwischenzeitlich weiterhin die Dividende kassieren.

Tabelle 15-2. **Konsolidierte Cashflow-Berechnung – Phelps Dodge Corporation**

	1990	1989	1988
BETRIEBSAKTIVITÄTEN			
Jahresüberschuss	$ 454.900	$ 267.00	$ 420.000
Berichtige Bilanzdaten zum Cashflow aus den Betriebsaktivitäten:			
Abschreibung, Substanzverringerung und Tilgung	132.961	133.417	420.000
Abgegrenzte Ertragsteuer	50.918	(53.670)	70.323
Nicht entnommene Gewinne aus Kapitalbeteiligungen	(5.280)	(8.278)	(15.807)
Rückstellungen für nicht-produzierende Aktiva und andere	---	374.600	50.000
Betriebs-Cashflow	633.499	712.979	641.578
Berichtigte Bilanzdaten zum Netto-Barmittel-Zufluss aus den Betriebsaktivitäten:			
Veränderungen der laufenden Aktiva und Verbindlichkeiten			
(Zunahme) Abnahme bei den Außenständen	42.115	76.850	(69.278)
(Zunahme) Abnahme bei den Lagerbeständen	(24.700)	11.394	(26.706)
(Zunahme) Abnahme bei den Vorräten	(9.713)	(2.801)	(6.344)
(Zunahme) Abnahme bei den transitorischen Aktiva	(10.565)	1.778	6.986
(Zunahme) Abnahme bei den Zinsverbindlichkeiten	(983)	(2.958)	(918)
(Zunahme) Abnahme bei anderen Verbindlichkeiten	35.016	(38.816)	(6.770)
Zunahme (Abnahme) bei der Ertragsteuer	2.702	(11.292)	14.687
Zunahme (Abnahme) bei anderen Kostenrückstellungen	23.500	24.898	(2.031)
Andere Wertberichtigungen	(48.995)	(27.833)	(8.413)
Nettomittel aus den laufenden Unternehmensaktivitäten	641.876	744.199	542.791

INVESTITIONEN			
Investitionsausgaben	(290.406)	(217.407)	(179.357)
Zinskapitalisierung	(1.324)	(1.529)	(6.321)
Investitionen in Tochtergesellschaften	(4.405)	(68.797)	(253.351)
Ertrag aus Veräußerung von Vermögenswerten	3.155	5.131	35.413
Nettomittel aus dem Investivbereich	(292.980)	(282.602)	(403.616)
FINANZIELLE AKTIVITÄTEN			
Neuverschuldung	19.124	79.830	184.727
Schuldenbegleichung	(98.184)	(114.244)	(235.048)
Ankauf von Stammaktien	(21.839)	(141.235)	(30.371)
Dividenden auf Vorzugsaktien	---	(4.284)	(15.000)
Dividenden auf Stammaktien	(103.654)	(454.307)	(29.202)
Andere	4.543	13.102	1.959
Nettoaufwand für finanzielle Aktivitäten	(200.010)	(621.138)	(122.935)
ZUNAHME (ABNAHME) DER BARMITTEL UND DER KURZFRISTIGEN BETEILIGUNGEN	148.886	(159.541)	16.240
BARMITTEL UND KURZFRISTIGE INVESTMENTS ZU BEGINN DES JAHRES	12.763	172.304	156.064
BARMITTEL UND KURZFRISTIGE INVESTMENTS AM JAHRESENDE	161.649	12.763	172.304

General Motors

Automobil-Aktien, oft fälschlicherweise für Blue Chips gehalten, sind klassische Zykliker. Kauft man eine Automobil-Aktie und legt sie für 25 Jahre zu den Akten, so ist das, als ob man mit dem Flugzeug über die Alpen fliegt – es kann sich durchaus lohnen, aber der Wanderer, der alle Höhen und Tiefen per Fußmarsch durchlebt, hat mehr davon.

Ich habe meine Aktienanteile an Chrysler, Ford und anderen Automobilunternehmen, die meine größten Positionen im Magellan-Fonds darstellten, 1987 reduziert, da ich das Gefühl hatte, dass die große Welle der Autokäufe, die in den frühen Achtzigerjahren eingesetzt hatte, sich ihrem Ende zuneigte. 1991, im zweiten Jahr der Rezession jedoch, als die Automobil-Aktien um 50 Prozent gefallen, die Ausstellungsräume trostlos und verlassen waren und die Auto- und Lastkraftwagenhändler sich mit Kartenspielen die Zeit vertrieben, beschloss ich, mir die Automobilbranche wieder einmal genauer zu betrachten.

Solange nicht irgendwann ein zuverlässiges Hovercraft für den Hausgebrauch erfunden wird, lässt sich mit Sicherheit sagen, dass das Auto auch weiterhin der beliebteste Privatbesitz der Amerikaner sein wird. Früher oder später kaufen wir uns alle ein neues Auto, entweder weil wir des alten überdrüssig sind oder weil die Bremsen vollkommen kaputt sind oder weil wir bereits durch den durchgerosteten Boden den Asphalt sehen können. Ich habe mich so lange wie möglich an meinen 1977er AMC Concord gehalten, doch sogar dieser treue Kamerad beginnt nun zu stottern.

Als ich in den frühen Achtzigerjahren eine starke Position an Automobil-Aktien aufbaute, waren die Auto- und Lastkraftwagenverkäufe in den USA von 15,4 Millionen Stück im Jahr 1977 auf 10,5 Millionen Stück im Jahr 1982 gesunken. Natürlich konnte es passieren, dass die Verkäufe noch weiter zurückgingen, aber ich wusste, dass es keine völlige Pleite geben würde. In den meisten Staaten müssen die Autos jährlich zur Inspektion, und das ist ein weiterer Grund dafür, dass die Menschen nicht ewig in ihren Rostlauben umherfahren können. Irgendwann werden diese Rostlauben von der Straße verbannt.

Es stimmt, dass vielleicht ein neuer Kniff die Erholung der Automobilindustrie verzögert hat: der Automobilkredit mit fünfjähriger Laufzeit. Früher, als es nur den Automobilkredit mit dreijähriger Laufzeit gab, hatte ein Autobesitzer seinen Wagen gerade abbezahlt, als er sich auch schon wieder einen neuen kaufen wollte. Normalerweise war das Auto dann noch etwas wert, sodass man es für einen Neuwagen in Zahlung geben konnte. Durch die fünfjährige Laufzeit hat sich das alles verändert. Viele Wagen, die vier oder fünf Jahre alt sind, sind nun weniger wert als die noch fälligen Kreditraten und ihre Besitzer können es sich nicht leisten, sie gegen einen Neuwagen einzutauschen. Aber irgendwann wird es diese Kredite nicht mehr geben.

Ein nützlicher Indikator für den Kauf von Automobil-Aktien sind die Gebrauchtwagenpreise. Wenn Gebrauchtwagenhändler ihre Preise senken, so bedeutet das, dass Autos sich schlecht verkaufen, und ein schlechter Markt für die Gebrauchtwagenhändler bedeutet einen noch schlechteren für die Neuwagenverkäufer. Steigen jedoch die Gebrauchtwagenpreise, ist das ein gutes Zeichen für die zukünftige Entwicklung der Autoindustrie.

Noch besser kann man sich auf den Indikator „Nachholbedarfseinheiten“ verlassen. Diese vielsagende Statistik (siehe Tabelle 15-3), die einmal pro Jahr erscheint, habe ich in der Zeitschrift *Corporate Economist* entdeckt, die von Chrysler herausgegeben wird – übrigens ein weiteres Nachschlagewerk, das sich hervorragend als Strandlektüre eignet.

In der zweiten Spalte sind die tatsächlichen jährlichen PKW- und LKW-Verkaufszahlen aufgelistet, wobei jede Zahl noch mit 1.000 multipliziert werden muss. Die dritte Spalte zeigt die eigentlich erwarteten Verkaufszahlen, die sich aus demografischen Erhebungen, Verkaufszahlen der vergangenen Jahre, dem Alter der Automobile und anderen Werten errechnen. Aus der Differenz dieser beiden Spalten ergeben sich die Nachholbedarfseinheiten.

Zwischen 1980 und 1983, als die Wirtschaft dahinkroch und die Leute versuchten, ihr Geld zu sparen, hinkten die tatsächlichen Verkäufe mit sieben Millionen Stück dem Trend hinterher. Sieben Millionen Menschen, die eigentlich Autos hätten kaufen sollen, hatten ihr Vorhaben auf einen späteren Zeitpunkt verschoben. Folglich war mit einem Verkaufsboom zu rechnen. Und wie erwartet, hatten wir von 1984 bis 1989 einen Boom, durch den die Auto- und Lastkraftwagenverkäufe zusammengerechnet den Trend um 7,8 Millionen Einheiten übertrafen.

Tabelle 15-3 PKW- und LKW-Verkäufe in den USA – aktuell gegenüber Trend – (in tausend Stück je Kalenderjahr)

Jahr	Aktuell	Trend	Einheiten über (unter)	Einheiten aufgebaute Nachfrage
1960	7.588	7.700	(112)	(112)
1970	10.279	11.900	(1.621)	(2.035)
1980	11.468	12.800	(1.332)	(1.336)
1981	10.794	13.000	(2.206)	(3.542)
1982	10.537	13.200	(2.663)	(6.205)
1983	12.310	13.400	(1.090)	(7.295)
1984	14.483	13.600	883	(6.412)
1985	15.725	13.800	1.925	(4.487)
1986	16.321	14.000	2.321	(2.166)
1987	15.189	14.200	989	(1.177)
1988	15.788	14.400	1.388	211
1989	14.845	14.600	245	456
1990	14.147	14.800	(653)	(197)
1997	12.541	15.000	(2.459)	(2.656)
		Schätzungen*		
1992	13.312	15.200	(1.888)	(4.544)
1993	14.300	15.400	(1.100)	(5.644)

Quelle: Chrysler Corporation

* von Peter Lynch

Obwohl die Verkaufszahlen 1992 über den 1991er-Werten liegen, befinden wir uns immer noch weit unterhalb des Trends. Es wird vier bis fünf Jahre guter Verkaufszahlen benötigen, um dies aufzuholen.

Wenn die Verkäufe vier oder fünf Jahre lang dem Trend hinterherhinken, braucht es weitere vier oder fünf Jahre, in denen sie den Trend übertreffen müssen, bis sich der Automarkt wieder stabilisiert hat. Sollten Sie das nicht wissen, verkaufen Sie Ihre Aktien vielleicht zu früh. Nach dem Boom im Jahr 1983 zum Beispiel, als die Autoverkäufe von 10,5 auf 12,3 Millionen Stück angestiegen waren, wären Sie vielleicht auf die Idee gekommen, bei Ford oder Chrysler Ihre Gewinne zu realisieren, weil der Autoboom zu Ende sei. Sind Sie aber dem Trend gefolgt, konnten Sie ganz klar erkennen, dass noch für mehr als sieben Millionen Wagen Nachholbedarf bestand, der sich bis 1988 nicht erschöpfen würde.

Ein gutes Jahr, um Automobil-Aktien zu verkaufen, war 1988, als der Nachholbedarf aus den frühen Achtzigerjahren gedeckt war. Innerhalb von fünf Jahren hatten die Amerikaner 74 Millionen Autos gekauft und es war zu erwarten, dass die Verkaufszahlen eher sinken als steigen würden. Obwohl die Wirtschaft 1989 ganz passabel war, fielen die Verkaufszahlen um eine Million Einheiten. Die Automobil-Aktien gaben nach.

1990 begann sich dann erneut ein kleiner Nachholbedarf aufzubauen. Es folgten zwei Jahre, in denen die Verkäufe ebenfalls unter dem Trend lagen, und wenn sich dieser derzeitige Kurs fortsetzt, dann haben wir bis Ende 93 einen Nachholbedarf von 5,6 Millionen Einheiten. Daraus sollte sich 1994–1996 ein Autoverkaufsboom entwickeln.

Den Zyklus der Autoindustrie zu timen ist nur die halbe Miete. Die zweite Hälfte besteht darin, die Unternehmen auszuwählen, die am meisten vom Aufschwung profitieren werden. Haben Sie den Zyklus richtig erkannt und entscheiden sich für das verkehrte Unternehmen, können Sie genauso leicht Geld verlieren, als wenn Sie den Zyklus falsch eingeschätzt hätten.

Während des Aufwärtstrends, der 1982 einsetzte, folgerte ich, dass (1) der richtige Zeitpunkt sei, um Automobil-Aktien zu besitzen, und dass (2) Chrysler, Ford und Volvo höhere Gewinnchancen hätten als General Motors. Da GM die Nummer 1 unter den Autoherstellern war, hätte man annehmen müssen, dass dieses Unternehmen auch die größte Leistung vollbringen würde, aber das war ein Irrtum. Das rührt daher, dass GMs ausgezeichneter Ruf weit über den Wunsch, diesem auch zu entsprechen, hinausging. Das Unternehmen war arrogant, kurzsichtig und ruhte sich auf seinen Lorbeeren aus, aber abgesehen davon befand es sich in großartiger Verfassung.

Nicht nur die Filmcrew von *Roger & Me* hatte Schwierigkeiten, in das GM-Gebäude hineinzugelangen. Bei einem Besuch wurde mir ein Investorenbetreuer zugeteilt, der den Eingang zum Forschungs- und Entwicklungszentrum, das etwa so groß wie ein komplettes Universitätsgelände ist, nicht finden konnte. Gemeinsam brauchten wir einige Stunden, um den Eingang zu entdecken. Wenn sich schon die Abteilung für Investorenbetreuung nicht auf dem Firmengelände zurechtfindet, kann man davon ausgehen, dass der Rest des Unternehmens gleichermaßen orientierungslos ist.

In den Achtzigerjahren hat GM bei den Käufern von Automobil-Aktien einen schlechten Eindruck hinterlassen. Die GM-Aktie hatte sich in zehn Jahren verdoppelt, die Menschen jedoch, die Chrysler zum Tiefststand 1982 gekauft hatten, machten in fünf Jahren fast einen 50-fachen Gewinn, und diejenigen, die Ford gekauft hatten, einen 17-fachen. Bis zum Ende des Jahrzehnts waren GMs Schwächen kein Geheimnis mehr. Jeder Spaziergänger konnte einem bestätigen, dass die Nummer 1 unter den amerikanischen Autoherstellern den Krieg gegen die Japaner verloren hatte.

Doch an der Börse lohnt es sich selten, die Nachrichten von gestern zu ernst zu nehmen oder zu lange bei einer Meinung zu verbleiben. Als die GM-Aktie immer tiefer fiel, war die Börse jedoch im Allgemeinen davon überzeugt, dass es sich hier um ein mächtiges Unternehmen mit hervorragenden Gewinnaussichten handelte. 1991 war die weitverbreitete Meinung, dass GM ein schwaches Unternehmen mit miserablen Gewinnaussichten sei. Obwohl ich in der Vergangenheit kein Fan von GM gewesen bin, hatte ich doch den Verdacht, dass sich diese neueste weitverbreitete Meinung als ebenso falsch erweisen würde wie die vorhergegangene.

Sie könnten fast die alten Artikel über Chrysler als den strauchelnden Giganten von 1982 hervorkramen, den Namen Chrysler durch General Motors ersetzen, und Sie hätten noch einmal die gleiche Geschichte. Mit dem einzigen Unterschied, dass GM 1992 eine bessere Bilanz vorweisen konnte als Chrysler 1982. Der Rest ist identisch: Ein mächtiges Unternehmen vergisst, wie man Autos herstellt, verliert das Vertrauen der Öffentlichkeit, entlässt Tausende von Mitarbeitern und steuert auf den Schrotthaufen der dahingeschiedenen Unternehmen zu.

Durch die Fülle an schlechten Nachrichten wurde ich 1991 wieder auf GM aufmerksam. Ich warf einen Blick auf den Bericht aus dem dritten Quartal und wusste, ich war auf eine heiße Spur gestoßen. Während das Hauptaugenmerk auf GMs schwindenden Autoverkäufen in den USA lag, stellte sich heraus, dass GM auch ohne zusätzliche Autoverkäufe in den USA erfolgreich sein kann. Die Geschäfte, die dem Unternehmen am meisten Gewinne einbringen, sind seine europäischen Ableger, sein Finanzzweig (GMAC), Hughes Aircraft, Delco und Electronic Data Systems (ein Dankeschön an Ross Perot).

Alle diese GM-Tochtergesellschaften florieren so gut, dass das Unternehmen 1993 sechs bis acht Dollar Gewinn je Aktie erwirtschaften könnte, sofern es auf dem amerikanischen Automarkt zumindest den Break-even erreichen konnte. Leitet man daraus ein KGV von 8 ab, sollte die Aktie zwischen 48 Dollar und 64 Dollar notieren, was einen erheblichen Kursanstieg bedeuten würde. Erholt sich GMs Autogeschäft über den Break-even – was durchaus zu erwarten ist, wenn sich die Wirtschaft wiederbelebt, könnten pro Aktie sogar zehn Dollar Gewinn abfallen.

Tausende von Arbeitern werden durch die Stilllegung einiger Fabriken ihren Arbeitsplatz verlieren, aber GM hat dadurch die Möglichkeit, in seinem am wenigsten profitablen Unternehmensbereich die Kosten zu reduzieren. Es ist nicht nötig, dass das Unternehmen den Krieg gegen die Japaner gewinnt und die amerikanischen Autobesitzer zurückerobert. GM beunruhigt sich darüber, dass sein Marktanteil von 40 auf 30 Prozent gesunken ist, aber damit ist er immer noch größer als der Marktanteil aller japanischen Autohersteller zusammen. Selbst wenn GM nur noch 25 Prozent der amerikanischen Autokäufer für sich gewinnt, kann die Automobilabteilung erneut zu den Gewinnen beisteuern, indem sie ihre Produktionsstätten verkleinert und Kosten reduziert (womit bereits begonnen wurde).

Just als ich zu diesem Schluss gekommen war, berichteten die Zeitungen, dass mehrere GM-Automobile bedeutende Auszeichnungen gewonnen hatten, auch der vielgeschmähte Cadillac, der die Kritiker einmal mehr überzeugte. Die Lastkraft- und die Mittelklassewagen machten einen guten Eindruck und die Firma hatte ausreichend Barvermögen. Da GMs Ruf kaum mehr schlechter werden könnte, sollten alle eventuellen Überraschungen ausschließlich freudiger Natur sein.

Kürzel	Unternehmen	Kurs 31.1.92
GM	General Motors	$ 31,00
PD	Phelps Dodge	$ 32,50

16

Atomkraftwerke in Nöten

CMS Energy

Die großen Wachstumswerte der Fünfzigerjahre waren die Versorger-Aktien, doch seither sind sie in erster Linie wegen ihrer Dividende attraktiv. Investoren, die auf ein Einkommen angewiesen sind, verdienen mit Versorger-Aktien langfristig mehr als mit Sparbriefen einer Bank. Bei einem Sparbrief bekommt man die Zinsen und den Einsatz zurück. Bei einer Versorger-Aktie bekommt man die Dividende, die mit ziemlicher Sicherheit jährlich steigt, und hat zudem die Chance auf Kapitalzuwachs.

Selbst heute, da die Nachfrage nach Elektrizität in den meisten Teilen des Landes gesunken ist und Versorger-Aktien nicht länger als bedeutende Wachstumswerte betrachtet werden, hat es in dieser Gruppe einige große Gewinner gegeben, darunter Southern Company (von 11 Dollar auf 33 Dollar in fünf Jahren), Oklahoma Gas and Electric (von 13 Dollar auf 40 Dollar) und Philadelphia Electric (von 9 Dollar auf 26 Dollar).

Kurzzeitig hatte ich zehn Prozent des Magellan-Fonds in Versorger-Aktien investiert, in der Regel dann, wenn die Zinssätze sanken und die Wirtschaft nur so sprühte. Anders ausgedrückt behandelte ich die Versorger-Aktien als Zinssatz-Zykliker und versuchte, meine Ein- und Ausstiege dementsprechend zu koordinieren.

Die Versorger-Aktien jedoch, mit denen ich die größten Gewinne gemacht habe, waren diejenigen, die sich in Schwierigkeiten befanden. Bei Fidelity haben wir nach der Three-Mile-Island-Katastrophe mit General Public Utilities für unsere Aktionäre einen satten Gewinn gemacht, und dies später mit Public-Service-of-New-Hampshire-Anleihen, Long Island Lighting, Gulf States Utilities und der ehemaligen Middle South Utilities, die ihren Namen in Entergy geändert hat, wiederholt. Das bringt mich übrigens zu Peters Prinzip Nummer 20:

Es gibt zwei mögliche Gründe dafür, dass Firmen, ebenso wie Menschen, ihren Namen ändern: Entweder sie haben geheiratet oder sie waren an irgendeinem Fiasko beteiligt und hoffen nun, dass die Öffentlichkeit dies vergisst.

Jede der in Schwierigkeiten geratenen Versorger-Aktien hatte Probleme mit den Atomkraftwerken selbst oder mit der Finanzierung von Atomkraftwerken, die niemals gebaut wurden, und diese Sorgen drückten auf den Aktienkurs.

Meine Erfahrungen mit in Schwierigkeiten steckenden Versorgern sind deshalb besser als meine Erfahrungen mit anderen in Schwierigkeiten befindlichen Firmen, weil die Versorger vom Staat überwacht werden. Ein Versorgungsunternehmen mag vielleicht Konkurs anmelden und/oder seine Dividende streichen, aber solange die Menschheit Elektrizität benötigt, muss ein Weg gefunden werden, damit der Versorger weiterhin funktionieren kann.

Gesetzliche Verordnungen bestimmen, welche Gebühren der Versorger für Elektrizität oder Gas berechnen und wie viel Gewinn er machen darf, und ob die Unkosten, die durch Fehler entstanden sind, auf die Verbraucher umgelegt werden können. Da die Regierung stark daran interessiert ist, dass die Unternehmen überleben, ist es in der

Regel so, dass der in Schwierigkeiten geratene Versorger das nötige Kleingeld erhält, um seine Probleme zu lösen.

Vor Kurzem wurde ich auf die Arbeit dreier Analysten der NatWest Investment Banking Group (Kathleen Lally, John Kellenyi und Philip Smyth) aufmerksam gemacht. Kellenyi kenne ich seit Jahren. Er ist ein ausgezeichneter Analyst.

Diese Versorgerbeobachter haben einen Zyklus ausgemacht, der als „Zyklus der in Schwierigkeiten geratenen Versorger" bezeichnet wird, und zeigen vier Beispiele für Firmen, die ihn durchlebt haben: Consolidated Edison, das nach dem Anstieg der Ölpreise während des Embargos 1973 in Geldnöten steckte; Entergy Corporation, das sich ein kostspieliges Atomkraftwerk aufgeladen hatte, das es sich nicht leisten konnte; Long Island Lighting, das ein Atomkraftwerk gebaut hatte und dann keine Lizenz dafür erhielt; und General Public Utilities, Eigentümer der Three Mile Island Unit Two, die den berühmten Reaktorunfall verzeichnete.

Die Aktien dieser vier „Problem-Versorger" fielen alle so weit und so schnell, dass die Aktionäre ebenfalls große Qualen durchstehen mussten; und diejenigen, die aus Panik verkauften, hatten in der Folge noch größere Qualen durchzustehen, als sie nämlich mitansehen mussten, wie der Kurs sich erholte und vervier- oder verfünffachte. Inzwischen freuten sich die Käufer dieser niedergedrückten Aktien über ihren guten Gewinn, womit wieder einmal bewiesen wäre, dass des einen Unglück des anderen Schnäppchen ist. Man hatte in der Erholungsphase genügend Zeit, mit jedem einzelnen dieser vier Werte gute Profite zu erzielen, die nach Aussagen der drei Analysten auf ihrem Weg jeweils vier klare Stadien durchschritten.

Im ersten Stadium schlägt die Katastrophe zu. Der Versorger erleidet einen plötzlichen Gewinnverlust, entweder weil riesige Unkosten (in Con Eds Fall die höheren Treibstoffkosten) nicht auf die Kunden umgelegt werden können, oder weil in einem riesigen Vermögenswert (in der Regel das Atomkraftwerk) der Wurm steckt und er abgeschrieben werden muss. Das wirkt sich auf die Aktie aus, die innerhalb von ein bis zwei Jahren zwischen 40 und 80 Prozent verfällt: Con Ed fiel 1974 von 6,0 auf 1,50 Dollar, Entergy fiel 1983–1984 von 16,75 auf 9,25 Dollar, General Public Utilities 1979–1981 von 9,0 auf 3,88 Dollar und Long Island Lightning fiel 1983–1984 von 17,50 auf 3,75 Dollar. Diese Abstürze sind für diejenigen, die Versorger-Aktien als sichere und stabile Investition betrachten, eine Katastrophe.

Schon bald notiert der Problemversorger bei 20–30 Prozent seines Buchwerts. Die Aktie hat diese Prügel deshalb bezogen, weil die Wall Street darüber beunruhigt ist, dass der Schaden für das Unternehmen tödlich sein könnte, besonders wenn ein Multimilliarden-Dollar-Atomkraftwerk stillgelegt worden ist. Wie lange es dauert, bis dieser Eindruck revidiert wird, ist von Katastrophe zu Katastrophe unterschiedlich. Bei Long Island Lighting führte der drohende Bankrott dazu, dass die Aktie vier Jahre lang bei 30 Prozent des Buchwerts notierte.

Im zweiten Stadium, das unser Expertentrio als „Krisenmanagement“ bezeichnet, versucht der Versorger, auf die Katastrophe zu reagieren, indem er Kapitalausgaben kürzt und ein drastisches Sparbudget anwendet. Als Bestandteil der Einsparungen wird die Dividende gekürzt oder eliminiert. Man hat den Eindruck, dass das Unternehmen seine Schwierigkeiten überleben wird, aber der Aktienkurs spiegelt die verbesserten Aussichten noch nicht wider.

Im dritten Stadium, der „finanziellen Stabilisierung“, ist es dem Management gelungen, die Kosten so weit zu reduzieren, dass der Versorger mit dem Bargeld, das er von den zahlenden Kunden erhält, operieren kann. Die Kapitalmärkte mögen zwar nicht bereit sein, Kredite für neue Projekte zur Verfügung zu stellen, und der Versorger bringt seinen Aktionären immer noch nichts ein, aber es ist inzwischen sicher, dass er überleben wird. Der Aktienkurs hat sich etwas erholt und notiert nun bei 60–70 Prozent des Buchwerts. Die Menschen, die im ersten oder zweiten Stadium Aktien gekauft hatten, haben ihr Geld verdoppelt.

Im vierten Stadium, das die Analysten mit dem Titel „Endlich der Aufschwung!“ gekrönt haben, kann der Versorger zum ersten Mal einen Gewinn für die Aktionäre abwerfen, und die Börse hat Grund, steigende Gewinne und eine Wiederherstellung der Dividende zu erwarten. Die Aktien notieren jetzt zum Buchwert. Wie sich die Dinge von jetzt an entwickeln, hängt von zwei Komponenten ab: (1) der Reaktion der Kapitalmärkte, da der Versorger seine Leistungsbasis ohne Fremdkapital nicht steigern kann, und (2) davon, ob die gesetzlichen Organe den Versorger unterstützen oder nicht, das heißt, ob der Versorger Kosten in Form von höheren Gebühren auf die Kunden umlegen darf.

Die Tabellen 16-1, 16-2, 16-3 und 16-4 zeigen für jedes der vier Beispiele die Kursentwicklung. Wie Sie sehen, musste man sich nicht gleich von Anfang an auf diese Problemversorger stürzen, um beachtliche Gewinne zu erzielen. In jedem einzelnen Fall hätte man abwarten können, bis die Krise etwas nachgelassen hatte und die Weltuntergangspropheten eines Besseren belehrt wurden, und man hätte sein Geld immer noch in relativ kurzer Zeit verdoppeln, verdreifachen oder vervierfachen können.

Kaufen Sie, wenn die Dividende eingestellt wird, und warten Sie auf bessere Nachrichten. Oder kaufen Sie, wenn im zweiten Stadium die ersten guten Nachrichten verkündet werden. Das Problem, das einige Menschen hier haben, ist die Auffassung, sie hätten ihre Chance verpasst, sobald die Aktie von ihrem Tief bei vier Dollar wieder auf acht Dollar gestiegen ist. Ein Atomkraftwerk, das in Schwierigkeiten steckt, hat einen langen Weg vor sich, und Sie müssen einfach vergessen, dass Sie den absoluten Tiefststand verpasst haben.

Der Unterschied zwischen einem Atomkraftwerk in Schwierigkeiten und einer Oper ist der, dass es im Falle des Atomkraftwerks wohl wahrscheinlicher ist, ein Happy End zu erleben. Es bietet sich geradezu an, sich mit Problemversorgern ein angenehmes Einkommen zu sichern: kaufen, wenn die Dividende ausgesetzt wird, und halten, bis die Dividende wiederhergestellt wird. Das ist eine Strategie mit einer ausgezeichneten Erfolgsquote.

Im Sommer 1991 entdeckten die Experten von NatWest fünf weitere Versorger mit Problemen (Gulf States, Illinois Power, Niagara

Mohawk, Pinnacle West und Public Service Company of New Mexico), die sich in verschiedenen Stadien der Erholung befanden und alle noch unter Buchwert notierten. Ich hatte für die *Barron's*-Empfehlungen jedoch einen anderen Tipp: CMS Energy, ehemals Consumers Power of Michigan.

Die Firma hatte ihren Namen geändert, nachdem sie das Atomkraftwerk in Midland gebaut hatte – eine Aktion, von der das Unternehmen hoffte, die Aktionäre würden sie vergessen. Die Aktie hatte Höhen um die 20 Dollar erreicht und war dann innerhalb eines Jahres auf weniger als 4,50 Dollar abgestürzt. Nachdem im Oktober 1984 die Dividende ausgesetzt wurde, erreichte der Wert seinen Tiefststand.

CMS war der jüngste 10-Bagger, der sich nach unten entwickelt hatte, und der vorerst letzte Versorger, der ein teures Atomkraftwerk geplant und gebaut hatte, in der idiotischen Annahme, dass die Kontrollorgane, die das Projekt in seiner Entwicklungsphase genehmigt hatten, ihm am Ende auch eine Lizenz erteilen würden. Die staatlichen Versorgerkommissionen im ganzen Land verfielen immer mehr in die Gewohnheit, Atomkraftwerke zu unterstützen, bis deren Besitzer voll investiert waren und es zu spät für eine Umkehr war. Dann, in letzter Minute, machten die staatlichen Organe die Zusagen für die Projekte wieder rückgängig und sahen zu, wie die Versorger eine Bauchlandung erlitten.

Als Consumers Power genau das passierte, musste die Firma eine gewaltige Abschreibung in Höhe von vier Milliarden Dollar in Kauf nehmen, um die Baukosten für das Atomkraftwerk, das nicht betrieben werden durfte, zu decken. Die Börse hielt einen Bankrott für vorprogrammiert.

CMS ging jedoch nicht bankrott und Ende der Achtzigerjahre hatte es das Beste aus einer schlechten Lage gemacht, indem es das nutzlose Atomkraftwerk auf den Betrieb mit Erdgas umgestellt hatte. Diese Umwandlung (die mit Hilfe von Dow Chemical, CMS größtem Kunden, durchgeführt wurde) war zwar kostspielig, aber nicht so kostspielig, als wenn man die 4-Milliarden-Dollar-Investition

Consolidated Edison Company of New York Incorporated (ED)

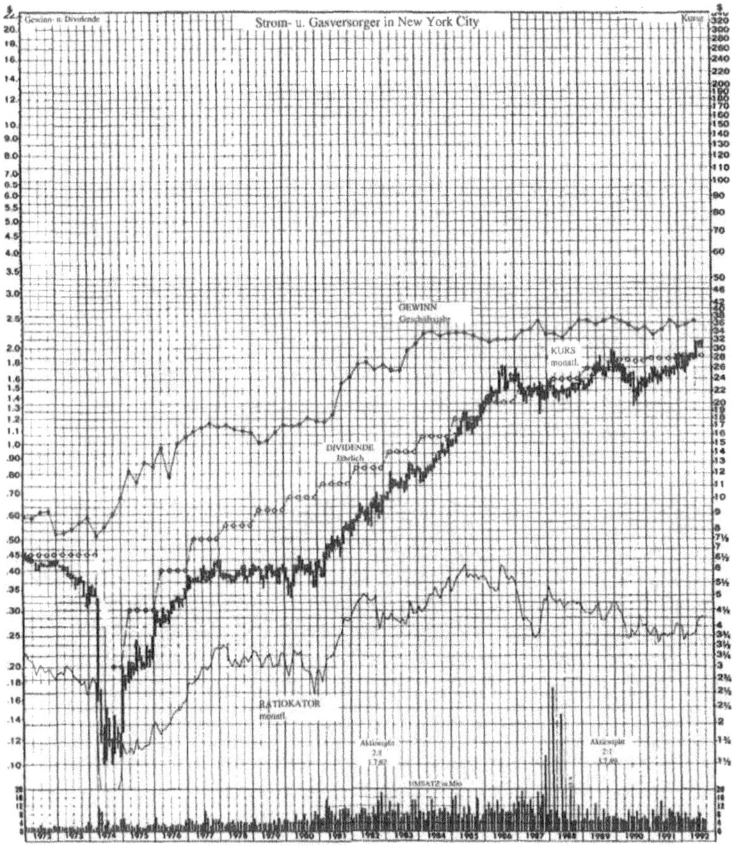

Chart von Securities Research Co., einer Abt. der Babson-United Investment Advisors, Inc.

Chart 16-1

Entergy Corp. (ETR)

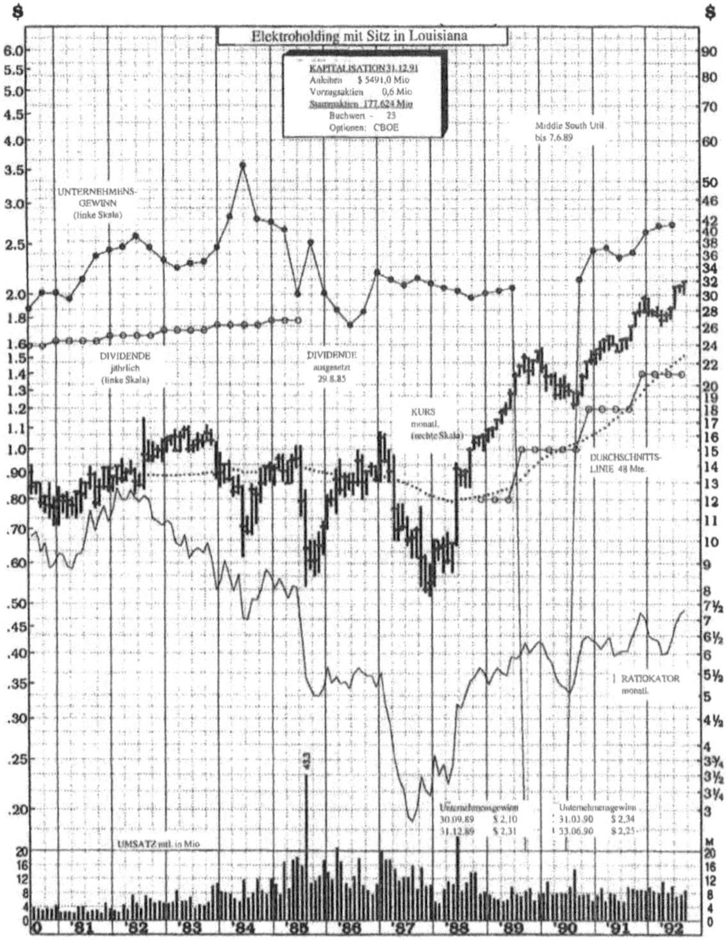

Chart von Securities Research Co., einer Abt. der Babson-United Investment Advisors, Inc.

Chart 16-2

Long Island Lighting Co. (LIL)

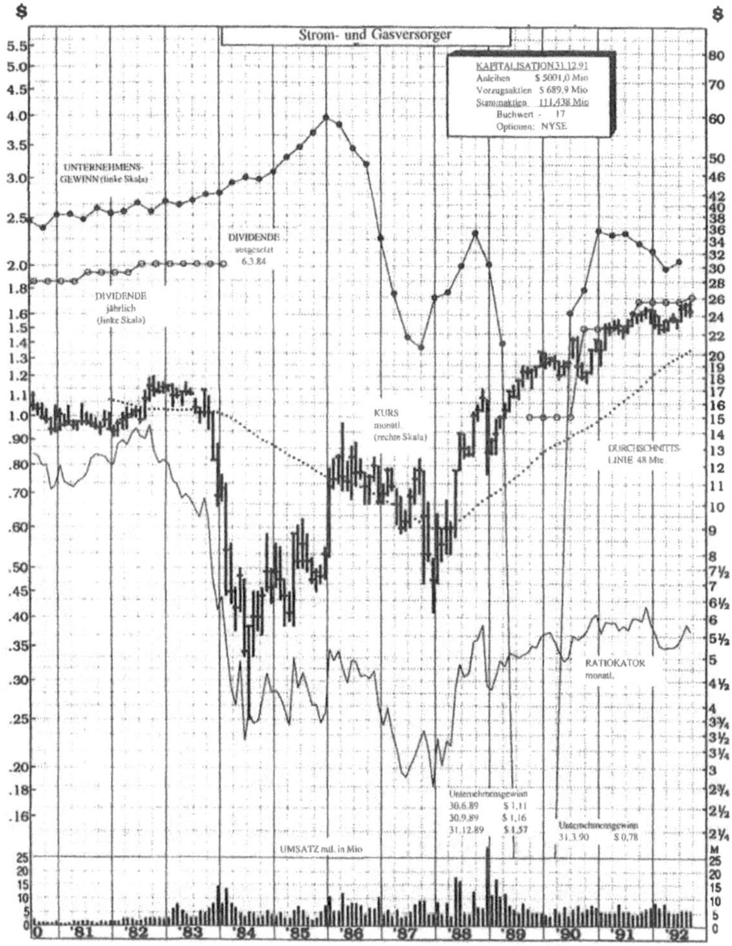

Chart von Securities Research Co., einer Abt. der Babson-United Investment Advisors, Inc.

Chart 16-3

General Public Utilities Corporation (GPU)

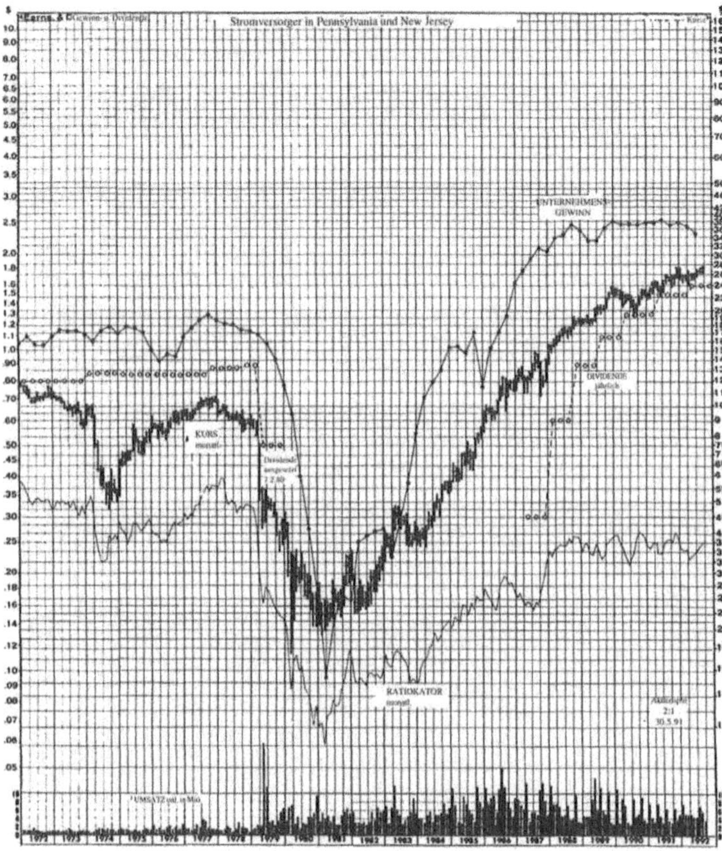

Chart von: Securities Research Co. eine Abt. der Babson-United Investment Advisors, Inc.

Chart von Securities Research Co., einer Abt. der Babson-United Investment Advisors, Inc.

Chart 16-4

komplett in den Wind geschrieben hätte. Das umgewandelte Kraftwerk ging im März 1990 mit einem Kostenaufwand von 1.600 Dollar pro Kilowatt in Betrieb, ein Betrag, der etwas unter dem Budget lag, und es schien alles gut zu funktionieren. Die Aktie hatte ihren gesamten Rückgang wieder wettgemacht und notierte sogar etwas höher bei 36 Dollar, womit sie sich innerhalb von fünf Jahren verneunfacht hatte. Dann drückten einige ungünstige Gebührenentscheidungen der Michigan Public Service Commission den Kurs hinunter auf 17 Dollar, wo er sich befand, als ich über den Aktienwert stolperte.

Ich hörte die Geschichte von Danny Frank, dem Manager von Fidelitys Funds für Sondersituationen, der Fidelity auf einige der mit Problemen behafteten Atomkraftwerksbetreiber aufmerksam gemacht hatte. Frank hatte die Situation bei CMS genauestens überprüft. Er deutete an, dass die neuesten Probleme, die in erster Linie mit einer unfreundlichen Kommission zu tun hatten, einen 50-prozentigen Kursabfall in keinster Weise rechtfertigten.

Am 6. Januar 1992 sprach ich mit Victor Fryling, dem neuen Präsidenten von CMS, den ich vor ein paar Jahren kennengelernt hatte, als er für das Energie- und Pipelineunternehmen Coastal arbeitete. Fryling erwähnte einige positive Entwicklungen. Erstens, dass das auf Gas umgestellte Midland-Kraftwerk für die Produktion eines Kilowatts Strom sechs Cent ausgeben musste – wohingegen bei neuen Kohlekraftwerken die Kosten normalerweise 9,2 Cent und bei Atomkraftwerken 13,3 Cent betrugen. Midland war genau der Billigproduzent, wie ich ihn liebte.

Zweitens stieg tief Energiebedarf in Michigan an. Er war in den letzten zwölf Jahren stetig gestiegen. Selbst in der Rezession von 1991 verbrauchte die Region ein Prozent mehr Elektrizität als im vorangegangenen Jahr. In Stoßzeiten hatte CMS lediglich 19,6 Prozent an zusätzlicher Produktionskapazität in Reserve, was in Fachkreisen als sehr geringer Prozentsatz betrachtet wird. Es waren nur wenige neue Kraftwerke im Mittleren Westen entstanden, um die wachsende Nachfrage zu decken, und es dauerte ungefähr sechs bis zwölf Jahre, ein komplett neues Kraftwerk zu bauen. Einige alte wurden sogar stillgelegt. Im Wirtschaftsgrundkurs haben wir gelernt, dass die Preise steigen, wenn die Nachfrage schneller wächst als das Angebot. Höhere Preise produzieren höhere Gewinne.

Die CMS-Bilanz verzeichnete immer noch hohe Restschulden aus dem Atomfiasko. Das Unternehmen hatte Anleihen im Wert von einer Milliarde Dollar verkauft, um Midlands Umstellung auf Gas zu finanzieren. (Ich dachte bei mir, dass die Käufer Vertrauen in diese Anleihen haben mussten, da der Kurs seit der Emission gestiegen war.) CMS hatte außerdem nachrangige Schuldverschreibungen im Wert von 500 Millionen Dollar verkauft, wobei ich mit Beruhigung feststellte, dass diese erst in zehn Jahren fällig waren. Ist ein Unternehmen hoch verschuldet, dann sollten es zumindest Schulden sein, die nicht so bald vollständig zurückgezahlt werden müssen.

CMS verfügte über genügend Cashflow, um die Kreditzinsen und andere Kosten zu decken. Dessen vergewisserte ich mich anhand der Bilanz. Ich zählte die Gewinne zur Abschreibung dazu und teilte das Ganze durch die Anzahl der Aktien. Daraus ergab sich ein Cashflow von sechs Dollar pro Aktie. Da der Großteil des CMS-Maschinenparks neu war, musste das Unternehmen keine größeren Beträge für Reparaturen einkalkulieren. Was für Abschreibungen zur Seite gelegt worden war, konnte für andere Zwecke verwendet werden. Das Unternehmen könnte (a) eigene Aktien zurückkaufen, (b) Akquisitionen tätigen oder (c) die Dividende erhöhen. Alle drei Möglichkeiten würden letztlich den Aktionären zugutekommen, wobei ich (a) und (c) bevorzugte.

Ich fragte Fryling, was CMS mit dem Bargeld vorhatte. Er sagte, CMS würde es dafür benutzen, das Gaskraftwerk zu vergrößern und die Effektivität der Leitungen zu verbessern, was wiederum beides die Produktionskapazität des Unternehmens erhöhen würde. Erhöht ein Versorger seine Kapazität sagen wir um zehn Prozent, erhöhen sich automatisch die Gewinne um zehn Prozent, basierend auf den von den Kontrollorganen benutzten Formeln zur Festlegung der Gebühren. Für Aktionäre ist es eine wunderbare Sache, wenn ein Versorger eine neue Anlage baut (eine, die dann auch eine Lizenz erhält) oder andere Schritte unternimmt, um die Kapazität zu erhöhen. Erhöht sich die Kapazität, steigen die Gebühreneinnahmen und damit die Gewinne.

Ich sprach mit Fryling auch über die neuen Ölfunde in Ecuador, in einem Gebiet, das CMS und Conoco gemeinsam besitzen. Die Förderung soll 1993 beginnen, und wenn alles nach Plan geht, wird CMS ab 1995 daraus 25 Millionen Dollar Jahresüberschuss erwirtschaften. Diese 25 Millionen Dollar werden den Gewinn je Aktie um 20 Cent erhöhen. Fryling berichtete mir ebenfalls, dass die sogenannte Power Group, eine CMS-Tochter, die einige kleine Stromkraftwerke besitzt und bis vor Kurzem mit Verlust arbeitete, 1993 erstmals einen Gewinn abwerfen könnte.

CMS hatte gehofft, Long Island Lighting bei der Umwandlung von dessen Atomkraftwerk in Shoreham, das von den Politikern stillgelegt worden war, auf Erdgas behilflich sein zu können. Diese Zusammenarbeit fiel jedoch 1991 auseinander. Die größte nachhaltige Enttäuschung erlebte das Unternehmen allerdings mit den Kontrollorganen.

Ein Versorger im letzten Stadium der Erholung bedarf einer freundlichen Behandlung vonseiten der Kontrollorgane, sodass er die Kosten seiner Fehler umverteilen kann, doch die Kommission in Michigan zeigte sich nicht kooperativ. Sie hatte drei ungünstige Gebührenentscheidungen hintereinander gefällt und CMS die Genehmigung dazu verweigert, den Kunden den vollen Preis für das im Midland-Kraftwerk benötigte Erdgas zu berechnen.

Die Firma hatte offensichtlich Grund zu der Annahme, dass ein neu ernanntes Kommissionsmitglied ihr etwas gnädiger gesinnt sein würde (beziehungsweise nur *etwas* feindselig). Etwas feindselig wäre gegenüber der bisherigen Haltung der Kommission bereits eine bedeutende Verbesserung. Der Kommissionsausschuss hatte eine Studie herausgegeben, in der einige Konzessionen von CMS befürwortet wurden, und die gesamte Kommission würde in Kürze darüber abstimmen.

Sollte sich dadurch, von CMS' Standpunkt aus betrachtet, eine annehmbare Entscheidung ergeben, könnte die Firma im kommenden Jahr zwei Dollar pro Aktie verdienen, im Gegensatz zu den 1,30 Dollar, die die Börse erwartete, und die Gewinne könnten fortan stetig wachsen. Auf diese Möglichkeit hatte ich mich konzentriert, als ich die Aktie in *Barron's* empfahl. Außerdem war ich davon überzeugt, dass CMS mehr als ein Spielball der Kontrollorgane in Michigan war. Langfristig erwartete ich, dass die Firma mit oder ohne Hilfe einer wohlgesonnenen Kommission expandieren würde. Durch den gewaltigen Cashflow würde sie wieder zu den starken Energieversorgern gehören und könnte dann auch wieder Kredite zu niedrigeren Zinssätzen erhalten.

Sollte sich alles zugunsten des Unternehmens entwickeln, dann könnte CMS 2,20 Dollar pro Aktie verdienen, und sollte das Gegenteil eintreffen, lägen die Gewinne im Bereich von 1,50 Dollar; in beiden Fällen jedoch würde CMS auf lange Sicht erfolgreich sein. Sollten die Kontrollorgane die Einnahmen beschränken, könnte das Unternehmen das Bargeld in die Ausweitung der Kapazitäten investieren und damit die Geschäfte intern ankurbeln. Bei einem Kurs von 18 Dollar, der unter dem Buchwert lag, sah ich eine Menge Gewinnpotenzial ohne großes Risiko.

Sollte Ihnen CMS Energy nicht zusagen, können Sie sich immer noch mit der glücklosen Public Service Company of New Mexico oder der noch glückloseren Tucson Electric befassen. Sie können sicher sein, dass die Investorenbetreuer dort nicht zu beschäftigt sein werden, um Ihnen Rede und Antwort zu stehen.

Kürzel	Unternehmen	Kurs 31.01.1992
CMS	CMS Energy	$ 18,50

17

Uncle Sams Flohmarkt

Allied Capital II

Gibt es bei Uncle Sam oder der Königin von England einen Flohmarkt, dann versuche ich immer, dabei zu sein. Das sonst nicht so große Britannien hat uns, was diese Ereignisse betrifft, einiges voraus. Von Wasserwerken bis hin zu Fluggesellschaften wurde bereits alles Mögliche verkauft. Wenn unser eigenes Haushaltsdefizit allerdings im gleichen Maße wie bisher fortschreitet, müssen wir vielleicht eines Tages die Nationalparks, das Kennedy-Raumfahrtzentrum und sogar den Rosengarten im Weißen Haus privatisieren, nur um die Zinsen für das Haushaltsdefizit bezahlen zu können.

Privatisierung ist ein merkwürdiges Konzept. Man nimmt etwas, das der Allgemeinheit gehört, und verkauft es dann an diese zurück – von da an ist es Privatbesitz. Betrachtet man die ganze Sache von einem praktischen Standpunkt aus, sollte man über Folgendes Bescheid wissen: Wann immer die Amerikaner oder die Briten eine Sache privatisiert haben, indem sie Aktien emittierten, war das in der Regel ein guter Deal für die Käufer.

Der Grund dafür ist einfach. In den demokratischen Ländern sind die Käufer privatisierter Unternehmen gleichzeitig die Wähler, und die Regierungen haben schon so genug damit zu tun, wiedergewählt zu werden, als dass sie sich auch noch mit einem Haufen verärgerter Investoren, die mit Telefongesellschaften oder Gaswerken Verluste gemacht haben, herumschlagen wollen.

Die Briten haben diese Lektion 1983 gelernt, nachdem sie zwei der ersten Privatisierungen, Britoil und Amersham International, überteuert emittierten und weitverbreitet böses Blut schufen, als der Kurs sank. Von diesem Zeitpunkt an haben die Briten ihre Emissionen so strukturiert, dass es für Investoren sehr unwahrscheinlich ist, Verluste zu machen, zumindest nicht während der ersten Phase des Aktienbesitzes. Der Kurs von British Telecom hat sich an einem Tag verdoppelt. Drei Millionen Briten haben zugeschlagen. Kein Wunder, dass die Tories immer noch an der Regierung sind. Das bringt mich zu Peters Prinzip Nummer 21:

Egal, was die Queen verkauft, kaufen Sie es.

Vor einigen Jahren machte mir eine Gruppe von Briten, die in unserem Fidelity-Büro aufgetaucht war, ein verlockendes Angebot. Sie hatten sich als Lord Soundso und Sir Soundso vorgestellt. Sie hatten ein großes gebundenes Buch dabei, das sich als Emissionsprospekt einiger britischer Wasserwerke, die in Kürze privatisiert werden sollten, entpuppte. Der Prospekt war durchnummeriert wie die limitierte Auflage eines seltenen Drucks. Auf dem Deckblatt standen die Namen und Firmenlogos der neuen Unternehmen – Northumbrian Water, Severn Trent, Yorkshire Water, Welsh Water PLC und so weiter.

Obwohl Fidelity bereits an den Goldgruben British Telecom (mit vier Milliarden Dollar die größte Börseneinführung, die es bis dahin auf der Welt gegeben hatte) und British Airways mitverdient hatte, war ich auf die enormen Vorzüge, die dieser Wasserwerk-Deal versprach, nicht vorbereitet. Wie jedes Wasserwerk hatten auch diese Monopole, und es ist immer nett, ein Monopol zu besitzen. Die britische Regierung hatte den größten Teil der Schulden aufgefangen, bevor sie die Unternehmen zur Privatisierung freigegeben hatte.

Diese Einrichtungen kamen schuldenfrei und von der Regierung mit zusätzlichem Kapital ausgestattet auf den Markt. Eine „Aussteuer" als Starthilfe gewissermaßen. Man hatte sich darauf geeinigt, die Wassersysteme innerhalb der nächsten zehn Jahre zu verbessern, was zum Teil durch die Aussteuer und zum Teil durch eine Erhöhung der Wasserpreise finanziert werden sollte.

Während der Unterhaltung in meinem Büro berichteten mir die Wasserlords, die Wasserrechnungen seien in England so niedrig (100 Pfund im Jahr), dass die Kunden sogar eine Preisverdoppelung kaum übelnehmen könnten. Doch selbst wenn dies der Fall sein würde, könnten die Menschen nichts anderes dagegen tun als ihren Wasserverbrauch einzuschränken, und das sei doch sehr unwahrscheinlich. Der Wasserbedarf in England wuchs pro Jahr um ein Prozent.

Diese neuen Wasser-Aktien konnte man in Raten bezahlen, genauso wie Autos oder Stereoanlagen oder Teppiche. Man konnte 40 Prozent Anzahlung leisten und den Rest in zwei bequemen Raten begleichen, die erste nach zwölf und die zweite nach 20 Monaten. Die Briten hatten schon für British Telecom die gleichen Konditionen geboten, die sie als „teileinbezahlte Aktien" bezeichneten. Als British Telecom zu 30 Dollar emittierte, musste der Käufer lediglich eine Anzahlung von sechs Dollar leisten. Als der Aktienkurs dann auf 36 Dollar stieg, konnte derselbe Käufer verkaufen und sein Geld damit verdoppeln.

Was British Telecom anging, so konnte ich damals den Vorteil, den das Ratenzahlungskonzept mit sich brachte, nicht richtig einschätzen. Ich war der Ansicht, der Kurs würde viel zu schnell nach oben schießen; doch als ich schließlich die Vorzüge des Ratenzahlungsverfahrens begriff, war mir klar, dass der Kaufansturm berechtigt war. Das gleiche Verfahren wurde nun für die Wasserwerke angeboten.

Man konnte die Aktien in Raten bezahlen und bekam dazu noch acht Prozent Dividende auf den vollen Aktienwert, den man durch eine 40-prozentige Anzahlung erstanden hatte. Daraus ergab sich innerhalb der ersten zwölf Monate eine 20-prozentige Rendite, selbst wenn die Aktienkurse stagnieren sollten.

Die britischen Wasserwerk-Aktien waren verständlicherweise überaus beliebt. Vor der damaligen Erstemission wurde amerikanischen Fondsmanagern und anderen institutionellen Investoren eine Zuteilung angeboten. Ich kaufte für den Magellan alles, was ich bekommen konnte, und kaufte später, als die Aktien an der Londoner Börse gehandelt wurden, nach. Ein Portfolio mit allen fünf Wasserversorgern verdoppelte sich in drei Jahren.

Die anderen britischen Firmen, die an die Allgemeinheit verkauft wurden, hatten sich in den ersten sechs bis zwölf Monaten nach der Ausgabe genauso gut oder noch besser entwickelt. Das bringt uns zu einem weiteren „Was-wäre-wenn"-Portfolio, dem Flohmarktfonds der Queen. Jeder amerikanische Investor hätte sich das Aktienportfolio in Tabelle 17–1 zusammenstellen und die aufgezeigten Resultate erzielen können.

Jedes Mal wenn eine Telefongesellschaft privatisiert wird – egal ob auf den Philippinen, in Mexiko oder Spanien –, haben die Aktionäre einmalige Gewinne angehäuft. Weltweit widmen sich die Politiker der

Tabelle 17-1 **Britischer Flohmarktfonds**

Unternehmen	Ausgabedatum	Zuwachs nach einem Jahr (in %)
British Airways	2/81	103,0
British Gas	12/86	194,0
British Steel	12/88	116,0
British Telecom	11/84	100,0
Northumbrian Water	12/89	75,9
Severn Trent	12/89	54,6
Welsh Water	12/89	76,9
Yorkshire Water	12/89	74,4

Verbesserung der Telefonsysteme, und in den Entwicklungsländern besteht ein derartiger Bedarf an Telefondienstleistungen, dass diese Unternehmen eine Wachstumsrate von 20 bis 30 Prozent pro Jahr verzeichnen. Hier haben wir die hohe Wachstumsrate eines kleinen Wachstumsunternehmens, die Größe und Stabilität eines Blue Chips und den garantierten Erfolg eines Monopolträgers auf einmal. Haben Sie 1910 AT&T verpasst, dann hätten Sie das in den späten Achtzigerjahren mit den spanischen und mexikanischen Telefonfirmen wiedergutmachen können.

Magellan-Aktionäre verdienten viel Geld mit mexikanischen Telefonen. Man musste nicht erst eine mexikanische Telefongesellschaft besuchen, um zu sehen, dass hier eine Goldgrube auf uns zurollte. Mexiko wusste, dass es sein Telefonnetz verbessern musste, bevor die restliche Wirtschaft expandieren konnte.

Telefone waren so wichtig wie Straßen. Das Land wusste auch, dass es ohne eine Telefongesellschaft, die reichlich mit Kapital und fähigen Managern ausgestattet war, kein gutes Telefonnetz einrichten konnte. Und ohne ansehnlichen Gewinn konnte es das nötige Kapital in Form von Aktionären nicht anziehen.

Hier zeige ich Ihnen ein weiteres hervorragendes „Was-wäre-wenn"-Portfolio, das Portfolio der „Telefongesellschaften aufstrebender Nationen".

Tabelle 17-2 **Telefongesellschaften aufstrebender Nationen**

Unternehmen	Zuwachs in %	Zeitspanne
Compañía de Teléfonos de Chile	210,0	7/90 – 9/92
Teléfonos de Mexico	774,8	7/90 – 9/92
Hong Kong Telecommunications Ltd.	72,3	12/88 – 9/92
Telefónica de España	100,0	6/87 – 9/92
Philippine Long Distance	565,0	1/90 – 9/92

Bis 1990 hatten die Umsätze aus privatisierten Unternehmen weltweit fast 200 Milliarden Dollar erreicht, und das war noch nicht das Ende der Fahnenstange. Die Franzosen haben ihre Elektrizitätswerke und Züge verkauft. Schottland hat Wasserkraftwerke verkauft, die Spanier und Argentinier ihre Ölgesellschaften, die Mexikaner ihre Fluggesellschaften. Vielleicht verkauft Großbritannien eines Tages seine Eisenbahngesellschaften und Häfen, Japan seine Hochgeschwindigkeitszüge, Korea die staatlichen Banken, Thailand seine Fluggesellschaft, Griechenland eine Zementfirma und Portugal seine Telefoneinrichtungen.

In den USA hat es nicht so viele Privatisierungen gegeben wie im Ausland, da es nicht so viel gibt, was man noch privatisieren könnte. Unsere Ölgesellschaften, Telefongesellschaften und Elektrizitätsgesellschaften waren von Anfang an Privatunternehmen. Der größte Deal in der letzten Zeit war Conrail oder, etwas förmlicher, die Consolidated Rail Corporation, die aus den Überbleibseln der Penn Central und fünf anderen bankrottgegangenen Eisenbahngesellschaften im Nordosten zusammengebastelt wurde. Einige Jahre lang war Conrail für die Reagan-Regierung ein Defizitposten, bis diese beschloss, dass die Privatisierung die einzige Möglichkeit sei, die Firma künftig davon abzuhalten, stets weitere Almosen, die bereits sieben Milliarden Dollar überschritten hatten, von der Regierung zu fordern.

Einige Splittergruppen favorisierten, Conrail an eine bestehende Eisenbahngesellschaft zu verkaufen, wobei Norfolk Southern als potenzieller Käufer im Gespräch war, aber nach vielem Hin und Her im Kongress setzte sich der Privatisierungsplan mittels Börsengang durch. Im März 1987 wurde Conrail mit 1,6 Milliarden Dollar zur größten Neuemission in der amerikanischen Geschichte. Die Regierung hat ein Vermögen dafür ausgegeben, aus dieser Eisenbahn ein Schmuckstück zu machen, indem sie Schienen und Ausrüstung verbesserte und zusätzliches Geld hineinpumpte. Der damalige Ausgabekurs lag bei zehn Dollar, heute ist die Aktie 46 Dollar wert.

Anlässlich einer Feierstunde im Zusammenhang mit dem Conrail-Deal witzelte Präsident Reagan: „O. k., und wann verkaufen wir TVA?“ Natürlich wurde niemals ein ernsthafter Versuch unternommen, die Tennessee Valley Authority zu privatisieren, aber falls das passieren sollte, würde ich mich für einen Emissionsprospekt sofort in die Warteschlange einreihen. Es wurde einmal gemunkelt, dass Amtrak privatisiert werden sollte, und ebenso die Mineralölvorkommen in Kalifornien und Wyoming, und dafür würde ich mich ebenfalls in die Schlange der Wartenden einreihen. Vielleicht verkauft man eines Tages die Nationalgalerie oder das Marineorchester oder die Niagarafälle.

Zu dem Zeitpunkt jedoch, als ich auf der Suche nach neuen Tipps für *Barron's* war, gab es keine neuen aufregenden Privatisierungen auf dem Markt. Die alten, die ich verfolgt hatte, wie die mexikanische Telefongesellschaft (die originale Taco Bell) und die spanische Telefongesellschaft (Flamenco Bell), hatten im letzten Jahr riesige Gewinne gemacht und schienen sich selbst zu übertreffen. Sollte das bedeuten, dass Investoren 1992 keine Möglichkeit hatten, um von den Werbegeschenken der Regierung zu profitieren? Nicht solange wir eine Resolution Trust Corporation haben.

Wir haben bereits eine Möglichkeit diskutiert, wie man aus dem Sparkassenfiasko einen Vorteil ziehen kann – indem man Aktienanteile an den gesunden Sparkassen kauft, die ihrerseits Zweigstellen und Sparguthaben ihrer gescheiterten Brüder und Schwestern aufkaufen. Eine andere Möglichkeit war, Aktienanteile an einem Unternehmen zu kaufen, das Allied Capital II hieß.

Allied Capital ist eine der wenigen Risikokapitalfirmen, die an der Börse notiert sind. Das Unternehmen verleiht Geld, in erster Linie an kleine Firmen, und erhält dafür einen relativ hohen Zinssatz und einen sogenannten „Kicker“ (Optionen etc.), durch den Allied zusätzlich an möglichen Gewinnen beteiligt ist. Diese Strategie ist so gewinnbringend gewesen, dass eine Investition von 10.000 Dollar in Allied Capital I bei der Erstausgabe 1960 ihrem Inhaber bis heute ein Polster von 1,5 Millionen Dollar beschert hat.

Ein spürbares Ergebnis eines solchen Starthilfekredits von Allied Capital ist der Luftreiniger in unserem Schlafzimmer in Marblehead. Dieses erstaunliche Meisterstück der Technik filtert so viel Schmutz aus, dass unsere Schlafzimmerluft so rein ist wie in einem biogenetischen Labor. Ich habe auch meiner Schwiegermutter und meiner Sekretärin einen Filter geschenkt, sodass sie dem Staub in ihrem Leben auf den Pelz rücken können. Der Apparat wird von Envirocare hergestellt, einer Hightech-Firma, an der Allied Capital heute zusätzlich zu den Kreditzinsen hohe Dividenden verdient.

Vor Kurzem haben die Leute von Allied Capital nun beschlossen, das Ganze noch einmal zu wiederholen. Sie schafften einen zweiten Geldpool (92 Millionen Dollar) durch die Ausgabe von Aktienanteilen an Allied Capital II, die nun im Freiverkehr erhältlich sind. Die Grundidee ist dieselbe wie bei der ersten Allied: Auf das vorhandene Kapital, in diesem Fall 92 Millionen Dollar, leiht sich das Unternehmen nochmals den gleichen Betrag und verfügt damit über einen Pool von 184 Millionen Dollar. Mit diesen 184 Millionen Dollar kaufte das Unternehmen Kredite auf, die, sagen wir einmal, um die zehn Prozent Zinsen abwerfen.

Nehmen wir an, dass Allied IIs eigene Zinsausgaben bei acht Prozent liegen und ein Kreditportfolio existiert, das zehn Prozent abwirft. Dann ergibt sich für die Aktionäre eine beachtliche Spanne plus den gelegentlichen „Kicker“, den ich beschrieben habe. Das Unternehmen hat wenige Angestellte und niedrige Unkosten.

Der Schlüssel zu Allieds Erfolg lag darin, dass die Manager es verstanden, sich ihr Geld zurückzuholen. Im Gegensatz zu Bankern waren die Kreditgeber bei Allied bei der Auswahl ihrer Schuldner sehr wählerisch und sehr streng hinsichtlich der Bürgschaften, die diese aufbringen mussten. Wie ich gehört habe, verwendet Allied II einen Teil des Geldpools darauf, Kredite von der Resolution Trust Corporation zu kaufen.

Normalerweise denkt man, dass die Resolution Trust Corporation Eigentumswohnungen, Golfplätze, vergoldete Bestecke, überteuerte

Kunstobjekte und Firmenjets verkauft, die die ehemaligen Besitzer der bankrotten Sparkassen geflogen hatten. Die RTC kann allerdings auch Anleihen verkaufen, die ebenjene verrückten und risikofreudigen Kerle kreiert haben. Unter den vielen miesen Krediten aus den Sparkassen-Altbeständen gibt es tatsächlich auch einige gute, die an ehrbare Schuldner vergeben wurden. Die Investmenthäuser und großen Banken an der Wall Street haben viele solcher Darlehen aus der Multimillionen-Dollar-Kategorie aufgekauft, aber es war bisher nicht gerade einfach für die RTC, Darlehen von einer Million Dollar oder weniger auf den Markt zu werfen. Genau an diesem Punkt wollte sich Allied Capital II einklinken.

Ich rief das Unternehmen an, um mich zu vergewissern, dass das gleiche Team, das bei Allied Capital die Entscheidungen traf, auch für Allied II zuständig sein würde. So war es auch. Allied II-Aktien notierten mit 19 Dollar bei einer Dividende von sechs Prozent. Es schien, dass man das Sparkassenfiasko durch eine Investition in Allied II sehr einfach zu einer vorteilhaften Angelegenheit machen konnte. Hier tat sich eine Chance auf, zumindest einige der Steuern zurückzubekommen, die wir alle zur Finanzierung des Sparkassendesasters zahlen müssen.

Kürzel	Unternehmen	Kurs 13.01.1992
ALII	Allied Capital Corporation II	$ 19,00

18

Mein Fannie-Mae-Tagebuch

Seit 1986 habe ich der *Barron's*-Runde Jahr für Jahr Fannie Mae empfohlen. Das wird allmählich langweilig. 1986 hatte ich es als das „buchstäblich beste Geschäft in Amerika" favorisiert und merkte an, dass Fannie Mae nur ein Viertel der Angestellten von Fidelity besaß, aber den zehnfachen Gewinn erwirtschaftete. 1987 habe ich es als „die ultimative Sparkasse" favorisiert. 1988 verkündete ich: „Das Unternehmen ist gegenüber dem Vorjahr noch viel besser geworden, und die Aktie ist um acht Punkte gefallen." 1989, als Alan Abelson mich fragte: „Welche ist Ihre Lieblingsaktie?" Antwortete ich: „Ein Unternehmen, von dem sie bereits gehört haben, die Federal National Mortgage Association."

Es ist kein Zufall, dass neben den Familienfotos in meinem Büro ein Schnappschuss der Fannie-Mae-Firmenzentrale hängt. Mir wird ganz warm ums Herz, wenn ich daran denke. Diese Aktie war so großartig, dass man das Symbol nun eigentlich in den verdienten Ruhestand gehen lassen sollte.

Während meiner letzten drei Jahre beim Magellan machte Fannie Mae mit einem Wert von einer halben Milliarde Dollar die größte Position im Fonds aus. Andere Fidelity-Fonds waren ebenfalls mit Fannie Mae vollgepackt. Mit deren Aktien und Warrants (Optionen darauf, weitere Aktien zu einem bestimmten Kurs zu kaufen) machten Fidelity und seine Kunden in den Achtzigerjahren mehr als eine Milliarde Dollar Gewinn. Ich werde dieses Ergebnis beim „Guinness-Buch der Rekorde" einreichen: Das meiste Geld, das eine einzige Fondsgruppe mit einer einzelnen Aktie in der gesamten Finanzgeschichte je gemacht hat.

War Fannie Mae ein offensichtlicher Gewinner? Nachträglich betrachtet ja, aber ein Unternehmen sagt einem nicht, dass man es kaufen soll. Es gibt immer etwas, über das man sich den Kopf zerbrechen kann. Es gibt immer angesehene Investoren, die sagen, dass man sich irrt. Sie müssen besser über die fundamentalen Daten Bescheid wissen als diese und auf Ihr Wissen vertrauen.

Ein Unternehmen muss sehr unterbewertet sein, damit die Aktie sich über die allgemeinen Erwartungen hinaus entwickelt. Andernfalls würde sie schon von Anfang an zu einem höheren Kurs notieren. Ist die allgemeine Meinung negativer als die Ihre, müssen Sie die Fakten von Neuem überprüfen, um sich zu vergewissern, dass Sie nicht irrtümlicherweise optimistisch sind.

Daten verändern sich ständig, entweder zum Guten oder zum Schlechten, und diesen Veränderungen muss der Investor folgen und entsprechend handeln. Was Fannie Mae angeht, hat die Wall Street diese Veränderungen ignoriert. Die alte Fannie Mae hatte bei den Menschen einen derart nachhaltigen Eindruck hinterlassen, dass es ihnen schwerfiel zu erkennen, wie direkt vor ihren Augen eine neue Fannie Mae auftauchte. Ich erkannte die Vorgänge – allerdings auch nicht sofort. Nicht sofort war aber immer noch früh genug, um eine 200-Millionen-Dollar-Investition zu versechsfachen. Hier ist mein Fannie-Mae-Tagebuch.

1977

Ich ging meine erste Position in dieser 5-Dollar-Aktie ein. Was wusste ich über die Firma? Sie wurde 1938 als staatliches Unternehmen gegründet und dann in den Sechzigern privatisiert. Sie sollte für genügend Liquidität auf dem Hypothekenmarkt sorgen, was durch den Kauf von Hypotheken von Banken und Sparkassen bewerkstelligt wurde. Das Motto lautete: „Leihe kurzfristig und verleihe langfristig." Fannie Mae nahm zu niedrigen Zinssätzen Kredite auf, kaufte mit dem Geld langfristige Hypotheken, die höhere, festgeschriebene Zinsen einbrachten, und steckte die Differenz in die eigene Tasche.

In Perioden, in denen die Zinsen fielen, funktionierte diese Strategie sehr gut. Fannie Mae verdiente in solchen Zeiten sehr viel Geld, da die Kosten für die Kredite abnahmen, während die Gewinne aus dem Portfolio mit festgeschriebenen Hypothekenzinsen konstant blieben. Stiegen die Zinssätze, dann stiegen auch die Kosten für die Kredite und Fannie Mae verlor viel Geld.

Ich verkaufte die Aktie ein paar Monate nach meinem Kauf mit einem kleinen Gewinn. Ich konnte absehen, dass die Zinssätze steigen würden.

1981

Fannie Mae hatte viel mit der Heldin aus *Pauline – Liebe ist ein seltsames Spiel* gemeinsam: Sie versuchte beständig, neues Unheil von sich abzuwenden. All die langfristigen Hypotheken, die das Unternehmen Mitte der Siebzigerjahre gekauft hatte, warfen zwischen acht und zehn Prozent Zinsen ab. Inzwischen waren die kurzfristigen Zinsen auf 18 bis 20 Prozent hinaufgeschossen. Man kommt nicht sehr weit, wenn man sich zu 18 Prozent Geld leiht und 9 Prozent erzielt. Die Investoren wussten das, und deshalb fiel die Aktie, die 1974 einmal mit neun Dollar notiert hatte, auf ein historisches Tief von zwei Dollar.

Es war eine dieser seltenen Perioden, in denen ein Hausbesitzer sagen konnte: „Mein Haus ist ganz o. k., aber meine Hypothek ist super." In der Nachbarschaft mochte vielleicht inzwischen ein Müllberg entstanden sein, aber trotzdem wollte niemand umziehen. Die Menschen blieben, wo sie waren, nur wegen ihrer Super-Hypotheken. Das war schlecht für die Banken und fürchterlich für Fannie Mae. Es gab Gerüchte, dass die Firma Bankrott machen würde.

1982

Direkt vor meiner Nase ergab sich bei Fannie Mae eine entscheidende Veränderung. Einige Menschen bemerkten es. Elliot Schneider von Gruntal & Co., ein Analyst, der als der weltweit fanatischste Fannie-Mae-Beobachter bekannt war, prophezeite seinen Kunden: „Fannie Mae wird die Art Mädchen werden, die Sie Ihrer Mutter auch als Schwiegertochter präsentieren würden."

Die Firma, die wir alle als Zinsspekulation betrachteten, die innerhalb eines Jahres Millionen verlor und im nächsten Jahr Millionen verdiente, versuchte, sich ein neues Image zuzulegen. Ein Typ namens David Maxwell wurde angeheuert. Maxwell war Anwalt, ehemals Leiter der Versicherungsaufsichtsbehörde in Pennsylvania, und hatte bereits sein eigenes Hypothekenversicherungsunternehmen gegründet und zu einem Erfolg gemacht. Er kannte die Branche wie seine Westentasche.

Maxwell war entschlossen, Fannie Maes stürmische Auf- und Abbewegungen zu beenden. Er wollte die Firma in ein stabiles, ausgereiftes Unternehmen mit verlässlichen Gewinnen umwandeln. Er hoffte, das auf zwei Wegen zu erreichen: indem er (1) dem Konzept „kurzfristig leihen, langfristig verleihen" ein Ende machte und (2) Freddie Mac imitierte.

Freddie Mac, auch bekannt als die Federal Home Loan Mortgage Corporation, war ebenfalls von der Regierung initiiert worden. Die Mission lautete, Hypotheken ausschließlich von Sparkassen zu kaufen.

Freddie Mac ging 1970 an die Börse. Zusätzlich zu der gestellten Aufgabe, einfach Hypotheken aufzukaufen und zu halten, war Freddie Mac auf die neumodische Idee gekommen, Hypotheken-Pakete zu schnüren.

Die Idee war einfach: Man kaufe einen Haufen Hypotheken, bündele sie und verkaufe das Paket an Banken, Sparkassen, Versicherungsunternehmen, Colleges, Wohltätigkeitseinrichtungen und so weiter.

Fannie Mae kopierte die Freddie-Mac-Idee und begann 1982, ebenfalls Hypotheken-Pakete zusammenzustellen. Nehmen wir einmal an, Sie haben eine Hypothek der Bank X auf Ihr Haus. Bank X würde Ihre Hypothek an Fannie Mae verkaufen. Fannie Mae würde sie zusammen mit anderen Hypotheken zu einem „hypothekenbesicherten Wertpapier“ umfunktionieren. Dieses hypothekenbesicherte Wertpapier könnte dann an jedermann verkauft werden, sogar zurück an diejenigen Banken, von denen die Hypotheken ursprünglich stammten.

Fannie Mae kassierte für diese Arbeit eine ganz nette Gebühr. Und indem es Hypothekenkredite verkaufte, die sich ursprünglich im eigenen Portfolio befanden, gab es das Zinssatzrisiko an die neuen Käufer weiter.

Dieser Paket-Service war in Bankkreisen sehr beliebt. Bevor es die hypothekenbesicherten Anleihen gab, hatten sich Banken und Sparkassen durch den Besitz von tausend kleinen Hypotheken festgefahren. Es war sehr schwierig, sie alle im Auge zu behalten, und es war sehr schwierig, sie im Notfall zu verkaufen. Jetzt konnten die Banken all ihre kleinen Hypotheken an Fannie Mae verkaufen und die Erlöse zur Vergabe weiterer Hypotheken verwenden, womit ihr Kapital nicht mehr gebunden war. Wollten sie weiterhin Hypotheken besitzen, konnten sie immer noch einige hypothekenbesicherte Wertpapiere von der gleichen Fannie Mae kaufen.

Schon bald gab es einen Markt für hypothekenbesicherte Wertpapiere, und sie konnten unmittelbar wie eine Aktie, eine Anleihe oder eine Flasche Wodka in Moskau gehandelt werden. Hypotheken im Tausenderpack und später im Millionenpack. Diese kleine Erfindung, wenn man sie überhaupt als solche bezeichnen kann, hatte die besten

Aussichten, zu einem Geschäft mit einem 300-Milliarden-Dollar-Umsatz im Jahr zu werden. Größer als die große Stahlindustrie, die große Kohleindustrie oder die große Erdölindustrie.

1982 betrachtete ich Fannie Mae jedoch nach wie vor als Zinsspekulation. Ich kaufte die Aktie zum zweiten Mal während meiner Laufbahn, da die Zinsen fielen. In meinen Aufzeichnungen über das Telefongespräch mit der Firma am 23. November 1982 schrieb ich: „...ich gehe davon aus, dass sie fünf Dollar je Aktie verdienen werden." Gemäß der alten Fannie-Mae-Tradition erholte sich die Aktie in diesem Jahr von zwei auf neun Dollar. Das ist es, was den Zykliker ausmacht: Obwohl die Firma 1982 Geld verliert, vervierfacht sich die Aktie, weil die Investoren bereits das nächste goldene Zeitalter vorwegnehmen.

1983

Als ich die Firma im Februar anrief, erzielte sie mit ihren neuen hypothekenbesicherten Wertpapieren einen Umsatz von einer Milliarde Dollar im Monat. Es kam mir vor, als wäre Fannie Mae eine Bank, allerdings mit erheblichen Vorteilen gegenüber den eigentlichen Banken. Banken hatten laufende Kosten von zwei bis drei Prozent. Fannie Mae konnte seine Unkosten mit 0,2 Prozent decken. Es war flexibel. Es vergab keine Toaster als Werbegeschenke. Es heuerte keinen Filmstar an, um im Fernsehen für hypothekengestützte Wertpapiere zu werben. Auf der gesamten Lohnliste für die vier Büros in vier verschiedenen Städten standen nur 1.300 Namen. Die Bank of America hatte so viele Filialen wie Fannie Mae Angestellte.

Dank seines Status als Quasi-Regierungsagentur konnte Fannie Mae zu günstigeren Konditionen Geld leihen als irgendeine andere Bank, IBM, General Motors oder tausend andere Unternehmen. Zum Beispiel konnte es Kredite mit 15-jähriger Laufzeit und acht Prozent Zinsen aufnehmen, das Geld in eine Hypothek mit 15-jähriger Laufzeit und neun Prozent Verzinsung investieren und dabei einen Bruttogewinn von einem Prozent abschöpfen.

Keine Bank, Bausparkasse oder irgendein sonstiges Finanzunternehmen könnte mit einer Differenz von einem Prozent einen Gewinn erzielen. Ein Prozent klingt nicht gerade beeindruckend, aber ein Prozent aus Darlehen im Wert von 100 Milliarden Dollar ist immerhin eine Milliarde Dollar.

Fannie Mae hatte damit begonnen, den sogenannten „Granitblock" loszuwerden – so bezeichnete die Firma ihr Portfolio aus langfristigen Hypotheken, die sie in den Siebzigerjahren zu ungünstigen Zinssätzen erstanden hatte. Das war ein langwieriger Prozess. Die Hypotheken wurden refinanziert und von Fannie Mae durch Hypotheken mit höheren Zinssätzen ersetzt. Trotzdem besaß das Unternehmen immer noch 60 Milliarden Dollar an Werten, die insgesamt 9,24 Prozent abwarfen, wohingegen die Schuldendeckung 11,87 Prozent verschlang.

Thomas Hearns von Merrill Lynch, Mark Alpert von Bear Stearns und Thomas Klingenstein von Wertheim waren auf die Firma aufmerksam geworden. Viele Analysten hatten sich positiv geäußert. Sie prognostizierten, dass ein weiteres Absinken der Zinssätze „die Gewinne explodieren lassen würden", wie es einer von ihnen formulierte.

Nach acht kontinuierlichen Verlustquartalen schrieb Fannie Mae 1983 tatsächlich schwarze Zahlen. Der Aktienkurs stagnierte.

1984

Ich hatte mich dieser Aktie mit enormen 0,1 Prozent des Magellan-Vermögens verschrieben. Aber selbst eine kleine Position ermöglichte mir, meine Verbindung aufrechtzuerhalten. Ich vergrößerte sie bis zum Ende des Jahres behutsam bis auf 0,37 Prozent. Der Aktienkurs rutschte in typischer Fannie-Mae-Manier erneut von neun Dollar auf vier Dollar um die Hälfte ab. Die Zinssätze waren gestiegen und folglich sanken die Gewinne. Die Erlöse aus den hypothekenbesicherten Wertpapieren wurden immer noch vom Granitblock der alten Kredite zu Boden gedrückt.

Um dies in Zukunft zu vermeiden, passte Fannie Mae nun seine Kreditaufnahmen seinen Kreditvergaben an. Anstatt kurzfristige Kredite zu niedrigen Zinssätzen aufzunehmen, bot die Firma Anleihen zu höheren Zinssätzen mit 3-, 5-, und 10-jähriger Laufzeit an. Dadurch stiegen zwar Fannie Maes Kapitalkosten, was sich kurzfristig negativ auf die Einnahmen auswirkte, langfristig schützte sich die Firma jedoch gegen die Zinsschwankungen, die das Schreckgespenst der Vergangenheit gewesen waren.

1985

Mir begann das Potenzial dieser Aktionen zu dämmern. Hypotheken-besicherte Wertpapiere könnten sich zu einer gigantischen Industrie entwickeln – Fannie Mae stellte inzwischen Pakete im Wert von 23 Milliarden Dollar jährlich zusammen, doppelt so viel wie 1983–1984. Große Teile des Granitblocks wurden abgesprengt. Das Management sprach nun vom „alten Portfolio“ und dem „neuen Portfolio“. Hier hatten wir zwei verschiedene Geschäfte: Hypotheken bündeln und sie verkaufen, und Hypothekenkredite vergeben und daran festhalten.

Eine neue Angst schlich sich ein: nicht die Zinssätze, sondern Texas. Dort hatten Sparkassen mit ölgetränkter Augenbinde Kredite vergeben. Leute in Houston, die mit nur fünf Prozent Eigenkapital Hypotheken erhalten hatten, verschwanden und ließen ihre Häuser im Stich, ebenso ihre Hypotheken. Fannie Mae besaß viele dieser Hypotheken.

Im Mai besuchte ich die Firma in Washington und sprach mit David Maxwell. Einige wichtige Konkurrenten im Hypothekengeschäft waren bankrottgegangen. Aufgrund einer geringeren Anzahl von Konkurrenten, die Hypotheken kauften und verkauften, hatte sich die Gewinnspanne aus den Krediten vergrößert. Dies würde Fannie Maes Gewinne steigen lassen.

Offensichtlich hat mich Fannie Maes Fortschritt sehr beeindruckt. Ich kaufte weitere Aktien, so viele, dass Fannie Mae mit zwei Prozent Fondsanteil zu einer meiner zehn Top-Beteiligungen wurde.

Von Juli an sprach ich regelmäßig mit Paul Paquin von der Investorenbetreuung, um mich auf dem Laufenden zu halten. Die beiden Telefonnummern, die am häufigsten auf der Telefonrechnung für meinen Büroapparat auftauchten, waren die von Fannie Mae und meine eigene in Marblehead.

Kommen wir zur entscheidenden Frage, die man hinsichtlich einer riskanten, aber vielversprechenden Aktie stellen sollte: Wenn sich die Dinge gut entwickeln, wie viel kann ich dann verdienen? Was steht auf der positiven Seite der Gleichung? Ich nahm an, dass Fannie Mae, sofern es seine Unkosten mit den Erlösen aus den hypothekenbesicherten Wertpapieren decken und dann ein Prozent Gewinn mit dem eigenen 100-Milliarden-Dollar-Portfolio machen könnte, sieben Dollar pro Aktie verdienen würde. Aufgrund des Kurses von 1985 ergab sich daraus ein KGV von 1. Wenn eine Firma innerhalb eines Jahres den Kurs ihrer Aktie zurückverdienen kann, dann hat sie wirklich einen guten Deal entdeckt.

Zuerst machte ich mir über meine Gespräche mit Fannie Mae seitenlange Notizen, aber inzwischen kannte ich die Firma so gut, dass ich die Neuentwicklungen auf einer einzigen Seite zusammenfassen konnte.

Fannie Mae verlor 1984 87 Cent pro Aktie, machte aber 1985 52 Cent Gewinn. Die Aktie erholte sich von vier Dollar auf neun Dollar.

1986

Ich zog mich etwas zurück und hatte nur noch 1,8 Prozent des Fonds in Fannie Mae investiert. Die Wall Street war immer noch über Texas und die verlassenen Häuser beunruhigt. In meinen Aufzeichnungen vom 19. Mai gab es eine wichtigere Entwicklung: Fannie Mae hatte gerade zehn Milliarden Dollar seines Granitblocks verkauft und es blieben nur noch 30 Milliarden dieser ungünstigen Kredite übrig. Zum ersten Mal sagte ich mir: „Diese Aktie lohnt sich allein schon wegen der hypothekenbesicherten Wertpapiere!“

Eine weitere neue Tendenz zeichnete sich ab: Fannie Mae verschärfte seinen Kreditmodus für neue Hypotheken. Dies erwies sich als äußerst geschickter Schritt, der Fannie Mae gegen die nächste Rezession absicherte. Während Banken wie Citicorp ohne viel Aufhebens die Hypothekenauflagen lockerten, verschärfte Fannie Mae die seinigen. Fannie Mae wollte die Texaskatastrophe nicht noch einmal erleben.

Die Unzulänglichkeiten, die man Fannie Mae vorwarf, verdüsterten den Glanz der hypothekenbesicherten Wertpapiere. Mit Sicherheit würde sich das Geschäft vergrößern, da die Refinanzierung zum neuen nationalen Zeitvertreib avancierte. Selbst wenn sich neue Häuser nicht verkaufen ließen, würde das Hypothekengeschäft blühen und gedeihen. Alte Leute würden aus ihren alten Häusern ausziehen und junge Leute würden die alten Häuser kaufen und neue Hypotheken dafür benötigen. Davon würden viele in Fannie-Mae-Paketen landen, und Fannie Mae würde mehr Gebühren erhalten.

Die Firma hatte sich erneuert und stand kurz vor der großen Gewinnexplosion, die Thomas Klingenstein 1983 prognostizierte – die meisten Analysten jedoch waren sehr skeptisch. Montgomery Securities verkündete seinen Kunden: „Fannie Mae ist im Verhältnis zum durchschnittlichen von uns verfolgten Geldinstitut überbewertet." War dies wirklich ein durchschnittliches Geldinstitut? „Der vor Kurzem erfolgte bedeutende Einbruch der Ölpreise," so Montgomery weiter, „könnte die Hypotheken der Firma in Höhe von 18,5 Milliarden Dollar in dieser Region (Südwesten) negativ beeinflussen."

Fannie Mae stieß einen weiteren Teil des Granitblocks ab. Es verkaufte erneut alte Hypotheken mit ungünstigen Zinssätzen im Wert von zehn Milliarden Dollar.

In den letzten fünf Monaten des Jahres 1986 stieg der Kurs von acht auf zwölf Dollar. Die Firma verdiente in diesem Jahr 1,44 Dollar pro Aktie.

1987

Das ganze Jahr über hatte ich zwischen 2,0 und 2,3 Prozent des Magellan-Vermögens in Fannie Mae investiert. Die Aktie bewegte sich ständig zwischen 12 Dollar und 16 Dollar hin und her, runter auf 12 und wieder hoch auf 16, und stürzte dann während der großen Korrektur im Oktober auf acht Dollar ab. Beobachter des Zickzackkurses waren benebelt.

Ich schritt voran. Im Februar sprach ich in einer Konferenzschaltung mit vier Fannie-Mae-Führungskräften. Ich erfuhr, dass die Zwangsvollstreckungen auf Häuser mit Fannie-Mae-Hypotheken immer noch zunahmen. Fannie Mae hatte in Texas inzwischen so viele Häuser zurückgenommen, dass es dort ungewollt zum größten Immobilienmogul avancierte.

Allein in Houston arbeiteten 38 Fannie-Mae-Angestellte ausschließlich daran, diese Häuser wieder loszuwerden. Die Firma musste Millionen für Zwangsvollstreckungsmaßnahmen ausgeben und weitere Millionen, um Rasen mähen und Fassaden streichen zu lassen und die verlassenen Häuser zu hegen und zu pflegen, bis sich Käufer fanden. Zu der Zeit waren Käufer allerdings sehr rar.

Der Immobilienmarkt in Alaska war ebenfalls zusammengebrochen. Zum Glück für Fannie Mae ist der Immobilienmarkt in Alaska sehr klein.

Für mich wurden diese negativen Nachrichten vom erstaunlichen Erfolg der hypothekenbesicherten Wertpapiere in den Schatten gestellt – Pakete im Wert von 100 Milliarden Dollar allein in diesem einen Jahr. Außerdem hatte Fannie Mae das Problem der Auf- und Abwärtsbewegungen gelöst. Es gehörte nicht länger zu den Zyklikern. Es ähnelte allmählich Bristol-Myers oder General Electric, ein kontinuierlicher Wachstumswert mit kalkulierbaren Gewinne. Aber es wuchs viel schneller als Bristol-Myers. Der Gewinn je Aktie war von 83 Cent auf 1,55 Dollar hochgesprungen.

Am 13. Oktober, nur wenige Tage vor der großen Korrektur, rief ich das Unternehmen erneut an. David Maxwell, der Vorstand, bestätigte meine Vermutungen durch eine interessante Äußerung: Sollten die Zinsen um drei Prozent steigen, sagte er, würden Fannie Maes Gewinne nur um 50 Cent zurückgehen. Das hätte man von der alten Fannie Mae niemals sagen können. Wir waren an einem Wendepunkt angekommen – die Firma teilte uns mit, dass die Transformation vollzogen war.

Gemeinsam mit allen anderen Aktien schlitterte Fannie Mae am 19. Oktober in die große Korrektur hinein. Investoren gerieten in Panik und Kommentatoren prophezeiten den Weltuntergang. Ich tröstete mich mit der Tatsache, dass Fannie Mae trotz steigender Zwangsvollstreckungen immer weniger Fälle im Bereich des 90-tägigen Zahlungsverzugs verzeichnete. Da dies das Stadium war, das meistens zu Zwangsvollstreckungen führte, zeigte der Abfall dieser Rate, dass Fannie Mae das Schlimmste überstanden hatte.

Ich dachte wieder an das große Gesamtbild und erinnerte mich daran, dass es sich lohnte, die Aktien guter Unternehmen zu besitzen. Ich war davon überzeugt, dass Fannie Mae ein gutes Unternehmen war. Was also war das Schlimmste, das hier passieren konnte? Eine Rezession, die sich in eine Depression verwandelte? In solch einem Fall würden die Zinsen fallen, und Fannie Mae würde die Situation ausnutzen, um seine Schulden zu niedrigeren, kurzfristigeren Zinssätzen zu refinanzieren. Solange die Menschen ihre Hypotheken brav weiterzahlten, würde Fannie Mae somit das wohl lukrativste Geschäft auf Erden darstellen.

Sollte sich der Weltuntergang nähern und die Menschen ihre Hypothekenzahlungen einstellen, würde Fannie Mae zusammen mit dem Banksystem und allen anderen Systemen untergehen, aber das würde nicht über Nacht passieren. Das Letzte, worauf die Menschen verzichten würden (außer anscheinend in Texas), wären ihre Häuser. Ich konnte mir im Zwielicht der Zivilisation keine bessere Investition vorstellen als eine Fannie-Mae-Aktie.

Fannie Mae war offensichtlich meiner Meinung. Inmitten der Nachwehen der großen Korrektur verkündete die Firma, sie werde bis zu fünf Millionen Aktien zurückkaufen.

1988

Aktien kauft man aus verschiedenen Beweggründen. Da gibt es den „Was soll ich denn sonst kaufen?"-Kauf. Dann ist da der „Vielleicht klappt es ja"-Kauf. Oder der „Jetzt kaufen, später verkaufen"-Kauf. Es gibt den „Kauf für deine Schwiegermutter"-Kauf. Den „Verkauf das Haus und steck dein Geld in Aktien"-Kauf. Den „Verkauf das Haus, das Boot, die Autos und den Grill und steck dein Geld in Aktien"-Kauf. Und schließlich noch den „Verkauf das Haus, das Boot, die Autos, den Grill und so weiter und bestehe darauf, dass die Schwiegermutter, Tanten, Onkels und Cousinen dasselbe tun"-Kauf. Fannie Mae gehörte inzwischen zur letzten Kategorie.

Ich stockte Magellans Position auf drei Prozent auf und hielt sie 1988 für die meiste Zeit des Jahres. Die Firma steigerte ihre Gewinne von 1,55 Dollar auf 2,14 Dollar. 60 Prozent des Hypothekenportfolios waren unter den neuen, schärferen Konditionen erworben worden.

Zum ersten Mal seit 1984 hatten die Zwangsvollstreckungen abgenommen. Darüber hinaus hatte die Regierung neue Buchführungsregeln für die Abschlussgebühren im Hypothekengeschäft erlassen. Demzufolge wurden die Gebühren erst dann als Einnahmen verbucht, wenn Fannie Mae sie erhielt. Das Unternehmen mochte in einem Quartal 100 Millionen Dollar und im nächsten Quartal nur zehn Millionen Dollar an Gebühren kassieren. Das neue Verbuchungssystem verursachte schwerwiegende Fluktuationen innerhalb der vierteljährlichen Fannie-Mae-Gewinne. Es war nicht ungewöhnlich, dass Fannie Mae ein miserables Quartalsergebnis veröffentlichte, das Investoren verängstigte und zu einem Ausverkauf der Aktie führte.

Im Rahmen der neuen Buchungsregeln hieß es auch, dass die Gebühren nun über die gesamte Laufzeit jeder neuen Hypothek abgeschrieben werden mussten. Seit diese neuen Bestimmungen in Kraft traten, hat Fannie Mae kein negatives Quartal mehr erlebt.

1989

Ich stellte fest, dass der große Investor Warren Buffett 2,2 Millionen Aktien besaß. Ich sprach mehrere Male mit dem Unternehmen. Im Juli gab es eine merkliche Verbesserung bei den Zahlungsverzügen. Es gab ein kleines Problem mit Zahlungsverzügen in Colorado, aber in Texas hatte sich das Problem langsam aufgelöst. Das Wunder der Wunder trat ein: In Houston stiegen die Immobilienpreise.

Aus dem National Delinquency Survey, meiner neuesten Bettlektüre, hatte ich erfahren, dass die Hypotheken, die bereits 90 Tage im Zahlungsverzug waren, erneut von 1,1 Prozent im Jahr 1988 auf 0,6 Prozent im Jahr 1989 gefallen waren. Außerdem überprüfte ich in der Statistik den Preis eines „Durchschnittshauses", um mich zu überzeugen, dass die Immobilienpreise nicht kollabierten. Sie kollabierten nicht. Sie stiegen, wie üblich.

Dies war das Jahr, in dem ich den Lastwagen bis oben hin volllud. „Den Lastwagen vollladen" ist ein Begriff von der Wall Street und bedeutet, dass man so viele Aktien kauft, wie man sich leisten kann. Jetzt waren vier Prozent des Magellan-Vermögens in Fannie Mae investiert und gegen Ende des Jahres erreichte ich das 5-Prozent-Limit. Zu diesem Zeitpunkt war Fannie Mae mit weitem Abstand auch meine größte Position.

Fannie Mae bündelte neue hypothekenbesicherte Wertpapiere im Wert von 225 Milliarden Dollar. Es würde nun 400 Millionen Dollar im Jahr in einem Geschäftsbereich verdienen, den es 1981 noch gar nicht gab. Im ganzen Universum gab es nicht eine Sparkasse, die auch nur eine einzige Hypothek besitzen wollte. Alle gaben ihre Hypotheken an Freddie Mac oder Fannie Mae weiter.

Schließlich kam auch die Wall Street auf die Idee, dass diese Firma auch weiterhin ein Wachstumspotenzial von 15 bis 20 Prozent pro Jahr besitzen könnte. Die Aktie stieg von 16 Dollar auf 42 Dollar und wurde innerhalb eines Jahres zu einem 2,5-Bagger. Wie so oft an der

Börse wurden einige Jahre, in denen man Geduld geübt hatte, innerhalb eines Jahres belohnt.

Selbst zu diesem höheren Kurs war Fannie Mae mit einem KGV von 10 immer noch unterbewertet. Im Dezember erschien in *Barron's* ein negativer Artikel über den Immobilienmarkt mit der Überschrift „Einstürzende Schlösser". Das Schlusswort lautete: „Die Rezession auf dem Immobilienmarkt hat verhängnisvolle Konsequenzen." Als Illustration sah man ein zweistöckiges Haus mit einem Schild im Vorgarten, das verkündete: „Zu vermieten, zu verkaufen – machen Sie damit, was Sie wollen!"

Wenn die beständig weiterlebende Angst vor einem Immobilienkollaps nicht gewesen wäre, die Fannie-Mae-Aktie wäre auf 100 Dollar gestiegen.

1990

Ich versuchte, das 5-Prozent-Limit – das Maximum, das die SEC genehmigte – einzuhalten. Fannie-Mae-Aktien waren derart im Kurs gestiegen, dass meine Position für kurze Zeit eigentlich sechs Prozent des Fondsvermögens repräsentierte. Solange das 5-Prozent-Limit jedoch überschritten wurde, weil der Aktienkurs gestiegen war, und nicht weil ich weitere Aktien gekauft hatte, war das in Ordnung.

Im Sommer und Herbst beobachtete ich voller Faszination, dass mehr und mehr Wochenendgrübler diese Aktie niederdrückten, obwohl alles an der Firma stimmte. Saddam Hussein war in Kuwait und wir waren bei Saddam einmarschiert. Diesmal war man besorgt, dass der Golfkrieg eine nationale Depression auf dem Immobilienmarkt produzieren würde, eine landesweite Version der Texaskatastrophe. Hunderttausende von Menschen würden ihre Häuser im Stich lassen und die Hausschlüssel an Fannie Mae schicken. Fannie Mae würde zum Vermieter der Nation und müsste all seine Milliarden für Farbe, Verkaufsschilder und Rechtsanwaltskosten ausgeben.

In all den Jahren, in denen ich beobachtet hatte, wie wertvolle Unternehmen ohne guten Grund fertiggemacht wurden, habe ich nicht eines gekannt, das es so wenig verdiente wie Fannie Mae. Die Probleme mit Zahlungsverzügen waren jetzt minimal, aber die Firma litt immer noch darunter, dass die Öffentlichkeit den Namen Fannie Mae mit Zahlungsverzug in Verbindung brachte und ängstlich reagierte. Im November 1990 veröffentlichte *The Wall Street Journal* einen Artikel mit der Überschrift „Die Wehklagen der Kreditabteilung von Citicorp", in dem beschrieben wurde, wie die Zahlungsverzüge der Bank von 2,4 auf 3,5 Prozent gestiegen waren. Das hatte nichts mit Fannie Mae zu tun, aber der Kurs fiel (gemeinsam mit dem vieler hypothekenbezogener Papiere) aus purer Sympathie ebenfalls.

Was für ein Jammer für die Aktionäre, die sich statt auf die Firmenentwicklung auf die allgemeine Situation in der Welt konzentriert und ihre Aktien aufgrund der nahenden Depression auf dem Immobilienmarkt verkauft hatten. Die National Association of Realtors berichtete später, dass 1990 und erneut 1991 der Preis für ein Durchschnittshaus gestiegen war.

Hatten Sie die fundamentalen Daten verfolgt, dann wussten Sie, dass Fannie Mae keine Hypotheken für Luxusobjekte über mehr als 202.000 Dollar vergeben hatte, sodass es nicht in den Villenmarkt verwickelt war. Die durchschnittlichen Hypotheken betrugen 90.000 Dollar. Sie wussten auch, dass die Vergabekonditionen verschärft worden waren und es keine Kredite mit fünf Prozent Eigenkapital nach Texas-Manier mehr gab. Und Sie wussten, dass das Geschäft mit den hypothekenbesicherten Wertpapieren in rasantem Tempo wuchs.

Die Fannie-Mae-Aktie fiel im Saddam-Ausverkauf von 42 Dollar auf 24 Dollar und stieg dann prompt wieder auf 38 Dollar an.

1991

Ich hatte den Magellan-Fonds verlassen. Nun war es die Aufgabe meines Nachfolgers, Morris Smith, über die Fannie-Mae-Aktie auf dem Laufenden zu bleiben. Er blieb auf dem Laufenden, und die Aktie blieb weiterhin die Nummer-1-Beteiligung. Der Kurs stieg erneut, diesmal von 38 Dollar auf 60 Dollar. Das Unternehmen erzielte einen Rekordgewinn von 1,1 Milliarden Dollar.

1992

Ich empfahl Fannie Mae im sechsten Jahr hintereinander in *Barron's*. Die Aktie notierte bei 69 Dollar und machte einen Gewinn von sechs Dollar bei einem KGV von 11, was verglichen mit dem KGV des Gesamtmarkts von 23 sehr vorteilhaft war.

Wieder einmal hatten sich die zugrunde liegenden Fakten verbessert. Fannie Mae reduzierte das Zinsrisiko, indem es kündbare Schuldverschreibungen einführte. Dadurch hatte das Unternehmen die Möglichkeit, seine Anleihen zurückzukaufen, falls dies für die Firma von Nutzen wäre, vor allen Dingen wenn der Zinssatz fiel und die Refinanzierung billiger wurde.

Zurzeit leidet Fannie Mae unter einer kurzfristigen Bestrafung dafür, dass es die kündbare Schuldverschreibung eingeführt hat, da es nun einen höheren Zinssatz anbieten muss, um Schuldner anzuziehen, die andernfalls diese Art von Anleihen nicht besitzen möchten. Langfristig gesehen ist es jedoch eine weitere Möglichkeit für Fannie Mae, um unabhängig von den Zinsen seine Gewinne zu sichern.

Fannie Mae war nach wie vor eine Firma mit einem Wachstum von 12–15 Prozent und nach wie vor unterbewertet, genau wie in den vergangenen acht Jahren. Manche Dinge ändern sich eben nie.

Kürzel	Unternehmen	Kurs 13.01.1992
FNM	Federal National Mortgage Association	$ 68,75

19

Der Schatz vor unserer Nase

Fonds und Colonial Group

Einige Jahre lang verpasste ich eine der bestrentierenden Gruppen an der Wall Street, die Fondsindustrie. Genau wie der Manager des Einkaufszentrums, der es versäumte, Gap-Aktien zu kaufen, während die Verkaufszahlen direkt vor seiner Nase vorbeizogen, versäumte ich es, Dreyfus, Franklin Resources, Colonial Group, T. Rowe Price, State Street Bank, Alliance Capital Management und Eaton Vance zu kaufen. Weshalb mir das passierte, kann ich wirklich nicht sagen. Vielleicht sah ich den Wald vor lauter Bäumen nicht. Der einzige Wert, den ich kaufte, war United Asset Management, ein Unternehmen, das 30 bis 40 Fondsmanager unter Vertrag hatte, die es an andere Institutionen vermietete.

Bei diesen Unternehmen handelt es sich um sogenannte unmittelbare Fondsspekulationen im Gegensatz zu, sagen wir mal, Putnam, das eine Tochtergesellschaft von Marsh-McLennan ist, oder Kemper, das zwar eine Fondsabteilung hat, aber überwiegend Versicherungen verkauft. 1988 und 1989, als sich die Angst vor einem drohenden Kollaps der Fondsindustrie nach der großen Korrektur von 1987 als übertrieben erwies, haben sich alle acht Unternehmen gut entwickelt.

Durch die Korrektur hatte ich die Chance, diese Fondsvertreiber, die ich zuvor übersehen hatte, zu niedrigen Kursen doch noch einzukaufen. Hier haben wir ein weiteres meiner Lieblings-„Was-wäre-wenn“-Portfolios: Hätten Sie Ihr Geld gleichmäßig unter diesen acht Aktien aufgeteilt und sie von Anfang 1988 bis Ende 1989 gehalten, hätten Sie 99 Prozent der Fonds, für die diese Unternehmen werben, übertroffen.

In Zeiten, in denen Fonds populär sind, ist es mit ziemlicher Wahrscheinlichkeit lohnenswerter, in Firmen zu investieren, die Fonds verkaufen, als in deren Produkte. Das erinnert mich daran, dass die Menschen, die während des Goldrauschs Pickel und Schaufeln verkauften, insgesamt mehr Geld verdienten als die Goldschürfer selbst.

Sinken die Zinsen, dann ziehen für gewöhnlich Anleihen und Aktienfonds das meiste Geld an, und die Unternehmen, die sich auf derartige Fonds spezialisiert haben (Eaton Vance und Colonial zum Beispiel), sind außergewöhnlich gewinnbringend. Dreyfus verwaltet viele Geldmarkt-Kapitalanlagen, sodass das Unternehmen Gewinne macht, wenn die Zinsen anziehen und die Menschen aus Aktien und langfristigen Anleihen aussteigen. Alliance Capital verwaltet sowohl das Geld institutioneller Kunden als auch Fonds, die über Broker an jedermann verkauft werden. Die Firma ist seit 1988 börsennotiert. 1990 hat der Kurs einen kleinen Einbruch erlitten, doch seitdem ist er steil nach oben geklettert.

Angesichts der Milliardenbeträge, die in der letzten Zeit in Anleihen, Aktien und Geldmarktfonds geflossen sind, sollte es uns nicht überraschen, dass die Fondsunternehmen den Markt übertroffen haben. Wenn es hier eine Überraschung gibt, dann höchstens die, dass noch niemand einen Fonds mit Fondsunternehmen ins Leben gerufen hat.

Informationen darüber, wer in welchen Fonds ein- und wieder aus ihm aussteigt, werden von der Industrie veröffentlicht, und Profis und Amateure haben gleichermaßen die Möglichkeit, diese Informationsquelle zu nutzen. Hätten Sie diese Aktien nicht nach der letzten großen Korrektur gekauft, dann hätten Sie während des Saddam-Ausverkaufs Ende 1990 zuschlagen können. Eaton Vance hatte damals innerhalb eines Jahres einen Verlust von 30 Prozent und Dreyfus einen von 18,86 Prozent gemacht, und die übrigen Institutionen hatten ebenfalls, wenn auch geringere, so doch bedeutende Einbrüche verzeichnet.

Wieder einmal erwiesen sich die Gerüchte vom Zusammenbruch dieser Branche als unbegründet. Um das letzte Quäntchen Angst abzuschütteln, musste man sich nur die Verkaufszahlen der Fonds für Dezember 1990 und Januar 1991 ansehen. Obwohl ich immer entschlossen bin, meine alten Gewohnheiten nicht zu wiederholen, hatte ich wieder einmal geschlafen und in der 1991er-*Barron's*-Runde kein einziges Fondsunternehmen empfohlen. Die Fans der Lynch'schen Vorhersagen (falls es außer meiner Frau noch welche gibt) verpassten den Aufschwung bei Franklin (75 Prozent Gewinnzuwachs 1991), Dreyfus (55 Prozent), T. Rowe Price (116 Prozent), United Asset Management (80 Prozent), Colonial Group (40 Prozent) und State Street Bank (82 Prozent). Das Portfolio unseres fiktiven Fonds der Fondsunternehmen verdoppelte seinen Wert in diesem einen Jahr nahezu.

Zu meiner Verteidigung, ehrenwerter Leser, darf ich hoffentlich bescheiden anmerken, dass ich Kemper empfohlen hatte, ein Versicherungsunternehmen, das einen beachtlichen Anteil am Fondsgeschäft hat, da es Fonds im Wert von 50 Milliarden Dollar verwaltet. Das war nicht der einzige Grund dafür, dass ich Kemper empfahl – das Versicherungsgeschäft bekam wieder Aufwind und ebenso die Broker-Tochterfirmen, zu denen Prescott, Ball and Turben gehörte. Die Kemper-Aktie verdoppelte sich 1991 ebenfalls, sodass ich dadurch vielleicht etwas entlastet bin.

Als es auf 1992 zuging, ermahnte ich mich, den Fehler, den ich vor 1987 und nochmals 1991 gemacht hatte, auf keinen Fall zu wiederholen. Diesmal untersuchte ich die Fondssituation sehr genau. Bei fallenden Zinssätzen und monatlich fälligen Sparbriefen im Wert von rund 200 Milliarden Dollar schwappte eine riesige Kapitalwelle aus den Banken heraus und in alle Arten von Fonds hinein. Für die sieben, die ich oben erwähnt habe, bedeutete das hundertprozentig eine

Hausse. Auf der anderen Seite schienen die meisten dieser Aktien nach den riesigen Gewinnen von 1991 überteuert. Die einzige, auf die das nicht zutraf, war Colonial Group.

Trotz eines 40-prozentigen Wertzuwachses der Aktie 1991 notierte Colonial Group immer noch zum Ausgabekurs von 1985 mit 17 Dollar. Damals verwaltete Colonial Fonds zwischen fünf und sechs Milliarden Dollar und machte einen Dollar Gewinn pro Aktie. Zum jetzigen Zeitpunkt verwaltete es Fonds im Wert von neun Milliarden Dollar und machte pro Aktie 1,55 Dollar Gewinn. Darüber hinaus hatte das Unternehmen pro Aktie vier Dollar Barvermögen angehäuft und sieben Prozent seiner Aktien zurückgekauft. Sechs Jahre nach der Erstausgabe konnte man also ein viel stärkeres Unternehmen noch immer zum damaligen Preis bekommen, und zog man die vier Dollar Barvermögen ab, bekam man das Unternehmen sogar noch vier Dollar billiger als 1985. Schulden existierten nicht. Seit zwei Jahren hatte kein einziger Wall-Street-Analyst Colonial Group auch nur mit einem Wort erwähnt.

Die Methode, innerhalb einer attraktiven Gruppe den unterbewerteten Kandidaten aufzuspüren, habe ich oft mit gutem Erfolg angewendet. T. Rowe Price notierte zum 20-fachen Gewinn, Franklin notierte zum 20-fachen Gewinn, aber Colonial Group notierte nur zum 10-fachen Gewinn. Natürlich musste man sich in einem solchen Fall mit der Frage auseinandersetzen, warum Colonial unterbewertet war.

Ein Grund hierfür war vielleicht, dass sich der Gewinn über vier Jahre hinweg nicht verändert hatte. Colonial hatte zwar unter neuem Management sein Vermögen beinahe verdoppelt, aber verglichen mit der riesigen Kapitalwelle, die allgemein in Fonds hineingeflossen war, konnte man bei Colonial bestenfalls von einem dünnen Rinnsal sprechen. Die Menschen kannten Dreyfus, T. Rowe Price und Eaton Vance, Colonial kam hingegen im Wortschatz nicht vor.

Aber hatte Colonial deshalb nur die Hälfte der Bewertung verdient, die man seinen Konkurrenten angedeihen ließ? Ich sah nicht ein, warum. Das Unternehmen machte Gewinne. Es erhöhte regelmäßig die Dividende und kaufte Aktien zurück. Mit den künftigen Gewinnen konnte es diese Aktionen noch verstärken.

Ich sprach am 3. Januar mit Davey Scoon, dem Leiter der Finanzabteilung des Unternehmens. Er berichtete, dass der Markt besonders was die Fonds aus öffentlichen Anleihen betraf, zugelegt habe. Colonial besitze einige dieser Fonds, sodass das Unternehmen von der steigenden Popularität dieser Anlageform, in die sich die Menschen flüchteten, um Steuern zu sparen, profitieren werde. Das Unternehmen habe zudem einige neue, interessante Fonds auf den Markt gebracht, zum Beispiel einen Versorgerfonds.

Ich habe schon vor langer Zeit gelernt, dass man wenigstens eine unerwartete Entwicklung entdeckt, wenn man bei zehn verschiedenen Unternehmen zehn Fragen stellt. Unerwartete Entwicklungen lassen die Aktien steigen und fallen, und Scoon erzählte mir diesbezüglich etwas sehr Interessantes. Soeben sei Colonial Group von der State Street Bank auserkoren worden, einige neue Fonds, die State Street ausgeheckt hatte, zu vermarkten.

State Street ist eine kommerzielle Bank, die den Papierkram, der auch als „Backoffice“-Arbeit bezeichnet wird, für den größten Teil der Fondsindustrie erledigt. Diese Verwaltungsfunktion (Kundenservice, Käufe und Verkäufe verzeichnen, Veränderungen der Besitzverhältnisse ermitteln und so weiter) war für die Bank sehr lukrativ gewesen. Die State-Street-Aktie hatte 1991 einen Anstieg von 81 Prozent verzeichnet.

Als Scoon State Street erwähnte, wurde ich an einen Fehler erinnert, den ich mir gegenüber meiner Schwiegermutter geleistet hatte. Vor einigen Jahren, als es so ausgesehen hatte, als würde der Geldmarkt einbrechen, hatte ich meine Schwiegermutter überredet, ihre State-Street-Aktien zu verkaufen, weil (1) die Einnahmen der Firma wahrscheinlich zurückgehen würden und (2) sie ihr Geld mit der Aktie bereits verdoppelt hatte. Seitdem sie diesem brillanten Rat gefolgt ist, hat sich State Street erneut verdreifacht, eine traurige Tatsache, die in der Verwirrung über einen 3:1-Split verborgen geblieben ist. Liest meine Schwiegermutter die Börsennotierungen in der Zeitung, dann sieht es so aus, als hätte der Aktienkurs seit meinem Verkaufssignal stagniert. Ich werde deshalb oft zu meinem brillanten Tipp beglückwünscht und habe es bis heute nicht fertiggebracht, ihr die Wahrheit zu beichten.

Aktiensplits können einem auf die Nerven gehen, aber eine gute Sache daran ist, dass der Stockpicker mit ihrer Hilfe die Fehler, die er mit frühzeitigen Verkäufen gemacht hat, kaschieren kann – wenigstens gegenüber Freunden oder Verwandten, die den Markt nicht verfolgen.

Auf jeden Fall hat die Erfahrung, die State Street mit der Verwaltung von anderer Leute Fonds gemacht hat, zu dem Ergebnis geführt, eigene Fonds ins Leben zu rufen, um sich einen Anteil an dieser Goldgrube zu sichern. Da State Street jedoch seine Kunden nicht durch eine direkte Konkurrenz verärgern wollte, beschloss es, die State-Street-Fonds zu tarnen, indem es Colonial Group anheuerte, sie zu vermarkten. Dieses Zusatzgeschäft wird Colonial zugutekommen.

Kürzel	Unternehmen	Kurs 31.01.1992
COGRA	Colonial Group	$ 17,38

20

Die Restaurant-Aktien

Investieren ganz nach Geschmack

Ich habe 1992 keine Restaurant-Aktien empfohlen, aber ich hätte es tun sollen. Jedes Jahr schien eine neue Restaurantvariante an Flughäfen, in Einkaufszentren oder auf Autobahnrastplätzen aus dem Boden zu schießen. Seitdem Fast-Food und das Auto in den Sechzigerjahren unzertrennlich geworden sind und die Menschen sich daran gewöhnt haben, ihr Mittagessen und später auch noch ihr Frühstück und ihr Abendessen unterwegs zu verspeisen, sind die Restaurantketten zu großen Wachstumsunternehmen aufgestiegen. Wo immer ein Oldie von der Bildfläche verschwindet, taucht eine neue Variante auf.

Ich hatte das Restaurantpotenzial schon 1966 zu Beginn meiner Laufbahn als Analyst bei Fidelity erkannt, als Kentucky Fried Chicken als eines der ersten Unternehmen meine Aufmerksamkeit auf sich zog. Kentucky Fried Chicken war aus purer Verzweiflung heraus entstanden, nachdem ein neuer Superhighway den Verkehr künftig um das Restaurant von Colonel Sanders herumleitete. Die Kundschaft nahm immer mehr ab, und der unternehmungslustige 66-Jährige stieg angesichts des drohenden Bankrotts in seinen zerbeulten Cadillac und fuhr zu den günstiger gelegenen Restaurants, wo er gegen eine Lizenzgebühr seine Hühnchenrezepte anbot. Er trug dabei übrigens einen dunklen Anzug, nicht den weißen Overall, der später zu seinem Markenzeichen wurde.

KFC ging 1965 an die Börse. Davor hatte bereits Dunkin' Donuts in Massachusetts emittiert (es folgten 32 Jahre kontinuierlicher Gewinnanstieg) und Howard Johnson, der Pionier der Autobahnrestaurants, notierte seit 1961 an der New Yorker Börse. 1963 folgte Bob Evans Farms, berühmt im Mittleren Westen, und bis Mitte der Sechzigerjahre hatten McDonald's und Shoney's ihre Börsendebüts. Hunderttausende von Kunden, die selbst erlebt hatten, wie gut diese Unternehmen florierten, hätten aus dieser Beobachtung Gewinn ziehen können.

Damals hatte sich die Wall Street über die Idee lustig gemacht, dass ein Haufen Donutläden und Hamburgerbuden mit den berühmten Nifty-Fifty-Aktien konkurrieren könnten, die in erster Linie Technologie-Aktien waren, die sich als absolut überbewertet herausstellten. Währenddessen wurde Shoney's zu einem 168-Bagger (die Aktie stieg von 22 Cent auf einen Höchststand von 36 ⅞ Dollar, um Aktiensplits bereinigt), Bob Evans Farms zu einem 83-Bagger und McDonald's zu einem 400-Bagger. Howard Johnson war zum Zeitpunkt seiner Privatisierung ein 40-Bagger und Kentucky Fried Chicken ein 27 ½-Bagger, als es von PepsiCo übernommen wurde.

Hätten Sie bei der Börseneinführung in diese fünf Werte 10.000 Dollar investiert – Ihr Geld also einfach dorthin gesteckt, wo es Ihnen geschmeckt hat –, dann wären sie Ende der Achtzigerjahre mindestens zweifacher Millionär geworden, und mindestens vierfacher Millionär, wenn sie die gesamten 10.000 Dollar in McDonald's allein investiert hätten. McDonald's war eines der gewinnbringendsten Unternehmen der modernen Finanzgeschichte, da es sich nicht auf den erworbenen Lorbeeren ausruhte, sondern ständig das Angebot durch neue Gerichte variierte und sein goldenes „M“ weltweit exportierte.

Hamburgerbuden, Cafeterien (Luby's, Morrison's), Familien-Steakhäuser (Ponderosa, Bonanza), Restaurants, in denen es alles gab (Denny's, Shoney's), Eisdielen, Joghurtbuden, gutbürgerliche Restaurants, internationale Restaurants, Kaffeebars, Pizzabuden, Sandwichbuden und Selbstbedienungsrestaurants haben alle jeweils einen oder mehrere Gewinneraktien produziert – direkt vor der Nase einer gesamten Nation von Investoren. Wir alle wissen, welche Lokale beliebt und gut geführt sind, welche schlampig und passé sind, welche ihren Sättigungsgrad erreicht und welche noch Wachstumspotenzial haben.

Sollten Sie die Restaurants in den Sechzigerjahren verpasst haben, als die Babyboom-Generation ihre ersten Führerscheine bekam und in ihren Autos schlemmte, dann hätten Sie das in den Siebzigerjahren gutmachen können, indem sie International Dairy Queen, Wendy's, Luby's, Taco Bell, Pizza Hut und Jerrico gekauft hätten. Besonders gute Gewinne hätten Sie erzielen können, wenn Sie nach dem Bärenmarkt von 1972 investiert hätten, als solide Franchiseunternehmen für ein Butterbrot zu haben waren. Taco Bell, das in keinem Quartal Verluste machte, fiel auf einen Dollar pro Aktie und erholte sich prompt auf 40 Dollar, wo es dann von PepsiCo übernommen wurde, das sehr gern Restaurant-Unternehmen besitzt, weil sich damit gleichzeitig der Verkauf von Pepsi-Getränken fördern lässt.

In den Achtzigerjahren haben Sie vielleicht Cracker Barrel entdeckt, mit seinen beliebten Geschenkboutiquen und den vorzüglichen Fischgerichten und Keksen; oder Chili's, das 1984 emittierte und von mir idiotischerweise nicht beachtet wurde; oder Sbarro (1985), Ryan's Family Steak House (1982) und Uno Restaurants (1987). Chi-Chi's war eine weitere lohnenswerte Investition, bis das Unternehmen schließlich übernommen wurde.

Jeder Teil der USA fungierte als eine Art Brutkasten für einen oder mehrere dieser Kleinstadterfolge, die auszogen, um die Mägen und Geldbeutel des ganzen Landes zu erobern: Luby's, Ryan's und Chili's im Südwesten, McDonald's im Mittleren Westen, Chi-Chi's und International Dairy Queen in Minneapolis, Sbarro in New York, Dunkin'

Donuts in Neuengland, Shoney's und Cracker Barrel im tiefen Süden, Sizzler und Taco Bell im fernen Westen.

Ebenso wie ein Einzelhändler hat eine Restaurantkette in der Expansionsphase 15 bis 20 Jahre schnellen Wachstums vor sich. In diesem Geschäft geht der Konkurrenzkampf bis aufs Messer, doch der Grünschnabel unter den Restaurant-Unternehmen ist auf eine Art vor der Konkurrenz geschützt, wie es bei einer Elektronikfirma oder einer Schuhfirma nicht der Fall ist. Wenn in Kalifornien eine neue Fish-and-Chips-Kette eröffnet, aber bereits eine qualitativ bessere in New York existiert, wie groß kann dann schon der Einfluss der New Yorker Kette auf die Kette in Kalifornien sein? Gleich null.

Eine Restaurantkette braucht sehr lange, um sich über das ganze Land auszudehnen, und in dieser Zeit hat sie auch keine Konkurrenz aus dem Ausland. Denny's oder Pizza Hut haben sich niemals über koreanische Billigprodukte beunruhigen müssen.

Was hier den Triumph vom Flop trennt, sind ein fähiges Management, eine angemessene Finanzierung und ein methodisches Vorgehen bei der Expansion. Langsam, aber stetig kann man vielleicht nicht das Indianapolis 500 gewinnen, aber sicherlich das Wettrennen unter den Restaurantketten.

Die Geschichte der beiden Hamburgerfranchises Chili's und Fuddrucker's ist hier sehr lehrreich. Beide starteten in Texas (Chili's in Dallas, Fuddrucker's in San Antonio). Beide boten den Gourmetburger an. Beide richteten ihre Lokale gleichermaßen angenehm und ausgefallen ein, auch wenn man bei Chili's bedient wurde und Fuddrucker's per Selbstbedienung organisiert war. Eine Kette erlangte Berühmtheit und verlor ein Vermögen, während die andere beides erlangte: Berühmtheit und Vermögen.

Warum? Ein Grund lag darin, dass Chili's seine Speisekarte erweiterte, als Hamburger nicht mehr so gefragt waren, während Fuddrucker's bei den Burgern blieb. Der Hauptgrund ist jedoch, dass Fuddrucker's zu schnell expandierte. Wenn ein Unternehmen versucht, mehr als 100 neue Filialen pro Jahr zu eröffnen, ist es sehr wahrscheinlich, dass es in Schwierigkeiten gerät. Agiert man auf dem Weg zum Ruhm zu schnell, entscheidet man sich vielleicht für die verkehrten Standorte oder den verkehrten Manager, kauft überteuerte Immobilien und bildet die Angestellten nicht ausreichend aus.

Fuddrucker's tappte in diese Falle und schlug den gleichen Kurs ein wie Flakey Jake's, Winners und TGI Friday's, die alle zu schnell vorgegangen waren und dafür büßten. Chili's hat dagegen ein vernünftiges Schritttempo eingehalten und 30 bis 35 neue Filialen pro Jahr in Betrieb genommen. Umsätze, Erträge und Nettoerlöse sind unter dem erfahrenen Blick Norman Brinkers stetig gestiegen. Neben Chili's hat Brinker ebenso Steak & Ale und Bennigan's gegründet. Chili's rechnet damit, bis 1996–1998 auf 400 bis 450 Restaurants angewachsen zu sein, und erwartet daraus eine Milliarde Dollar Umsatz.

Es gibt für eine Restaurantkette verschiedene Möglichkeiten, die Einnahmen zu steigern. Sie kann weitere Filialen eröffnen, wie es Chili's tut, oder die existierenden Einrichtungen ausbauen, wie es Wendy's getan hat. Einige Restaurants verdienen viel Geld, weil die Besucherfrequenz sehr hoch ist und die Gerichte sehr billig sind (Cracker Barrel, Shoney's und McDonald's gehören in diese Kategorie), während andere mit einer niedrigen Besucherfrequenz und teuren Gerichten kalkulieren (Outback Steakhouse und Chart House sind aktuelle Beispiele). Einige machen ihre größten Gewinne mit Sonderaktionen und einige haben zusätzlich Geschenkabteilungen (Cracker Barrel). Einige haben eine große Gewinnspanne, weil das Essen mit billigen Zutaten zubereitet wird (Spaghetti Warehouse), andere weil die Betriebskosten sehr niedrig sind.

Damit ein Restaurant-Unternehmen den Break-even schafft, muss der Umsatz mindestens die Höhe der Kapitalinvestition erreichen. Eine Restaurantkette verfolgt man genauso wie einen Einzelhändler. Die Schlüsselelemente sind Wachstumsrate, Schulden und der flächenbereinigte Umsatz. Letzterer sollte sich in jedem Quartal erhöhen. Die Wachstumsrate sollte nicht zu schnell steigen – mehr als 100 neue

Filialen pro Jahr, und die Firma bewegt sich ganz sicher auf dünnem Eis. Schulden sollten nach Möglichkeit sehr niedrig oder gar nicht vorhanden sein.

Montgomery Securities in Kalifornien stellt regelmäßig die neuesten Daten zur gesamten Restaurantbranche zusammen und liefert ausgezeichnete Berichte. Die neueste Analyse lautet, dass Hamburgerketten wie McDonald's und Wendy's unter dem bestehenden Überangebot leiden (die fünf Top-Ketten verfügen allein in den USA über 24.000 Lokale) und dass die Babyboom-Generation sich vom Fast-Food abwendet. Im Moment geht die Tendenz hin zu Nischenrestaurants wie Au Bon Pain oder Spaghetti Warehouse sowie zu Familienrestaurants mit breitem Angebot und durchschnittlichen Preisen.

Hätten Sie in die acht Favoriten, die Montgomery Securities Anfang 1991 empfohlen hatte, investiert, hätte sich Ihr Geld bis Dezember verdoppelt. Die Gewinner lauteten:

Bertucci's
Cracker Barrel
Brinker International (Chili's)
Spaghetti Warehouse
Shoney's
Rally's
Applebee's
Outback Steakhouse

Einige dieser Aktien sind inzwischen vielleicht schon überteuert, mit KGVs von 30 oder mehr, aber Sie sollten sie im Auge behalten. Die Restaurantgruppe als Ganzes wächst nur um etwa vier Prozent jährlich (und wird sich wohl bald zu einer stagnierenden Industrie entwickeln), aber die herausragenden Unternehmen mit starken Bilanzen werden auch zukünftig so prosperieren, wie sie es bisher getan haben. Solange die Amerikaner weiterhin 50 Prozent ihrer Mahlzeiten außer Haus einnehmen, werden neue 20-Bagger unter den Restaurants in den Einkaufszentren und in unserer Umgebung auftauchen, und der aufmerksame Beobachter wird sie entdecken.

Au Bon Pain ist einer, den ich, na raten Sie mal wo, entdeckt habe. In der Burlington Mall. Das Unternehmen startete 1977 in meiner eigenen Umgebung in Boston und emittierte 1991 zu zehn Dollar. Ich kann den Firmennamen nicht korrekt aussprechen, aber diese Leute haben ein hervorragendes Konzept. Vielleicht ist Ihnen Au Bon Pain am Flughafen oder in einem Einkaufszentrum schon aufgefallen. Man bekommt dort Kaffee und Croissants, und die Unternehmer haben es geschafft, französisches Flair mit amerikanischer Effizienz zu verbinden.

Hier kann man zum Frühstück ein einfaches Croissant bekommen oder zum Mittagessen ein Schinken-Käse-Croissant oder ein Schokoladen-Croissant zum Dessert, und alles in weniger als drei Minuten. Der Brotteig wird in einer zentralen Betriebsstätte zubereitet und ungebacken an die Filialen verschickt, wo er Zeit hat, zu gehen, und je nach Bedarf in den Ofen geschoben wird, sodass das Brot immer frisch und heiß ist.

Seit Kurzem gibt es bei Au Bon Pain auch frisch gepressten Orangensaft und frischen Obstsalat, und in Kürze wird es den ultimativen Bagel geben. Wenn ich mich entscheiden müsste, ob ich in den ultimativen Computerchip oder den ultimativen Bagel investieren soll, würde ich mich immer für den Bagel entscheiden.

Anfang 1992 hatte sich der Aktienkurs verdoppelt und verzeichnete ein KGV von 40 (aus den Gewinnprognosen für 1992 berechnet), daher hatte ich die Aktie nicht empfohlen. Neun Monate später war der Kurs jedoch auf 14 Dollar beziehungsweise unter den 20-fachen für 1993 geschätzten Gewinn gefallen. Wann immer Sie einen Wert entdecken, der 25 Prozent Wachstum verzeichnet und zum 20-fachen Gewinn notiert, ist das ein klarer Kauf. Sollte der Kurs noch weiter fallen, würde ich den Lastwagen wieder bis oben hin vollladen. Dieses Unternehmen übersteht eine Rezession und kann langfristig expandieren, ohne dabei über sich selbst zu stolpern. Außerdem besitzt es großes Wachstumspotenzial auf dem europäischen Markt.

21

Der Halbjahres-Check-up

Ein gesundes Portfolio benötigt in regelmäßigen Abständen, vielleicht alle sechs Monate oder so, einen Check-up. Selbst bei den Blue Chips, den großen Namen, den Top-Unternehmen aus der *Fortune*-500-Liste, kann es sich als unproduktiv und ausgesprochen gefährlich erweisen, wenn man nach dem Prinzip „kaufen und vergessen" vorgeht. Die Tabellen 21-1, 21-2 und 21-3 illustrieren diesen Punkt. Investoren, die IBM, Sears und Eastman Kodak kauften und ihre Investitionen dann „vergaßen", bereuten das heftig.

Beim Halbjahres-Check-up geht es nicht nur darum, die Aktienkurse in den Zeitungen durchzusehen, eine Übung, die oft fälschlicherweise für Research gehalten wird. Als Stockpicker können Sie nicht einfach etwas unterstellen. Sie müssen die fundamentalen Daten verfolgen. Zwei Basisfragen sollten Ihnen am Herzen liegen: (1) Ist der Aktienkurs im Verhältnis zu den Einnahmen immer noch attraktiv, und (2) was tut die Firma, um die Einnahmen zu steigern?

Hier können Sie zu einem von drei Schlüssen kommen: (1) Die fundamentalen Daten haben sich verbessert, in diesem Fall sollten Sie

International Business Machines Corporation (IBM)

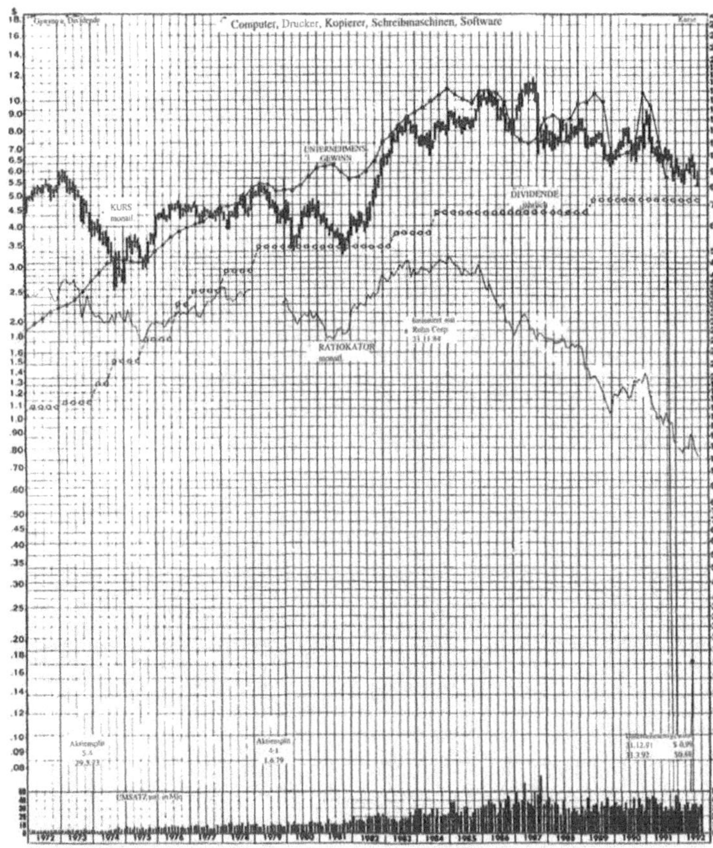

Chart von Securities Research Co., einer Abt. der Babson-United Investment Advisors, Inc.

Chart 21-1

Ihre Investition vielleicht aufstocken, (2) die Fundamentaldaten haben sich verschlechtert, in diesem Fall könnten Sie Ihre Investition verringern, oder (3) die fundamentalen Daten sind unverändert, in diesem Fall können Sie entweder halten oder Ihr Geld in ein anderes Unternehmen mit aufregenderen Aussichten investieren.

Sears, Roebuck & Company (S)

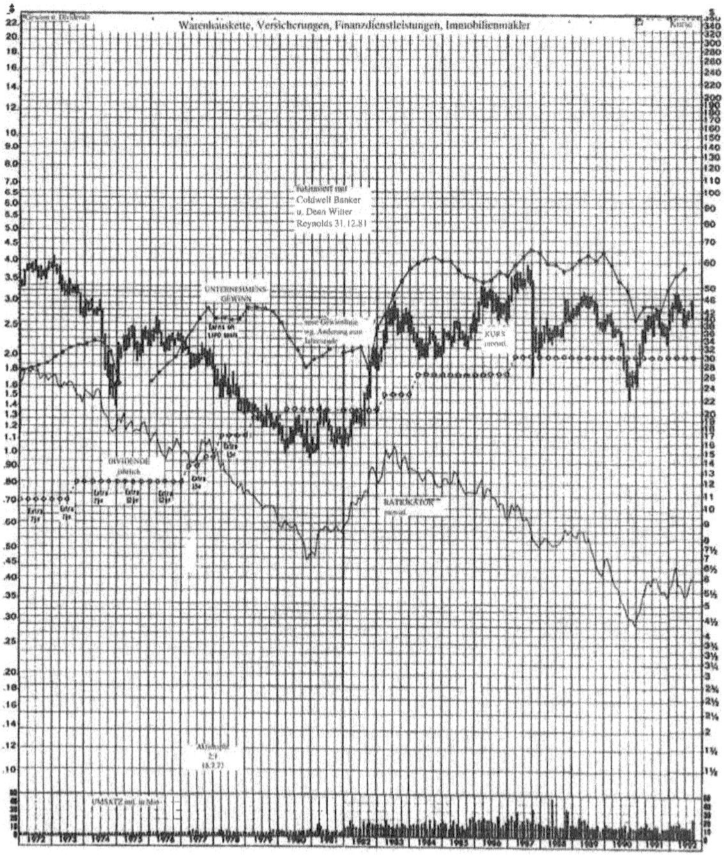

Chart von Securities Research Co., einer Abt. der Babson-United Investment Advisors, Inc.

Chart 21-2

Mit diesen Gedanken im Hinterkopf führte ich im Juli 1992 für meine 21 *Barron's*-Kandidaten vom Januar einen Halbjahres-Check-up durch. Als Gruppe hatten sie auf einem mittelmäßigen Markt eine außerordentliche Leistung gezeigt. Das „Portfolio" verzeichnete einen Wertzuwachs von 19,2 Prozent, während der S&P 500 nur 1,64 Prozent

Eastman Kodak Company (EK)

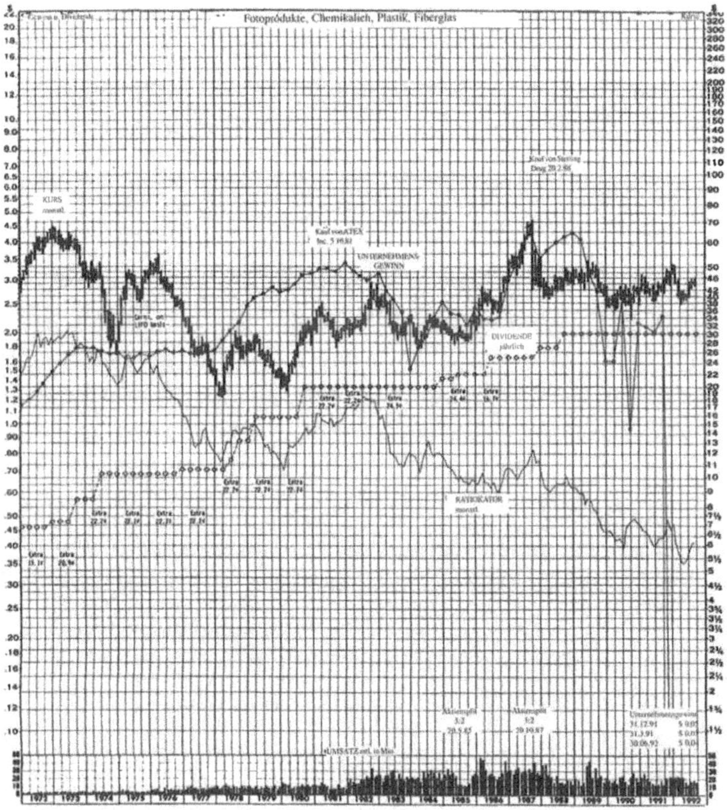

Chart von Securities Rerearch Co., einer Abt. der Babson-United Investment Advisors, Inc.

Chart 21-3

Gewinn abwarf. (Ich habe alle Zahlenangaben um die verschiedenen Aktiensplits, speziellen Dividenden und so weiter, die in diesen sechs Monaten verkündet wurden, bereinigt.)

Ich las mir die neuesten Quartalsberichte aller 21 Unternehmen durch und rief die meisten Firmen an. Einige Unternehmensgeschichten waren langweilig geworden, während andere aufregender waren als vor sechs Monaten, und in einigen Fällen brachten mich meine Nachforschungen zu anderen Unternehmen, die mir besser gefielen als diejenigen, die ich empfohlen hatte. So ist es mit den Aktien. Eine unbeständige Situation, in der absolut nichts sicher ist. Ich ging wie folgt vor:

The Body Shop

Im Januar hatte ich herausgefunden, dass Body Shop ein wunderbares Unternehmen war, ich setzte allerdings die relativen Gewinne gegenüber den aktuellen zu hoch an. Einen Kursrückgang wollte ich dazu nutzen, meine Position aufzustocken. Es dauerte nicht lange, bis diese Situation eintrat – bis zum Juli war die Aktie um 12,3 Prozent von 325 Pence auf 263 Pence gefallen. Body Shop notierte jetzt zum 20-Fachen der Gewinnbewertung für 1993. Ich habe nichts dagegen, den 20-fachen Gewinn für eine Firma zu bezahlen, die eine jährliche Wachstumsrate von 25 Prozent hat. Als ich dies niederschrieb, wurde die gesamte New Yorker Börse mit dem 20-fachen Gewinn bewertet, und das für Unternehmen, die in der Regel einen durchschnittlichen Gewinnzuwachs von acht bis zehn Prozent erwirtschafteten.

Body Shop ist eine britische Aktie. Britische Aktien hatten in den vergangenen Monaten einen fürchterlichen Einbruch erlitten, und Body Shop hatte zusätzlich schlechte Publicity bekommen. Ein Häuptling vom Stamm der Kayapó-Indianer, den Body Shop angeheuert hatte, um eine Haarspülung mit brasilianischen Nüssen zu produzieren, wurde in London festgenommen und angeklagt, das portugiesische Kindermädchen, das einige seiner zahlreichen Kinder betreute, vergewaltigt zu haben. Egal wie sehr Sie sich darum bemühen, eventuelle Schwierigkeiten des Unternehmens zu antizipieren, meistens passiert etwas, an das Sie nie im Leben gedacht hätten.

Als ich die Kursentwicklung dieser Aktie überprüfte, fiel mir auf, dass sie zwei größere Rückschläge erlitten hatte. Einen im Jahr 1987 und einen im Jahr 1990, und beide, obwohl das Unternehmen munter und selbstbewusst ohne Anzeichen eines Einbruchs dahinflorierte. Ich schreibe diese übertriebenen Ausverkäufe der Tatsache zu, dass britische Aktionäre mit kleinen Wachstumsunternehmen nicht so vertraut sind wie wir und sie aus diesem Grund schneller abstoßen, wenn der Markt in eine Krise gerät. Da Body Shop ein weltweites Unternehmen ist, vergleichen britische Investoren das Unternehmen vielleicht außerdem mit Firmen, die bei der Expansion im Ausland erhebliche Fehlschläge erfahren haben, wie zum Beispiel Marks & Spencer.

Selbst wenn Sie nach dem 1990er-Rückschlag Aktienanteile an Body Shop gekauft hatten, mussten Sie mit eventuellen weiteren Kursverfällen rechnen, wobei Sie dann darüber nachdenken konnten, Ihre Position aufzustocken. Die fundamentalen Daten sollten dabei jedoch auf alle Fälle günstig sein, was Sie mithilfe des Check-ups feststellen konnten.

Ich rief das Unternehmen an. Jeremy Kett, der Leiter der Finanzabteilung, erklärte mir, dass sowohl der flächenbereinigte Umsatz als auch die Einnahmen 1991 gestiegen waren. Das ist eine beachtliche Leistung, wenn man bedenkt, dass alle vier Hauptmärkte von Body Shop – England, Australien, Kanada und die USA – mit einer Rezession kämpften.

Ein weiterer vielversprechender Joker war aufgetaucht: Das Unternehmen kaufte mit einem Teil des Barvermögens Lieferanten der verschiedenen Lotionen und Wässerchen auf. Dadurch wurden die Produktionskosten langfristig reduziert und die Gewinnspanne verbessert. Mit dieser Strategie war Shaw Industries zum Billigproduzenten unter den Teppichherstellern geworden.

Ich sprach mit Cathy Stephenson, meiner alten Freundin aus der Fidelity-Bibliothek, die zwei Body Shops besaß – den einen in der Burlington Mall und den vor Kurzem neu eröffneten am Harvard Square. Was die Burlington-Filiale anging, berichtete sie von einem Umsatzzuwachs von sechs Prozent im Vergleich zum Vorjahr und

Tabelle 21-1 Die Aktienauswahl des Barron's Halbjahres-Check-up 1992

Unternehmen	Kurs 13.1.92	Halbjahresrendite bis 13.7.92
Allied Capital Corporation II	$ 19,00	6,00 %
Body Shop	p 325	-12,31%
CMS Energy	$ 18,5	-4,11 %
Colonial Group	$ 17,38	18,27 %
Eagle Financial	$ 12,06	38,23 %
Federal National Mortgage Association	$ 68,75	-6,23 %
First Essex Bancorp	$ 2,13	70,59 %
General Host	$ 7,75	10,39 %
General Motors	$ 31,00	37,26 %
Germantown Saving	$ 14,50	59,31 %
Glacier Bancorp	$ 11,14	40,91 %
Lawrence Savings Bank	$ 1,00	36,78 %
People's Savings Financial	$ 11,00	26,00 %
Phelps Dodge	$ 32,50	48,96 %
Pier I Imports	$ 8,00	3,31 %
Sovereign Bancorp	$ 6,95	64,50 %
Sun Distributors L. P., Class B	$ 2,75	6,95 %
Sun Television & Appliances	$ 18,50	-10,74 %
Sunbelt Nursery	$ 6,25	-30,00 %
Supercuts	$ 11,33	0,73 %
Tenera L. P.	$ 2,38	0,00 %
S&P 500		1,64 %
Dow Jones Industrials (DJIA)		6,29 %
NASDAQ		-7,68 %
Value Line		-2,13 %

Aktualisierung zum 13.12.92: Selbst bei einem 40-prozentigen Fall des Body-Shop-Kurses und einem 44-prozentigen Fall bei Tenera hatte das Portfolio einen Zuwachs von 37%. Die anderen Marktindizes:

S&P 50	7,66 %
DJIA	6,55 %
NASDAQ	6,18 %
Value Line	10,10 %

Tabelle 21-2

	Aktualisierung der Aktienperformance (zum 13.7.92)	Beurteilung	Empfehlung
Allied Capital Corporation II	leicht gestiegen	unverändert	kaufen
Body Shop	leicht gefallen	etwas schlechter	halten/kaufen
CMS Energy	leicht gefallen	unklar	abwarten
Colonial Group	gestiegen	besser	kaufen
Eagle Financial	stark gestiegen	unverändert	halten
Federal National Mortgage Association	leicht gefallen	unverändert	kaufen
First Essex Bancorp	stark gestiegen	besser	halten/kaufen
General Host	leicht gestiegen	unverändert	halten/kaufen
General Motors	stark gestiegen	etwas schlechter	zu Chrysler wechseln
Germantown Saving	stark gestiegen	etwas besser	halten
Glacier Bancorp	stark gestiegen	unverändert	halten
Lawrence Savings Bank	stark gestiegen	etwas schlechter	halten
People's Savings Financial	gestiegen	unverändert	halten
Phelps Dodge	stark gestiegen	unverändert	halten
Pier I Imports	leicht gestiegen	unverändert	kaufen
Sovereign Bancorp	stark gestiegen	etwas besser	halten
Sun Distributors L. P., Class B	leicht gestiegen	unverändert	kaufen
Sun Television & Appliances	gefallen	besser	unbedingt kaufen
Sunbelt Nursery	stark gefallen	schlechter	halten/kaufen
Supercuts	unverändert	besser	kaufen
Tenera L. P.	unverändert	etwas besser	kaufen

meinte, es sei noch zu früh, um eine Aussage hinsichtlich des Harvard Square zu machen. Einige neue Produkte zogen ihre Kunden in Scharen an, wie zum Beispiel Complete Color (ein Produkt, mit dem man Augen, Wangen und Lippen schminken konnte), eine getönte

Feuchtigkeitscreme mit Lichtschutzfaktor, Bimsstein für die Fußpflege und Mango-Körperbutter, die immer ausverkauft zu sein schien – „Ich möchte mal wissen, was die damit alles machen", so Cathys Kommentar.

Der Markt für Lotionen, Wässerchen und Badeöl ist immer noch groß und hat genügend Wachstumspotenzial. Body Shop hält sich an seinen Expansionsplan und wird 1993 40 und im Jahr darauf 50 neue Filialen in den USA eröffnen, 50 pro Jahr in Europa und ebenso viele in Asien. Ich ordnete die Firma in eine attraktive Midlife-Phase ein, das zweite Jahrzehnt von 30 Jahren Wachstum.

Pier 1 Imports

Pier 1 Imports war erfreulich schnell von 8,0 Dollar auf 9,50 Dollar gestiegen und hatte dann prompt die Gegenrichtung eingeschlagen. Hier haben wir ein ausgezeichnetes Beispiel dafür, wie taub die Börse gegenüber guten Nachrichten sein kann. Die Analysten hatten die Pier-1-Gewinne für das erste Quartal zwischen 18 und 20 Cent angesiedelt, Pier 1 verdiente 17 Cent und die Aktie wurde niedergemacht. Die erwarteten Gewinne für das ganze Jahr waren mit 70 Cent veranschlagt, und das zu einer Zeit, da jedermann seine Brieftasche festhielt.

Durch den Verkauf von Wandelanleihen im Wert von 75 Millionen Dollar und die Verwendung dieses Ertrags zur Schuldendeckung hatte Pier 1 seine Bilanz gestärkt. Die langfristigen Schulden, die bereits reduziert worden waren, sind sogar noch weiter reduziert worden.

Pier 1 hatte Schulden und Vorräte reduziert und dabei weiterhin expandiert. Die Hauptkonkurrenten, die Kaufhäuser, lösten ihre Einrichtungsabteilungen auf. Je länger die Rezession anhielt, desto mehr Konkurrenten würden aus dem Rennen ausscheiden. Beim nächsten Wirtschaftsaufschwung besitzt Pier 1 vielleicht tatsächlich das Monopol auf Rattan-Beistelltische, skandinavischen Tischschmuck und orientalische Raumteiler.

Es gehörte nicht viel Fantasie dazu, Gewinne von 80 Cent pro Aktie aus den eigenen Läden plus zusätzliche 10–15 Cent aus einer wiederbelebten und stabilen Sunbelt Nursery, die zu einem großen Teil noch Pier 1 gehört, vorherzusehen. Das macht einen Dollar pro Aktie und, wenn man von einem akzeptablen KGV von 14 ausgeht, Pier 1 damit zu einer 14-Dollar-Aktie.

General Host, Sunbelt Nursery

General Host ist eine weitere Aktie, die stieg und dann wieder in die Nähe des Kurses zurückfiel, zu dem ich sie empfohlen hatte. Flinke Verkäufer hatten 30 Prozent Gewinn gemacht, während langfristige Investoren ihre rechnerischen Gewinne von zwei Dollar pro Aktie auf 50 Cent dahinschwinden sahen.

Das Blatt hatte sich ungünstig gewendet. Das Unternehmen hatte im April neue Wandel-Vorzugsaktien im Wert von 65 Millionen Dollar mit acht Prozent Dividende ausgegeben. Das ist exakt dasselbe, was Pier 1 getan hatte, mit dem Unterschied, dass General Host aufgrund seiner instabileren Finanzen einen höheren Zinssatz bezahlen musste.

Eigentümer von konvertierbaren Aktien oder Schuldverschreibungen können diese irgendwann in der Zukunft zu einem festgelegten Kurs gegen Stammaktien einwechseln. Dadurch erhöht sich die Anzahl der Stammaktien, wodurch die Gewinne für existierende Stammaktionäre kleiner werden. Zu einem früheren Zeitpunkt hatte General Host einige seiner Stammaktien zurückgekauft, was ein sehr guter Schachzug gewesen war. Jetzt hatte es durch die Ausgabe der Wandelpapiere den Spieß umgedreht, was ein sehr schlechter Schachzug war.

Pier 1 hatte die Einnahmen aus den Verkäufen in die Schuldendeckung investiert und dadurch die Zinsausgaben reduziert, wohingegen General Host mit dem Ertrag weiterhin Frank's-Nursery-Filialen renovierte. Das war riskant und brachte keine unmittelbaren Vorteile.

Inzwischen waren die Verkaufszahlen in den Frank's-Nursery-Filialen schleppend bis stagnierend, während sich der Immobilienmarkt zischend und sprühend wiederbelebte. Damals im Januar, als die Aktie bei 7,75 Dollar notierte, lag die Gewinnschätzung bei 60 Cent, jetzt hatten wir jedoch eine 8-Dollar-Aktie mit einer Gewinnschätzung von 45 Cent.

Dennoch hatte General Host immer noch einen starken Cashflow, die Dividende war auch im 14. Jahr kontinuierlich erhöht worden, die Aktie notierte unter dem Buchwert und die Expansion verlief nach Plan. Als ich das Kürzel GH in meinen Quotron eingab, sah ich, dass Mario Gabelli eine Million Aktien für seinen wertorientierten Fonds erworben hatte. Ich stufte diese Aktie in die Halten-Kategorie.

Sunbelt, meine andere Empfehlung aus der Gartencentergruppe, hatte seit Januar Einbußen hinnehmen müssen. Anhaltende Regenfälle im Südwesten, wo Sunbelt angesiedelt ist, hatten den Enthusiasmus der Bevölkerung für Gartenarbeit gedämpft. Eine Aktie, die 1991 mit 8,50 Dollar pro Stück emittierte, notierte heute mit 4,50 Dollar und das, obwohl es sich um eine fähige Firma mit 1,50 Dollar Barvermögen pro Aktie handelte. Hätten Sie Sunbelt jetzt gekauft, hätten Sie all die Filialen für drei Dollar bekommen, und irgendwann, wenn der Regen nachlässt und die Menschen wieder Blumen kaufen, werden sie auch gegenüber Sunbelt-Aktien wieder eine sonnigere Einstellung an den Tag legen.

Was mich davon abhält, meine Position aufzustocken, ist Calloway's. Sie erinnern sich vielleicht daran, dass Calloway's als Spitzenvertreter der Branche anerkannt war, ich die Aktie aber nicht empfohlen hatte, weil Sunbelt billiger notierte. Während ich jedoch Sunbelt überprüfte, stellte ich fest, dass die Calloway's-Aktie aufgrund des Regens ebenfalls um die Hälfte gefallen war.

Darüber wollte ich mich näher erkundigen und rief bei Calloway's an, um mit dem Investorenbetreuer Dan Reynolds zu sprechen. Er berichtete mir, dass insgesamt 20 Angestellte im Verwaltungsbereich arbeiteten, und alle teilten die gleichen 300 Quadratmeter Bürofläche.

Ich konnte sie im Hintergrund hören. Offensichtlich gab es in dieser Firma keine Kommunikationslücken – wollte man den Manager auf sich aufmerksam machen, musste man nur aufstehen und losbrüllen.

Calloway's besaß 13 Baumschulen und 50 Cent Barvermögen pro Aktie, und die erwarteten Gewinne für 1993 wurden auf 50 Cent geschätzt. Daraus ergibt sich ein KGV von 10. Calloway's wird nicht von der Börse verfolgt, und das Unternehmen kauft eigene Aktien zurück.

Notiert das beste Unternehmen einer Branche zu einem Schleuderpreis, dann lohnt es sich oftmals, dort einzusteigen anstatt in einen weniger anerkannten Konkurrenten zu investieren, der vielleicht billiger ist. Ich hätte lieber Toys "R" Us besessen als Child World, Home Depot anstelle von Builder's Square oder Nucor statt Bethlehem Steel. Sunbelt gefällt mir immer noch sehr gut, aber ich glaube, im Moment gefällt mir Calloway's noch eine winzige Idee besser.

Supercuts

Nach einem kräftigen Anstieg und einem 3:2-Split war Supercuts wieder auf seinen Januarkurs zurückgefallen. Zwei äußerst schlechte Karten waren aufgetaucht. Erstens hat Ed Faber, der Experte von Computerland, der wusste, wie man ein Franchiseunternehmen aufzieht, die Firma verlassen. Es wird gemunkelt, dass Faber seinen eigenen Supercuts-Laden eröffnen will. Eine Erklärung, die mich nicht sehr überzeugt.

Die zweite schlechte Karte fiel mir auf, als ich das Formular für die Stimmrechtsbevollmächtigung durchlas. Es handelte sich um etwas, das ich vorher übersehen haben muss. Eine Gruppe mit dem Namen Carlton Investments besaß 2,2 Millionen Anteile an Supercuts. Es stellt sich nun heraus, dass Carlton zu Drexel Burnham Lambert gehört, der Wall-Street-Firma, die Bankrott gemacht hat. Die Gläubiger von Drexel werden sicherlich Carltons Liquidation fordern, was bedeutet, dass neben allem anderen auch die 2,2 Millionen Supercuts-Aktien verkauft werden müssen. Dadurch wird der Kurs fallen. Wahrscheinlich kann man aber davon ausgehen, dass der Kurs aufgrund des drohenden „Überhangs“ bereits gefallen ist. Als „Überhang“ bezeichnet die Wall Street einen großen Aktienblock, der kurz davor steht, auf den Markt geworfen zu werden.

Das Unternehmen selbst verzeichnet ein positives Jahr. Supercuts wurde zum „offiziellen Betreuer der Olympischen Spiele“ ernannt, sodass vielleicht die gleiche Dame, die mir meine Koteletten abrasiert hat, die Köpfe der Olympiaschwimmer kahlscheren darf. Der überaus wichtige flächenbereinigte Umsatz ist im ersten Quartal 1992 um 6,9 Prozent gestiegen. Einige neue Supercuts haben im Norden des Staates New York aufgemacht, wobei auch der Bürgermeister von Rochester anlässlich einer feierlichen Eröffnung einen kostenlosen Haarschnitt erhalten hat.

Solange der flächenbereinigte Umsatz zulegt und das Unternehmen auf neuen Märkten Erfolg hat, werde ich meine Position aufstocken, obwohl ich mir langsam Sorgen mache, dass die Firma vielleicht zu schnell expandiert. Für 1993 sind zwischen 80 und 100 neue Franchises geplant.

Ich habe bereits einige vielversprechende Franchise-Unternehmen erlebt, von Color Tile über Fuddrucker's bis hin zu Bildner's, die durch übereifrige Firmenkonquistadoren in den Ruin getrieben wurden. „Wenn Sie die Wahl haben, Ihr Ziel in 15 Jahren oder in fünf Jahren zu erreichen, so sind 15 Jahre eindeutig die bessere Variante“, empfahl ich dem Vorstand von Supercuts im Juli.

Die sieben Sparkassen

Bisher hatten die Sparkassen unter meinen 21 *Barron's*-Kandidaten die beste Leistung erbracht. Das ist kein Zufall. Konzentrieren Sie sich auf die Industrie, die am meisten von Unbehagen und drohendem Unheil umgeben ist, und Sie entdecken mit Sicherheit einige Gewinner. Fallende Zinssätze haben den Finanzinstitutionen im Allgemeinen ein sehr gutes Jahr beschert. Dank der Differenz zwischen den Zinsen, die sie durch Hypotheken einnehmen, und den Zinsen, die sie für Sparbücher und Sparbriefe auszahlen, machen sie riesige Gewinne.

Seit meiner Empfehlung ist Germantown Savings um 59 Prozent gestiegen, Sovereign hat zweimal zehn Prozent Dividende ausgezahlt und ist außerdem um 64,5 Prozent gestiegen, Eagle Financial ist von 12 Dollar auf 16 Dollar gestiegen, Glacier Bancorp hat ebenfalls zehn Prozent Dividende gezahlt und People's Savings Financial ist um 26 Prozent gestiegen.

Meine zwei Außenseiter-Sparkassen haben sich ebenfalls positiv entwickelt. Lawrence ist um 37 Prozent gestiegen und First Essex um 70 Prozent, wodurch wieder einmal bewiesen wäre, dass die risikoreichsten Aktien oft die größten Belohnungen mit sich bringen. Ich rief Leonard Wilson, den Vorstand von First Essex an, um mich zu erkundigen, wie die Dinge so liefen. Er war derjenige, der seine Lage als „den Grund mit einer 200 Meter langen Angelschnur abfischen" bezeichnet hatte, aber im späten Frühling hatte er die Leinenlänge bereits auf 20 Meter reduziert.

Wilson berichtete von Verbesserungen in verschiedenen Bereichen: Zwangsversteigerte Immobilien wurden abverkauft, immer weniger Kunden gerieten in Zahlungsverzug und der Hypothekenmarkt begann sich zu beleben. Es war First Essex im ersten Quartal nicht nur gelungen den Break-even zu erreichen, sondern das Unternehmen hatte es tatsächlich gewagt, einen neuen Baukredit zu vergeben. Obwohl ich normalerweise kein Fan von Baukrediten bin, bedeutete die Tatsache, dass First Essex diese Angelegenheit so optimistisch betrachtete, kurz nachdem es beinahe im Armenhaus gelandet wäre, dass irgendjemand davon überzeugt war, dass es in der Region eine Zukunft gab.

Wilson freute sich sehr über die Nachricht, dass Shawmut Bank, der größte Konkurrent in der Gegend, sich ebenfalls so weit erholt hatte, dass er keine finanzielle Erste Hilfe mehr benötigte. First Essex verzeichnet immer noch einen Buchwert von sieben Dollar, die Aktie notiert bei 3 5/8 Dollar. Sollte der Immobilienmarkt weiter zulegen, könnte First

Essex schließlich einen Dollar Gewinn pro Aktie erzielen. Der Kurs müsste sich dann zwischen sieben und zehn Dollar einpendeln.

Lawrence Savings, die andere Sparkasse, die gewisse Makel hatte, kontaktierte ich im April und nochmals im Juni. Im April berichtete mir der Vorstand Paul Miller, dass sich die sieben Seiten lange Liste mit den Zahlungsverzügen auf eine Seite reduziert habe und dass sich das Geschäft mit Ersthypotheken im Aufschwung befinde. Miller klang sehr optimistisch. Im Juni dagegen schien er entmutigt.

Zu diesem Zeitpunkt hatte Lawrence nach wie vor 55 Millionen Dollar Außenstände an gewerblichen Immobilienkrediten, während das Nettovermögen auf 21 Millionen Dollar abgesunken war. Sollte die Hälfte der Außenstände den Bach hinuntergehen, würde Lawrence das nicht überleben.

Hier liegt der größte Unterschied zwischen Lawrence und First Essex. First Essex verfügt über 46 Millionen Dollar Nettovermögen und hat 56 Millionen Dollar Außenstände, sodass das Unternehmen überleben könnte, selbst wenn die Hälfte der Kredite zwangsvollstreckt werden müsste. Lawrence befindet sich in einer weitaus gefährlicheren Position. Nimmt die Rezession zu und gibt es eine neue Welle von Zwangsvollstreckungen, wird Lawrence von der Bildfläche verschwinden.

First Federal of Michigan

Sechs Monate nach meiner Empfehlung betrachtete ich sechs der sieben Sparkassen, die ich für *Barron's* ausgewählt hatte, auch weiterhin als lohnenswerte Investition, vor allem weil sie alle bereits einen Kursanstieg verzeichneten. Außerdem war ein wunderbares Schnäppchen aufgetaucht: First Federal of Michigan (FFOM).

Dave Ellison, der Sparkassenanalyst von Fidelity, hatte mich im Januar auf einem gemeinsamen Flug nach New York auf FFOM aufmerksam gemacht. Damals war es für Hausaufgaben zu spät, sodass ich die Idee erst einmal auf Eis legte. Ich bin froh, dass ich das getan habe, da sich FFOM kaum bewegt hatte, während all die anderen Sparkassen einen Wertzuwachs verzeichneten.

Würden alle Aktien gleichermaßen steigen, gäbe es nichts mehr zu kaufen und Stockpicker auf der ganzen Welt wären arbeitslos. Zum Glück ist das nicht der Fall. Es gibt immer einen Bummler, auf den man zurückgreifen kann, sobald eine Aktie verkauft ist, die sich selbst übertroffen hat. Im Juli 1992 hieß dieser Bummler FFOM.

FFOM ist eine Sparkasse vom Jimmy-Stewart-Typ mit neun Milliarden Dollar Vermögenswerten, die es vermieden hat, gewerbliche Kredite zu vergeben, und die mit minimalen Betriebskosten operiert. Zwei negative Faktoren behindern das Wachstum: das Geld, das sich FFOM von der Federal Home Loan Bank (FHLB) geliehen hat, und einige ungünstige Zins-Terminkontrakte.

Die meisten Sparkassen haben in den letzten Jahren von den fallenden Zinssätzen profitiert, nicht aber FFOM. Das liegt daran, dass FFOM sich teilweise über Kredite der FHLB finanzierte und diese Kredite einen festen Zinssatz haben. FFOM muss auch weiterhin bis 1994, bis all die teuren Papiere fällig werden, acht bis zehn Prozent an die FHLB zahlen. In der Zwischenzeit refinanzieren FFOMs Schuldner ihre Hypotheken zu immer niedrigeren Sätzen. Dadurch musste FFOM gehörig bluten.

Wenn man Hypotheken besitzt, die acht bis zehn Prozent Zinseinnahmen abwerfen, und zum gleichen Satz Kredite aufgenommen hat, macht man nicht viel Gewinn. FFOM musste eine schmerzhafte Lektion lernen. Alle anderen Operationen sind im Allgemeinen gewinnbringend, aber der FHLB-Granitblock drückt die Einnahmen auf ein Minimum.

Diese unglückliche Situation wird sich umkehren, sobald die FHLB-Schulden gedeckt sind und die Zins-Terminkontrakte auslaufen. Dann werden FFOMs Einnahmen explodieren. Wenn sich diese beiden Probleme gelöst haben, kann die Sparkasse ab 1995/1996 bis zu drei Dollar höhere Gewinne je Aktie erzielen. Bei derzeitigen Gewinnen von drei Dollar pro Aktie notieren wir einen Kurs von 18

Dollar; stellen Sie sich vor, was passiert, wenn das Unternehmen erst sechs Dollar Gewinn einfährt.

Darüber hinaus hat FFOM einen Buchwert von 40 Dollar pro Aktie. Damals, 1989, lebte das Unternehmen quasi von der Hand in den Mund und hatte ein mageres AEV von 3,81. Inzwischen ist die magische Grenze von 5 überschritten. Die Dividende wurde Anfang 1992 wiedereingesetzt und im weiteren Verlauf erhöht. Die Zahlungsverzüge betragen nur noch weniger als ein Prozent des Gesamtvermögens.

Sollten die Zinssätze auf kurzfristige Kredite weiterhin sinken, könnte der Kurs vielleicht noch bis auf 14 Dollar abfallen, aber informierte Investoren werden darauf vorbereitet sein und können dann zuschlagen. FFOM wird von keinem größeren Brokerhaus verfolgt.

Colonial Group

Ein Artikel, der am 30. Juni im *Wall Street Journal* erschien, erinnerte mich daran, dass Milliarden von Dollar in Anleihefonds flossen. Die Colonial Group ist auf Anleihefonds spezialisiert, vor allem auf die amerikanischen, steuerfreien Staatsanleihen mit begrenzter Laufzeit, die sich zurzeit großer Beliebtheit erfreuen. Nur neun Prozent des Geldes, das Colonial Group verwaltet, ist in Aktienfonds investiert. Sollte es, wie viele derzeit prophezeien, einen Bärenmarkt geben, dann werden diejenigen Investoren, die sich aus ihren Aktien hinausängstigen lassen, zu den Anleihefonds flüchten und das Unternehmen wird noch profitabler werden, als es ohnehin schon ist.

Der Leiter der Finanzabteilung, Davey Scoon, berichtet mir, dass die Verkaufszahlen der Colonial-Group-Fonds im letzten Quartal um 58 Prozent gestiegen sind. Das Unternehmen verwaltet jetzt Kapital im Wert von 9,5 Milliarden Dollar, im Vergleich zu den 8,1 Milliarden Dollar des Vorjahres. Es existieren vier Dollar Barvermögen pro Aktie und der Kurs notiert bei ungefähr 20 Dollar. Zieht man das Barvermögen ab, haben wir für 16 Dollar einen Anteil an einem Unternehmen, von dem 1992 ein Mindestgewinn von 1,80 Dollar pro Aktie erwartet wird. Was die guten Neuigkeiten noch abrundet, ist die Ankündigung des Unternehmens, Aktienrückkäufe in Höhe von zehn Millionen Dollar zu tätigen.

CMS Energy

Auf das Gerücht hin, dass die Kommission für kommunale Dienstleistungen einen Gebührenkompromiss akzeptieren würde, der für CMS vorteilhaft wäre, war der Kurs dieses Versorgers aus Michigan auf 20 Dollar hochgeschossen. Nachdem die Kommission den Vorschlag doch ablehnte, fiel die Aktie erst zurück auf 16 Dollar und stieg dann leicht auf 17,75 Dollar an. Nachdem kein Abkommen in Sicht ist, hat Moody's zudem sein Rating für die CMS-Anleihen auf spekulativ zurückgestuft

Das ist immer die Kernfrage bei strapazierten Versorgern, die sich im Aufschwung befinden – wie viel Spielraum wird die Regierung ihnen zugestehen? Da eine klare Entscheidung fehlt, wird CMS Abschreibungen vornehmen, um den Teil der Kosten, den es nicht auf die Kunden umlegen kann, abzudecken. Die Aktie wird vielleicht auf zehn Dollar fallen. Außer wenn Sie schon von vornherein darauf vorbereitet sind, einen solchen Rutsch durch Aktienzukäufe auszunutzen, ist es am besten, in einer derart ungewissen Situation keine Aktien zu besitzen.

Langfristig betrachtet bin ich davon überzeugt, dass CMS sich sehr gut entwickeln wird. Das Unternehmen verdient gut und der übermäßige Cashflow wird letztendlich zu höheren Gewinnen führen. Der Energiebedarf im Mittleren Westen steigt, und es werden, wenn überhaupt, nur noch wenige Kraftwerke gebaut, um ihn zu decken. Bei einem geringen Angebot und erhöhter Nachfrage liegt es auf der Hand, was mit den Strompreisen passieren wird.

Sun Television & Appliances

Wie bei einigen anderen Aktien auf unserer Liste stieg auch der Kurs von Sun von 18 Dollar auf 22,50 Dollar und fiel anschließend unter den Wert zurück, zu dem ich die Aktie empfohlen hatte. Am 5. Juni rief ich Bob Oyster, den Vorstand, an. Er erinnerte mich daran, dass Sun TV nur vier Millionen Dollar Gesamtschulden hatte. Es handelt sich um ein sehr starkes Unternehmen, und die schwächeren Konkurrenten verschwinden nach und nach. Seit Januar hat ein Konkurrent all seine Filialen in Ohio geschlossen, und ein anderer ist bankrottgegangen.

Sun TV schreibt trotz Rezession noch schwarze Zahlen. Wäre es im Frühling und Frühsommer nicht so kalt gewesen, hätte das Unternehmen noch mehr Geld verdienen können, doch so lief das Klimaanlagengeschäft nicht so gut wie gewöhnlich. Menschen, die frieren, kaufen keine Klimaanlagen. Aber sie kaufen nach wie vor Kühlschränke und Fernseher, und Sun TV wird wie geplant 1993 vier bis sechs neue Filialen eröffnen.

Oyster bemerkte, dass Sun genügend Grundkapital habe, um einige Jahre lang zu expandieren, ohne dabei eine einzige zusätzliche Aktie zu verkaufen oder weitere Kredite aufzunehmen. Die erwarteten Gewinne liegen für 1992 zwischen 1,15 Dollar und 1,20 Dollar pro Aktie – ein Unternehmen, das mit einer Rate von 20 Prozent wächst und ein KGV von 14 hat. Was für ein Schnäppchen!

Die Master Limited Partnerships: Sun Distributors und Tenera

Lou Cissone, Vizepräsident der Finanzabteilung von Sun Distributors, ging die Liste mit den verschiedenen Abteilungen durch. Sein Bericht klang so pessimistisch, dass ich am Ende völlig überrascht darüber war, dass das Unternehmen insgesamt im ersten Quartal Gewinne verzeichnet hatte. Der große Haken sind nach wie vor die Schulden, von denen 22 Millionen Dollar im Februar 1993 zurückgezahlt werden müssen. Sun hat sich, genauso wie Sie und ich es tun würden, auf dieses Ereignis vorbereitet – durch Kostenreduzierung und einen Einkaufsstopp. Sun hielt sich zurück und erwarb keine neuen Unternehmen. Laut Cissone war das sehr bedauerlich, da viele Firmen, die Suns Produktlinie entsprochen hätten – Glas, Hydraulik, Autoteile – zu Schleuderpreisen zu haben waren.

Wie Sie sich vielleicht erinnern, ging es hier darum, dass die Aktionäre, die Aktien der Klasse A besitzen, 1997 zehn Dollar je Aktie zurückerhalten werden, wohingegen die Aktionäre, die Aktien der Klasse B besitzen, das verbleibende Vermögen unter sich aufteilen werden. Verbessert sich die allgemeine Wirtschaftslage, dann gehe ich davon aus, dass die Aktien der Klasse B einen Wert zwischen fünf und acht Dollar haben könnten; derzeit notieren sie bei drei Dollar.

Mittlerweile sage ich mir immer wieder, dass Sun zur Schuldendeckung ohne Probleme einige der zuvor erworbenen Abteilungen verkaufen könnte, falls die allgemeine Wirtschaftslage sich verschlechtert. Diese wertvollen Franchises stellen für die Firma eine Art Katastrophenschutz dar.

Tenera, die leidgeprüfte Beratungsfirma für Atomenergie, war auch eines dieser Opfer guter Nachrichten. Das Unternehmen gab zwei Vertragsabschlüsse bekannt, einen mit Martin Marietta und einen mit Commonwealth Edison, dem größten Betreiber von Atomkraftwerken in den USA. Damit war bewiesen, dass Teneras Beratungsgeschäft immer noch lebensfähig war – warum sollten Martin Marietta und Commonwealth Edison sonst ihre Zeit mit diesen Leuten verschwenden? Das Unternehmen gab bekannt, dass in Kürze bezüglich der gerichtlichen Klage einer Interessengruppe mit einer gütlichen Einigung gerechnet werden konnte, die weniger kosten würde, als einige Investoren befürchtet hätten; und zu allem Überfluss hatte es Tenera geschafft, im ersten Quartal den Break-even zu erreichen. Die Aktie reagierte, indem sie stagnierte.

Ich erinnere mich daran, dass ich Tenera ursprünglich aus zwei Gründen attraktiv fand: Es gab keine Schulden und eine hochangesehene Beratungsabteilung. Nichtsdestotrotz, die Software-Abteilung lag darnieder, wie auch die Aktie, die bei zwei Dollar notierte. Selbst wenn Tenera lediglich Jahreseinnahmen von 40 Millionen Dollar erzielte, was heute noch wahrscheinlicher schien als im Januar, könnte die Firma pro Aktie einen Gewinn in Höhe von 40 Cent verbuchen. Hier haben wir einen krassen Außenseiter, dessen Daten sich verbesserten, während der Kurs stagnierte. Damit gehört die Aktie auf die Kaufliste.

Cedar Fair

Ich kann unmöglich eine oder zwei der MLPs überprüfen, ohne dabei auch einen Blick auf die anderen zu werfen, die ich in der Vergangenheit besessen und empfohlen habe. Aufgrund der hohen Renditen und der Steuervorteile haben wir hier eine sehr attraktive Investitionsgruppe. Diesmal habe ich zwei weitere Unternehmen entdeckt, die auf die Kaufliste gehören: Cedar Fair und Unimar.

Cedar Fair betreibt den Cedar-Point-Vergnügungspark am Rande des Lake Erie. Anfang August fahre ich immer mit meiner Familie dorthin, um die Achterbahnen auszuprobieren. Dies ist zweifelsohne im Sommer meine bevorzugte Researcharbeit.

Cedar Fair hat vor Kurzem eine wichtige Ankündigung gemacht: Es übernimmt Dorney Park, einen riesigen Vergnügungspalast bei Allentown – und somit ein weiterer Ort für sommerliche Nachforschungen. Diese Firma hat nicht umsonst das Börsenkürzel FUN.

Was mich davon abhielt, Cedar Fair Anfang 1992 zu empfehlen, war der Umstand, dass ich keine Möglichkeit für einen weiteren beachtlichen Gewinnzuwachs erkennen konnte. Die Übernahme von Dorney Park löste dieses Problem. Cedar Fair wird Dorney Park übernehmen, um neue Attraktionen erweitern, in bewährter Cedar-Fair-Manier Kunden anlocken und die Kosten reduzieren.

Im Einzugsgebiet von Cedar Point am Lake Erie leben nur vier bis fünf Millionen Menschen, doch Dorney Park können 20 Millionen in weniger als drei Stunden mit dem Auto erreichen.

Die Cedar-Fair-Leute sind keine Übernahmefreaks – dies ist erst die zweite in 20 Jahren. Die Zahlen sind sehr vielversprechend. Der Kaufpreis für Dorney beträgt 48 Millionen Dollar. Da Dorney im vergangenen Jahr fast vier Millionen Dollar Gewinn gemacht hat, beträgt das KGV 12.

Cedar Fair bezahlt nicht ausschließlich in bar. Es werden 27 Millionen Dollar in bar beglichen, durch Kreditaufnahme finanziert, und die verbleibende Differenz wird mit einer Million Cedar-Fair-Aktien abgegolten, die die ehemaligen Besitzer von Dorney Park erhalten.

Ich analysiere diesen Handel folgendermaßen: Cedar Fair machte vor dem Zukauf 1,80 Dollar Gewinn pro Aktie. Mit einer Million neuen Aktien muss es 1,8 Millionen Dollar zusätzlichen Gewinn erwirtschaften, um den Status quo beizubehalten. Außerdem müssen 1,7 Millionen Dollar Zinsen für den Kredit über 27 Millionen Dollar beglichen werden.

Woher wird Fair diese zusätzlichen 3,5 Millionen Dollar an Gewinnen und Zinszahlungen nehmen? Aus den geschätzten vier Millionen Dollar Gewinn, die der Dorney Park jährlich abwirft. Genau genommen steigert sich durch diesen Deal also Cedars Gewinn.

Was also passierte, als der Vertragsabschluss verkündet wurde? Die Cedar-Fair-Aktie bewegte sich wochenlang nicht um einen einzigen Cent. Man muss kein Insider sein, um bei diesem Deal mitzumischen. Sie können die Nachrichten in der Zeitung lesen, in Ruhe die Situation analysieren und die Cedar-Fair-Aktie immer noch zum alten Kurs bekommen.

Unimar

Unimar hat keine Angestellten. Es gibt keine Lohnliste. Es ist eine Holdinggesellschaft mit einer einfachen Aufgabe: die Gewinne aus dem Verkauf von flüssigem Erdgas aus Indonesien zu verwalten. Diese Gewinne werden vierteljährlich in Form einer hohen Dividende, die zuletzt hübsche 20 Prozent pro Jahr betrug, an die Aktionäre ausgeschüttet.

Der Vertrag, den Unimar mit den indonesischen Öl- und Gasproduzenten hat, wird im dritten Quartal 1999 auslaufen, und die Aktie wird dann wertlos sein. Das ist ein Wettlauf gegen die Zeit – wie viel Gas kann in den verbleibenden sechseinhalb Jahren gefördert und verkauft, und wie viele Dividenden können ausgezahlt werden?

Während ich dieses Buch schreibe, notiert die Unimar-Aktie bei sechs Dollar. Erhält der Aktionär bis 1999 Dividenden in Höhe von sechs Dollar, dann hat es sich nicht gelohnt. Erhält er Dividenden von zehn Dollar, dann ist das ganz nett, und bei Dividenden von zwölf Dollar beginnt Unimar zu einer aufregenden Investition zu werden.

Die Höhe der Dividende hängt von zwei Faktoren ab: von der Gasmenge, die Unimar aus den indonesischen Gasfeldern fördern kann (vor Kurzem hat die Firma die Förderleistung erhöht, was die Aktie noch attraktiver macht), und von dem Preis, der für das Gas bezahlt wird. Steigen die Öl- und Gaspreise, dann steigt die Dividende, fallen die Preise, fällt auch die Dividende.

Unimar bietet Investoren die Möglichkeit, von einem künftigen Anstieg der Ölpreise zu profitieren und nebenbei Dividende zu kassieren. Das ist besser als der Kauf von Öl- und Gas-Terminkontrakten, was eine ziemlich kostspielige und zudem gefährlichere Angelegenheit ist.

Fannie Mae

Durch einen weiteren Schnitzer, den sich die Aktienkurse erlaubt hatten, erhielten Investoren die soundsovielste Gelegenheit, um zu Sonderangebotspreisen in dieses bemerkenswerte Unternehmen einzusteigen. Aufgrund eines Fannie Mae betreffenden Gesetzentwurfs, der sich im Kongress festgefahren hatte, war die Aktie auf ungefähr 55 Dollar abgerutscht.

Inzwischen war das erste Halbjahr für die Firma bestens gelaufen und das Portfolio aus hypothekenbesicherten Wertpapieren auf 413 Milliarden Dollar angewachsen. Inmitten einer Immobilienrezession betrugen Fannie Maes Zwangsvollstreckungen nur minimale 0,6 Prozent, die Hälfte des Wertes von vor fünf Jahren. Diese Firma wird 1992 6,0 Dollar und 1993 6,75 Dollar Gewinn machen. Sie behält ihre zweistellige Wachstumsrate bei und verzeichnet immer noch ein KGV von 10.

Ich rief die Firmensprecherin Janet Point am 23. Juni 1992 an, um Genaueres über den Gesetzentwurf zu erfahren, der im Kongress hängen geblieben war. Sie versicherte mir, dass dieser völlig nebensächlich sei. Ein Gesetzentwurf, der die Rolle von Fannie Mae, Freddie Mac und so weiter festlegt, wird mit ziemlicher Wahrscheinlichkeit vom Kongress verabschiedet werden. Unabhängig davon, wie die Entscheidung ausfallen wird, hat das jedoch für Fannie Mae kaum Konsequenzen, da das Unternehmen auch ohne Gesetz sehr gut zurechtkommt.

Allied Capital II

Das sind die Leute, die Risikokredite vergeben, als Gegenleistung für eine Beteiligung an der Firma, die den Kredit aufnimmt. Was ich an Allied Capital II so attraktiv fand, war der Plan des Unternehmens, einige der besseren Kredite zu erwerben, die ursprünglich von den bankrottgegangenen Sparkassen ausgegeben worden waren. Diese Kredite wurden vom Resolution Trust oft zu Schleuderpreisen versteigert.

Während ich noch Allied Capital II empfahl, war bereits ein völlig neuer Allied-Fonds namens Allied Capital Commercial gegründet worden, mit dem die verschiedenen Kredittypen aufgekauft werden sollten. Nun gab es in der Allied-Familie fünf Fonds. Anlässlich dieser starken Vermehrung begann ich mich für Allied Capital Advisors zu interessieren, die Gesellschaft, die von den anderen Allied-Unternehmen die Verwaltungsgebühren kassiert. Allied Capital Advisors ist ebenfalls an der Börse notiert, und genau mit dieser Firma werden die Führungskräfte, die die fünf Fonds geschaffen haben, letztendlich ihre Gewinne ernten.

Die Zykliker: Phelps Dodge und General Motors

Man darf im Verlauf einer Expansion an einem Zykliker nicht einfach festhalten, so wie man das bei einem Einzelhändler tun würde. Das ist einer der stärksten Gewinner unter meinen 21 Tipps, aber ich fürchte, dass die schnellen Gewinne sich damit bereits erschöpft haben. Anfang 1992 notierte die Aktie, an den Gewinnen von 1992 gemessen, extrem niedrig, aber die zukünftige Entwicklung hängt davon ab, wie sich die Kupferpreise 1993 entwickeln werden.

Ich sprach mit dem Vorstand Doug Yearly, der bemerkte, dass die Wall-Street-Analysten ihre Gewinneinschätzungen für das Unternehmen erhöhten, als der Aktienkurs stieg. Damit haben wir ein gutes Beispiel dafür, wie ein Pferd von hinten aufgezäumt wird. Da niemand vorhersagen kann, ob der Kupferpreis steigen oder fallen wird, könnten ebenso gut Wahrsager die Gewinnschätzungen festlegen. Ich würde Phelps Dodge zu diesem Kurs nicht mehr kaufen. Ich würde mein Geld eher in Pier 1, Sun TV oder First Federal of Michigan investieren.

General Motors stieg im Vergleich zum Januar um 37 Prozent und gab dann wieder nach. Da die Autoverkäufe immer noch einige Millionen unter dem Trend liegen, sehe ich einige fette Jahre auf die Automobilindustrie zukommen. Die Nachfrage sollte in die Höhe schießen und der niedrige Dollar und die Probleme in Japan werden den amerikanischen Autoherstellern helfen, einen Großteil des Marktes zurückzugewinnen.

Mir gefielen GM und Ford, aber meine neuesten Nachforschungen überzeugten mich davon, Chrysler wieder unter meine Spitzenreiter aufzunehmen. Ich tue das, obwohl sich die Chrysler-Aktie 1992 bereits im Kurs verdoppelt hatte, wobei sie die beiden anderen Autohersteller übertraf. Dieses Ergebnis hat mich ehrlich gesagt überrascht.

Es kann ein großer Fehler sein, eine Aktie nicht zu kaufen, nur weil sie sich vor Kurzem verdoppelt, verdreifacht oder sogar vervierfacht hat. Es hat absolut keinen Einfluss auf die Entwicklungen der nächsten Monate, ob Millionen von Investoren im letzten Monat mit Chrysler Geld gewonnen oder verloren haben. Ich versuche, jede potenzielle Investition so zu behandeln, als hätte sie keine Vergangenheit – eine Vorgehensweise nach dem Motto: „Nur die Gegenwart zählt." Was auch immer sich zu einem früheren Zeitpunkt ereignet hat, ist irrelevant. Wichtig ist, ob die Aktie derzeit mit 21–22 Dollar teuer oder billig ist, wenn man von potenziellen Gewinnen zwischen fünf und sieben Dollar pro Aktie ausgeht.

Unter diesen Gesichtspunkten waren die neuesten Nachrichten hinsichtlich Chrysler sehr aufregend. Während das Unternehmen knapp am Bankrott vorbeigeschlittert ist, gelang es ihm, 3,6 Milliarden Dollar Bargeld anzuhäufen, genug, um damit die langfristigen Schulden von 3,7 Milliarden Dollar bezahlen zu können. Die finanzielle Krise von Chrysler wird demnach heute überschätzt. Das Unternehmen befindet sich in einer besseren Verfassung als je zuvor, sodass die Finanz-Tochtergesellschaft Chrysler Financial künftig in der Lage sein wird, Kredite zu annehmbaren Zinssätzen aufzunehmen. Dadurch werden sich Chryslers Gewinne erhöhen.

Der aufpolierte Jeep Cherokee ist so beliebt, dass Chrysler keine Probleme damit hat, ihn auch ohne Preisnachlass zu verkaufen. An jedem einzelnen Jeep und jedem einzelnen Minivan verdient die Firma einige Tausend Dollar. Allein diese beiden Produkte bringen auf einem engen Automarkt vier Milliarden Dollar Einnahmen pro Jahr.

Mit dem Pick-up T300, den Autokenner auch als „Gelände-BMW" bezeichnen, hat Chrysler seine erste große Herausforderung auf den Markt für Klein-LKWs gebracht, auf dem Ford und GM bisher ihre größten Profite gemacht haben. Chrysler hatte noch nie vorher einen Wagen dieser Art produziert. Mittelmäßige Kleinwagenproduktionslinien wie den Sundance und den Shadow hat das Unternehmen aufgelöst. Chrysler hat das erste wirklich grundlegend neue Autodesign der gesamten letzten zehn Jahre eingeführt, das LH-System.

Die LH-Automobile – Eagle Vision, Chrysler Concorde und Plymouth Intrepid – sind alle hoch genug angesiedelt, um einen beachtlichen

Gewinn abzuwerfen. Sollten sie so populär werden wie der Saturn oder der Taurus, wird das einen erheblichen Einfluss auf Chryslers Gewinne haben.

Sollte Chrysler gebremst werden, dann durch die Millionen von Aktien, die das Unternehmen in den vergangenen Jahren ausgeben musste, um Bargeld aufzutreiben. 1986 waren 217 Millionen Aktien im Umlauf, heute sind es 340 Millionen. Hält Chrysler jedoch, was es gegenwärtig verspricht, werden die höheren Gewinne der Jahre 1993-1995 mehr als ausreichend sein, um die Last der zusätzlich ausgegebenen Aktien auszugleichen.

Im September war ich wieder in der Live-Sendung „Wall Street Week with Louis Rukeyser" zu Gast. Seit meinem ersten Auftritt waren exakt zehn Jahre vergangen, und ich bekam erneut die Möglichkeit, eine Portion Aktien zu empfehlen. Ich hatte genau wie für *Barron's* bereits seit einigen Wochen meine Hausaufgaben gemacht und war bereit, meine Ergebnisse mit Louis' Millionenpublikum zu teilen.

Wenn man in „Wall Street Week" auftritt, hat man keine Ahnung, was man gefragt wird, und nur wenig Zeit für eine Antwort. Ließe man mir freien Lauf, könnte ich die gesamte Sendezeit hindurch von meinen neuesten Tipps schwärmen, so wie Großeltern von ihren Enkeln. Tatsächlich verschwendete ich so viel Zeit mit meinen fruchtlosen Bemühungen, „Au Bon Pain" auszusprechen, dass ich gar nicht dazu kam, Fannie Mae, First Federal of Michigan oder einige andere meiner Lieblingssparkassen zu erwähnen.

Ich schaffte es, ein paar positive Worte über Ford und auch Chrysler zu verlieren, eine Aktie, die ich schon bei meinem ersten Auftritt in „Wall Street Week" empfohlen hatte – entgegen dem Rat einiger Kollegen. Ich glaube, der Kreis hat sich geschlossen.

20 Goldene Regeln

Bevor ich meinen PC ausschalte, kann ich dieser letzten Gelegenheit nicht widerstehen, die wichtigsten Lektionen, die ich aus 20 Jahren Investmentgeschäft gelernt habe, zusammenzufassen. Viele davon sind bereits in diesem Buch oder an anderer Stelle diskutiert worden. Hier ist meine Version des St.-Agnes-Abschieds-Chors:

1. Investitions-Know-how bekommt man nicht von Wall-Street-Experten. Man hat es bereits. Sie können die Experten übertreffen, wenn Sie Ihr Know-how dadurch nutzen, dass Sie in Firmen und Branchen investieren, die Sie bereits gut kennen.

2. In den letzten 30 Jahren hat sich die Börse dahingehend entwickelt, dass sie von Profi-Investoren dominiert wird. Entgegen der allgemeinen Überzeugung hat es der Amateur-Investor dadurch leichter. Er kann den Markt übertreffen, indem er die Herde ignoriert.

3. Monatelang oder sogar jahrelang gibt es oft keinen Zusammenhang zwischen dem Erfolg eines Unternehmens und dem Erfolg der entsprechenden Aktie. Langfristig besteht jedoch

ein 100-prozentiger Zusammenhang zwischen einem erfolgreichen Unternehmen und einer erfolgreichen Aktie. In dieser Verschiedenheit liegt der Schlüssel zum Gewinn. Es zahlt sich aus, Geduld zu üben und erfolgreiche Unternehmen zu besitzen.

4. Sie müssen wissen, was Ihnen gehört und warum es Ihnen gehört. Aussagen wie „Dieses Schmuckstück ist eine todsichere Sache!" zählen dabei nicht.

5. Krasse Außenseiter schießen meistens über ihr Ziel hinaus.

6. Mit Aktien ist es wie mit Kindern – schaffen Sie sich nicht mehr an, als Sie bewältigen können. Der Teilzeit-Stockpicker kann wahrscheinlich acht bis zwölf Unternehmen verfolgen und deren Aktien je nach Veränderung der Voraussetzungen kaufen und verkaufen. In einem Portfolio müssen nicht mehr als fünf Unternehmen gleichzeitig vertreten sein.

7. Können Sie keine Unternehmen entdecken, die Sie für attraktiv halten, dann bringen Sie Ihr Geld auf die Bank, bis sich das ändert.

8. Investieren Sie niemals in ein Unternehmen, ohne dass Sie dessen Finanzen verstehen. Die größten Verluste macht man mit Unternehmen, die eine schwache Bilanz haben.

9. Vermeiden Sie heiße Aktien in heißen Branchen. Hervorragende Unternehmen in Branchen, die gerade nicht beachtet werden, sind die stetigen großen Gewinner.

10. Bei kleinen Unternehmen ist es besser, wenn Sie einen ersten Gewinn abwarten, bevor Sie investieren.

11. Wenn Sie 1.000 Dollar in eine Aktie investieren, können Sie nur 1.000 Dollar verlieren, aber Sie können 10.000 Dollar oder sogar 50.000 Dollar damit verdienen, indem Sie Geduld beweisen. Sie müssen nur einige wenige gute Aktien entdecken, damit sich lebenslanges Investieren auszahlt.

12. In jeder Branche und jeder Region des Landes kann der aufmerksame Beobachter auf großartige Wachstumsunternehmen stoßen, noch lange bevor die Profis sie entdecken.

13. Ein Börseneinbruch gehört genauso zur Routine wie ein Schneesturm im Januar in Colorado. Wenn Sie sich darauf vorbereitet haben, wird er Ihnen nicht schaden. Ein Einbruch ist eine hervorragende Möglichkeit, um die Schnäppchen aufzusammeln, die panische Investoren bei ihrer Flucht hinterlassen haben.

14. Jeder hat den entsprechenden Grips, um mit Aktien Geld zu verdienen. Doch nicht jeder hat das entsprechende Gemüt. Wenn Sie zu Panikverkäufen neigen, sollten Sie sowohl Aktien als auch Aktienfonds meiden.

15. Es gibt immer etwas, über das man sich den Kopf zerbrechen kann. Vermeiden Sie Wochenendgrübeleien und ignorieren Sie die entsetzlichen Vorhersagen der Nachrichtensprecher. Verkaufen Sie eine Aktie, weil sich die fundamentalen Daten des Unternehmens verschlechtern, aber nicht weil sich der Himmel bewölkt.

16. Niemand kann Zinssätze, die Wirtschaftsentwicklung oder die Börse vorhersagen. Vergessen Sie all diese Prognosen und konzentrieren Sie sich darauf, was mit den Unternehmen passiert, in die Sie investiert haben.

17. Wenn Sie zehn Unternehmen untersuchen, werden Sie eines mit ausgesprochen guten Daten entdecken. Untersuchen Sie 50, entdecken Sie fünf. Es gibt immer angenehme Überraschungen an der Börse – Unternehmen, deren Leistungen von den Profis übersehen wurden.

18. Wenn Sie keine Unternehmen untersuchen, haben Sie beim Kauf von Aktien genauso wenig Aussicht auf Erfolg wie bei einem Pokerspiel, bei dem Sie setzen, ohne sich Ihre Karten angesehen zu haben.

19. Wenn Sie Aktien von überragenden Unternehmen besitzen, arbeitet die Zeit für Sie. Sie können es sich leisten, geduldig zu sein – selbst wenn Sie Wal-Mart in den ersten fünf Jahren verpasst haben, war es auch in den darauffolgenden fünf Jahren noch überaus lukrativ, diese Aktie zu besitzen. Wenn Sie Optionen besitzen, arbeitet die Zeit gegen Sie.

20. Langfristig betrachtet wird ein Portfolio, das eine sorgfältige Aktienauswahl umfasst, immer ein Anleiheportfolio oder ein Geldmarktdepot übertreffen. Langfristig betrachtet wird ein Portfolio, das eine schlampige Aktienauswahl umfasst, nicht einmal den Sparstrumpf unter Ihrer Matratze übertreffen.

LYNCH 3
Der Weg zum Börsenerfolg.
Peter Lynch – John